»Eine beeindruckende Persönlichkeit, höflich und vornehm, ein Gelehrter, der eine gewisse Distanz zu wahren wußte.« So hat der bekannte amerikanische Psychoanalytiker Karl Menninger seinen Lehrmeister Sigmund Freud in Erinnerung behalten.
Georg Markus, dem Autor dieser ersten großen, populären Freud-Biographie, ist es 50 Jahre nach Freuds Tod gelungen, einen der wenigen lebenden Menschen ausfindig zu machen, die den »Vater der Psychoanalyse« noch kannten: Markus besuchte den 96jährigen, überaus agilen Dr. Menninger in Topeka, Kansas, und konnte so dieses Buch mit sehr persönlichen Erinnerungen an einen der bedeutendsten Männer unseres Jahrhunderts einleiten.
»Freud ist zu wichtig, um ihn allein der Fachwelt zu überlassen«, urteilt Professor Friedrich Hacker im Vorwort zu diesem Buch. Und genau das war der Grund, warum Georg Markus es sich zur Aufgabe machte, diese Biographie zu schreiben. Eine Biographie, die sich – im Gegensatz zu bisherigen Publikationen – an den interessierten Laien wendet. Georg Markus versteht es, die faszinierenden Stationen im Leben Freuds aufzuzeichnen und in klaren Worten den Weg zur Psychoanalyse und deren Bedeutung für die Menschheit zu beschreiben.
Es war ein steiniger Weg, den Sigmund Freud gehen sollte. Er wurde am 6. Mai 1856 in der mährischen Kleinstadt Freiberg als Sohn eines jüdischen Wollhändlers geboren und übersiedelte im Alter von vier Jahren mit seinen Eltern nach Wien. Als Gymnasiast wollte er zunächst Jura studieren, entschied sich dann aber doch für die Medizin. Und entdeckte in der ärztlichen Praxis sehr bald sein besonderes Interesse für das »Geheimnis der Seele«.
Nach anfänglichen Versuchen mit der »Wunderdroge« Kokain und ersten Erfolgen mit Hypnose begann Freud eine neue Behandlungsmethode zu entwickeln, die er – erstmals im Jahre 1894 – als »Psychoanalyse« bezeichnete. Der Vorteil gegenüber bisherigen Therapien war, daß psychisch Kranke im »Freien Einfall« ausschließlich ihre eigenen Erinnerungen aus dem Unterbewußtsein hervorholten, ohne daß diese vom behandelnden Arzt beeinflußt und verfälscht wurden. Freud schildert mit eigenen Worten, wie er die Psychoanalyse in seiner Ordination anwandte: Nachdem es sich der Patient auf der (mittlerweile berühmt gewordenen) Couch bequem gemacht hat, nimmt der Arzt hinter ihm, von ihm ungesehen, Platz. »Bitte teilen Sie mir mit, was Sie von sich wissen«, eröffnete er die erste Analysestunde, »sagen Sie alles, was Ihnen durch den Sinn geht. Benehmen Sie sich so, wie zum Beispiel ein Reisender, der am Fensterplatz eines Eisenbahnwagens sitzt und den im Inneren Untergebrachten beschreibt, wie sich vor seinen Blicken die Aussicht verändert... Gehen Sie nie über etwas hinweg, weil Ihnen diese Mitteilung aus irgendeinem Grund unangenehm ist...«
Wir begegnen in diesem Buch den bekanntesten »Fällen« aus Freuds Praxis, wie etwa dem »Rattenmann«, dem »Wolfsmann« und der Patientin »Dora«. Durch die Schilderung ihrer außergewöhnlichen Schicksale wird dem Leser ein klares Bild der Bedeutung von Traum und Sexualität vermittelt, werden Ausdrücke wie *Verdrängung* und *Fehlleistungen* erklärt. Markus förderte aber auch Schilderungen bisher unbekannt gebliebener Patienten zutage, die ihre Begegnungen mit Freud beschreiben und dadurch ein in vielen Punkten neues Bild der Persönlichkeit des großen Arztes aufzeigen.
Freuds Psychoanalyse erwies sich als die wichtigste medizinische Revolution unseres Jahrhunderts: In seiner Ordination in der Wiener Berggasse wurde das Gespräch zwischen Arzt und Patienten als Grundlage für die Heilung entdeckt. Doch seine Erkenntnisse betreffen längst nicht nur das menschliche Seelenleben, sondern fanden in allen

GEORG MARKUS

SIGMUND FREUD

UND DAS GEHEIMNIS DER SEELE

GEORG MARKUS

SIGMUND FREUD

UND DAS GEHEIMNIS DER SEELE
DIE BIOGRAPHIE

Mit 19 Faksimiles
und 59 Fotos

Weltbild Verlag

Bildnachweis:

Fototeil: Sigmund-Freud-Copyrights Ltd., London: 1–6, 9, 16, 18–40, 42, 53–58. Institut für Geschichte der Medizin der Univ. Wien: 7, Repro F. Schuster: 8, 10. Privatarchiv des Autors: 11, 12, 14, 43, 45, 47, 49, 56, 59. Sigmund-Freud-Gesellschaft, Wien: 13, 15, 44. Österreichische Nationalbibliothek: 17, 52. Foto Klomfar: 41. Archiv Kronen Zeitung, Wien: 46. Galerie Faber: 48. Tele-Winkler + Bunk: 50. ORF: 51.
Textteil: Menninger-Archive, Topeka/USA (Copyright Sigmund-Freud-Archives, Washington): S. 23. Sigmund-Freud-Archives, Washington: 57, 151. Sigmund-Freud-Copyrights Ltd., London: 84, 110, 329. Staatsarchiv, Wien: 194, 268. Post- und Telegrafendirektion, Wien: 218. Archiv der Universität Wien: 261. Sigmund-Freud-Gesellschaft, Wien: 288, 316, 321.
Vorderer Vorsatz: Die Couch Sigmund Freuds
Hinterer Vorsatz: Sigmund Freud im Garten des Landhauses Hochroterd (beide Sigmund Freud Copyrights Ltd; London).

Genehmigte Lizenzausgabe für Weltbild Verlag GmbH, Augsburg 1996

Umschlagfoto: Sigmund Freud mit seiner Tochter Sophie
(Sigmund Freud Copyrights Ltd., London)
Lektorat: Wolfgang Leierseder
Reproduktionen: Graphisches Atelier Richard Krah GmbH, München
Satz: Hans Dichand Zeitungsdruckereigesellschaft, Wien
Gesetzt aus: 10/11.5 Punkt Excelsior System V77
Druck und Binden: Wiener Verlag, Himberg bei Wien
Printed in Austria 1989
ISBN: 3-86047-166-X

Inhalt

Mein besonderer Dank gilt Professor Dr. Friedrich Hacker (Wien/Los Angeles), Professor Dr. Karl Menninger (Topeka/USA), Dozent Dr. Harald Leupold-Löwenthal, Mag. Inge Scholz-Strasser, Dr. Manfred Müller, Elfriede Kopia (Sigmund-Freud-Gesellschaft, Wien)

Vorwort
Professor Dr. Friedrich Hacker

Anatole France: »Es ist in der Natur der echten Weisen, beim Rest der Menschheit Ärgernis zu erregen.«

An der Persönlichkeit Sigmund Freuds und an der Bedeutung seiner Lehren hat sich die schöpferische, wissenschaftliche und populäre Phantasie des 20. Jahrhunderts entzündet wie sonst an keinem anderen Thema. Die Erkenntnisse Freuds, von seinen Jüngern zu revolutionären Einsichten gestempelt, von seinen zahllosen Kritikern als Produkte unwissenschaftlicher, sogar schmutziger Einbildung erklärt, haben das moderne Bild vom Menschen und seiner Welt entscheidend gewandelt und bestimmt. In vieler Hinsicht ist die Freud'sche Lehre Wahrzeichen und Vorbild der Moderne. Die Entdeckung der Bedeutung des Unbewußten erschütterte den Glauben an die Alleinherrschaft der Vernunft und zerstörte die Illusion der fugenlosen Einheit des Individuums. Damit rührte die Psychoanalyse am »Schlaf der Welt«.

Als junger Student und Hospitant an der Wiener Psychiatrischen Universitätsklinik arbeitete ich in der Abteilung meines Lehrers und späteren Freundes, des Selbstmordforschers Erwin Stengel. Ende des Jahres 1937 und Beginn 1938 nahm mich Stengel zu Diskussionsabenden in die Räume der Psychoanalytischen Vereinigung in die Berggasse mit. Ich wurde Freud vorgestellt, durfte dem großen alten Mann die Hand schütteln und den damals schon sichtlich durch Krankheit geschwächten Professor, der nur mehr ganz selten und dann mit nahezu unhörbar leiser Stimme sprach, von der hintersten Ecke des Raumes beobachten.
Die folgenden tragischen Ereignisse der nationalsoziali-

stischen Machtübernahme zu den Iden des März 1938 in Wien sollten durch reinen Zufall die Lebenswege des weltberühmten greisen Forschers und des unbekannten jungen Studenten zusammenführen. Die Emigration verschlug beide nach London, wo ich mit meiner Familie im Londoner Stadtteil Hampstead auf 24 Maresfield Gardens lebte, gerade zwei Häuser entfernt von 20 Maresfield Gardens, wo Sigmund Freud, betreut und umsorgt von seiner Gattin, seiner geliebten Tochter Anna, Dorothy Burlingham und der unvergleichlichen Hausgehilfin Paula Fichtl, seinen Lebensabend verbrachte. An seltenen Sonntagen erblickte ich zuweilen von weitem die abgemagerte, fragile Gestalt des Professors, der in Decken eingewickelt, lesend oder schreibend in seinem Garten saß. Zu weiteren Begegnungen kam es nicht mehr.
Doch entsinne ich mich genau des Schocks, als eines trüben Septemberabends des Jahres 1939 die »Sandwichmen« (Zeitungsverkäufer, so genannt, weil sie sowohl vorne wie hinten Plakate mit den jeweiligen Schlagzeilen tragen) verkündeten: »Hampstead Dream-Doctor Dies«. Damals erschien mir diese kaltschnäuzige Berichterstattung herabsetzend, hatte Freud doch viel mehr getan, als Träume analysiert und gedeutet.
Vielleicht war aber diese Charakterisierung als »Traumdoktor« gar nicht so unzutreffend. Denn uns bleibt die Hoffnung, daß trotz allem sein Traum vom Sieg der Vernunft über Vorurteil und neurotischen Wiederholungszwang einmal Wirklichkeit wird.

Die Literatur über Freud, sein Werk und sein Leben füllt Bibliotheken. An alten und neuen, umfangreichen und sogar definitiven Werken über Freud ist kein Mangel und die Fülle der Publikationen, die sich in Dutzenden Sprachen mit dem Leben und Werk Freuds befassen, ist nahezu unübersehbar. Wozu also ein weiteres Freud-Buch?
Die Antwort ist einfach: Sigmund Freud ist zu wichtig, um ihn allein der Fachwelt zu überlassen! Er gehört weder den gierig besitzergreifenden Freudianern noch den vielen Gegnern, die seine Lehren oft verdrängen, ohne sie

richtig zu kennen, vielmehr gehört er – ein großes Wort gelassen ausgesprochen – der ganzen Welt. Da die Psychoanalyse in ihrer Ausstrahlung weit über die Grenzen der Psychiatrie und der Medizin hinausgeht, ist es von vordringlicher Bedeutung, daß die wichtigsten Ideen Freuds – die so oft falsch zitiert, hämisch verzerrt, bewußt oder unbewußt ins Gegenteil verkehrt wurden – endlich den Geruch einer obskuren Geheimwissenschaft verlieren und verständlich dargeboten werden.

Der Autor dieses wichtigen Freud-Buches, das, indem es zum allgemeinen Verständnis der Psychoanalyse beiträgt, eine bisherige Lücke füllt, ist – man könnte beinahe sagen: glücklicherweise – kein Mediziner, kein Psychiater, kein Psychoanalytiker, sondern ein durch zahlreiche Biographien bewährter und anerkannter Schriftsteller. Als erfahrener Journalist recherchierte er sorgfältig und förderte einige hochinteressante Details zutage, die in keiner früheren Freud-Publikation enthalten waren. Georg Markus gehört nicht zur Gilde der »furchtbaren Vereinfacher«; erfolgreich widersteht er der Versuchung zur Banalisierung und Trivialisierung, er nähert sich Freud und der Psychoanalyse respektvoll, ja geradezu ehrfurchtsvoll, ohne dabei die Schärfe seines eigenen Urteils einzubüßen. Charakteristische Episoden, Aussprüche und Anekdoten unterstreichen und dramatisieren vorerst schwierig erscheinende psychoanalytische Theorien und stellen, ganz in Freud'scher Manier, Illustrationen dar, ähnlich wie sie Freud in seiner *Traumdeutung*, in der *Psychopathologie des Alltagslebens* und in seinen kunstvoll präsentierten Krankengeschichten zum besseren Verständnis beigegeben und vorgestellt hat. Markus ist kein Insider, er gehört nicht dem inneren Zirkel der »Eingeweihten« an; von außen her beobachtet und findet er Erkenntnisse, die dem Fachmann, eben wegen seiner Vertrautheit mit dem Gegenstand, gar nicht mehr bemerkenswert erscheinen. Sorgfältiges Quellenstudium, Expertenbefragungen und eigene Untersuchungen, genügten allein nicht den hohen Ansprüchen, die Markus an sich selbst stellt; so scheute er zum Beispiel nicht die Mühe, den amerikanischen »Propheten« der Psychoanalyse, den 96jährigen Karl Menninger in seinem Heimatort Topeka, Kansas, aufzusuchen, um ihn über seine vor 55 Jahren erfolgte Begegnung mit Freud in Wien zu befragen.

Mir war es eine besondere Freude, Georg Markus nach Topeka zu begleiten und ihn bei meinem Freund, Mentor und Lehrer Karl Menninger einzuführen. Vor Jahrzehnten hatte ich meine psychoanalytische Ausbildung in der *Menninger Clinic* beendet; seit damals habe ich mit Dr. Menninger engen Kontakt aufrecht erhalten. Er war einer der wenigen prominenten Psychoanalytiker, die von Anfang an Freuds Hypothese des Todestriebs unterstützten. Und er war es auch, der zusammen mit mir anläßlich des Weltkongresses für Psychische Hygiene im Jahre 1953 eine Gedenktafel in der Berggasse 19 anbrachte. Menningers Erinnerungen an seine Begegnung mit Freud sind nun das erste Kapitel dieses Buches, das ein originelles Freud-Bild ohne Entstellung vermittelt, aber auch klar und deutlich die grundlegenden psychoanalytischen Einsichten darstellt, wie sie eben wegen ihrer Klarheit und Verständlichkeit der Bedeutung Freuds für unser aller Leben gerecht werden.

Immer wieder wurde Freuds unerbittlicher, mitleidlos gegen sich selbst gerichteter, beinahe grausamer Forschungsdrang hervorgehoben, seine Tendenz zum schonungslosen Zerreißen aller Schleier. Gleich Mephisto, den er in *Das Unbehagen in der Kultur* zitiert: »Denn alles, was entsteht, ist wert, daß es zugrunde geht«, nimmt er alles und jedes, auch das, was er selbst seinerzeit erkannt hatte, unter die kritische Lupe seines messerscharfen Verstandes; alle, die ihn deshalb der Analyse (statt der Synthese) und der Zersetzung (statt des Aufbaus) zeihen, vergessen, daß sich so die Kraft ausdrückt, die »stets das Böse will und stets das Gute schafft.«
Freud war einer von jenen wenigen, die den Mut hatten,

alles bisher Geglaubte radikal in Frage zu stellen, nicht zuletzt auch seine eigenen Befunde und früheren Einsichten. Während seine Bewunderer und Schüler – deren Ambivalenz sie jedoch oft genug zu seinen schärfsten Kritikern und Gegnern werden ließ – Teile seiner Theorien dogmatisch erhärteten und dabei stehenblieben, gab es für Freud kein Halten. Er überdachte, revidierte, korrigierte und änderte ständig seine Lehren im Laufe seines langen Forscherlebens. So war er ebenso verantwortlich für die kreative Verwirrung, die er stiftete (ähnlich etwa wie Hegel, Marx, Kierkegaard), wie für den ungeahnten Reichtum seines Werks, das in 18 Bänden vorbildlich klarer, eindringlicher Prosa vorliegt und heute, 50 Jahre nach seinem Tod, noch immer, ja in gewisser Weise mehr denn je, die Gemüter erregt und das heutige Bewußtsein in entscheidender Weise prägt.
So gibt es in seinen Schriften und in seinem Leben zahlreiche Gegensätzlichkeiten und Widersprüche, die, ob sie nur geschildert oder nach seiner eigenen Methode interpretiert werden, zweifellos hochinteressant sind. Selbst zwar nicht ganz so illusionslos wie er zu sein vermeinte, sprach er den individuellen und kollektiven Illusionen jede Berechtigung ab. Der scharfe Kritiker jedes unbewiesenen Glaubes war trotzdem naiv wissenschaftsgläubig. Der radikale Sozialrevolutionär, der die bürgerliche Sexualmoral als Krankheitsursache entlarvte, führte dennoch das konventionelle Leben eines liberalen Bildungsbürgers der oberen Mittelklasse. Der Entdecker und – wie viele höhnisch meinen – der Erfinder der kindlichen und vieler ungewöhnlicher Formen der Sexualität verlor, nach Erfüllung seiner ehelichen Fortpflanzungspflichten mit sechsfachem Kindersegen, erstaunlich früh seine sexuellen Begierden, außer in streng sublimierter Form: der Treue zum Werk.
Dabei wollte Freud seine Befunde nur nach streng wissenschaftlichen, sogar naturwissenschaftlichen Maßstäben beurteilt wissen und war doch ein glänzender Stilist von höchstem literarischen Rang; er war gegen jede philosophische Spekulation und doch einer der wichtigsten

Philosophen des Jahrhunderts. Er wollte als Person völlig hinter seinem Werk zurücktreten und hat sogar mit einiger Bosheit vermerkt, daß er es den Biographen absichtlich schwer machen wollte. Und hat doch in seiner *Traumdeutung* und als er sich gelegentlich einen »Conquistador« und seine wissenschaftliche Lehre eine »Bewegung« nannte, viel von sich verraten.
Er sagte in seiner Rede über Goethe manches, was auf ihn selbst zutrifft: er wäre »ein großer Bekenner« aber auch »ein sorgsamer Verhüller«. Dies – wie konnte es Freud gemäß seiner Theorien eigentlich anders erwarten – stachelte allerdings die Neugierde seiner Zeitgenossen und Nachfolger, seiner Bewunderer und seiner Kritiker aufs Äußerste an.

Ungefähr 30 Jahre nach Sigmund Freuds Tod entschloß sich die österreichische Regierung, als symbolischen Akt der Wiedergutmachung, seine ehemalige Ordination in der Berggasse als Gedenk- und Forschungsstätte zu restaurieren. So entstand, trotz beträchtlichem Widerstand, unter aktiver Mithilfe von Anna Freud und einigen international prominenten Psychoanalytikern, die Wiener Sigmund Freud-Gesellschaft, die ich gründete und eröffnete und deren Präsident ich acht Jahre war. Damals mußten wir eine gleichgültige, teilweise unwissende und teilweise ablehnende Öffentlichkeit sowie eine weitgehend feindselige Fachwelt davon zu überzeugen versuchen, daß die durch die Freud-Gesellschaft beabsichtigte Verbreitung der Einsichten und Lehren Freuds keine billige Popularisierung und keine Entstellung bedeutete.

Dieses, im Jahre des 50. Todestages Freuds erscheinende Buch dient einem ähnlichen Zweck: es soll in spannender und doch zutreffender Weise von Sigmund Freud und seinem Werk berichten, um einer breiten Öffentlichkeit zugänglich zu machen, was als neue Sichtweise die Welt und ihre Menschen veränderte. Individuen und Gemeinschaften können, nach einem Wort Nietzsches, danach beurteilt werden, wieviel Wahrheit zu ertragen sie imstande sind. Besonders am Beispiel Freuds erweist sich, daß manche psychoanalytischen Erkenntnisse – eben weil sie wahr sind – nicht immer auch mit Begeisterung aufgenommen werden. Freud konnte nichts erzwingen und wollte nichts verklären, nur erzählen, beschreiben, aufklären und erklären. Eben dies macht sich auch dieses Buch zum Motto und zum Ziel.

LOS ANGELES, IM MÄRZ 1989

»Ein aufregendes Erlebnis«
Dr. Menninger erinnert sich an seinen Besuch bei Freud

Die Berggasse liegt inmitten des grauen Häusermeeres von Wien. Sobald die ersten Sonnenstrahlen des Frühlings die Kälte des Winters vertrieben hatten, zog es Freud hinaus an den Stadtrand, der den Duft des Wienerwalds in sich aufnimmt. Von Mai bis September bewohnte er eine alte Villa, »schön wie ein Märchen«, sagte er, mit prachtvollem Garten im noblen Bezirk Grinzing. Es war ein politisch »heißes Jahr«, als sich Freud über die Sommermonate 1934 in Wiens vielbesungenem Wein- und Heurigenort niederließ. Im Februar war Österreich Schauplatz eines blutigen Bürgerkriegs gewesen, im Juli fiel der Bundeskanzler einem von Nationalsozialisten organisierten Mordanschlag zum Opfer. Nicht nur Freud sah der Zukunft seiner Heimat mit tiefem Pessimismus entgegen.
Das ist die Situation, in der sich der 41jährige amerikanische Psychiater Dr. Karl Menninger in ein Propellerflugzeug setzt und die weite Reise von Kansas nach Österreich antritt, um dem 78jährigen Freud einen Besuch abzustatten. Per Taxi fährt er am zweiten Tag seines Aufenthalts von einem Hotel in der Wiener Innenstadt zu dem von Freud gemieteten Sommerhaus in der Grinzinger Strassergasse. Anna Freud öffnet die Tür, führt den Gast vorerst in ein düsteres Zimmer und dann, nach längerer Wartezeit, in den Garten der Villa, wo ihr Vater unter dem Schutz eines schattenspendenden großen Baumes sitzt. Hier kommt es zum Treffen der beiden Ärzte.
50 Jahre sind vergangen, seit Sigmund Freud tot ist. Es gibt nicht mehr viele Menschen, die ihm persönlich begegnet sind und darüber berichten können. Ich befinde mich in Topeka, der Hauptstadt des amerikanischen Bundesstaates Kansas. Mir gegenüber sitzt jener Dr. Karl

Menninger, der damals, im August 1934, Freud in Wien besuchte. Dr. Menninger ist heute 96 Jahre alt, ein Mann von unglaublicher Energie und imponierender Leistungsfähigkeit. Er ist nicht nur Gründer, sondern auch überaus aktiver Präsident der *Menninger Foundation*, einer der größten privaten Psychiatrischen Kliniken der Welt, und beschäftigt sich jetzt, im hohen Alter, vor allem mit Fragen der Kindererziehung. Der agile und temperamentvolle Psychiater führt mich während meines zweitägigen Besuchs in Topeka durch fünf Kliniken und Institute, an denen er tagtäglich seiner Arbeit nachgeht. Während unserer Gespräche kreuzen Ärzte, Mitarbeiter und Studenten auf, die den weisen alten Mann um Rat fragen.

»Sie kommen wegen Freud«, setzt Karl Menninger an, »ja, ich flog damals zu ihm nach Wien, und es war ein unvergeßliches Erlebnis. Nicht mein schönstes vielleicht, aber sicher eines der aufregendsten, die ich hatte.« Bald stelle ich die Frage, die sich aufdrängt, wenn man als Autor einer Freud-Biographie einen der letzten lebenden Freud-Zeugen vor sich hat. Es ist die Frage nach Persönlichkeit und Charisma des vielleicht bedeutendsten Mannes unseres Jahrhunderts.
»Well, äußerlich war Freud so, wie man sich einen Gelehrten vorstellt, und er war ein typical Viennese Gentleman«, erzählt Dr. Menninger – dessen Großvater im Jahre 1848 von Frankfurt am Main in die USA ausgewandert ist – in einem deutsch-englischen Sprachenkonglomerat. »Professor Freud war freundlich und überaus höflich, er war vornehm, wußte aber eine gewisse Distanz zu wahren. Es war nicht so, daß man ihm die Hand schüttelte und gleich an ihn ›herankam‹. Er war damals schon eine Legende, und er war sich dessen bewußt.«
Es war ein intensives Gespräch, das Freud und Menninger an diesem strahlenden Sommertag führten. Und es waren keineswegs nur leere Floskeln, die ein weltbekannter Mann mit seinem Besucher – der sein Sohn hätte sein können – wechselte. Auch Menninger war damals schon eine Berühmtheit. Sein Buch *The Human Mind*

zählte zu den erfolgreichsten Büchern der USA – mit weit höherer Auflage als Freuds Werk – und hatte ungeheuer viel zur Popularisierung der Psychoanalyse in Amerika und damit in der ganzen Welt beigetragen. Und er war seit Jahren Leiter der *Menninger Clinic*, einem der wenigen Psychiatrischen Krankenhäuser, in denen die Patienten durch Psychoanalyse behandelt wurden.
Nun, worüber spricht einer der ersten Psychoanalytiker der Vereinigten Staaten, wenn er zum Vater der Psychoanalyse nach Wien pilgert?
»Zuerst einmal habe ich Freud von einem Paprikahuhn vorgeschwärmt. Ich hatte so etwas gerade zum ersten Mal in meinem Leben gegessen, in einem Heurigengarten. Und wir sprachen von der Musik, die man dort spielte.«
»Das wird doch nicht der Grund Ihrer Reise gewesen sein?«
»Oh no«, lacht Menninger lebhaft, »we spoke about the *death-instinct* – How do you say in German? Oh yes: *Todestrieb.*« Dr. Menninger zählte zur nicht allzu großen Schar jener Freud-Jünger, die der Ansicht ihres Idols zustimmten, daß sich der Keim des Todes von der ersten Stunde an im menschlichen Organismus befinde.
Freud führte das Gespräch in »exzellentem Englisch, wenn auch mit stark österreichischem Akzent.« Trotz seiner schweren Krankheit war er voll konzentriert, reagierte auf jeden Einwand und jede noch so komplizierte Frage. Sigmund Freud litt zum Zeitpunkt des Menninger-Besuchs seit mehr als zehn Jahren an Kieferkrebs, hatte oft unerträgliche Schmerzen und war bereits mehrmals operiert worden. »Aber er hatte eine eiserne Disziplin, ließ sich von all dem nichts anmerken.«
Man spürt heute noch die Faszination, die der große alte Mann auf Menninger hinterließ. Und doch war der Besuch in gewissem Sinn eine Enttäuschung. »Sie müssen sich vorstellen, ich war mit ungeheuren Erwartungen nach Wien gekommen. Immerhin hatte ich viel zur Verbreitung der Psychoanalyse in Amerika beigetragen, ich war hier zu einer Zeit, da viele nichts davon wissen wollten, so etwas wie ein Advokat seiner Lehre gewesen, ein

Missionar. Aber was war geschehen? Freud ließ mich nach meiner langen, mühsamen Reise von Amerika nach Europa eine Stunde in einem finsteren Vorraum warten, ehe er mich empfing. Das wäre noch nicht so schlimm gewesen. Aber ich hatte dann auch während unseres Gesprächs den Eindruck, daß er überhaupt keine besondere Freude daran hatte, mit Amerikanern zusammenzuarbeiten. Was man für ihn und seine Arbeit tat, hat er als selbstverständlich hingenommen, und er war nicht bereit, irgend etwas dazu beizutragen, um unsere Bemühungen für die Psychoanalyse in den USA zu unterstützen. Das war sicherlich keine Frage persönlicher Sympathien oder Antipathien. Der Ursprung lag vielmehr einige Jahre zurück: Freud war ja einmal, 1909, in Amerika gewesen, und obwohl man ihm damals einen glänzenden Empfang bereitet hatte, empfand er seither eine gewisse Aversion gegen das Land. Das ist eigenartig, denn während man ihm in Europa noch sehr lange Zeit Steine in den Weg legte, ging seine Lehre gerade von hier, von den Vereinigten Staaten aus, um die Welt. Ich habe später oft darüber nachgedacht, was er gegen uns Amerikaner hatte.«
Freud selbst hat seine Abneigung gegen die Neue Welt, die ihm so viele Sympathien entgegenbrachte, mit einer langwierigen Darmstörung erklärt, an der – wie er glaubte – die amerikanische Küche schuld gewesen wäre. Auch hatte er während seines zweiwöchigen Aufenthalts in den USA für das unkonventionelle Benehmen der Amerikaner wenig Begeisterung gefunden.
Auf dem Gelände der *Menninger Foundation* befindet sich das imposante *Menninger Archive*, dem eine der weltweit größten Bibliotheken für Psychiatrische Literatur angeschlossen ist. Im Archiv gewährt man mir – versehen mit Dr. Menningers ausdrücklicher Bewilligung – Einblick in die seinem Besuch folgende Korrespondenz mit Freud. Menninger berichtet über seine psychoanalytische Praxis in Amerika, und die aus Wien eingelangten Briefe sind ebenso höflich und kühl wie das geschilderte Zusammentreffen. Und doch kommen in den Antworten Freuds – der jeden Kult um seine Person ablehnte

– einige typische Charakterzüge zum Ausdruck. Wenn er etwa am 4. Januar 1937 nach Topeka schreibt: »Geehrter Herr Kollege. Ich danke Ihnen sehr für Ihren freundlichen Brief und den ausführlichen Bericht über Ihre Thätigkeit. Auch für die Nummern des ›Clinic Bulletin‹, die Sie mir zugeschickt haben. Ihre Absicht, mir die Mai-Ausgabe dieser Zeitschrift zu widmen, musste mich erfreuen, doch ist es mein Grundsatz, an Veranstaltungen so persönlicher Art selbst keinen Anteil zu nehmen. In vorzüglicher Hochachtung Ihr Freud.«

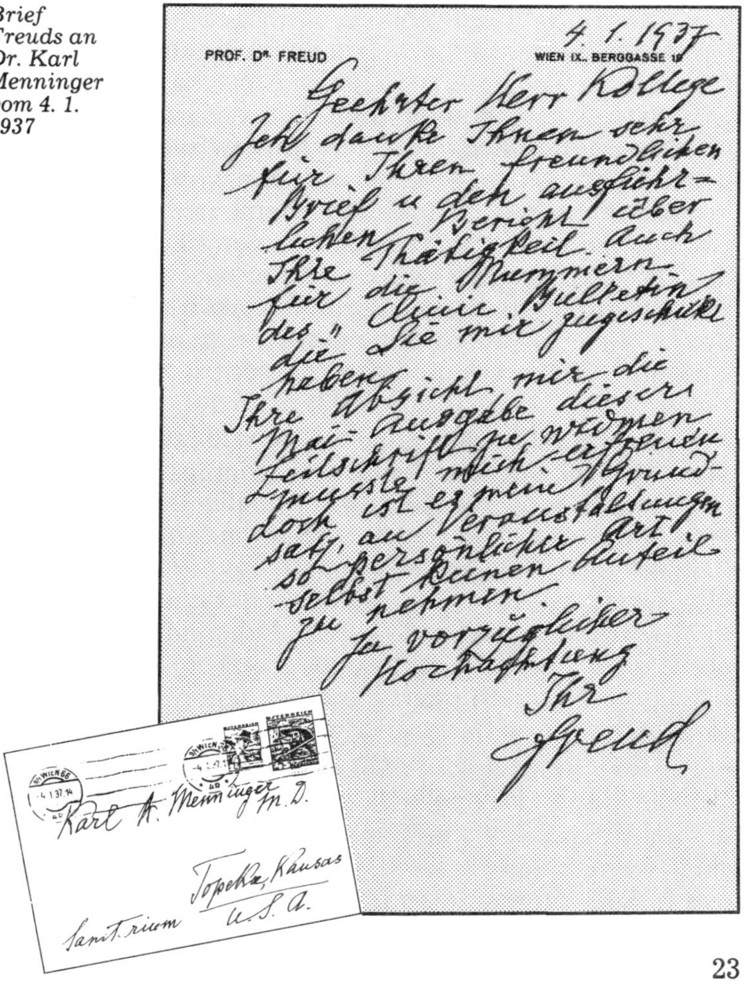

4. 1. 1937

PROF. Dr FREUD — WIEN IX., BERGGASSE 19

Geehrter Herr Kollege

Ich danke Ihnen sehr für Ihren freundlichen Brief u den ausführlichen Bericht über Ihre Thätigkeit. Auch für die Nummern des „Clinic Bulletin" die Sie mir zugeschickt haben. Ihre Absicht mir die Mai-Ausgabe dieser Zeitschrift zu widmen musste mich erfreuen doch ist es mein Grundsatz, an Veranstaltungen so persönlicher Art selbst keinen Anteil zu nehmen.

In vorzüglicher Hochachtung

Ihr

Freud

Karl A. Menninger M.D.

Sanitarium

Topeka, Kansas

U.S.A.

Brief Freuds an Dr. Karl Menninger vom 4. 1. 1937

»Er war, wie er mir in Wien noch gesagt hatte, sehr angetan von unserer Arbeit, die ganz in seinem Sinn verlief. Aber er war nicht bereit, für unsere Zeitschrift ein Vorwort zu schreiben, worum ich ihn gebeten hatte.«
Dr. Menninger behielt einen genialen Mann voller Widersprüche in Erinnerung. Und überliefert uns damit kein untypisches Bild aus dem Leben dieses bedeutenden Wissenschaftlers: Sigmund Freud konnte freundlich und gleichzeitig abweisend sein. Er hatte schon als relativ junger Mann schreckliche Todesängste und war gerade in dieser Zeit besonders schöpferisch. Den Wunsch vieler Verleger, seine Biographie zu veröffentlichen, lehnte er brüsk ab und hinterließ uns doch mehr biographisches Material als die meisten anderen Großen der Weltgeschichte. Er verließ seine besten und treuesten Freunde und litt unter einer Isolation, in die er sich zum Teil selbst begeben hatte.
Freud war ein Fall für Freud. Im besten Sinn des Wortes. Denn gerade seine nicht unkomplizierte Persönlichkeit, das Genie voller Widersprüche, schaffte die Grundlagen zum Studium komplexer Vorgänge in der menschlichen Seele. Wie er selbst es einmal ausdrückte: »Der Hauptpatient, der bin ich selbst.«

Erinnerte sich Dr. Menninger an einen zwar charmanten, aber doch sehr kühlen Freud, so fällt mir in Wien die Korrespondenz eines ehemaligen Freud-Patienten in die Hände, der einen ganz anderen Freud beschreibt. Der Patient hieß Bruno Goetz und war im Jahre 1902 kurze Zeit in seiner Behandlung. Mit seltener Offenheit geht der damalige Student Goetz vor allem auf Freuds faszinierende, geradezu magische Erscheinung ein.
Knapp 20 Jahre alt, begab sich Goetz, den heftige Gesichtsneuralgien plagten, »mit sehr gemischten Gefühlen« in die Berggasse: »Freud kam auf mich zu, schüttelte mir die Hand, bat mich, Platz zu nehmen und musterte mich aufmerksam. Ich blickte in seine wunderbar gütigen, warmen schwermütig-wissenden Augen. Zugleich war mir, als fahre eine Hand flüchtig über meine Stirn.«

Schon durch die Begegnung wären die Schmerzen »wie weggewischt« gewesen, erinnert sich Goetz dieser Situation, die er in Briefen an einen Jugendfreund schildert. Die Persönlichkeit des Arztes hatte den neuen Patienten sofort in seinen Bann gezogen.

Goetz – später Übersetzer der Werke Tolstojs und Gogols – verfaßte in seiner Freizeit Gedichte. Freud saß zunächst ein paar Sekunden schweigend da und lächelte vor sich hin. Dann sagte er freundlich: »Lassen Sie mich Sie ein wenig kennenlernen. Ich habe hier ein paar Gedichte von Ihnen. Sehr schön – aber verkapselt. Sie verstecken sich ja hinter Ihren Worten, anstatt sich von ihnen tragen zu lassen. Kopf hoch! Sie haben es gar nicht nötig, sich vor sich selbst zu fürchten ... Und jetzt erzählen Sie mir etwas von sich. In Ihren Versen kommt immer wieder das Meer vor. Wollen Sie damit symbolisch auf irgend etwas hinweisen? Oder haben Sie wirklich etwas mit dem Meere zu tun gehabt? Woher stammen Sie eigentlich?«

Bruno Goetz, als Sohn eines Seemannes in der russischen Hafenstadt Riga aufgewachsen, war von Freuds treffsicherem Instinkt erstaunt. »Mir war, als wäre eine Schleuse in mir geöffnet worden. Und ehe ich mich dessen versah, erzählte ich ihm mein ganzes Leben, erzählte ihm ohne jede Zurückhaltung Dinge, über die ich noch niemals mit jemand gesprochen hatte. Was hätte es auch für einen Sinn gehabt, etwas vor ihm zu verbergen? Es war ihm ja doch schon alles im voraus bekannt.

Beinahe eine ganze Stunde hörte er mir zu, ohne mich zu unterbrechen und ohne mich anzusehen. Manchmal lachte er leise auf.« Endlich kam Freud auf den Vater des Patienten zu sprechen. »War Ihr Vater denn nicht streng zu Ihnen?«, wollte er wissen.

»›Er war mein bester Freund, wir verstanden uns bei den leisesten Andeutungen. Nur von meinen lächerlichen und unglücklichen Liebesgeschichten mit einem Mädchen und einer älteren Dame hatte ich ihm nichts gesagt, und auch davon nichts, daß ich zuweilen ganz verrückt in ein paar Matrosen verliebt war, die ich am liebsten abgeküßt hätte.‹ Ich hatte Angst, er würde das vielleicht nicht ernst nehmen und verstohlen über mich lachen. Vorwürfe hätte er mir bestimmt keine gemacht. Ich hatte mir selbst ja auch gar nichts vorzuwerfen – nur daß ich mich nicht getraut hatte, und dann später, wenn ich in meinem Bett lag . . . ›Sie verstehen doch . . .‹«

»Gewiß, gewiß«, brummte Freud. »Und die Sache mit den Matrosen hat Sie nicht weiter beunruhigt?«

»Niemals!« sagte der Patient. »Ich war ja bis über beide Ohren verliebt. Und wenn man verliebt ist, dann ist alles in Ordnung. Oder nicht?«

»Bei Ihnen sicherlich!« meinte Freud und mußte plötzlich laut lachen. »Sie haben ein beneidenswert gutes Gewissen. Das verdanken Sie Ihrem Vater. Und Ihre Mutter? . . .«

Da Freud seinem Patienten eine medikamentöse Behandlung empfahl, kam es nur zu wenigen Begegnungen. »Mein lieber Studiosus Goetz«, sagte er, »ich werde Sie nicht analysieren, Sie können mit Ihren Komplexen selig werden. Doch was Ihre Neuralgien anlangt, so werde ich Ihnen ein richtiggehendes Rezept verschreiben.«

Das von Freud verordnete Medikament wirkte innerhalb kürzester Zeit, sodaß die Neuralgien des Patienten bald verflogen waren. Bruno Goetz behielt Freud als großen, warmherzigen Mann in Erinnerung.

Dem Arzt Dr. Menninger und dem Patienten Bruno Goetz steht Sigmund Freuds Enkel gegenüber, der sich eines »Großpapas« entsinnt, wie man ihn sich wünschen würde: Ernest Freud, eines der wenigen lebenden Familienmitglieder, die den sechsfachen Vater und »gottähnlichen Patriarchen« noch in plastischer Erinnerung haben. Ernest war 25, als sein Großvater starb, lebte teils in Hamburg, teils in Wien. Aus der Berggasse ist ihm eine Wiener Großfamilie im Gedächtnis geblieben, »mit ihrer eigenen Kultur, mit eigenen Werten, eine jüdische Familie, aber in keiner Weise orthodox; eine intellektuelle, gutbürgerliche Familie mit einem hohen Standard von Anständigkeit und Ehrlichkeit. Sie bestand aus Großvater, um den sich in Wirklichkeit alles drehte, und dessen jüngster Tochter Anna, die ihm zur Seite stand. Dann gab es Großmama, Tante Minna, Paula – eine Kombination von Haushälterin und Dienstmädchen – und eine Köchin. Da waren auch noch die fünf alten Tanten (Freuds Schwestern), alles nette Leute, warm und hilfreich. Großvater erschien äußerst menschlich, obgleich er als unfehlbar galt. Das nahmen alle als selbstverständlich hin. Er brauchte seine Wünsche nicht zu äußern, alles funktionierte.«

In Ernest Freuds Erinnerung war Freud »gewöhnlich mit Schreiben, Lesen oder Denken beschäftigt, und man konnte ihn häufig beim Aufschneiden noch ungelesener Seiten von neuen Büchern sehen, wozu er einen großen Brieföffner benutzte. Immer freundlich, offen und aufrichtig. Er sprach langsam und mit Überlegung und was er zu sagen hatte, gab einem schon zu denken. Ich kann mich nicht erinnern, ihn je ungehalten oder wütend gesehen zu haben. Es herrschte immer Frieden und Ruhe und das emotionelle Klima schien spannungsfrei. Es war selbstverständlich, daß man bemüht war, einer Meinung zu sein. Ich kann mich nicht erinnern, daß ein Familienmitglied je laut sprach, daß man sich anschrie, mit der Faust auf den Tisch schlug, vor Wut auf den Boden stampfte, die Tür zuknallte oder fluchte. All dies war undenkbar, dazu war die Familie viel zu gutmütig, stolz und kontrolliert.«

Vom Enkel noch einmal zurück nach Topeka, zu Dr. Menninger. Nachdem er Freud sein zweites großes Werk, *Man Against Himself*, geschickt hatte, bedankte sich dieser am 14. Februar 1938, »umso bereitwilliger, da der *Todestrieb* bei den Analytikern nicht sehr beliebt geworden ist.« Es war der letzte Brief, den Freud an Menninger richten sollte, und er zeigte sich glücklich darüber, daß der amerikanische Kollege dem *Todestrieb*, der ihm besonders am Herzen lag, einmal mehr seine Aufmerksamkeit geschenkt hatte.

Gerade die beiden menschlichen Triebe sind es, die im Zentrum von Freuds Psychoanalyse stehen: Der auf Zerstörung des eigenen oder auch fremden Daseins gerichtete *Todestrieb* ist der eine. Und der auf Lust und Fortpflanzung gerichtete *Lebenstrieb* (»Libido«) der andere. Dieser steht am Beginn jedes Lebens und führt uns damit nahtlos in Freuds erstes Lebenskapitel, in seine Kindheit, über.

»Aus dir wird nie etwas werden« Kindheit und Jugend

Fast alles, was Sigmund Freud betrifft, wurde von seinen Zeitgenossen in Frage gestellt. Den Rest zerpflückte die Nachwelt. Warum sollte es sich mit Freuds Geburt anders verhalten. Und so herrschte selbst über den Tag seines Eintritts in diese Welt, die er so nachhaltig verändern sollte, Uneinigkeit.

Der Zwist entstand, als Freuds Geburtshaus, im mährischen Städtchen Freiberg bei Ostrau gelegen, 1931 mit einer Erinnerungstafel geschmückt werden sollte. Den »6. Mai 1856« planten die stolzen Gemeindeväter damals als Geburtstag des berühmtesten Sohnes ihrer Stadt in Marmor zu meißeln. Doch nach einem Blick ins örtliche Standesamtsregister standen plötzlich Tag und Stunde der Geburt nicht mehr in der Form fest, wie sie von Freud selbst seit eh und je gefeiert wurden. Denn vom Stadtschreiber war klar und deutlich der 6. März und nicht der 6. Mai als Geburtstag vermerkt worden.

Das ist einmal die vereinfachte Version. In Wahrheit ist's – auch wieder wie so vieles bei Freud – etwas komplizierter. Er hieß gar nicht »Sigmund«, sondern amtlich »Sigismund«, und auch das ist nicht ganz korrekt, denn sein Vater hatte in der Familienbibel den Vornamen seines Sohnes mit »Schlomo« vermerkt.

Und weil wir uns im kleinbürgerlich-jüdischen Milieu einer mährischen Stadt zur Mitte des 19. Jahrhunderts bewegen, war da weder der 6. März noch der 6. Mai eingetragen. Sondern Dienstag, im *Rosch Hodesch Iyar 5616* des jüdischen Kalenders. Vielleicht stimmt der Hinweis von Freuds Vater, wonach Sigmund-Sigismund-Schlomo am 6. Mai zur Welt kam, und der Stadtschreiber hat sich nur verschrieben. Diese Version wäre nur allzu verständlich, bei der äußerst komplizierten Umrechnung

der Daten vom jüdischen zum Gregorianischen Kalender.
Es gibt aber noch eine Möglichkeit: Sigmunds Mutter, Amalie Nathanson, war die dritte Frau des Jakob Freud. Die beiden hatten am 29. Juli 1855 in Wien geheiratet. Im darauffolgenden Jahr kam also Sigmund zur Welt. Vielleicht wählte Jakob Freud den 6. Mai als dessen Geburtstag, weil im anderen Fall zwischen Verehelichung und Geburt seines Sohnes keine neun Monate lagen. Oder hat sich Vater Freud einfach geirrt? Dann wäre im Zusammenhang mit Sigmunds Geburt wohl schon die erste der späterhin klassisch gewordenen »Freud'schen Fehlleistungen« begangen worden.
Lassen wir die Spekulationen. Der 6. Mai gilt heute als Sigmund Freuds Geburtstag.
Bleibt noch zu erklären, warum er sich weder Schlomo noch Sigismund nannte – das waren ja seine eigentlichen Namen. »Schlomo« war wohl auszuschließen, da Freud in seiner doch sehr bürgerlichen Lebensweise zu den assimilierten Juden gehörte. Daß er auch nicht als »Sigismund Freud« Berühmtheit erlangte, liegt an der Existenz eines Verwandten namens Sigismund Freud – die beiden Freuds wollten wohl der Gefahr entgehen, verwechselt zu werden, und so änderte der Jüngere noch als Student seinen Namen auf Sigmund.

Freiberg war in jenen Tagen eine Kleinstadt mit rund fünftausend Einwohnern, in der die deutschsprachig-jüdische Gemeinde gegenüber den Tschechen eine verschwindende Minderheit bildete. Heute heißt das Städtchen längst nicht mehr Freiberg, sondern Příbor. In der *Traumdeutung*, seinem ersten Hauptwerk, schreibt Freud über den Eintritt in diese Welt: »Da fällt mir ein, was ich so oft in der Kindheit erzählen gehört habe, daß bei meiner Geburt eine alte Bäuerin der über den Erstgeborenen glücklichen Mutter prophezeit, daß sie der Welt einen großen Mann geschenkt habe. Solche Prophezeiungen müssen sehr häufig vorfallen; es gibt so viel erwartungsfrohe Mütter und so viel alte Bäuerinnen oder ande-

re alte Weiber, deren Macht auf Erden vergangen ist und die sich wiederum der Zukunft zugewendet haben.«
Im Haus Nr. 117 der staubigen Schlossergasse – heute heißt sie dem großen Sohn zu Ehren *Freudova ulice* – verbrachte Sigmund die ersten drei Jahre seiner Kindheit. Ebenerdig lag die Schlosserwerkstatt des Hausherrn Zajic, dessen Frau Monica sich um die Kinder des Untermieters Jakob Freud im ersten Stock kümmerte. In der *Traumdeutung* beschreibt er sie als »alt und häßlich, aber sehr klug und tüchtig; nach den Schlüssen, die ich aus meinen Träumen ziehen darf, hat sie mir nicht immer die liebevollste Behandlung angedeihen und mich harte Worte hören lassen, wenn ich der Erziehung zur Reinlichkeit kein genügendes Verständnis entgegenbrachte.« Das plötzliche Fernbleiben der Kinderfrau war eines seiner ersten einschneidenden Erlebnisse: Sie war als Diebin entlarvt und verhaftet worden.
Eine Tochter der Familie Zajic erzählte später einmal vom kleinen Sigmund, »einem lebhaften Jungen, der gern in Vaters Werkstatt spielte und aus Metallabfällen kleine Spielzeuge machte.« Freud selbst erinnerte sich jedenfalls immer gern an seinen Heimatort, wie er – bereits als berühmter Mann – dem Bürgermeister von Příbor brieflich mitteilte: »Tief in mir lebt noch immer fort das glückliche Freiberger Kind, der erstgeborene Sohn einer jugendlichen Mutter, der aus dieser Luft, aus diesem Boden die ersten unauslöschlichen Eindrücke empfangen hat.«
Jakob Freud, der Vater, stammte aus dem galizischen Dorf Tyśmienica, von wo er 1844 nach Mähren gekommen war. In Freiberg gehörte er der Gruppe sogenannter »Wanderjuden« an; er handelte vornehmlich mit Wolle und war jeweils eine Hälfte des Jahres seßhaft, die andere Hälfte bereiste er Galizien, Ungarn, Sachsen und Österreich, um seine Ware feilzubieten. Jakob beherrschte die hebräische Sprache und war 41, als Sigmund geboren wurde.
Seine erste Frau Sally hatte ihm zwei Söhne geschenkt – Emanuel und Philipp – die, als Sigmund zur Welt kam,

bereits 21 und 16 Jahre alt waren. Die erste Frau war früh verstorben, Jakob Freud heiratete wieder, doch auch Rebekka, die zweite Frau, lebte nur kurze Zeit.
Amalie Freud, geborene Nathanson, schließlich – Jakobs dritte Frau und Sigmunds Mutter –, 20 Jahre jünger als ihr Mann, wird als autoritäre Persönlichkeit und Schönheit von anmutiger Grazie beschrieben, die ihrem erstgeborenen Sohn Sigmund Liebe und Geborgenheit im Überfluß geben konnte. Und sie war es wohl, die ihm jenen Ehrgeiz vermittelte, der ihn später zu großen Werken beflügeln sollte, wie er selbst einmal feststellte: »Wenn man der unbestrittene Liebling der Mutter gewesen ist, so behält man fürs Leben jenes Eroberergefühl, jene Zuversicht des Erfolges, welche nicht selten wirklich den Erfolg nach sich zieht.« In einem Brief an seine Schwägerin Minna Bernays beschreibt Freud seine Mutter als uneigennützige Frau, von der er nicht eine Handlung wüßte, »mit der sie über das Interesse oder das Glück eines ihrer Kinder hinweg ihre Launen oder ihre Interessen verfolgt hätte.«
Von der Mutter, so ist überliefert, hätte Sigmund seine kühle Distanziertheit, vom Vater die leichtherzige Natur und einen Sinn für Humor geerbt. Die Familienverhältnisse sind in der Tat als außergewöhnlich zu bezeichnen, gehörte doch seine Mutter der Generation seines Halbbruders Emanuel an. Und Freuds Vater war bereits Großvater, als Sigmund zur Welt kam: Emanuel hatte einen Sohn namens John, der um ein Jahr älter war als »Onkel Sigi«, und sie waren unzertrennliche Freunde.
Nicht nur die Kinderfrau, sondern auch Josef Freud, ein Bruder seines Vaters, war mit dem Gesetz in Konflikt geraten, als er sich »in gewinnsüchtiger Absicht zu einer Handlung verleiten ließ, welche das Gesetz schwer bestraft.« Vater Jakobs Haare waren, als der Fall bekannt wurde, innerhalb weniger Tage grau geworden, und er pflegte später zu sagen, Onkel Josef sei »nie ein schlechter Mensch gewesen, wohl aber ein Schwachkopf.«

Der Traum spielt, wie wir wissen, in der Welt des Sigmund Freud eine bedeutende Rolle, und hier wiederum sind es sehr oft Eindrücke aus der Kindheit, die uns später dann im Schlaf überraschen. Natürlich träumte Freud, als er erwachsen war, von seiner Kindheit. Einmal, so schreibt er, entdeckte er im Traum den Arzt seiner Geburtsstadt Freiberg. Das Gesicht ähnelte jedoch eher dem seines Wiener Geschichtsprofessors. »Welche Beziehung die beiden Personen verknüpfte, konnte ich dann im Wachen nicht ausfindig machen. Als ich aber meine Mutter nach dem Arzt dieser meiner ersten Kinderjahre fragte, erfuhr ich, daß er einäugig gewesen war, und einäugig ist auch der Gymnasiallehrer, dessen Person die des Arztes im Traum gedeckt hatte.« – Freud sollte dieses Phänomen später »Verschiebung« nennen.

Er war gerade zwei Jahre alt, da mußte auch schon der einäugige Arzt konsultiert werden, nachdem »Sigi« (der diese Koseform seines Namens besonders haßte) zum Opfer seines ersten Streichs geworden war: »Ich stieg in der Speisekammer auf einen Schemel, um mir etwas Gutes zu holen, was auf einem Kasten oder Tisch lag. Der Schemel kippte um und traf mich mit seiner Kante hinter dem Unterkiefer.« Die Verletzung hinterließ eine tiefe Narbe, die er nie mehr los wurde. Er verbarg sie fortan hinter einem dichten Bart.

In seiner Abhandlung *Über Deckerinnerungen* faßte Freud – im Rahmen der Selbstanalyse, die er als etwa 40jähriger durchführte – die Tage der Kindheit so zusammen: »Ich bin das Kind von ursprünglich wohlhabenden Leuten, die, wie ich glaube, in jenem kleinen Provinznest behaglich genug gelebt hatten. Als ich ungefähr drei Jahre alt war, trat eine Katastrophe in dem Industriezweig ein, mit dem sich der Vater beschäftigte. Er verlor sein Vermögen, und wir verließen den Ort notgedrungen, um in eine große Stadt zu übersiedeln. Dann kamen lange, harte Jahre; ich glaube, sie waren *nicht wert, sich etwas daraus zu merken*. In der Stadt fühlte ich mich nie recht behaglich. Die Sehnsucht nach den schönen Wäldern der Heimat, in denen ich schon, kaum daß ich gehen konnte, dem Vater zu entlaufen pflegte, hat mich nie verlassen.«

Erstaunlich ist wohl, daß ausgerechnet jener Mann, der in den Kindheitserinnerungen die Voraussetzungen für unser weiteres Leben fand, bestimmte Jahre als *nicht wert, sich etwas daraus zu merken*, erachtete. »Verdrängt« hat er in dieser kurzen Erinnerung offenbar auch, daß er mit den Eltern nach dem Auszug aus Freiberg ein Jahr lang in Leipzig lebte, ehe man für immer »in eine große Stadt« übersiedelte. Freud war zu diesem Zeitpunkt knapp vier Jahre alt und stand damit am Beginn jener Lebensphase, die er später als die »ödipale« bezeichnen sollte.

Wien im Jahre 1860, das war die Residenzstadt eines großen Reiches. Die Freuds waren eine von Tausenden jüdischen Familien, die es aus allen Teilen der Monarchie hierherzog. Zu Recht konnten sie mit einer Liberalisierung als Folge der Revolution und auf die längst versprochene politische Gleichberechtigung mit den Nichtjuden rechnen. Während man in anderen Teilen der Monarchie noch im Ghetto oder zumindest in der gesellschaftlichen Isolation lebte, zeigte sich die Hauptstadt fortschrittlich, versuchte sich mit den Juden zu arrangieren. Wien war von einer nie dagewesenen Aufbruchstimmung beherrscht, lebte in der Phase eines gigantischen Wirtschaftsaufschwungs, an dem die finanzkräftigen jüdischen Geschäftsleute einen nicht unwesentlichen Anteil hatten.

Und die bisher aus allen Nähten platzende Stadt an der Donau glich einer einzigen Baustelle, denn just im Jahr, da die Freuds Wien zu ihrem neuen Wohnsitz bestimmt hatten, entstanden die ersten Prachtbauten auf der neu angelegten Ringstraße, nachdem man Wälle und Gräben – volkstümlich Basteien und Glacis genannt – abgetragen hatte. Mit dem Entstehen der Ringstraße und der darauf folgenden Eingemeindung der Vororte wurde die bisher mittelalterlich dimensionierte Stadt zur modernen Metropole.

Kaiser Franz Joseph, der Wien mit dem Einsetzen der »Gründerzeit« ein neues Profil verleihen sollte, regierte, als sich die Familie Freud hier ansiedelte, seit zwölf Jah-

ren. Nur allmählich war es ihm gelungen, als Monarch Anerkennung zu finden. Nach den Hinrichtungen etlicher Achtundvierziger-Revolutionäre hatte ihn der Volksmund als »*blut*jungen« Kaiser bezeichnet, doch als er auf der Bastei ein Messerattentat durch den Schneider János Libenyi mit leichten Verletzungen überstand, begann ihm das Mitleid seiner Völker entgegenzuschlagen, aus dem bald Sympathie und Liebe wurde. Als er 1854 Prinzessin Elisabeth von Bayern heiratete, begann sein Aufstieg zum populärsten Monarchen des Kontinents.
Freud sollte nie zu den Verfechtern der Habsburger zählen. Als 18jähriger Medizinstudent schickte er einen Brief an seinen Schulfreund Eduard Silberstein, in dem er diesen wissen ließ, was seiner Meinung nach »die nutzlosesten Dinge von der Welt wären: Hemdkrägen, Philosophen und Monarchen.«

Mit Ausnahme seines letzten Jahres verbrachte Freud von jetzt an das ganze Leben in Wien. Ausgerechnet in jener Stadt, in der er sich »nie recht behaglich fühlte«, mit der ihn eine Art Haßliebe verband. Hier wurden die Freuds zur Großfamilie, denn Amalie schenkte Jakob nach Sigmund sieben weitere Kinder, nämlich Julius, Anna, Rosa, Marie, Adolphine, Paula und Alexander.
Sigmund wuchs mit fünf Schwestern und seinem zehn Jahre jüngeren Bruder Alexander auf. Die beiden wesentlich älteren Halbbrüder wanderten, als der Rest der Familie nach Wien übersiedelte, nach England aus, und das Leben des Bruders Julius währte nur sehr kurz. Freud kam später zu dem Schluß, »daß ich meinen 1 Jahr jüngeren Bruder (der mit wenigen Monaten gestorben) mit bösen Wünschen und echter Kindereifersucht begrüßt hatte und daß von seinem Tode der Keim zu Vorwürfen in mir geblieben ist.«
Freud war in dem Wiener Haushalt das älteste Kind, dem die Geschwister »zu gehorchen hatten«. Die zweieinhalb Jahre jüngere Schwester Anna beschrieb Sigmund später als privilegierten ältesten Sohn der Familie, der ihr verbot, Balzac und Dumas zu lesen, und der als einziger

ein eigenes Zimmer und eine Öllampe für sich in Anspruch nahm. Das Klavierspiel störte ihn, was dazu führte, daß der Flügel verkauft wurde und daß seine Schwestern die musikalische Ausbildung beenden mußten.
In den ersten Jahren ihres Wien-Aufenthaltes bewohnte die immer größer werdende Familie Freud mehrere Wohnungen im damals vornehmlich jüdischen Bezirk Leopoldstadt, ehe sie sich im Hause Pfeffergasse Nr. 1 niederließ. Zu Sigmunds frühkindlichen Erinnerungen zählten zwei Begebenheiten, die er notierte. Als er fünf war, schenkte ihm der Vater einige Bücher, die er zerreißen durfte, was – laut Freud – »erzieherisch kaum zu rechtfertigen war«, doch auf seine spätere Liebe zu Büchern entscheidenden Einfluß haben sollte: »Das Bild, wie wir Kinder dieses Buch zerpflücken (wie eine Artischocke, Blatt für Blatt, muß ich sagen), ist nahezu das einzige, was mir aus dieser Lebenszeit in plastischer Erinnerung geblieben ist. Als ich dann Student wurde, entwickelte sich bei mir eine ausgeprägte Vorliebe, Bücher zu sammeln und zu besitzen, ich wurde ein Bücherwurm. Ich habe diese erste Leidenschaft meines Lebens, seitdem ich über mich nachdenke, immer auf diesen Kindheitseindruck zurückgeführt, oder vielmehr, ich habe erkannt, daß diese Kinderszene eine ›Deckerinnerung‹ für meine spätere Bibliophilie ist.«
In dieser Zeit ereignete sich auch Begebenheit Nummer zwei, als Sigmund in das Schlafzimmer seiner Eltern urinierte, was Vater Jakob Anlaß zur Prophezeiung gab: »Aus dir wird nie etwas werden.« Freud stellte später eine gewisse Rivalität zwischen ihm und seinem Vater um die Liebe der jungen, schönen Mutter fest: »Ich habe die Verliebtheit in die Mutter und die Eifersucht gegen den Vater auch bei mir gefunden und halte sie jetzt für ein allgemeines Ereignis früher Kindheit.« Gerade durch die Analyse seiner eigenen Kinheit entdeckte er den Ödipuskomplex, also »die Fixierung an den entgegengesetzt geschlechtlichen Elternteil.«
Sigmund erhielt den ersten Elementarunterricht durch seine Eltern. Ab 1865 besuchte er die Leopoldstädter

Communalmittelschule in der Taborstraße, die später als Sperlgymnasium bekannt wurde. Diesen Namen erhielt die angesehene Ausbildungsstätte, weil auf dem Platz des neuen, erst nach Freuds Matura errichteten Gymnasialgebäudes der berühmte Tanzsaal *Zum Sperl* etabliert war, in dem einst Johann Strauß und Joseph Lanner aufgespielt hatten.

Ein Jahr nachdem Freud ins Gymnasium eintrat, wurde die Monarchie durch die Tragödie von Königgrätz erschüttert. Obwohl gerade erst zehn Jahre alt geworden, war Sigmund von dem Geschehen tief beeindruckt, beschreibt seine Schwester Anna. »Der Anblick der Verwundeten des preußisch-österreichischen Krieges, die am Wiener Nordbahnhof ankamen, hat Freud so gerührt, daß er seine Klasse veranlaßte, Verbandszeug herzustellen.«

Freud war Vorzugsschüler und von der ersten bis zur achten Schulstufe Klassenbester, seine Stellung war dermaßen gefestigt, daß er, wie er einmal sagte, »kaum je geprüft wurde«. In der vierten Gymnasialklasse wurde sein Jahreszeugnis freilich durch einen dunklen Punkt belastet, der sein *Sittliches Betragen* vom bisherigen »musterhaft« um zwei Noten auf »entsprechend« herabsenkte. Der Grund für diese ungewöhnliche Maßnahme war ein Sittenskandal in seiner Klasse, der die angesehene Schule in ihren Grundfesten zu erschüttern drohte. In den Klassenbüchern und Konferenzprotokollen des Gymnasiums sind Details nachzulesen.

Direktor Dr. Alois Pokorny war ein überaus angesehener Botaniker und Pädagoge, dem das österreichische Schulwesen die Schaffung des »Realgymnasiums« zu verdanken hat. Pokorny hatte mehrfach darüber geklagt, daß sich Kinder – oder für sie deren Eltern – bereits vor dem Eintritt ins Gymnasium, also im Alter von kaum zehn Jahren, für einen bestimmten Schultyp entscheiden mußten. Da diese Entscheidung für die gesamte Studien- und Berufslaufbahn eines Menschen von größter Bedeutung ist, forderte Professor Pokorny eine Generalreform des Mittelschulwesens. Und setzte sich durch. Mit Pokor-

nys Idee vom »Realgymnasium« mußte die Entscheidung zwischen humanistischer und naturwissenschaftlicher Studienrichtung erst im Alter von 14 Jahren getroffen werden – in den ersten Klassen bleibt der Unterrichtsstoff identisch. Sigmund Freud sollte später die humanistische Studienrichtung wählen.
Bis zu dieser Entscheidung lag noch ein Schuljahr, als Direktor Pokorny am 1. Juli 1869 eine dringende Sonderkonferenz einberief. Besagter »Sittenskandal« schien in höchstem Maße aufklärungsbedürftig.
Was hatte sich ereignet? Mehrere Mitschüler waren schon seit längerem durch »sittenwidriges Betragen, Verlogenheit, besondere Disziplinlosigkeit sowie oftmaliges Fernbleiben vom Unterricht« aufgefallen, sodaß der Klassenvorstand und Geschichtsprofessor Dr. Emanuel Hannak sich veranlaßt sah, eine Untersuchung einzuleiten. Dabei kam – wenn man bedenkt, daß es sich um 14jährige Untermittelschüler handelte – in der Tat Außergewöhnliches zutage: Freuds Klassenkameraden Otto Drobil und Richard Olt hatten seit Monaten »verdächtige Lokale besucht« und dort mit Prostituierten verkehrt.
Schon bei den Voruntersuchungen war bekanntgeworden, daß die beiden Übeltäter »Schänken in der Leopoldstadt sowie auf der Wieden besuchten, daselbst Billard spielten, sich mit der Cassierin abgaben und mit liederlichen Dirnen Umgang pflegten.« Drobil stand überdies »mit der Fleischerstochter Wisgrill in Beziehung«, von Professoren befragte Mitschüler belasteten ihn darüber hinaus im Zusammenhang mit »einem Fräulein in einer Seitengasse des Grabens.«
Auch Sigmund Freud wurde als Zeuge einvernommen, wobei er lediglich von einem »verrufenen Lokal in der Nähe der Rotenthurmstraße, das die beiden besuchten«, zu berichten wußte. Seine Sittennote wurde daraufhin – wie die fast aller Mitschüler – herabgesetzt, da er von den Vorgängen seit längerem schon gewußt hatte, ohne Direktion oder Klassenvorstand davon in Kenntnis gesetzt zu haben. Bei der Strenge dieser Maßnahme muß bedacht werden, daß es Gymnasiasten damals nicht einmal

gestattet war, ohne Begleitung ihrer Eltern ein Kaffeehaus zu betreten, geschweige denn in der Öffentlichkeit »mit fremden Frauenzimmern« zu verkehren.
Die beiden betroffenen Knaben wurden aus der Schule gewiesen, »da ihr weiterer Verbleib an der Anstalt von der größten Gefahr für die übrigen Schüler begleitet wäre.« Freud blieb trotz der erheblichen Verschlechterung seiner Sittennote Vorzugsschüler. Im kommenden Semester war sein Betragen »lobenswert«, ein Jahr nach dem Vorfall wieder »musterhaft«. Der »Sexualforscher« unseres Jahrhunderts war durch diese Episode wohl zum ersten Mal in seinem Leben mit »moralischen Verfehlungen« seiner Mitmenschen konfrontiert worden.
Insgesamt war Freuds Klasse mit Beendigung der Untermittelschule von 40 auf 16 Schüler geschrumpft, wobei der »Sittenskandal« vermutlich mehr Opfer als die beiden Hauptdelinquenten gefordert hatte. Andere Klassenkamerden schieden infolge mangelnder schulischer Leistungen aus, so auch Freuds bester Freund Heinrich Braun, der spätere Schwager Viktor Adlers. Braun, zweifellos einer der begabtesten Schüler des Freud-Jahrgangs, mußte die Anstalt verlassen, weil er während des deutsch-französischen Krieges von 1870/1871 seine Zeit in Kaffeehäusern verbrachte, um – statt Latein, Griechisch und Mathematik – ausländische Zeitungen zu studieren. »Wir waren unzertrennliche Freunde«, schrieb Freud Jahrzehnte später an Brauns Witwe, und »unter seinem Einfluß war ich auch damals entschlossen, an der Universität Jus zu studieren.« Für die Medizin interessierte sich Freud kaum, hielt er in seiner kurzen *Selbstdarstellung* fest: »Eine besondere Vorliebe für die Stellung und Tätigkeit des Arztes habe ich in jenen Jugendtagen nicht verspürt, übrigens auch später nicht. Eher bewegte mich eine Art von Wißbegierde, die sich aber mehr auf menschliche Verhältnisse als auf natürliche Objekte bezog.« Anderswo gesteht Freud sogar, »niemals Arzt im wahrsten Sinne des Wortes gewesen zu sein.«
Schulfreund Heinrich Braun holte die Matura durch Privatunterricht nach und studierte dann Staatswissen-

schaften. So trafen einander Freud und Braun, nachdem sie sich für Jahre aus den Augen verloren hatten, an der Universität wieder. Braun war später – gemeinsam mit Wilhelm Liebknecht – Gründer der *Neuen Zeit*, des Zentralorgans der Sozialdemokratischen Partei Deutschlands. Durch den Schulfreund sollte Freud Viktor Adler, den Gründer der österreichischen Sozialdemokratie, kennenlernen.

Während Freud-Biographen meist von den ärmlichen Verhältnissen berichten, in denen er aufwuchs, fällt auf, daß er in keinem einzigen Jahr seiner Mittelschulzeit vom Schulgeld befreit oder gar durch ein Stipendium unterstützt worden wäre – obwohl er durch seine glänzenden Leistungen jede Berechtigung dafür erhalten hätte. Vater Jakob Freud – der als Beruf in der Gymnasialdirektion »Wollhändler« angab – zahlte pünktlich pro Semester 9 Gulden 45 Kreuzer* Schulgeld für seinen Sohn.

Eine weitere Episode aus der Mittelschulzeit erwähnt Freud in seiner *Traumdeutung*: In der fünften Klasse hätten die Mitschüler beschlossen, gegen einen ebenso dummen wie tyrannischen Lehrer zu revoltieren, »eine Diskussion über die Bedeutung der Donau für Österreich war der Anlaß, bei dem es zur offenen Empörung kam.« Freud selbst sei von seinen Kameraden als Sprecher der Protestgruppe gewählt worden. Indirekt berichtet Freud von diesem Zwischenfall 16 Jahre später auch in einem Brief an seine Braut: »Man wird es mir kaum ansehen, und doch war ich schon in der Schule ein kühner Oppositionsmann, war immer dort, wo es ein Extrem zu bekennen und in der Regel dafür zu büßen galt. Als ich dann eine bevorzugte Stellung als langjähriger Primus bekam, als man mir allgemein Vertrauen schenkte, hatte man sich auch nicht mehr über mich zu beklagen.«

In seinem Aufsatz *Zur Psychologie des Gymnasiasten* bezeichnet er viele Jahre später die Pubertät als die wichtige Zeit des Abnabelns vom Vater, was er mit eigenen Erinnerungen an die Mittelschulzeit einleitet: »Ich weiß

---

* Entspricht lt. Statistischem Zentralamt Wien im Jahre 1989 ca. 900 Schilling (= 130 DM)

nicht, was uns stärker in Anspruch nahm und bedeutsamer für uns wurde, die Beschäftigung mit den uns vorgetragenen Wissenschaften oder die mit den Persönlichkeiten unserer Lehrer. Wir warben um sie oder wandten uns von ihnen ab, imaginierten bei ihnen Sympathien oder Antipathien, die wahrscheinlich nicht bestanden, studierten ihre Charaktere und bildeten oder verbildeten an ihnen unsere eigenen. Sie riefen unsere stärksten Auflehnungen hervor und zwangen uns zur vollständigen Unterwerfung; wir spähten nach ihren kleinen Schwächen und waren stolz auf ihre großen Vorzüge.«
Um dann zur allgemeinen Erkenntnis zu gelangen: »In der zweiten Hälfte der Kindheit bereitet sich eine Veränderung dieses Verhältnisses zum Vater vor, deren Bedeutung man sich nicht großartig genug vorstellen kann. Der Knabe beginnt in der Kinderstube in die reale Welt draußen zu schauen, und nun muß er die Entdeckungen machen, welche seine ursprüngliche Hochschätzung des Vaters untergraben und seine Ablösung von diesem ersten Ideal befördern. Er findet, daß der Vater nicht mehr der Mächtigste, der Weiseste, Reichste ist, er wird mit ihm unzufrieden, lernt ihn kritisieren und sozial einordnen. Alles Hoffnungsvolle, aber auch das Anstößige, was die neue Generation auszeichnet, hat diese Ablösung vom Vater zur Bedingung. In diese Phase der Entwicklung des jungen Menschen fällt sein Zusammentreffen mit den Lehrern. Wir verstehen jetzt unser Verhältnis zu unseren Gymnasialprofessoren. Diese Männer, die nicht einmal alle selbst Väter waren, wurden uns zum Vaterersatz.«
Sein Lieblingsprofessor war der jüdische Religionslehrer Dr. Samuel Hammerschlag, mit dem er bis zu dessen Tod im Jahre 1904 in freundschaftlicher Verbindung blieb. Obwohl Freud in einer assimiliert-jüdischen Umgebung aufwuchs, also keineswegs »orthodox« erzogen wurde, bekannte er sich sein Leben lang zum Judentum. Zu Hause sprach man Hochdeutsch, Sigmund beherrschte weder Hebräisch noch Jiddisch, doch der Religionsunterricht war obligatorisch, irgendeiner Religionsgemein-

schaft mußte man angehören. Wie sehr er seinen ehemaligen Religionslehrer und dessen Frau Betty verehrte, belegt ein Brief des jungen Dr. Freud aus dem Jahre 1884: »Ich kenne keine besseren, humaneren, allen unedlen Motiven ferneren Menschen als die sind, abgesehen von der tiefgewurzelten Sympathie, die seit den Gymnasialjahren zwischen dem braven jüdischen Lehrer und mir besteht.«

Und noch etwas: Seine jüngste Tochter Anna sollte Freud nicht etwa nach seiner Schwester gleichen Namens benennen. Sondern nach Anna Hammerschlag, der Tochter seines Lehrers.

Schuld war Goethe – doch der konnte nichts dafür
Medizinstudium als Folge eines Irrtums

1873, das Jahr, in dem Sigmund Freud seine Reifeprüfung am Gymnasium ablegte, sollte sich für Österreich-Ungarn besonders glanzvoll gestalten. Doch es war dann eines der düstersten in der Geschichte der Donaumonarchie. Wien war als strahlender Mittelpunkt einer gigantischen Weltausstellung ausersehen, aber die internationale Veranstaltung stand unter keinem guten Stern. Zwei Ereignisse machten den Organisatoren einen Strich durch die Rechnung. Es waren dies der Börsenkrach und eine verheerende Cholera-Epidemie.

Nur eine Woche nach der Eröffnung der Weltausstellung im Mai war an der Wiener Börse der *Schwarze Freitag* ausgebrochen, mit dem die gewaltige Konjunkturwelle der Gründerzeit ihr abruptes Ende fand. Die Entwicklung der Wirtschaft wurde auf Jahre gehemmt, zahllose Unternehmer verloren ihr Hab und Gut, verzweifelten, und so mancher nahm sich das Leben.

Und zwischen Juli und Ende Oktober desselben Jahres starb fast eine halbe Million Menschen an den Folgen der letzten großen Cholera-Epidemie, allein in Wien gab es rund 3000 Tote. Wer irgendwie konnte, verließ die Stadt auf schnellstem Wege.

Nachdem er das Weltausstellungsgelände auf der Rotunde im Wiener Prater zweimal besucht hatte, schreibt Freud an seinen Freund Emil Fluß, daß ihn die internationalen Objekte »nicht betäubt und entzückt« hätten. »Vieles, das anderen gefallen muß, findet in meinen Augen keine Gnade. Es fesseln mich bloß Kunstgegenstände und allgemeine Effekte. Es ist im ganzen ein Schaustück für die geistreiche, schönselige und gnadenlose Welt, die sie auch zumeist besucht.«

Die Familie Freud war nicht wohlhabend genug, die

Flucht vor der Cholera antreten zu können. Jakob Freuds Geschäfte gingen recht und schlecht, und wir können annehmen, daß die große Wirtschaftskrise indirekt auch seinen Kleinhandel negativ beeinflußt hat.
Unabhängig davon sollte Sigmund Freud am Sperlgymnasium »mit Auszeichnung« maturieren und mit Beginn des Wintersemesters – im Katastrophenjahr 1873 – an der Universität Wien für sein medizinisches Studium inskribieren.

War der Antisemitismus in den ersten Jahren, da Freud hier lebte, in Wien kaum spürbar gewesen, so zeigten sich als Folge des Börsenkrachs erste Ansätze, denn irgend jemand mußte an der Katastrophe »schuld« sein. In der *Traumdeutung* berichtet Freud, daß ihm der Begriff Judenhaß in der früheren Kindheit nur aus einer Erzählung des Vaters bekannt war: Als er zehn oder zwölf Jahre alt war, berichtete ihm dieser, wie ihm einmal, als er auf der Straße ging, ein Mann begegnet sei, die Mütze des jungen Jakob in den Dreck geworfen und dabei gesagt habe: »Jud' herunter vom Trottoir!« Als Sigmund den Vater fragte, wie er darauf reagiert habe, antwortete Jakob: »Ich bin auf den Fahrweg gegangen und habe die Mütze aufgehoben.« Sigmund war empört und empfand die mangelnde Bereitschaft des Vaters, sich zur Wehr zu setzen, als Feigheit. Die Episode zeigt nicht nur eine Kluft zwischen Vater und Sohn, sondern auch das gänzliche Unverständnis der Generation Sigmunds, mit dem Antisemitismus leben zu müssen.
Freud hätte sich wohl nicht träumen lassen, daß er noch erleben sollte, wie weit rassistische Verblendung – in Verbindung mit einem verbrecherischen Regime – führen kann. Um so sensibler reagierte er in späteren Jahren auf jegliche Form des Antisemitismus.
Doch vorerst schienen sich die Lebensbedingungen der rund 70.000 Wiener Juden recht günstig zu entwickeln. Freud zeigte, ehe er sein Universitätsstudium antrat, ein besonderes Interesse für die damals gerade populäre Lehre Charles Darwins »weil sie eine außerordentliche

Förderung des Weltverständnisses versprach.« Den Ausschlag für den Entschluß, Medizin zu inskribieren, gab aber der aphoristische Aufsatz *Die Natur* – von Johann Wolfgang von Goethe, wie Freud selbst berichtete.
Woraus eine kuriose Situation entstand: Die Tatsache nämlich, daß einer der bedeutendsten Ärzte aller Zeiten Medizin studierte, ist die Folge eines Irrtums. Ja, Freud unterlag einer Fehlinformation, als er die Entscheidung traf, Arzt zu werden. *Die Natur* ist nämlich gar nicht von Goethe. Der Gymnasiast Freud war kurz vor seiner Matura, als er einen populärwissenschaftlichen Vortrag des Zoologen Carl Brühl besuchte, auf die ihn faszinierenden Zeilen aufmerksam geworden, und diese hatten, eigenen Angaben zufolge, sein Interesse an den Naturwissenschaften im allgemeinen und an der Medizin im besonderen geweckt.
Nun, *Die Natur* war in Goethes *Gesammelte Werke* aufgenommen worden, da man den Aufsatz für ein unveröffentlichtes Jugendwerk des Dichters hielt. Doch in Wahrheit stammt er, wie man heute weiß, von dem Schweizer Autor Georg Christoph Tobler, der ihn an den von ihm verehrten Goethe geschickt hatte. Nachdem man die Zeilen in dessen Nachlaß fand, wurden sie diesem – fälschlich – zugeschrieben.
Jedenfalls gaben sie – auch wenn der Autor ein anderer war, als Freud dachte – den Anlaß, sich für das Studium der Heilkunde zu entscheiden. »Natur. Wir sind von ihr umgeben und umschlungen«, heißt es hier, »wir leben mitten in ihr und sind ihr fremde. Sie spricht unaufhörlich mit uns und verrät uns ihr Geheimnis nicht. Es ist ein ewiges Leben, Werden und Bewegen in ihr . . . Alles ist ihre Schuld, alles ist ihr Verdienst.«

Das Thema zur schriftlichen Deutschmatura konnten die Schüler selbst wählen, Freud schrieb *Über die Rücksichten bei der Wahl des Berufes.* Sein Klassenkamerad Wilhelm Knoepfmacher erzählte einmal, er und Sigmund hätten viele Nächte in der Wohnung der Familie Freud verbracht und sich »mit schwarzem Kaffee und Weintrauben wachgehalten, um sich auf die kommenden Prüfungen vorzubereiten«. Freuds Maturaaufsatz wurde 70 Jahre später von den Nazis entdeckt und vernichtet.

Noch vor der Erlangung seiner akademischen Reife hatte Freud seine erste Romanze, eine für ihn einprägsame Begegnung mit dem anderen Geschlecht. Die Eltern hatten ihn in den letzten Schulferien in die Geburtsstadt Freiberg zur Erholung geschickt, und dort lernte er Gisela Fluß kennen –, die Schwester seines Freundes Emil Fluß – worüber Freud später schreibt: »Ich war siebzehn Jahre alt, und in der gastlichen Familie war eine fünfzehnjährige Tochter, in die ich mich sofort verliebte. Es war meine erste Schwärmerei, intensiv genug, aber vollkommen geheim gehalten. Das Mädchen reiste nach wenigen Tagen ab in das Erziehungsinstitut, aus dem sie gleichfalls auf Ferien gekommen war, und diese Trennung nach so kurzer Bekanntschaft brachte die Sehnsucht erst recht in die Höhe. Ich erging mich viele Stunden lang in einsamen Spaziergängen durch die wiedergefundenen herrlichen Wälder, mit dem Aufbau von Luftschlössern beschäftigt.«
Freud wundert sich in seiner Abhandlung *Über Deckerinnerungen* darüber, daß seine damaligen Gedanken nicht in die Zukunft, sondern in die Vergangenheit gerichtet waren: »Wenn der Zusammenbruch (der väterlichen Firma) damals nicht eingetreten wäre, wenn ich in der Heimat geblieben wäre, auf dem Lande aufgewachsen, so kräftig geworden wie die jungen Männer des Hauses, die Brüder der Geliebten, und wenn ich dann den Beruf des Vaters fortgesetzt hätte und endlich das Mädchen geheiratet, das ja all die Jahre über mir hätte vertraut werden müssen! Ich zweifelte natürlich keinen Augenblick, daß ich sie unter den Umständen, welche die Phantasie schuf, ebenso heiß geliebt hätte, wie ich es damals wirklich empfand.«
Unglücklich über die nicht erfüllbare erste »große Liebe« seines Lebens kehrte Freud zurück nach Wien, um sich auf die Matura vorzubereiten. Als er sie mit Auszeich-

nung bestand, schenkte ihm der Vater eine Reise zum Besuch seiner Halbbrüder in England. – Ein weiterer Beweis dafür, daß Freuds Lebensverhältnisse nicht ganz so ärmlich waren, wie sie oft dargestellt werden, denn eine solche Exkursion war für Kleinbürger geradezu unerschwinglich.

Durch die Matura war er jedenfalls reif zum Besuch der Universität geworden. Die Wiener Medizinische Schule befand sich zu diesem Zeitpunkt gerade auf einem neuen Höhepunkt. Es war die Ära der großen Ärzte Joseph Skoda und Carl von Rokitansky, die die moderne Diagnostik entwickelt hatten. Kehlkopfmesser, Gastroskop und Blutdruckmesser wurden hier erfunden und ermöglichten eine bis dahin ungeahnte ärztliche Spezialisierung – so wurde in Wien auch die erste Augenklinik der Welt gegründet (die später durch Freud noch an Bedeutung gewinnen sollte). Auch Theodor Billroth, dessen chirurgische Seminare Freud besuchte, war auf dem Zenit seiner Laufbahn. Gerade als Sigmund im ersten Semester studierte, entwickelte dieser wohl bedeutendste Chirurg der »Wiener Schule« die Möglichkeit, Krebspatienten den Kehlkopf und – wenige Jahre danach – auch einen Teil des Magens zu entfernen.
Ihren Ursprung verdankt die Wiener Medizinische Schule der Kaiserin Maria Theresia, die den Holländer Gerard van Swieten auf Anraten ihres späteren Staatskanzlers Kaunitz als Leibarzt und obersten Medizinverwalter nach Wien berufen hatte. Der bedeutende Arzt hatte erkannt, daß Österreichs Heilkunde im tiefsten Mittelalter steckengeblieben war und begann mit der Reorganisation sämtlicher Sparten. Innerhalb weniger Jahre gelang es ihm, den »Hippokratismus« – die veralterte »Säftelehre« – durch eine praxisorientierte Behandlung abzulösen. Auch das Medizinstudium wurde durch van Swieten revolutioniert, als er nämlich neben der theoretischen Vorlesung den Unterricht am Krankenbett »erfand«. Weiters führte er die tägliche Fiebermessung von Patienten ein und eruierte durch jahrelange Vergleiche die mittlere

Körpertemperatur des Menschen. Während das Sezieren bis dahin verpönt war und von der katholischen Kirche als »Leichenschändung« bezeichnet wurde, schuf er die Voraussetzungen zur Obduktion aller in Krankenhäusern verstorbenen Patienten. Am Obduktionstisch zogen die Mediziner dann im Lauf der Geschichte die wichtigsten Erkenntnisse zur Heilung vieler Krankheiten.
Zwischen van Swieten und der Billroth-Ära (in der Freud sein Studium aufnahm) klaffte freilich eine große Lücke. Österreichs Ärzteschaft hatte in dieser Zeit ihren legendären Ruf eingebüßt, Paris war Wien um Längen voraus gewesen, galt als das neue »Mekka der Medizin«.
Freud sollte später als einer der wichtigen Vertreter der »Zweiten Medizinischen Schule« gelten. Doch jetzt, im Jahre 1873, beginnt er gerade erst sein Studium. Wie schon als Gymnasiast ist Freud fleißig, ehrgeizig, an allem interessiert. Neben den Pflichtvorlesungen besucht er viele nicht obligatorische Seminare wie Physiologie, Histologie, Zoologie, ja, er nimmt sogar zweimal an Kursen der Zoologischen Versuchsstation zur Erforschung der Meerestiere in Triest teil und verfaßt seine erste wissenschaftliche Arbeit über *Die Geschlechtsorgane der Aale*. Die außertourlichen Interessen verlängern Freuds Studienzeit erheblich. Während man das Medizinstudium nach zehn Semestern beenden konnte, sollte er trotz bester Prüfungsergebnisse erst im achten Jahr seines Universitätsbesuchs den Doktorgrad erlangen. In der *Traumdeutung*, die zahlreiche biographische Notizen enthält, bekannte sich Freud dazu, während des Studiums ein »Bummelant« gewesen zu sein. Trotzdem rätselt die Freud-Forschung heute noch, wie es möglich war, daß der bedeutende Arzt so lange fürs Medizinstudium benötigte.
Freud »bummelte« zwar, konnte es aber offensichtlich kaum erwarten, endlich den heißersehnten, für den weiteren Lebensweg alles entscheidenden Titel tragen zu dürfen. Jedenfalls war der Universitätsstudent eitel genug, sich Visitenkarten mit der Aufschrift »Sigmund Freud, Doktorand der Medizin« drucken zu lassen.

Neben Billroth zählten der Psychiater Theodor Meynert, der Augenarzt Ferdinand von Arlt, der Dermatologe Ferdinand von Hebra und der Pathologe Salomon Stricker zu Freuds prominenten Lehrern. Die Fächer Physiologie und Histologie hatte er am Institut des ebenfalls legendären Professors Ernst Wilhelm von Brücke belegt, den er besonders verehrte. Brücke war es auch, der dem jungen Studenten die ersten wissenschaftlichen Aufgaben anvertraute. »Ich war Demonstrator am Physiologischen Institut«, erinnerte sich Freud, »hatte den Dienst in den Frühstunden, und Brücke hatte erfahren, daß ich einige Male zu spät ins Schülerlaboratorium gekommen war. Da kam er einmal pünktlich zur Eröffnung und wartete mich ab. Was er mir sagte, war karg und bestimmt; es kam aber gar nicht auf die Worte an.« Brücke war als überstrenger Prüfer gefürchtet, der Studenten, die die erste Frage nicht beantworten konnten, unbarmherzig durchfallen ließ.

In Brückes Laboratorium lernte Freud einen Mann kennen, dem zu begegnen zu den wichtigsten Ereignissen seines Lebens zählen sollte: Dr. Josef Breuer war am Physiologischen Institut gerade mit Forschungsarbeiten beschäftigt, als er dort erstmals den wißbegierigen Studiosus Sigmund Freud traf. Der Facharzt für innere Krankheiten wurde Sigmunds väterlicher Freund, später ein hilfreicher Kollege bei der Eröffnung seiner Praxis und wichtiger Partner von Gesprächen, die letztlich zur Entwicklung der Psychoanalyse führen sollten.

»Er war ein Mann von überragender Intelligenz«, schreibt Freud in seiner kurzen autobiographischen *Selbstdarstellung*, »vierzehn Jahre älter als ich; unsere Beziehungen wurden bald intimer, er wurde mein Freund und Helfer in schwierigen Lebenslagen. Wir hatten uns daran gewöhnt, alle wissenschaftlichen Interessen miteinander zu teilen. Natürlich war ich der gewinnende Teil in diesem Verhältnis.«

Breuer war 1842 in Wien als Sohn eines jüdischen Religionslehrers zur Welt gekommen und bei der Großmutter aufgewachsen, da seine Mutter sehr früh starb. Seine außerordentliche Begabung war bald erkennbar, er maturierte mit 16 und wurde 22jährig als einer der jüngsten Akademiker seiner Zeit zum Doktor der Medizin promoviert. Nach der Eröffnung seiner Ordination begann er überdies eine brillante wissenschaftliche Laufbahn, brach diese jedoch ab, als nach dem Tod seines langjährigen Chefs, des berühmten Internisten Johann Oppolzer, ein weniger qualifizierter Kandidat als dessen Nachfolger bestimmt wurde, obwohl auch er sich um den Posten beworben hatte. Als Privatdozent lehnte er später seine – von keinem Geringeren als Theodor Billroth vorgeschlagene – Ernennung zum Außerordentlichen Professor und die damit verbundene akademische Karriere ab, weil er sich seinen »Patienten gegenüber zu sehr verpflichtet fühlte, um sie einer Universitätslaufbahn wegen im Stich zu lassen.« Zu seinen großen Forschungsergebnissen zählte das Wissen um die Regelung der menschlichen Atembewegungen; Breuer war es, der zur Erkenntnis gelangte, daß das »Ohrlabyrinth« für unseren Gleichgewichtssinn verantwortlich ist. Und er entdeckte schließlich die *Kathartische Behandlungsmethode*, die zur Freud'schen Psychoanalyse führen sollte.

Die Hingabe zu seinen Patienten bestand nicht bloß aus leeren Worten. Josef Breuer führte eine der bestgehenden Praxen Wiens, er war vermögend und spielte im Wiener Gesellschaftsleben eine nicht unbedeutende Rolle. Der beste Gradmesser seiner medizinischen Qualifikation war wohl die Tatsache, daß fast alle großen Ärzte der damaligen Zeit seine Patienten waren, unter ihnen Sigmund Exner, Ernst Fleischl, Ernst Wilhelm Brücke und Theodor Billroth. Als weitgereister, gebildeter und kunstinteressierter Mann verkehrte er in den großen Wiener Salons der Familien Wertheimstein und Gomperz und zählte darüber hinaus zum Freundeskreis von Arthur Schnitzler, Hugo Wolf, Johannes Brahms – der auch zu seinen Patienten zählte – und der Dichterin Marie von Ebner-Eschenbach, die ihm ein scherzhaftes Gedicht widmete:

Herrn Doktor Josef Breuer
Dem Freunde, der mir teuer
Dem Arzt, dem ich befehle
Den Leib, den Geist, die Seele

Einen beträchtlichen Teil seiner Tätigkeit widmete Breuer der Betreuung von Armen und Mittellosen, die er kostenlos behandelte. Auch Freud unterstützte er in dessen Anfangsjahren durch großzügig und uneigennützig gewährte Darlehen. Schließlich überließ er dem Jüngeren, um dessen Start einer eigenen Praxis zu erleichtern, etliche seiner Patienten.
Der Fall von Breuers Patientin Bertha Pappenheim – die unter dem Pseudonym »Anna O.« in die Geschichte der Psychoanalyse eingehen sollte – wurde schließlich zum Vorläufer der Freud'schen Heilmethode.
Aber noch ist Freud Student. Medizin zu studieren war in der zweiten Hälfte des 19. Jahrhunderts mit gewaltigen Problemen verbunden. Die »Alte Universität« auf dem Jesuitenplatz war seit dem Revolutionsjahr geschlossen, die »Neue Universität« auf der Ringstraße noch nicht eröffnet worden. Also mußten die Studenten tagtäglich, von einem Institut zum anderen, quer durch Wien pendeln. Josef Breuer, der einige Jahre vor Freud promoviert hatte, schreibt in seinem Lebensbericht über »die Beschwerden, die damals mit dem medizinischen Studium verbunden waren. Die Universität war zerrissen und in der großen Stadt verteilt worden.« Er erzählt vom tristen Alltag der angehenden Ärzte. Auf den Botanikunterricht verzichteten die meisten, da sie gegen fünf Uhr früh hätten aufstehen müssen, um bei den um sechs Uhr angesetzten Vorlesungen am Rennweg im 3. Bezirk erscheinen zu können. Die Chemievorlesungen waren dann um 7.30 Uhr in der Theresianumgasse auf der Wieden angesetzt, um neun begann die Anatomievorlesung in der Schwarzspanierstraße im 9. Bezirk, und so mußte innerhalb kürzester Zeit »ohne Trambahn und ohne Fuhrwerk die Strecke von der oberen Favoritenstraße bis zur Währinger Straße zurückgelegt werden. Ich erinnere mich

sehr wohl der gewaltigen Schneewehen beim Schottentor, die unser Vorwärtskommen behinderten ... So waren die naturwissenschaftlichen Fächer äußerst benachteiligt durch nebensächliche Umstände.«
Während Freuds Studienzeit hatte sich die Situation nicht wesentlich gebessert, auf dem Gelände des neuen Universitätsgebäudes befand sich immer noch eine gewaltige Baustelle.
Es gab zwar schon Vorlesungen der Psychiatrie, doch hat Freud das in den Kinderschuhen steckende Nebenfach nie belegt. Psychiatrische und neurologische Fälle »landeten« damals beim Internisten, der ebenso für Gynäkologie wie auch für den Hals-Nasen-Ohren-Bereich zuständig war. Es ist daher ganz natürlich, daß der Internist Breuer zahlreiche psychiatrische und neurologische Patienten betreute und zu den angesehensten »Nervenärzten« Wiens zählte.
Nach zwei absolvierten Rigorosa mußte Freud im Jahre 1879 sein Medizinstudium unterbrechen, da er als »militärärztlicher Eleve« in das Wiener Garnisonspital der k. u. k. Armee einberufen wurde. Zum »Krieger« konnte der Einjährigfreiwillige Offiziersanwärter nicht erzogen werden, entnehmen wir seinen späteren Schriften: »Der kriegführende Staat«, war sein Standpunkt, »gibt sich jedes Unrecht, jede Gewalttätigkeit frei, die den Einzelnen entehren würde.«
An ihrem 24. Geburtstag wurden die Bürger Österreich-Ungarns großjährig. Ein wichtiger Tag, zweifellos. Ausgerechnet den verbrachte Sigmund Freud im Arrest. Der ihm vorgesetzte Oberstabsarzt Dr. Josef Podrazky hatte ihn dazu »wegen häufiger Verspätung und eigenmächtiger Abwesenheit bei den Visiten« verdonnert.
Abgesehen davon dürfte ihn der Militärdienst nicht allzusehr in Anspruch genommen haben, denn während dieser Zeit erbringt Freud seine erste selbständige wissenschaftliche Leistung: Er übersetzt den zwölften Band der *Gesammelten Werke* des berühmten englischen Philosophen John Stuart Mill, nachdem dessen bisheriger Übersetzer plötzlich verstorben war. Seine Übersetzertätig-

keit wird allgemein gelobt, er selbst kann mit den Thesen des Autors wenig anfangen. Mills Essay über Frauenemanzipation sah Freud als utopische Träumerei – eine Ansicht, der er ein Leben lang treu blieb, betrachtete er doch die Frau von seinem patriarchalisch geprägten Weltbild her als eine Art »kastrierten Mann« – eine Darstellung, die ihm vor allem von der aufgeschlossenen Nachwelt vorgeworfen wird.
Jedenfalls dürfte der erste öffentliche Erfolg für den bisherigen »Bummelanten« ein gewaltiger Ansporn gewesen sein, denn kaum hatte er dem Kasernenleben ade gesagt, begann er sich ganz aufs Studium zu konzentrieren. Noch im Frühjahr 1880 bestand er sein drittes Rigorosum, ein Jahr später, am 31. März 1881, promovierte er zum Doktor der Medizin.
Die akademischen Voraussetzungen für eine bahnbrechende wissenschaftliche Karriere waren geschaffen.

»Anstatt Deine süßen Lippen küssen zu dürfen«
Freud verliebt sich

Martha Bernays war die attraktive Tochter einer aus Wandsbek bei Hamburg stammenden, gutbürgerlichen Familie. Sie war 1869 mit Eltern und ihren beiden Geschwistern nach Wien übersiedelt, als ihr Vater hier eine Stelle als Sekretär des berühmten Nationalökonomen Lorenz von Stein annahm. Die Familie Bernays war in Deutschland überaus angesehen. Marthas Großvater Isaac Bernays war in Hamburg als hervorragender Rabbiner bekannt, ein Bruder ihres Vaters war ein prominenter Altphilologe, ein anderer hatte sich als Goethe-Forscher einen Namen gemacht und erfreute sich der Gunst König Ludwigs II. von Bayern, dessen Vorleser er war.
Als Marthas Vater nach zehnjährigem Wien-Aufenthalt verstarb, übernahm ihr Bruder Eli die Stellung bei Professor Stein und kam von da an für den Unterhalt der Familie auf. Im April 1882 lernte die gerade 21 Jahre alt gewordene Martha den fünf Jahre älteren Doktor der Medizin Sigmund Freud kennen. Sie und ihre jüngere Schwester Minna waren auf einer Gesellschaft mit den fünf Schwestern Freuds zusammengetroffen und daraufhin in deren Elternhaus eingeladen worden.
Recht ahnungslos und naiv stand es also Sigmund gegenüber, das hübsche Mädchen aus Wandsbek, »das beim ersten Zusammensein trotz allen Sträubens meinen Sinn gefangennahm, um das zu werben ich mich fürchtete und das im hochsinnigen Vertrauen mir entgegenkam, den Glauben an meinen eigenen Wert mir erhöht und neue Hoffnung und Arbeitskraft mir geschenkt hat, als ich ihrer am dringendsten bedurfte.« So beschrieb Freud das Kennenlernen in einem Brief an die Freundin, die »mein Eigen bleibt, so lange es Martha gibt.«
Nach zweimonatiger Bekanntschaft feierte das junge

Paar Verlobung. »Martha ist mein, das süße Mädchen, von dem alle mit Verehrung sprechen«, war Freud überglücklich. Tatsächlich wurde sie von ihrer Umgebung nicht nur als besonders gutaussehende, sondern auch charakterfeste junge Frau mit schlichtem und natürlichem Wesen beschrieben, die Freuds Mutter in vielem ähnelte. Wohl ein klarer Beweis seiner positiven Mutterbindung, wie er sie später im »Ödipuskomplex« darstellen sollte.

»Ich war ganz lebensunlustig, ehe ich Dich hatte«, schreibt Freud seiner Verlobten am 19. Juni 1884, »und jetzt, da Du mein bist ›im Prinzip‹, ist, Dich ganz zu bekommen, überhaupt eine Bedingung, die ich dem Leben stelle, an dem mir sonst wenig gelegen ist.« Noch ist sie wirklich nur »im Prinzip« sein, denn an Heirat war nicht zu denken. Eine Ehe konnte nach den ungeschriebenen Gesetzen der Zeit erst geschlossen werden, wenn die finanziellen Voraussetzungen für eine Hausstandsgründung gegeben waren. Und die lagen in weiter Ferne.

So mußte die Verlobung vorerst auch geheim bleiben, nur einige wenige Freunde wußten davon, aber weder Freuds Eltern und Geschwister noch Marthas Familie waren informiert. Selbst Freund Breuer sollte es erst erfahren, als er eines Tages Freud auf den Kopf zusagte, er hätte herausgefunden, daß in ihm »unter der Hülle der Schüchternheit ein maßlos kühner und furchtloser Mensch« stecke. Da wollte Freud zeigen, wie »furchtlos« er tatsächlich war, »daß ich ihm das Geheimnis unserer Verlobung mitteilte.«

Erst als das Geheimnis auch den Familien gegenüber gelüftet war, erkannte das Liebespaar die Ausweglosigkeit seiner Situation. Marthas überstrenge Mutter wollte der Hochzeit nicht zustimmen, solange der Verlobte ihrer Tochter keine gesicherte Stellung hatte. Und so mußten Martha und Sigmund vier lange Jahre warten. Warten, bis sie heiraten, unter einem Dach leben, Kinder in die Welt setzen konnten. »Wenn Du wiederkommst, süßes Mädchen, werde ich die Befangenheit und Steifheit, die mich in Deiner teuren Gegenwart beengten, überwunden ha-

ben. Wir werden uns wiederum allein in Eurem so netten Zimmerchen finden, mein Mädchen wird sich in den braunen Lehnstuhl niederlassen ... und wir werden von der Zeit sprechen, da nicht der Wechsel von Tag und Nacht, nicht das Eindringen Fremder, kein Abschied und keine Besorgnis uns trennen wird.«
Damit nicht genug, verfügte Marthas Mutter, Emmeline Bernays, eine räumliche Trennung. »Eine lange Verlobung am gleichen Ort taugt nichts«, lautete ihre Erklärung, »das Mädchen wird blutarm und der Mann fällt durchs Examen.« So übersiedelte sie mit ihrer Tochter zu Verwandten nach Wandsbek, weit weg vom unglücklichen Bräutigam. Vier Jahre verrannen, und die beiden Liebenden hatten kaum Gelegenheit, einander zu sehen. Doch in diesen vier schweren Jahren standen Martha und Sigmund in reger, fast täglicher Korrespondenz, »unglücklich genug, Dir schreiben zu müssen, anstatt Deine süßen Lippen küssen zu dürfen.«
Die Briefe geben ein menschliches Zeugnis einer großen Liebe. »Mein teures, heißgeliebtes Mädchen«, »Geliebtes Bräutchen«, »Hohe Herrin, süßes Lieb«, »Prinzeßchen« oder einfach »Geliebte Martha«, so sprach er seine Verlobte in den rund 1500 erhalten gebliebenen Briefen an. Und sie enden ebenso romantisch, wie sie beginnen: »Lebe wohl und vergiß nicht den armen Mann, den Du so selig gemacht hast« oder »Gute Nacht, mein süßer Schatz, es grüßt Dich herzlich Dein Sigmund.«

Für seinen Unterhalt blieb dem jungen Dr. Freud vorerst tatsächlich gerade so viel, daß er davon recht und schlecht allein leben konnte – die meisten seiner Aufgaben waren überhaupt unbezahlt, wie ja eine akademische Karriere damals fast ausschließlich den Angehörigen begüterter Schichten vorbehalten blieb. Für eine Ehefrau, und gar noch Kinder dazu, hätte Freud nicht sorgen können. Er besaß, als er sich mit Martha verlobte, keine Wohnung, lebte in einem Dienstzimmer der jeweiligen Klinik, in der er gerade aushalf, und war auf die finanzielle Unterstützung seines Vaters angewiesen.

Sein Lehrer Ernst Wilhelm von Brücke war es gewesen, der ihn »mit Rücksicht auf meine schlechte materielle Lage dringend mahnte, die theoretische Laufbahn aufzugeben. Ich folgte seinem Rate, verließ das physiologische Laboratorium und trat als Aspirant in das Allgemeine Krankenhaus ein.« Hier war Freud zunächst mit der Untersuchung histologischer Befunde in der psychiatrischen Abteilung des berühmten Theodor Meynert befaßt. Vorerst wieder ohne Bezahlung, lediglich mit der Hoffnung versehen, irgendwann angestellt zu werden und die Voraussetzungen zur Gründung einer privatärztlichen Praxis zu finden. Freud wählte diesen Weg, schneller zum Ziel zu gelangen, um früher heiraten und eine Familie gründen zu können.

Den ihm nach einiger Zeit zugewiesenen Wohnraum in der Abteilung Professor Meynerts beschrieb er in einem Brief an Martha, dem er eine eigenhändig angefertigte Skizze beilegte. Er gliederte sein winziges Zimmerchen in einen »animalischen« und einen »vegetativen« Trakt: »Der ›animalische‹ Theil dieser Höhle, die mir so paßt wie ein Schneckenhaus der Schnecke, ist ziemlich gut gelungen, der ›vegetative‹ (d. h. der für die gewöhnlichen Lebensfunktionen bestimmte, im Gegensatz zu den animalischen, wie Schreiben, Lesen, Denken) etwas weniger. So kann z. B. die Tischlade nicht geöffnet werden, ohne daß der Tisch verzogen wird, aber bei alledem hat meine Bedienerin, die mich bei der Einrichtung kräftig

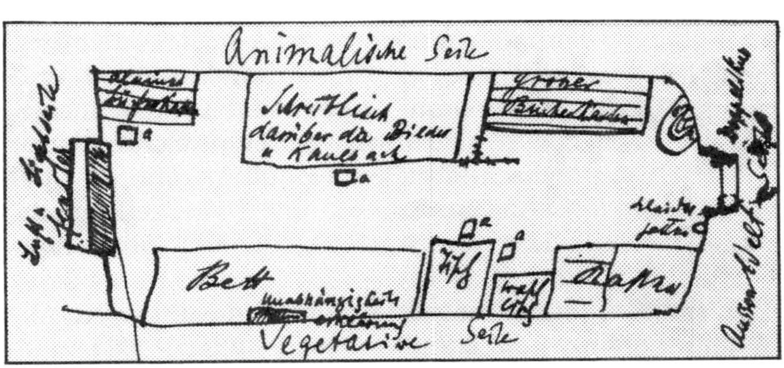

Freud-Skizze seines Dienstzimmers im Allgemeinen Krankenhaus

unterstützt hat, geäußert, sie hätte gar nicht geglaubt, daß alles so zusammengehen werde, und ich habe es selbst nicht geglaubt.«

Freuds ehemaliger Lehrer und jetziger Chef Theodor Meynert zählte zu den prominentesten Ärzten Wiens, einer seiner Mitarbeiter beschrieb ihn als »eine ziemlich auffallende Erscheinung – ein riesiger Kopf auf einem kleinen Körper – mit zerzausten Locken, die die lästige Gewohnheit hatten, in die Stirn zu fallen und immer wieder zurückgeschoben werden mußten.« Ein anderer Assistent gab sich enttäuscht, »daß viele der Gehirntrakte, die Meynert angeblich entdeckt hatte, nur Schöpfungen seiner Phantasie waren.« Die zahlreiche Kritik an seiner Person änderte aber nichts an Meynerts Stellung als wohl bedeutendster Gehirnanatom seiner Zeit. Vor allem ist es ihm zu danken, daß die Stadt Wien im Jahre 1870 ihre erste Psychiatrische Klinik erhielt.

Freud fand zu dem als verschlossen geltenden Mann, der in einem ziemlich unordentlichen Laboratorium arbeitete, in dem auch seine Kinder spielten, relativ guten Kontakt. An Meynerts Abteilung begann er, ein besonderes Interesse für die Neurologie zu entwickeln.

Seiner Martha schrieb er bei jeder sich bietenden Gelegenheit, am frühen Morgen, zu Mittag, nach dem Theater. Aus seinem ärmlichen Wohnraum oder aus dem Laboratorium: »Ich habe einige Blätter aus meinem Arbeitsbuch herausgerissen, um Dir, während mein Versuch vor sich geht, zu schreiben. Die Feder ist von Professors Arbeitstisch gestohlen, die Leute um mich glauben, daß ich meine Analysen ausrechne. Neben mir untersucht ein dummer Armenarzt eine noch dümmere Salbe, ob sie nichts Gesundheitsschädliches enthält; vor mir kocht es in meinem Apparat und brodeln die Gasblasen, die ich einleiten muß. Das Ganze predigt wieder Entsagung, Warten.«

Der junge Freud beschrieb nicht nur die schlichten Wohnmöglichkeiten, er äußerte sich auch über die katastrophalen Arbeitsbedingungen und die unmenschliche

Behandlung der rund 5000 Patienten im Allgemeinen Krankenhaus. Der charakterfeste junge Arzt konnte kaum verstehen, »daß auf allen – nicht klinischen – Krankenzimmern des Spitals kein Gas eingerichtet ist, sodaß die Kranken in den langen Winterabenden im Finstern liegen und der Arzt in tiefer Nacht, von einem Wachslicht beleuchtet ... seine Visite macht, ja selbst Operationen ausführt. Ferner wirst Du glauben, daß keine gewachsten Böden und Teppiche sind, sondern daß dort, wo unter 20 Kranken immer 10 schwer Lungenkranke liegen, einmal im Tag ausgekehrt wird, wobei das ganze Zimmer in Staubwolken eingehüllt ist? So sieht die Humanität unserer Zeit aus. Es ist wahr, die armen Teufel haben Bett und Pflege, mehr, als sie je gehabt haben, aber haben sie nicht als Kranke Anspruch auf mehr von dem, wovon die Gesellschaft sie ohne ihr Verschulden durch ihre eigene Mißwirtschaft ausgeschlossen hat? Und was sind die Kosten solcher Einrichtungen, die dem Ermatteten und Verlorenen eine menschenwürdig zugebrachte Frist geben könnten, im Vergleich zu den Kosten für alle Nichtigkeiten unserer europäischen Heere?«

Mehr als zwei Jahre mußte Freud ohne Bezahlung als Aspirant arbeiten, ehe er endlich eine Anstellung erhielt. Um so größer war sein Bemühen in dieser Zeit, eine Assistentenstelle zu finden, eine Position also, die wenigstens geringe Honorierung versprach. Denn nichts erhoffte er in diesen Tagen so sehr wie die Schaffung der finanziellen Grundlage, um seine Martha heimholen und heiraten zu können. Immer wieder entwickelte er Initiativen in diese Richtung; so bewarb er sich in den ersten Oktobertagen des Jahres 1882 um eine Stelle bei Professor Hermann Nothnagel, der soeben als Vorstand der Zweiten Medizinischen Klinik nach Wien berufen worden war. Nothnagels experimentelle Methoden hatten Weltruf erlangt, er war es, der als erster die Bedeutung des Blutdrucks erkannte. Das heißersehnte Treffen mit dem berühmten Arzt ist wörtlich überliefert, da Freud es seiner Verlobten schilderte:

»Ich war also bei Nothnagel mit meinen sämtlichen Werken und einer Empfehlung Meynerts. Das Haus ist neu, kaum fertig, die Wohnung riecht nach Lack, das Wartezimmer einfach prächtig. An der Wand ein Bild, das vier Kinder darstellt, einen prächtigen Jungen, der in zwanzig Jahren den Medizinern die besten Stellungen weghaschen wird ... Ein großes Bild einer dunkelhaarigen Frau auf einem staffeleiartigen Gestell, daneben der Mann, der über unser Geschick zu entscheiden hat. Unheimlich, so einen Mann zu sehen, der viel über uns vermag, und über den wir gar nichts vermögen. Nein, der Mann ist keiner unserer Rasse. Ein germanischer Waldmensch. Ganz blondes Haar; Kopf, Wangen, Hals, Augenbrauen ganz unter Haar gesetzt und zwischen dem Haar und dem Fleisch kaum ein Farbunterschied. Zwei mächtige Warzen an der Wange und an der Nasenwurzel; nichts von Schönheit, aber gewiß etwas Besonderes. Ich war draußen etwas zittrig gewesen, drinnen war ich sicher.«

Und dann die exakte Schilderung des Gesprächs mit Nothnagel. »Ich bin beauftragt«, setzte Freud sehr förmlich an, »eine Empfehlung von Professor Meynert zu überbringen, sein Bedauern auszudrücken, daß Sie ihn unlängst verfehlt haben, und in meinem eigenen Interesse bin ich so frei, diese Karte zu überreichen.«
Die Karte enthielt folgende Mitteilung: »Geehrter Herr Kollege, ich empfehle Ihnen Herrn Dr. Sigm. Freud bestens wegen seiner wertvollen histologischen Arbeiten und bitte, seinem Wunsche Ihre Aufmerksamkeit zu schenken. In der Hoffnung, Sie bald zu sehen, Ihr Theodor Meynert.«
»Diese Empfehlung meines Kollegen Meynert ist mir sehr wertvoll«, sagte Nothnagel, »also, was wünschen Sie, Herr Doktor?«
»Sie werden es ja erraten haben«, erwiderte Freud, »es ist bekannt, daß Sie jetzt einen Assistenten annehmen werden und man sagt, Sie werden außerdem über kurz oder lang eine andere Stelle kreieren. Man sagt auch, Sie gäben etwas auf wissenschaftliche Arbeiten: nun, ich habe

wissenschaftlich gearbeitet, habe jetzt nicht Gelegenheit, es fortzusetzen und darum hielt ich es für ziemlich, mich Ihnen als Bewerber vorzustellen.«
Freud überreichte Nothnagel einige seiner Berichte und schilderte dann in wenigen – für seine Jugend wohl sehr selbstbewußten – Worten seinen bisherigen medizinischen Weg: »Ich war zuerst Zoologe, wurde dann Physiologe und bin in der Histologie als Arbeiter aufgetreten. Ich ging fort, als mir Professor Brücke sagte, er werde seinen Assistenten nicht weggeben und rate mir, als armen Manne, nicht bei ihm zu bleiben.«
Nothnagels Reaktion war einigermaßen ernüchternd: »Ich will Ihnen nicht verbergen, daß schon mehrere Herren als Bewerber hier gewesen sind, und ich will Ihnen keine Hoffnungen machen. Es wäre gewissenlos von mir. Aber ich will Sie als Kandidaten für diese Stelle nennen und Sie in Vormerkung nehmen, wenn eine andere frei werden sollte. Wie gesagt: Versprechungen mache ich keine, die haben Sie wohl auch kaum erwartet ... Ihre Arbeiten behalte ich.«
Freud beschreibt auch den Eindruck, den die Unterredung auf ihn hinterließ: »Das klang alles etwas freundlicher, als es sich so wiedergegeben macht, es war nicht schroff, eher freundlich zurückhaltend.« Der junge Besucher machte Professor Nothnagel noch auf die Dringlichkeit seiner Situation aufmerksam: »Ich bin jetzt Aspirant im Allgemeinen Krankenhaus, und wenn Sie mir nicht Hoffnungen, Aussichten machen, kann ich ebensowohl bei Ihnen als bei einem anderen aspirieren.«
»Was heißt das?« fragte Nothnagel – der gerade erst, nach Absolvierung einer glänzenden wissenschaftlichen Karriere über Berlin, Zürich und Jena nach Wien gekommen war –, »ich kenne mich hier noch nicht aus.« Worauf ihm Freud die eher tristen Verhältnisse der in Wien ansässigen Jungmediziner erläuterte. »Ich muß mir eine Selbständigkeit gründen, wahrscheinlich in England, wo ich Verwandte habe. Ich habe so lange um Gotteslohn gearbeitet.«
»Ich meine nicht, daß Sie publizieren sollen«, sagte der

große Arzt jetzt, »arbeiten Sie nur im wissenschaftlichen Geiste fort, man kann ja auch Medizin wissenschaftlich betreiben.«

»Also, wenn ich Sie recht verstanden habe«, bohrte Freud weiter, »soll ich so handeln, als ob es zunächst bei Ihnen nichts wäre?«

»Ja, sichern Sie sich auf alle Fälle, ich kann Ihnen nichts versprechen, es wäre gewissenlos. Würden Sie sich denn für eine akademische oder eine praktische Laufbahn entscheiden?«

»Meine Neigungen und mein früheres Leben weisen mich auf das erste hin, aber ich muß . . .«

» . . . ja, Sie müssen zunächst leben können. Also ich werde Sie vormerken.«

»Darf ich mir nach einiger Zeit meine Arbeiten abholen? Es sind meine letzten Exemplare.«

»Ich will sie lesen; in drei bis vier Wochen bitte ich, darum zu kommen. Ich bin jetzt sehr beschäftigt.«

»Kann mir's denken, Herr Professor.« Eine Verbeugung noch und er wurde verabschiedet, schließt Freud seinen Bericht von der Unterredung bei Nothnagel ab. Und er bleibt trotz allem Optimist: »Nun, mein Mädchen? Zunächst ist nichts geworden. Die erste Stelle ist verloren, für die zweite komme ich gewiß als Konkurrent in Betracht, denn der Mann hat ehrlich gesprochen. In diesen Tagen wird noch Meynert, vor dem Nothnagel große Achtung hat, sich persönlich für mich verwenden, und wenn er mit den anderen Freunden, die ich unter den Professoren habe, bekannt wird, werde ich in seiner Schätzung steigen. Zunächst aber werde ich so arbeiten, als ob nichts damit wäre. Was ich jetzt in Angriff nehmen soll, ich denke noch darüber nach. Ich meine das unappetitliche, aber für die Praxis so wichtige und an sich interessante Gebiet der Hautkrankheiten . . .«

Die als Voraussetzung für die Ehe nötigen Finanzen spielen in seinen Briefen immer wieder eine bestimmende Rolle. »Merkst Du nicht, daß diese Wissenschaft unser ärgster Feind werden kann«, schreibt er an Martha, »daß der unwiderstehliche Reiz ohne Entgelt und Anerkennung sein Leben für die Lösung irgendwelcher für unser beider Befinden irrelevanter Probleme zu verwenden, unser Zusammenleben aufschieben und aufheben kann, wenn ich, ja wenn ich die Besonnenheit verliere? Nun, damit wird's nichts, ich bin kraftvoll beisammen und gedenke die Wissenschaft auszubeuten, anstatt mich zu ihren Gunsten ausbeuten zu lassen.« Noch 1899, als Dozent und etablierter Facharzt, schreibt Freud seinem in Berlin lebenden Freund Wilhelm Fließ, er hätte die »hilflose Armut kennengelernt und fürchte mich beständig vor ihr. Du wirst sehen, mein Stil wird besser und meine Einfälle richtiger werden, wenn mir diese Stadt reichlich zu leben gibt.«

Solange er um Martha werben mußte, bemühte sich Freud, die zukünftige Schwiegermutter für sich zu gewinnen: »Mit Deiner Mutter, die mir trotz unserer Interessensfeindschaft sympathisch ist, hoffe ich nun besser zu stehen.«

Einige Sommertage des Jahres 1882 hatte Freud bei Martha in Wandsbek verbracht. Auf dem Rückweg nach Wien nützte er einen Zwischenstopp in Hamburg, um bei einem jüdischen Graveur für die rege wechselseitige Korrespondenz Briefpapier zu bestellen, das beide verwenden konnten – die Initialen »M« und »S« waren »innig verschlungen und machten jeden Bogen für jeden anderen Verkehr als zwischen Marthchen und mir untauglich.«

Freud – von vielen Zeitgenossen als eher ernst beschrieben, wenngleich seine Vorliebe für Satire und Anekdote aus seinen zahlreichen Schriften hervorgeht – erweist sich in seiner Verliebtheit geradezu schelmisch. Dem Graveur spielt er eine Komödie vor, gibt sich als anderer aus, als er tatsächlich ist, stellt sich in dem kleinen Laden als »Dr. Wahle aus Prag« vor. Diesen Dr. Wahle gab es tatsächlich, er war ein Freund Sigmunds und früherer Verehrer seiner Martha, gegen den Freud – wie gegen jede noch so harmlose Männerbekanntschaft – mit krankhafter Eifersucht reagierte. Noch schlimmer war Wahles Eifersucht, denn er drohte einmal, sowohl Freud als auch

sich selbst zu erschießen, falls dieser Martha nicht glücklich machen würde.
Der betagte Graveur in Hamburg erzählte Freud aus seiner Jugend. »Wir sind hier eine Reihe von Männern von der alten Schule, die alle fest an der Religion halten, ohne sich dabei vom Leben abzuschließen. Wir verdanken unsere Erziehung *einem* Mann, ... einem gewissen Bernays.«
Freud war also durch Zufall auf jemanden gestoßen, der noch Marthas Großvater, den ebenso legendären wie berühmten Rabbiner Isaac Bernays, gekannt hatte. Und er war erpicht, alles über ihn zu erfahren, um dies Martha postwendend mitzuteilen, in der Hoffnung, der Geliebten in den nächsten Briefen Interessantes bieten zu können: »War er (Marthas Großvater, Anm.) Hamburger?« fragt Freud rhetorisch, um selbst Antwort zu geben: »Nein, er ist aus Würzburg gekommen, Napoleon I. hat ihn dort studieren lassen. Er kam als ganz junger Mann hierher, vor dreißig Jahren hat er hier noch gelebt.« Isaac sei Sprachforscher und Schriftausleger gewesen und hätte zwei ebenso bedeutende Söhne hinterlassen. Nur der dritte Sohn, ein ernster, verschlossener Mann, »der hat in Wien gelebt und ist dort gestorben, trat hinter den Brüdern in den Hintergrund« – das war Marthas Vater. Doch konnte Freud diese einschränkende Bemerkung zur Person des ihm unbekannt gebliebenen Schwiegervaters nicht gelten lassen: Er »erfaßte das Leben noch tiefer, als Wissenschaft und Kunst es vermögen«, schrieb er an Martha, »er war rein menschlich und schuf neue Schätze, anstatt die alten auszulegen. Ehre seinem Andenken, der mir Marthchen geschenkt hat.«
Jedenfalls bereitete es dem aus Wien kommenden Urlauber Sigmund Freud diebisches Vergnügen, den Kaufmann, an dem er »Züge des weisen Nathan« erkannte, hinters Licht geführt zu haben: »Wenn mein alter Jude, der jetzt mit Begeisterung von den Lehren seines Meisters sprach, geahnt hätte, daß sein Kunde, angeblich Dr. Wahle aus Prag, morgens die Enkelin des von ihm verehrten Mannes geküßt ...«

Mit einer rührenden Wendung beschließt Freud den mehrere Seiten langen Brief: »Ein Kunde kam, und Nathan war wieder Kaufmann. Ich empfahl mich, bewegter, als der alte Jude ahnte. Wenn er nach Prag kommen sollte, werde er sich das Vergnügen machen, mich aufzusuchen. Er wird mich nicht in Prag finden, aber als Ersatz will ich ihm eine andere Freude bereiten. Wenn mein Marthchen etwas von papierenen Geschenken nach Wien nehmen will, soll sie auf den Adolphsplatz zu unserem alten Juden, dem Schüler ihres Großvaters, gehen und ihm ihren Namen nennen. Er soll merken, daß der Stamm seines Lehrers nicht verdorben ist, seitdem er zu seinen Füßen gesessen hat.«

Freuds Verhältnis zu Marthas Mutter besserte sich mit der Zeit, doch sollte das nichts an ihrer strengen Haltung ändern. Ihre Tochter durfte keinen »armen Mann« heiraten. Und es sollte noch lange dauern, bis Freud finanziell Fuß fassen konnte. Zwar wurde er – nach kurzem Zwischenspiel in der Chirurgie – doch noch in Professor Nothnagels interne Abteilung aufgenommen, doch auch da wieder nur als unbezahlter Aspirant. Erst im Mai 1883 konnte ihn sein Lehrmeister Theodor Meynert als Sekundararzt an die Psychiatrie holen. Damit begann ein wahrhaft wichtiger Lebensabschnitt.

»Über Coca«
Freuds Kokain-Episode

An der Psychiatrischen Klinik öffneten sich für Freud die ersten wissenschaftlichen Wege. Sie waren von Anfang an steinig. Er begann, nachdem er in der *Deutschen Medizinischen Wochenschrift* einen Aufsatz des Arztes Theodor Aschenbrandt zum Thema Kokain gelesen hatte, sowohl an sich selbst als auch an anderen Experimente durchzuführen und stellte dabei fest, daß die noch ziemlich unbekannte und für harmlos gehaltene Droge gegen Erschöpfung wirksam war und auch bei Magenbeschwerden, Asthma, Seekrankheit und zur Behebung etlicher schmerzhafter Symptome half. Im *Centralblatt für die gesamte Therapie* veröffentlichte Freud die ersten Erkenntnisse seiner Versuche »Über Coca«, um die Droge auch als erfolgversprechendes Aphrodisiakum anzupreisen.

Die ersten Blätter der südamerikanischen Koka-Pflanze waren rund 30 Jahre vorher anläßlich der von Erzherzog Maximilian initiierten Weltumseglung mit der Fregatte *Novara* von Peru nach Österreich gebracht worden, nachdem die Expeditionsteilnehmer dort erfahren hatten, daß die »göttliche Pflanze« von Indianern als wahres Wundermittel verehrt würde. Doch von den meisten europäischen Wissenschaftlern war die Droge belächelt und ihre belebende Kraft als Märchen abgetan worden. Bis Freud in seinem Bericht feststellte, »daß die Wirkung der Kokablätter nicht nur auf die indianische Rasse beschränkt« sei.

In einem Brief an Martha beschreibt Freud jenen Kollegen, der sein erster »Testpatient« werden sollte. »Gestern war ich bei meinem Freund Ernst von Fleischl, den ich bisher, solange ich nicht Marthchen kannte, in allen Stükken beneidet habe. Jetzt habe ich ihm doch etwas voraus.

Er ist, glaube ich, seit zehn oder zwölf Jahren mit einem Mädchen verlobt, das ihm gleichaltrig ist, unbestimmt lange auf ihn warten wollte und mit dem er aus mir unbekannten Gründen zerfallen ist. Er ist ein ganz ausgezeichneter Mensch, an dem Natur und Erziehung ihr bestes getan haben. Reich, in allen Leibesübungen ausgebildet, mit dem Stempel des Genies in seinen energischen Zügen, schön, feinsinnig, mit allen Talenten begabt und fähig, in den allermeisten Dingen ein originelles Urteil zu schöpfen, war er immer mein Ideal, und ich war erst ruhig, als wir Freunde wurden und ich an seinem Können und Gelten eine reine Freude haben durfte ... Er lehrte mich das japanische Spiel Go und überraschte mich mit der Nachricht, daß er Sanskrit lerne.«

Was Freud ursprünglich nicht wußte: Der von ihm verehrte und beneidete Assistent am Physiologischen Institut Professor Brückes litt unter einer schweren Neuralgie und war Morphinist. Ursprung seiner Krankheit war eine Verletzung seines Daumens gewesen, die er sich bei einer Obduktion zugezogen hatte. Nach der notwendig gewordenen Amputation des Fingers bildeten sich am Daumenstumpf immer wieder schmerzhafte Nervengeschwulste, gegen die nur Morphium Erleichterung brachte. »Sein Untergang wird mich berühren«, schrieb Freud an Martha, sobald ihn Fleischl in sein Suchtproblem eingeweiht hatte, »wie einen alten Griechen die Zerstörung eines heiligen und berühmten Tempels ergriffen hätte.«

Freud hoffte nun, dem um sieben Jahre älteren und überaus angesehenen Arzt mit der neuen Droge »Coca« helfen zu können. Doch der Erfolg stellte sich nicht ein, im Gegenteil, Fleischl war am Ende der Behandlung auch noch kokainsüchtig dazu.

Freud hatte die Vorzüge, nicht aber die Gefahren des Kokains erkannt. Und so begann er, die Droge auch selbst einzunehmen, die ihn »auf volle Höhe der geistigen und körperlichen Frische« emporhob. Damit nicht genug, schickte er kleine Dosen an Martha, um sie »stark und kräftig zu machen«, drängte sie Kollegen, Freunden und Verwandten auf. Er selbst zählte nicht zu jenen Personen,

die auf Kokain süchtig wurden, er konnte sich das sonst so gefährliche Rauschgift also – in kleinen Mengen – injizieren, ohne gesundheitlichen Schaden zu nehmen, und war ebenso in der Lage, jederzeit wieder darauf zu verzichten.
Sollte sich die von Freud erhoffte Anwendung gegen Neuralgien und psychische Erkankungen schon bald als undurchführbar erweisen, so verdanken wir seiner Kokain-Forschung dennoch wahrhaft Epochales: Im Rahmen seiner Selbstversuche hatte er bei der oralen Einnahme ein »Pelzigwerden der Zunge« verspürt. Bald gab es keinen Zweifel: Die Droge entwickelt bei Berührung von Haut und Schleimhaut anästhesierende Wirkung.
Noch ehe er diese Forschungsarbeit beendet, geschweige denn publiziert hatte, beging Freud einen für einen Wissenschaftler schwerwiegenden Fehler: Er erzählte im Kollegenkreis von seinen Erkenntnissen. Es war im Sommer 1884 – Freud war mittlerweile an die »Neurologische Abteilung« versetzt worden –, als er gemeinsam mit mehreren jungen Ärzten im Hof des Allgemeinen Krankenhauses stand und ein Assistent vorbeikam, der über heftige Zahnschmerzen klagte. Freud sagte: »Ich glaube, ich kann Ihnen helfen, ich habe herausgefunden, daß Kokain eine Taubheit der Zunge bewirkt.« Begierig, neue Forschungsergebnisse zu erfahren, begleitete die Ärzteschaft Freud und dessen Opfer in einen nahen Behandlungsraum, wo die Schmerzen durch wenige Tropfen Kokain sofort gestillt wurden. Unter den jungen Ärzten befanden sich die Doktoren Koller und Königstein.
Unmittelbar nach dieser Begebenheit trat Freud eine neuerliche Reise zu Martha nach Wandsbek an, nicht ohne die Geliebte draufgängerisch auf sein Kommen vorzubereiten: »Wenn Du vorlaut bist, wirst Du sehen, wer der Stärkere ist, ein nettes kleines Mädchen, das nicht genügend ißt, oder ein großer wilder Mann, der Cocain in seinem Körper hat.« Freuds Abreise konnte Koller und Königstein – die selbst sehnsüchtig darauf warteten, mit einer aufsehenerregenden Publikation berühmt zu werden – nur recht sein, und so arbeiteten sie, unabhängig

voneinander, in eben diese Richtung weiter: Carl Koller testete in Professor Strickers Laboratorium die von Freud entdeckte betäubende Wirkung des Kokains an den Augen eines Frosches, den er dem instituteigenen Aquarium entnommen hatte. Und Leopold Königstein versuchte es gleich in der Humanmedizin. Doch Koller sollte das »Wettrennen« gewinnen. »Der Erfolg war verblüffend«, schreibt der Arzt Gustav Gärtner, ein Zeuge von Kollers erstem Froschtest, »nach ungefähr einer Minute war eine solche Unempfindlichkeit der Hornhaut eingetreten, daß auf deren Berührung, ja sogar auf deren Verletzung keine Reaktion erfolgte. Der Wunschtraum jedes Ophthalmologen, schmerzfrei am Auge operieren zu können, hatte seine Erfüllung gefunden.«
Bei einem Kongreß in Heidelberg ließ Dr. Koller schon wenige Wochen danach, am 17. Oktober 1884, die »Bombe platzen«. Darüber hinaus veröffentlichte er »seine« Erkenntnisse unter dem Titel »Vorläufige Mitteilung über lokale Anästhesierung am Auge« in den *Klinischen Monatsblättern für Augenheilkunde*, kurz darauf konnte man davon auch schon im New Yorker *Medical Record* lesen, und innerhalb weniger Tage ging die spektakuläre Entdeckung auch durch Tageszeitungen und Wochenmagazine um die Welt. Zudem fanden Ärzte des Allgemeinen Krankenhauses heraus, daß man mit dem neuen Mittel auch im Kehlkopf und im Nasenrachenraum schmerzlos operieren könnte. Wien war anerkanntermaßen die Geburtsstätte der Lokalanästhesie geworden. Und Koller ein weltberühmter Mann.
Nichtsahnend und frohgemut kehrte Freud, aus Wandsbek kommend, zurück an die Donau, wo ihm die gute Laune schnell verdorben war, als er nämlich aus Boulevard- und Fachblättern von den »sensationellen Erkenntnissen« seines Kollegen erfahren mußte. Freud, der sehr genau wußte – und dies auch gehofft hatte –, daß er mit der weiteren Erforschung des Kokains bekannt werden könnte, war schwer getroffen. Koller hatte *sein* Ziel erreicht: Er war plötzlich in aller Munde, was der medizinischen Karriere sehr förderlich sein konnte.

In der *Traumdeutung* geht Freud einige Jahre später auf diese Episode ein, gibt sich aber vorerst noch großmütig: »Koller gilt darum mit Recht als der Entdecker der Lokalanästhesie durch Kokain, die für die kleine Chirurgie so wichtig geworden ist; ich aber habe mein damaliges Versäumnis meiner Braut nicht nachgetragen«, behauptet er, nachdem er ja wegen Martha darauf verzichtet hatte, seine Entdeckung rechtzeitig zu veröffentlichen. In Wahrheit hat er ihr den unverzeihlichen Fehler – der freilich sein eigener war – immer nachgetragen. Und so konnte Freud viel später, in seiner *Selbstdarstellung*, »rückgreifend erzählen, daß es die Schuld meiner Braut war, wenn ich nicht schon in jungen Jahren berühmt geworden bin.«

Wenige Jahre nach dem Kokain-Mißgeschick wäre Freud, bereits als Dozent, beinahe ein ähnliches Malheur passiert, das aber durch einen geradezu gespenstisch anmutenden Zufall verhindert werden konnte. Während eines kurzen Studienaufenthalts in Berlin traf er den russischen Hirnanatomen Dr. Darkschewitsch und erzählte diesem, es sei ihm eine interessante Entdeckung, das menschliche Gehirn betreffend, gelungen, er hätte sie aus Vorsicht aber noch nicht publiziert. Freud in einem Brief an Martha: »Darauf zeigt er mir in seinen Notizen genau das nämliche und erzählt, daß er das Resultat einem Kollegen und Konkurrenten mitgeteilt hat, der es in einer Arbeit verwerten wird. Lieber Freund, sage ich, nein, das publizieren wir zusammen, und zwar gleich jetzt. Einverstanden. Am ersten Tag haben wir dann fünfeinhalb Stunden bei Tages- und Lampenlicht zusammen Präparate studiert, in beständigem Suchen und Zweifeln, bis er aufs Bett fiel und ich mit einem Hirngesumme fortging.« Tatsächlich wurden die »Originalmitteilungen der Herren Dr. L. Darkschewitsch (Moskau) und Dr. Sigm. Freud, Privatdocent (Wien)« in der nächsten Ausgabe des Berliner *Neurologischen Centralblatts* veröffentlicht; es geht darin um komplizierte Zusammenhänge zwischen Kleinhirn und Rückenmark.

Hatte Freud seine Urheberschaft in diesem Fall buchstäblich in letzter Sekunde gerettet, so mußte er annehmen, mit seiner Entdeckung der Kokain-Wirkung auf die Muskelkraft nicht mehr berühmt werden zu können. Trotzdem arbeitete er wie geplant auch in diese Richtung weiter. Und erntete damit doch noch sehr viel Publizität. Wenn auch in ganz anderer Weise, als er sich das gewünscht hatte. Nachdem er nämlich in einem Vortrag auch noch die psychiatrische Anwendung des Kokains bei Hysterie, Hypochondrie und Depression empfahl, verfaßte Professor Albrecht Erlenmayer im *Centralblatt für Nervenheilkunde* ein gegen Freuds Theorie gerichtetes Pamphlet, in dem er »auf Grund einer durch große Zahlen imponierenden Versuchsreihe« Kokain als gefährliches Mittel erkannte und anprangerte.

Während Koller also mit seinen Kokainarbeiten Weltruf erlangt hatte, brachte dasselbe Forschungsobjekt Freud nur negative Kritik. »Die Empfehlung des Kokains, die 1885 von mir ausging, hat mir auch schwerwiegende Vorwürfe eingetragen«, schreibt Freud, um noch einmal auf die Tragödie seines Kollegen Ernst von Fleischl zurückzukommen: »Ein treuer, 1895 schon verstorbener Freund* hatte durch den Mißbrauch dieses Mittels seinen Untergang beschleunigt.« Es war ein furchtbarer Tod, der Ernst von Fleischl ereilte. Die immer größeren Kokaindosen, die er schon nach kurzer Zeit benötigte, hatten zu einer chronischen Vergiftung und schließlich zum Delirium geführt, während dessen er weiße Schlangen über seine Haut kriechen sah. Freud hatte sich sein Leben lang Vorwürfe gemacht, dem Freund das Ende eher erschwert als erleichtert zu haben.

Die Zeit des ersten Sturms gegen Freud war gekommen, zumal sein Freund Fleischl nicht das einzige Kokain-Opfer bleiben sollte. Er experimentierte weiter und empfahl die damals in Apotheken und Drogerien frei zu beziehende Droge jedem, der unter Depressionen litt. »Coca«, sagte Freud, wäre ein »weit kräftigeres und unschädlicheres Stimulans als Alkohol« und man müsse bedauern,

---

* Richtig ist, daß Fleischl bereits 1891 verstarb

daß der Anwendung ein unsozial hoher Preis im Wege stehe. Seine Untersuchungen brachten ihm den Ruf eines Fanatikers ein, gegen dessen Methoden jetzt auch die Professoren Meynert und Richard von Krafft-Ebing heftig protestierten.

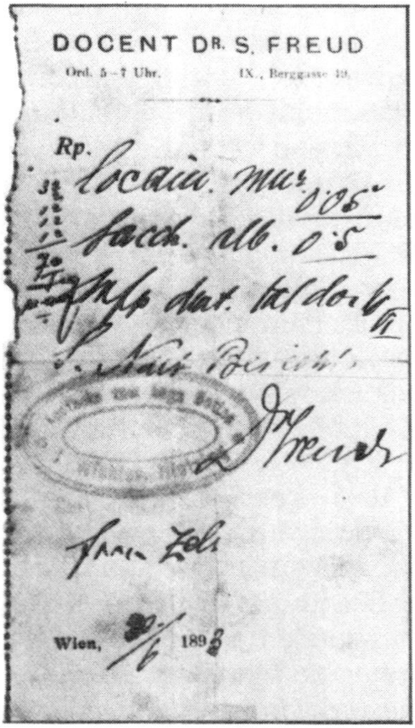
DOCENT DR. S. FREUD
Ord. 5–7 Uhr. IX., Berggasse 19.
Rp.
Wien, 189

Von Freud ausgestelltes Kokain-Rezept

Doch Meynerts einstiger Musterschüler war nicht zu bremsen, glaubte an die Richtigkeit seiner Thesen. Erst als er bei seinem Freund Fleischl die gefährlichen Nebenwirkungen der Injektion entdeckte, stellte er seine Versuche mit Kokain ein, für das er, wie er später bekannte, ein »abseitiges aber tiefgreifendes Interesse« empfunden hatte.
So leichtfertig Freud mit der »Wunderdroge« Kokain experimentiert haben mag, so sollten diese Versuche für die Entwicklung der Psychoanalyse doch von entscheidender Bedeutung werden. Denn die Idee, das psychische

Verhalten des Menschen beeinflussen zu können, ließ ihn fortan nicht mehr los. Und wenn dies medikamentös nicht zu verwirklichen war, dann müßten andere Möglichkeiten erforscht werden. Es war ein langer, dornenvoller Weg, der ihn zur Psychoanalyse führte. Und das Kokain spielte dabei eine wichtige Rolle.
Neben all der Enttäuschung, die ihm die Kokainstudien brachten, sollte ihm die anästhesierende Wirkung der Droge auch zu einem berührenden Erlebnis verhelfen. Gerade in diesen Tagen mußte sich Freuds Vater einer Glaukom-Operation an einem Auge unterziehen. Und so wurde Jakob Freud einer der ersten Patienten der Welt, dem die segensreiche Entdeckung seines eigenen Sohnes zugute kam. In Sigmund Freuds Beisein tropfte Dr. Koller das Kokain ins Auge des Patienten, worauf Dr. Königstein den chirurgischen Eingriff schmerzfrei durchführte. »Koller machte dann die Bemerkung, daß bei diesem Falle alle die drei Personen sich vereinigt fänden, die an der Einführung des Kokains Anteil gehabt haben«, schrieb Freud später.

Vorerst nützte er die Zeit des Alleinseins, um weiter an seiner Karriere zu arbeiten. Martha bat er um Verständnis dafür, daß bis zur Gründung eines Hausstandes noch einige Zeit verstreichen würde, denn immer wieder beschäftigten ihn neue Experimente: »Eine ganz kleine frohe Nachricht laß ich Dich heute wissen; ich müßte mich sehr, sehr irren, wenn es nicht mit einer ›neuesten Methode‹ geht, ich schrieb Dir ja, ich setze meine Hoffnung auf das Sonnenlicht, das scheint wirklich zu helfen. Laß Dich nicht betrüben, wenn ich wieder einmal schreibe, es geht nicht; zum Finden gehört Geduld und Zeit und Glück, aber so fängt's immer an, wenn was herauskommt. Darum Mut, Prinzeßchen.«
Im Juni 1885 beschreibt Freud, als er für einige Wochen in der noblen *Irrenanstalt Oberdöbling*, am Stadtrand von Wien, eine Urlaubsvertretung übernahm, erstmals seine Arbeit mit Nervenkranken. Und muß die Ohnmacht seines Berufsstandes in der damaligen Situation erkennen:

»Sechzig Kranke werden im Haus verpflegt, Geisteskranke in allen Abstufungen von leichtem Schwachsinn, den der Laie nicht bemerkt, bis zum tiefsten Grad psychischer Versunkenheit. Die ärztliche Behandlung ist natürlich geringfügig, beschränkt sich auf die nebenbei eruierten internen und chirurgischen Beschwerden, sonst ist alles Überwachung, Pflege, Kost und Gewährenlassen.« Unter den wohlhabenden Patienten befanden sich »Grafen, Comtessen, Barone und dergleichen«. Auch nennt er »zwei Durchläuchte, Fürst S. und Fürst M. Letzterer ein Sohn von Marie Louise, der Frau Napoleons, und so wie unser Kaiser, ein Enkel von Kaiser Franz.« Die private Heilanstalt für Geisteskranke wurde vom berühmten Psychiater Maximilian Leidesdorf geführt. Wie alle Ärzte hier mußte auch Freud bei den täglichen Visiten in Frack, Zylinder und weißen Handschuhen erscheinen.

Im selben Jahr noch sucht Freud um Verleihung des Titels »Privatdozent für Nervenpathologie« an und bewirbt sich fast gleichzeitig um ein von der Universität Wien ausgeschriebenes Reisestipendium für junge Mediziner. Er

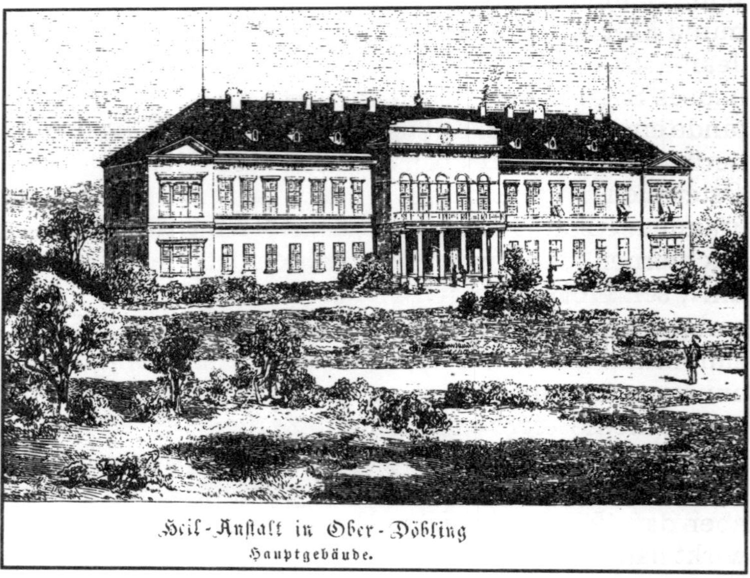

Heil-Anstalt in Ober-Döbling
Hauptgebäude.

assistiert noch kurz an der Augenklinik und in der Dermatologischen Abteilung und wird am 18. Juli 1885, nachdem er alle Prüfungen erfolgreich absolviert hat, zum Privatdozenten ernannt. Ein Titel, der nicht nur Ehre, sondern auch wesentlich höhere Einkünfte im Falle der Errichtung einer Privatpraxis sowie eine bessere Position an einer Klinik sichern sollte.

Doch als Freud just in diesen Tagen erfuhr, daß er dank einer Intervention seiner Lehrer Brücke und Meynert – trotz der Kokain- Episode – als Empfänger des beantragten Stipendiums ausersehen wurde, verschob er seine Universitätskarriere und entschied sich für einen sechsmonatigen Studienaufenthalt bei Professor Charcot in Paris, um sich dort vor allem mit hirnanatomischen Forschungsarbeiten zu beschäftigen.

Warum er Wien vorerst den Rücken kehrte, erklärte Freud später so: »Viele Leute würden sagen, es ist eine Dummheit, daß ich ablehne, um was ich mich vor vier Wochen beworben habe. Aber des Menschen Dämon ist das Beste an ihm, ist er selber. Wofür man nicht mit ganzer Liebe einsteht, das soll man nicht unternehmen.« Diesem »Dämon« begegnen wir in vielen Lebensphasen Sigmund Freuds.

Jean-Martin Charcot, Direktor des legendären Krankenhauses Salpêtrière in Paris – untergebracht auf dem Gelände einer ehemaligen Pulverfabrik –, zählte zu Europas berühmtesten Neuropsychiatern. Sein jüngster, aus Österreich angereister Schüler war sofort Feuer und Flamme: »Charcot, der einer der größten Ärzte, ein genial nüchterner Mensch ist, reißt meine Ansichten einfach um«, schreibt Freud an Martha. »Nach manchen Vorlesungen gehe ich fort wie aus Notre-Dame, mit neuen Empfindungen vom Vollkommenen. Aber er greift mich an; wenn ich von ihm weggehe, habe ich gar keine Lust mehr, meine eigenen dummen Sachen zu machen ... Mein Gehirn ist gesättigt, wie nach einem Theaterabend. Ob die Saat einmal Früchte bringen wird, weiß ich nicht, aber daß kein anderer Mensch je ähnlich auf mich gewirkt hat, weiß ich gewiß.«

War Freud vorerst nur einer von vielen ausländischen Besuchern der Salpêtrière, so verstand er es bald, Charcots Aufmerksamkeit auf sich zu lenken, sodaß dieser eines Tages einen seiner Assistenten aufforderte, Freud bei der Untersuchung eines Patienten beizuziehen. »Der Abschluß der Beobachtung wurde auf den Nachmittag, vier Uhr verschoben«, läßt er wieder seine Verlobte im fernen Wandsbek wissen, »und der Assistent lud mich ein, in der *Salle des Internes* mit ihm und den anderen Ärzten des Hauses zu dejeunieren, wo man mich natürlich als Gast behandelte. Und das alles auf einen Wink des Meisters! Wie schwer ist mir aber diese kleine Eroberung geworden. Ich glaube, es ist ein schweres Unglück für mich, daß die Natur mir nicht jenes unbestimmte Etwas gegeben hat, was die Menschen anzieht. Denke ich an mein Leben zurück, so hat mir mehr als das gefehlt, um mir die Existenz rosig zu machen. Meine Freunde habe ich so langsam erworben, um mein teures Mädchen mich so lange raufen müssen, und jedesmal, wenn ich mit wem zusammenkomme, merke ich, daß der Neue von einem Antrieb, den er gar nicht zu analysieren braucht, zunächst veranlaßt wird, mich zu unterschätzen. Was mich in Gedanken dafür entschädigt, ist die Innigkeit, mit der alle, die mir Freund geworden sind, dann an mir hängen.«
Zeigt der 29jährige Freud in diesem – und manch anderem – Schreiben große Unsicherheit, ja geradezu Gefühle von Minderwertigkeit, so ist in anderen Briefstellen das genaue Gegenteil bemerkbar. Etwa wenn er als junger und vollkommen unbekannter Arzt mehrmals von seinen späteren »Biographen« spricht. Und ankündigt, er werde einen Großteil seiner Briefe und Manuskripte vernichten, denn »die Biographen sollen sich plagen, wir wollen's ihnen nicht zu leicht machen. Jeder soll mit seinen Ansichten über die ›Entwicklung des Helden‹ recht behalten, ich freue mich schon, wie die sich irren werden.«

Charcot fasziniert Freud immer mehr, er hängt an seinen Lippen. Und es verwundert nicht, daß der berühmte Arzt den jungen Gast aus Wien für sein »Steckenpferd«, die

Hypnose, zu begeistern vermag. Die klassische Medizin war in diesen Jahren kaum in der Lage, schwere Fälle von Hysterie zu heilen, die »Hysterie des Mannes« wurde überhaupt geleugnet oder bestenfalls als Kuriosität belächelt, Hypnose als Magie und Scharlatanerie abgetan. Bei Charcot in Paris beobachtete Freud erstmals hysterische Symptome, die sich in epileptoiden Zuckungen am ganzen Körper zeigten und über Lähmung und Sehstörung bis zum Delirium führten. Und er konnte mitverfolgen, wie diese schrecklichen Krankheitszeichen in der Hypnose verschwanden.

Nach seiner Rückkehr aus Paris tat Freud alles, die Heilung durch Hypnose auch in Österreich zu propagieren. Doch stieß er damit bei der Wiener Ärzteschaft auf derartigen Widerstand, daß sich auch sein ihm so gut gesinnter Lehrer Theodor Meynert immer mehr von ihm distanzierte. Gegen Ende seines Paris-Aufenthalts hatte Freud dem über alles verehrten Charcot angeboten, dessen *Neue Vorlesungen über die Krankheiten des Nervensystems, insbesondere über Hysterie* ins Deutsche zu übersetzen. Was dieser mit Begeisterung akzeptierte und wodurch Freuds Kontakt zu seinem Lehrer noch inniger wurde. Frankreichs »Fürst der Wissenschaften« lud den Kollegen aus Wien zu mehreren seiner eleganten Empfänge ein, die den in bescheidenen Verhältnissen aufgewachsenen Freud ungeheuer beeindruckten. Zur imponierenden Kühnheit von Charcots Auffassungen der Hypnose, der Hysterie und der traumatischen Neurosen kam jetzt noch der großbürgerliche, ja feudale Lebensstil, welcher der Ärztestand – sollte das Glück auf seiner Seite sein – zu eröffnen imstande war.

Während er in Wien menschenunwürdig hatte »hausen« müssen, bewohnte Freud in Paris das »ebenerdig, sehr schöne« Zimmer des kleinen Hotels *Royer-Collard*, nahe dem Pantheon, woran heute noch eine Tafel erinnert: »Sigmund Freud, Créateur de la Psychoanalyse, habita cette maison 1885-1886.« In der *Traumdeutung* wird er später erzählen, daß die Plattform von Notre-Dame in diesen Monaten sein Lieblingsaufenthalt war und daß er

»jeden freien Nachmittag auf den Türmen der Kirche zwischen den Ungetümen und Teufelsfratzen herumzuklettern« pflegte.
Freud begann eine intensive Auseinandersetzung mit den Möglichkeiten der Hypnose, ließ sich weiter ausbilden und brachte später, nach Eröffnung einer eigenen Praxis, seine Patienten dazu, in der hypnotischen Trance über ihre Vergangenheit zu sprechen. Josef Breuer erwies sich auf diesem Gebiet als treuer Weggefährte. Gemeinsam veröffentlichten sie Jahre danach die *Studien über Hysterie*.
Interessant ist, daß Freud mit Carl Koller – der ihm die wissenschaftliche Anerkennung als Kokainforscher »weggeschnappt« hatte – nach wie vor freundschaftlich verbunden blieb. Das zeigt ein Brief, den er Koller nach seiner Heimkehr aus Paris schickte und der gleichzeitig seine Bewunderung für Charcot dokumentiert: »Du hast recht, zu vermuten, daß Paris einen neuen Anfang der Existenz für mich bedeutet. Ich habe dort einen Lehrer gefunden, wie ich ihn mir immer vorgestellt, habe klinisch sehen gelernt, soweit ich das imstande bin, und eine gute Menge von positiven Kenntnissen mitgenommen.«

Carl Koller war nach seinen ersten Publikationen über die Entdeckung der Lokalanästhesie weltberühmt geworden – doch sein persönliches Schicksal nahm eine eher tragische Wendung. Schon ein Jahr später mußte er im Zusammenhang mit einer Duellaffäre Österreich verlassen. Er ließ sich als Augenarzt in New York nieder, wo er 1944 – hochgeehrt und als Kapazität gefeiert – verstarb. Bis zum Schluß konnte er es aber nie verwinden, daß er unter solchen Umständen seine Heimat hatte verlassen müssen.
Nach einem weiteren Studienaufenthalt in Berlin ist Freud wieder in Wien, jetzt schon als »Privatdozent für Neuropathologie«. Die Vorzüge, die sich aus diesem Titel ergaben, erklärte er Martha so: »Ein Gehalt ist nicht damit verbunden, aber zweierlei Vorteile. Erstens das Recht (gleichzeitig die einzige Pflicht), Kurse zu lesen, von de-

nen, wenn sie gut besucht sind, man notdürftig leben kann. Sodann ist man gesellschaftlich unter den Ärzten und dem Publikum auf ein hohes Niveau gehoben und kann eher erwarten, Patienten zu bekommen, besser gezahlt zu werden, kurz, man hat es leicht, zu einem gewissen Ruf zu kommen. Es gibt freilich auch Dozenten ohne Patienten, und unsere ganze Zukunft schaut ja trotz der guten Erfolge meiner Arbeiten noch recht dunkel aus.«
Die für seinen weiteren Lebensweg wichtigste in Paris erfahrene Erkenntnis war das Wissen um die Tatsache, daß es neben dem bewußten auch ein unbewußtes Denken gibt. Einen Satz Jean-Martin Charcots nahm er sich in seiner ganzen wissenschaftlichen Arbeit zu Herzen: »Die größte Befriedigung, die ein Mensch erleben kann, ist es, etwas Neues zu sehen, das heißt, es als neu zu erkennen.«
Freud nahm diese Worte sehr ernst. Und »sah« in den folgenden Jahrzehnten mehr Neues als irgendein anderer Forscher seiner Zeit.

Der General als Papagei
Freud, das Militär und die Ehe

Freud als k. k. Oberarzt auf Manöver in Mähren. »Wir spielen immer Krieg«, schreibt er an Josef Breuer, »das einzig Erträgliche in Olmütz ist ein großstädtisches Café mit Eis, Zeitungen und gutem Gebäck.« Im Spätsommer 1886 war er – knapp nach seiner Rückkehr aus Paris – zu den Manövern des deutschsprachigen *k. k. Landwehr-Infanterie-Bataillons Olmütz Nr. 15* eingezogen worden.
Die Bedienung des vom Reserveoffizier Freud beschriebenen Kaffeehauses in Olmütz »leidet unter dem militärischen Wesen, wie alles andere. Wenn die zwei oder drei Generale – die mich immer an Papageien erinnern, ich kann nichts dafür, aber Säugetiere pflegen sich sonst nicht in solche Farben zu kleiden – wenn die Generale irgendwo beisammensitzen, umschwärmt sie der ganze Kellnertroß, und alles andere existiert nicht für sie. Einmal mußte ich in der Verzweiflung zu einer schweren Prahlerei greifen. Ich packte eine solche Bedienung beim Fracke und schrie sie an: ›Sie, ich kann auch noch einmal General werden, bringen Sie mir daher ein Glas Wasser.‹ Das wirkte.«
Dem Manöver verdanken wir nicht nur diese Anekdote, sondern auch eine ziemlich genaue Charakterisierung des 30jährigen Freud. Während er die obersten Militärs despektierlich als Papageien bezeichnete, waren die von ihm ins Lächerliche gezogenen Vorgesetzten offenbar mit seinen Leistungen zufrieden, wie wir der *Qualifikationsurkunde des k. k. Oberarztes Dr. Sigmund Freud* entnehmen können.
»*Sprachkenntnisse:* Deutsch in Wort und Schrift vollkommen; französisch, englisch gut; italienisch und spanisch ziemlich gut. *In seinem Berufe* sehr geschickt, kennt die Sanitätsvorschriften und den Sanitätsdienst

genau; genießt großes Vertrauen beim Militär und im Civile. Ehrenhafter, fester Charakter; heiter. Sehr eifrig im Pflichtgefühl, hält Ordnung und ist im Dienste sehr verläßlich. Besitzt die vorgeschriebene Uniform und das Verbandszeug. *Vor dem Feinde:* nicht gedient. *Gegen Vorgesetzte:* gehorsam und offen, dabei bescheiden; *gegen Gleichgestellte:* freundlich; *gegen Untergebene:* wohlwollend mit guter Einwirkung; *gegen Kranke:* sehr fürsorglich und human. Gute Umgangsformen. *Gesundheits-Umstände:* schwächlich, doch vollkommen gesund, kriegsdiensttauglich.«

Nach den Manövern von Olmütz wurde Oberarzt Freud noch zum Regimentsarzt befördert, doch schied er bald darauf über eigenes Verlangen aus dem Reservedienst der kaiserlich-königlichen Armee. Ein wenig scheint es, als würde Freud ein Stück aus dem eigenen Unbewußten preisgeben, als er, 20 Jahre später, in seinem Buch *Der Witz und seine Beziehung zum Unbewußten*, die folgende jüdische Anekdote zum besten gibt: Itzig ist zur Artillerie assentiert worden. Er ist offenbar ein intelligenter Bursche, aber ungefügig und ohne Interesse für den Dienst. Einer seiner Vorgesetzten, der ihm wohlgesinnt ist, nimmt ihn beiseite und sagt: »Itzig, du taugst nicht zu uns. Ich will dir einen Rat geben: Kauf dir eine Kanon' und mach' dich selbständig.«
Freuds gänzlich unmilitärisches Wesen kommt darin zum Ausdruck, wenn er scherzhaft Waffenrock und Handelssinn verknüpft, als ginge es beim Militär ebenso zu wie im Geschäftsleben.

Im selben Jahr eröffnet der junge Nervenarzt in der Wiener Innenstadt seine erste Ordination, was er in der Ausgabe der *Neuen Freien Presse* vom 25. April 1886, nicht ohne einen Hinweis auf seine Auslandserfahrung zu vergessen, ankündigt: »Dr. Sigmund Freud, Dozent für Neuropathologie an der Universität Wien, ist von seinem sechsmonatigen Aufenthalt in Paris zurückgekehrt und ordiniert jetzt Rathausstraße 7.«

Freund Carl Koller kündigt er in einem Brief an: »Gemietete Zimmer und Bedienung, dabei rasch einschmelzender, geringer Bar-Vorrat. Es ging mir aber über Erwarten gut. Was Breuers Hilfe, was der Name Charcots dazugetan hat, und vielleicht der selbstverständliche Zulauf zu einer Novität, will ich nicht analysieren; ich nahm in dreieinhalb Monaten 1100 Gulden* ein und sagte mir, daß ich heiraten könnte, wenn es so verhältnismäßig immer besser weiterginge.«

Jetzt endlich, nach vierjähriger, dem Brautpaar viel länger noch erscheinender Zeitspanne, war's soweit: Martha Bernays und Sigmund Freud feierten Hochzeit. Marthas Mutter hatte ihre Einwilligung gegeben, und so konnte Freud wahrmachen, was er vor seinem Frankreich-Aufenthalt hoffnungsfroh angekündigt hatte: »Prinzeßchen, mein Prinzeßchen, o wie schön wird das sein . . . Ich gehe nach Paris und werde ein großer Gelehrter und komme dann mit einem großen, großen Nimbus nach Wien zurück und dann heiraten wir bald und ich curire alle unheilbaren Nervenkranken und Du erhältst mich gesund und ich küsse Dich bis Du stark und heiter und glücklich bist – und wenn sie nicht gestorben sind, so leben sie heute noch«, ließ er das schriftliche Eheversprechen ausklingen.

Geheiratet wurde, gar nicht zur Freude Freuds, sowohl nach jüdischem Zeremoniell als auch standesamtlich. Die zivile Hochzeit im Rathaus zu Wandsbek fand am 13. September 1886 statt, am Tag darauf wurden Hochzeitsanzeigen verschickt. Nach an der Ostsee verbrachten Flitterwochen kehrten Martha und Sigmund Freud heim nach Wien. Ordination und Wohnung in der Rathausstraße gab er bald wieder auf – da ihm 80 Gulden Monatsmiete** zu teuer schienen –, um mit seiner jungen Frau auf den nicht minder eleganten Schottenring zu ziehen. Die ihm jetzt gutgesinnte Schwiegermutter war bei der Haushalts- und Ordinationsgründung insofern behilf-

* Entspricht laut Statistischem Zentralamt Wien im Jahre 1989 einem Betrag von 110.000 Schilling (= 16.000 DM)

** Entspricht einem Betrag von 8000 Schilling (= 1300 DM)

Dr. Sigm. Freud
Martha Freud
geb. Bernays.
Vermählte.
Wandsbek 14. September 1886.

lich, als sie der Tochter eine relativ stattliche Mitgift überließ. Als Dozent glaubte Freud überdies bald mit dem Zustrom wohlhabender Privatpatienten rechnen zu können. Die Investitionen zwangen ihn freilich, sich auf hohe Schulden einzulassen – was bei der Gründung einer Arztordination durchaus üblich war.

Freuds neue Praxis stand auf historischem Boden. Fünf Jahre zuvor war die Monarchie durch eine folgenschwere Feuerkatastrophe erschüttert worden: Am 8. Dezember 1881 waren hier beim Brand des Wiener Ringtheaters während einer Vorstellung von Offenbachs Oper *Hoffmanns Erzählungen* 386 Menschen ums Leben gekommen.

Vom Wiederaufbau der »Komischen Oper« am Schottenring nahm man aus Pietätsgründen Abstand, und so errichtete der berühmte Baumeister Friedrich von Schmidt – der Erbauer des Wiener Rathauses – an eben dieser Stelle das »Kaiserliche Stiftungshaus«, von den Wienern »Sühnhaus« genannt. Am 1. Oktober 1886 gab Freud die Eröffnung seiner neuen Praxis »im schönsten Haus von

Wien«, wie er stolz sagte, bekannt. Der Eingang zu seiner Vierzimmerwohnung und Ordination befand sich an der Rückseite des palaisartigen Gebäudes, in der Maria-Theresien-Straße Nr. 8.

DOZENT DR. SIGM. FREUD

beehrt sich anzuzeigen, dass

er seit 1. Okt. d. J.

I., Maria Theresienstrasse 8

(k. Stiftungshaus)

wohnt und von **1** — **3**h. ordinirt.

Die zahlreich erhofften Patienten sollten allerdings noch ausbleiben, hatte er doch den neurologischen Fällen vorerst auch nichts anderes zu bieten als andere Ärzte: Bäder, Diät, Elektrotherapie. Und die Heilerfolge hielten sich ebenso in Grenzen wie die seiner Kollegen. Sobald ihm das klar war, »schob ich den elektrischen Apparat beiseite.« In der *Selbstdarstellung* zitiert er den Arzt Paul Möbius, der »das erlösende Wort gesprochen hatte, die Erfolge der elektrischen Behandlung bei Nervenkranken seien – so sie sich überhaupt ergeben – eine Wirkung der ärztlichen Suggestion.«
Pausenlos auf der Suche nach neuen Behandlungsmethoden für hysterische Patienten, stieß er immer wieder zur Hypnose und versuchte sich in ihrer praktischen Anwendung. Während sich Charcot mit dem Phänomen eher theoretisch befaßte, konnte man in Medizinerkreisen – wenn auch nur hinter vorgehaltener Hand – erfah-

ren, daß die Ärzte Bernheim und Liébeault aus Nancy mit eben dieser Methode bei ihren Patienten schon beachtliche Erfolge erzielten.
Freud übersetzte Hippolyte Bernheims Werk über die Hypnose ins Deutsche und reiste ein zweites Mal nach Frankreich, diesmal, um die Hypnosetechnik in der Praxis studieren zu können. Mehrere Wochen verbrachte er in der sogenannten *Schule von Nancy* und empfing dort auch »die stärksten Eindrücke von der Möglichkeit mächtiger seelischer Vorgänge, die doch dem Bewußtsein des Menschen verhüllt blieben.«

Einen der ersten Erfolge, die er in seiner neuen Ordination in Wien durch Suggestionsbehandlung erzielte, schildert Freud als einen *Fall von hypnotischer Heilung*. Eine junge Frau, die gerade von ihrem zweiten Kind entbunden worden war, wurde auf Empfehlung Dr. Breuers an ihn verwiesen. Freud kannte die Patientin, »die infolge ihrer Tüchtigkeit, ruhigen Besonnenheit und Natürlichkeit bei niemandem, auch nicht bei ihrem Hausarzte, im Rufe einer Nervösen stand«, zufällig seit seiner Kindheit. Schon nach der Geburt ihres ersten Kindes war es ihr nicht möglich gewesen, dieses selbst zu ernähren. »Die Milch kam nicht reichlich, das Anlegen verursachte Schmerzen, der Appetit mangelte, ein bedenklicher Widerwille gegen die Nahrungsaufnahme stellte sich ein, die Nächte waren erregt und schlaflos, und um Mutter und Kind nicht weiter zu gefährden, wurde der Versuch nach vierzehn Tagen als mißglückt abgebrochen und das Kind einer Amme übergeben.«
Drei Jahre später, nach der Geburt des zweiten Kindes, waren bei der glücklich verheirateten Frau dieselben Symptome – in noch schlimmerer Form – aufgetreten: Die junge Mutter erbrach alle Nahrung, geriet schon in Aufregung, wenn das Essen ans Bett gebracht wurde, war absolut schlaflos. In dieser Situation wurde Freud gerufen. »Ich fand sie mit hochgeröteten Wangen zu Bette liegend, wütend über ihre Unfähigkeit, das Kind zu nähren, die sich bei jedem Versuch steigerte und der sie doch mit

allen Kräften widerstrebte. Um das Erbrechen zu vermeiden, hatte sie diesen Tag über nichts zu sich genommen ... Ich wurde nicht als willkommener Retter aus der Not begrüßt, sondern offenbar nur widerwillig aufgenommen und durfte auf nicht viel Zutrauen rechnen. Ich versuchte sofort, die Hypnose durch Fixierenlassen bei beständigem Einreden der Symptome des Schlafes herbeizuführen. Nach drei Minuten lag die Kranke mit dem ruhigen Gesichtsausdruck einer tief Schlafenden da. Ich bediente mich der Suggestion, um allen ihren Befürchtungen und den Empfindungen, auf welche sich die Befürchtungen stützten, zu widersprechen. ›Haben Sie keine Angst, Sie werden eine ausgezeichnete Amme sein, bei der das Kind prächtig gedeihen wird. Ihr Magen ist ganz ruhig, Ihr Appetit ausgezeichnet, Sie sehnen sich nach einer Mahlzeit‹.«
Noch am selben Tag stellte sich infolge der »Kontrastvorstellung«, wie Freud die Behandlung später nannte, vorübergehende Besserung ein, doch bald verweigerte die Patientin neuerlich die Nahrungsaufnahme. »Ich war nun bei der zweiten Hypnose energischer und zuversichtlicher. Die Kranke werde fünf Minuten nach meinem Fortgehen die Ihrigen etwas unwillig anfahren: wo denn das Essen bleibe, ob man denn die Absicht habe, sie auszuhungern, woher sie denn das Kind nähren solle, wenn sie nichts bekäme u. dgl. Als ich am dritten Abend wiederkehrte, ließ die Wöchnerin keine weitere Behandlung zu. Es fehle ihr nichts mehr, sie habe ausgezeichneten Appetit und reichlich Milch für das Kind, das Anlegen des Kindes mache ihr nicht die geringsten Schwierigkeiten u. dgl. Dem Manne war es etwas unheimlich erschienen, daß sie gestern Abend bald nach meinem Fortgehen so ungestüm nach Nahrung verlangt und der Mutter Vorwürfe gemacht habe, wie es niemals ihre Art gewesen. Seither gehe aber alles gut.«
Acht Monate lang nährte die Frau ihr Kind, doch als sie zum dritten Mal entband, wurde Freud neuerlich geholt. »Ich traf die Frau in demselben Zustande wie voriges Jahr, und geradezu erbittert gegen sich, daß sie gegen die

Eßabneigung und die anderen Symptome mit ihrem Willen nichts vermochte. Die Hypnose des ersten Abends hatte auch nur den Erfolg, die Kranke noch hoffnungsloser zu machen. Nach der zweiten Hypnose war der Symptomkomplex wiederum so vollständig abgeschnitten, daß er einer dritten nicht bedurfte. Die Frau hat auch dieses Kind, das heute eineinhalb Jahre alt ist, ohne alle Beschwerde genährt und sich des ungestörtesten Wohlbefindens erfreut.«

Noch zählte die Patientin, die er geheilt hatte, bevor er die im Unbewußten (= Unterbewußtsein) liegende Wurzel solcher und ähnlicher Symptome erkennen konnte, zu den Ausnahmefällen in Freuds neuer Praxis. Nach der ersten Euphorie herrschte in seinem von Martha mit sehr viel Liebe eingerichteten Wartezimmer meist gähnende Leere. In dieser Zeit fand sich Gelegenheit zum Aufbau der eigenen Familie. Zwischen 1887 und 1895, innerhalb von acht Jahren also, bringt seine Frau sechs Kinder zur Welt. Die ersten drei wurden hier, in der Maria-Theresien-Straße, geboren.

Freuds Ehe sollte sich als besonders harmonisch erweisen. Nach der Hochzeit hatten Martha und Sigmund scherzhaft davon gesprochen, sich auf einen »dreißigjährigen Krieg« vorzubereiten, doch von den tatsächlichen 53 Ehejahren ist nur ein »ernshafter« Streit überliefert: Es ging darin um die Frage, ob Herrenpilze mit oder ohne Stiele gekocht werden sollten.

Im Jahre 1886 stirbt Ignaz Schönberg, einer der engsten Freunde Sigmund Freuds und gleichzeitig der Verlobte seiner Schwägerin: der 30jährige Sanskritforscher hatte sich in Minna Bernays, Marthas jüngere Schwester, verliebt und wollte sie heiraten. Als er jedoch an Tuberkulose erkrankte und sein Zustand als hoffnungslos diagnostiziert wurde, löste er die Verlobung, um das geliebte Mädchen »freizugeben«. Minna Bernays blieb danach ihr ganzes Leben unverheiratet und lebte fortan im Haushalt Sigmund und Martha Freuds. Marthas Bruder Eli heiratete Sigmunds älteste Schwester Anna, wodurch eine wei-

tere verwandtschaftliche Bindung zwischen den Familien Freud und Bernays entstand.
Noch vor dem Ableben seines Freundes Schönberg war Freud eine andere »Begegnung mit dem Tod« sehr nahegegangen. Sein 32jähriger Kollege Dr. Nathan Weiß, Dozent an der Neurologischen Klinik, hatte Selbstmord verübt. Im September 1883, als Martha noch in Wandsbek lebte, schilderte Freud, wie es zu der menschlichen Katastrophe gekommen war. Der ausführliche Brief an die Verlobte ist eine interessante Studie, ein frühes »Psychiatrisches Gutachten« aus Freuds Feder. »Am Dreizehnten um zwei Uhr nachmittags hat er sich in einem Bad auf der Landstraße erhängt«, beginnt der Bericht. »Er war noch keinen Monat verheiratet, seit zehn Tagen von der Hochzeitsreise zurück.« Keiner der Kollegen konnte fassen, wie es gekommen war, daß der begabte Arzt, »der auf dem Weg war, alles zu erreichen, wonach er gestrebt hatte«, auf so tragische Weise aus dem Leben schied. Freud hatte ausgerechnet an ihm »die großartige Lebensfreude für das Primäre seines Wesens« zu erkennen geglaubt. Freud geht, wie es später zum Wesen seiner Lehre werden sollte, zurück in die Kindheit, schildert über viele Seiten den Lebensweg des Sohnes einer armen, kinderreichen Familie, dessen Vater Rabbiner und Religionsprofessor, »aber dabei ein ganz harter, schlechter, roher Mann« war.
Nathan Weiß schien eine glänzende Karriere vor sich zu haben, leitete bereits eine Abteilung der Neurologischen Klinik und hatte auch im Privatleben erreicht, was er seit langem begehrte. Freud erinnerte sich »noch deutlich des Tages vor drei Jahren, als er mir sagte: ›Heute war eine Frau bei mir, um sich behandeln zu lassen, mit ihren zwei Töchtern. So reizende Leute, wenn ich Geld hätte, die ältere würde ich gleich heiraten‹.«
Drei Jahre lang bemühte er sich um das Mädchen, drei Jahre lang lehnte sie ihn ab. Doch nach drei Jahren hatte er geschafft, was er angestrebt. Er heiratete die Frau, die er mit seiner Liebe verfolgt hatte. Und wenige Tage danach nahm er sich das Leben. Für Freud gab es keinen

Zweifel, daß sein Freitod in Zusammenhang mit der Hochzeit stand, hatte sich Weiß doch kurz zuvor dem Freund anvertraut, »es habe Zwistigkeiten gegeben – den Anlaß übersprang er –, und das Mädchen sei jetzt melancholisch, weine, spreche nicht, habe keine Freude an seinem Verkehr. Es kam auch heraus, daß alle Schwestern hysterisch wären. Ich suchte ihn zu trösten, das Mädchen, das offenbar feinfühlig und gewissenhaft sei, merke, daß ihre Neigung für den nahen Termin der Hochzeit nicht stark genug sei.«

Der Termin der Eheschließung wurde kurzfristig verschoben, das Mädchen ging auf Reisen. Freud beriet sich mit Breuer, der sagte, »das größte Unglück könne entstehen, wenn ein Mädchen so zur Ehe schreite.« Freud versuchte Weiß klarzumachen, daß ihn die Verlobte nicht liebte, doch »er vertrug den Gedanken nicht, daß ein Mädchen ihn ablehnen könnte, er opferte alles so rücksichtslos dem einen Zweck, nicht vor die Welt mit einem Mißerfolg treten zu müssen.« Ein Rabbiner klagte an Nathans offenem Grab »mit der gewaltigen Stimme des Fanatikers, mit der Glut des wilden, erbarmungslosen Juden« die Ehefrau und deren Familie an: »Wenn eine Leiche gefunden wird und man weiß nicht, durch wessen Hand er um's Leben gekommen, dann soll man sich an die Nächsten halten, das sind die Mörder.«

Freud und andere jüdische Freunde »waren alle erstarrt vor Empörung und Scham vor den Christen, die unter uns waren. Es war, als ob wir ihnen ein Recht gegeben hätten, zu glauben, daß wir den Gott der Rache, nicht der Liebe anbeten.« Auch etliche Zeitungen »verteilten« die Schuld am »Fall Dr. Weiß«, dessen Freitod in Wien für großes Aufsehen gesorgt hatte. Freud hielt wenig von solchen Verdächtigungen, »die Welt hat die häßlichsten Anklagen gegen die unglückliche Frau zur Erklärung bereit. Ich glaube nicht daran. Ich glaube, die Erkenntnis, einen schweren Mißerfolg erfahren zu haben, die Wut abgewiesener Leidenschaft ... dazu die Unfähigkeit, vor die Welt hinzutreten und es zu bekennen, das alles mag den maßlos eitlen Mann, dem es an Neigung zu schweren Aufre-

gungen nicht fehlte, nach einer Reihe von Szenen, die ihm seine Lage klarlegten, zur Verzweiflung gebracht haben. Er starb an der Summe seiner Eigenschaften, seiner krankhaft schlechten Selbstliebe, wie an seinen auf Edleres gerichteten Anforderungen.«
Viel später sollte Freud ganz allgemein zum Thema Selbstmord feststellen, »daß vielleicht niemand die psychische Energie sich zu töten findet, der nicht dabei ein Objekt mittötet, mit dem er sich identifiziert hat . . .«

Freud publizierte vorerst noch wenig, um »mich in den neuen Beruf zu finden und meine materielle Existenz sowie die meiner rasch anwachsenden Familie zu sichern.«
Fast gleichzeitig mit der Eröffnung seiner Ordination im »Sühnhaus« begann Freuds Tätigkeit am *Kassowitz-Institut*, einem von Kaiser Joseph II. 1788 infolge der ungewöhnlich hohen Säuglingssterblichkeit als weltweit erste Anstalt dieser Art gegründeten Kinderkrankenhaus. Kinder aus bedürftigen Familien wurden hier, im Hause Steindlgasse Nr. 2 in der Wiener Innenstadt, gratis behandelt und mit Medikamenten versorgt.
Freud führte den für einen jungen Arzt ehrenden Titel »Leiter der neurologischen Abteilung«, doch bei der Ehre sollte es auch diesmal bleiben. Denn der Posten war wieder einmal gänzlich ohne Besoldung, mit der eigenartigen Begründung der dafür zuständigen niederösterreichischen Statthalterei, daß die Tätigkeit »das ärztliche Ansehen erhöhe und dadurch die Privatpraxis gefördert werde.«
Tatsächlich war Freud praktisch gezwungen, das Angebot des ärztlichen Leiters, Professor Max Kassowitz, zur Übernahme der Abteilung für nervenkranke Kinder zu akzeptieren. Denn wo sonst hätte er das »Krankenmaterial« hernehmen sollen, nachdem er seine Tätigkeit am Allgemeinen Krankenhaus aufgegeben hatte und als Privatdozent verpflichtet war, an der Universität »praktische Übungen und Demonstrationen abzuhalten.«
Nicht nur Freud, sondern alle Ärzte am Kinderkrankenhaus – inklusive Professor Kassowitz selbst – arbeiteten

ohne Honorar. Freud brachte der Posten eine neuerliche Enttäuschung, die dazu beitragen sollte, seine wissenschaftliche Karriere weiter einzuschränken. Gemeinsam mit zwei Kollegen hatte er 1886 im Unterrichtsministerium schriftlich angesucht, in den Räumen des Instituts Vorlesungen abhalten zu dürfen. Was abgelehnt wurde, weil im Publikum der Schein erweckt werden könnte, die aus privaten Spendengeldern finanzierte Klinik wäre »den k. k. Universitätskliniken gleich oder analog«. Als Folge würden, so hieß es weiter, anderen Kliniken wesentlich weniger Patienten zuströmen, da »dieses Institut in der Lage ist, auch Medicamente unentgeltlich zu verabfolgen.«

Die Existenz des auf sozialem Gebiet richtungweisenden *Kassowitz-Instituts* sollte also, mit anderen Worten, möglichst geheimgehalten werden, um den »Konkurrenz-Ambulatorien« keinen Schaden zuzufügen.

Freud, der insgesamt elf Jahre unentgeltlich an der Kinderklinik tätig war, reduzierte nach dieser bürokratischen Entscheidung sukzessive seine Lehrtätigkeit an der Universität, um sich vermehrt seiner langsam doch größer werdenden Privatpraxis widmen zu können. Jedenfalls erinnern die schikanösen Zustände am *Kassowitz-Institut* von seiten der Behörden in fataler Weise an Schnitzlers viel später geschaffenes Bühnenstück *Professor Bernhardi*. Als Ergebnis seiner Arbeit am *Kassowitz-Institut* veröffentlichte Freud einige bedeutsame Schriften über Kinderneurologie.

Das traditionsreiche älteste Kinderambulatorium der Welt wurde übrigens 1938, gleichzeitig mit dem Jubiläum seines 150jährigen Bestehens, von den Nationalsozialisten geschlossen, weil in der Geschichte des Instituts fast ausnahmslos jüdische Ärzte tätig gewesen waren.

War Freud durch seine Kokain-Forschung bei Wiens Ärzteschaft schon einmal »unangenehm aufgefallen«, so wiederholte sich dies nach seiner Rückkehr aus Paris, als er sich hier für die Lehren des von ihm verehrten Professors Charcot einsetzte:

Für den 15. Oktober 1886 war in der *Kaiserlichen Gesellschaft der Ärzte* im Gebäude der Akademie der Wissenschaften ein Vortrag des Privatdozenten Dr. Sigmund Freud zum Thema »Hysterie« angesagt. Das Forum bestand – wie an jedem Freitagabend – aus hochangesehenen Ärzten, meist ultrakonservative Professoren, die technischen oder medizinischen Neuerungen prinzipiell skeptisch gegenüberstanden und Meldungen über angebliche, noch dazu im Ausland erzielte Erfolge überhaupt für suspekt hielten. Darüber hinaus haftete ihnen ein Standesdünkel an, der es jungen Ärzten fast unmöglich machte, »für voll genommen« zu werden. »Götter in Weiß« waren Wiens Ärzte nur tagsüber, abends traten sie in schwarzem Frack oder grauem Gehrock auf, so auch bei Freuds erstem Vortrag.
Freud berichtete den meist wesentlich älteren Kollegen, nach einleitenden Worten über seinen Pariser Aufenthalt, von einem jungen Mann, der als Folge eines Arbeitsunfalls mit einem gelähmten Arm und einer Reihe von hysterischen Symptomen in die Salpêtrière eingeliefert worden war. Anhand dieses Falles erläuterte Freud Charcots umstrittene Theorie, wonach die Hysterie Folge eines Unfalltraumas sein könne und beim Manne ebenso auftrete wie bei der Frau. »Charcot kommt das Verdienst zu«, sagte Freud, »gezeigt zu haben, daß die hysterischen Patienten keine Simulanten sind, daß die Hysterie nicht von Störungen der Geschlechtsorgane ausgeht und daß die männliche Hysterie häufiger vorkommt, als man hierzulande, in Österreich, allgemein annimmt.«
Die ersten Wortmeldungen fassungsloser Autoritäten der Wiener Ärzteschaft setzten ein. Der Neurologe Professor Rosenthal meinte, das Phänomen sei nicht neu, er hätte schon vor etlichen Jahren Symptome männlicher Hysterie beschrieben, doch wären das Ausnahmefälle, Frauen litten zwanzigmal häufiger an Hysterie als Männer. Der Vorsitzende, Professor Bamberger, konnte »trotz der großen Verehrung für Charcot und des hohen Interesses für den Gegenstand in dem Vortrage des Dr. Freud nichts Neues finden . . . Daß männliche Hysterie vorkommt, ist

schon bekannt; was neu ist, das ist die Entstehung infolge von Trauma, aber das scheint mir nicht ganz stichhaltig; der Fall, den Dr. Freud zitiert hat, weist ja doch eine erbliche Anlage auf.«

Das waren noch die harmloseren Einwände, denn die meisten Professoren lehnten die Theorie, daß ein Mann unter hysterischen Zuständen leiden könne, überhaupt kategorisch ab. Pikierte Klinikvorstände erinnerten Freud mitleidig daran, daß sich der Terminus Hysterie vom griechischen Wort für Gebärmutter ableite und es daher absurd wäre, diese Erkrankung bei Männern feststellen zu wollen. Waren die Voraussetzungen, unter denen der gerade erst 30jährige Dozent Freud die ehrende Einladung der *Gesellschaft* angenommen hatte, ohnehin schon wenig günstig gewesen, so kam jetzt noch hinzu, daß der Neuling naiv genug war, zu glauben, er könnte gegen die ehernen Regeln des erhabenen Berufsstandes verstoßen. Während bei den traditionellen Freitagabendtreffen ausschließlich Vorträge mit der Auflage zugelassen waren, es müßte sich um völlig neue wissenschaftliche Erkenntnisse handeln, widersetzte sich Freud – wissend oder unwissend – diesem Leitmotiv und erörterte ein Thema, das zumindest teilweise bereits vor ihm dargestellt wurde. Insgesamt fand Freud, wie er später berichten sollte, »eine üble Aufnahme. Maßgebende Personen, wie der Vorsitzende, der Internist Bamberger, erklärten das, was ich erzählte, für unglaubwürdig.«

Von seinem Lehrer Meynert wurde Freud nun aufgefordert, einen solchen Fall, wie er ihn in Paris gesehen, in Wien zu finden und der *Gesellschaft der Ärzte* vorzuführen. »Dies versuchte ich auch, aber die Primarärzte, auf deren Abteilung ich solche Fälle fand, verweigerten es mir, sie zu beobachten oder zu bearbeiten. Einer von ihnen, ein alter Chirurg, brach direkt in den Ausruf aus: ›Aber Herr Kollege, wie können Sie solchen Unsinn reden ... Wie kann ein Mann hysterisch sein.‹ Ich wendete vergebens ein, daß ich nur die Verfügung über den Krankheitsfall brauchte und nicht die Genehmigung meiner Diagnose.«

Nach längeren, geradezu detektivischen Recherchen trieb Freud dann – außerhalb eines Spitals – den Fall eines »hysterischen Mannes« auf, den er fünf Wochen später, am 26. November 1886, wiederum der *Gesellschaft der Ärzte* vorstellte. »Meine Herren! ... Der Kranke ist der 29jährige Ciseleur August P., den Sie hier sehen; ein intelligenter Mann, der sich in der Hoffnung auf baldige Wiederherstellung bereitwillig meinen Untersuchungen dargeboten hat.«
Freud begann die zerrütteten Familienverhältnisse des Patienten zu schildern, der als einer von sechs Söhnen aufwuchs, die zum Teil verstorben waren, zum anderen einen »unordentlichen Lebenswandel« praktizierten. August P. hatte »in seinem 8. Lebensjahre das Unglück, auf der Straße überfahren zu werden«, wobei das Trommelfell schwer verletzt wurde. Ansonsten entwickelte sich der Patient normal. »Er absolvierte die Normalschule, trat nach dem Tode seiner Eltern als Lehrling bei einem Ciseleur ein, und es spricht sehr zu Gunsten seines Charakters, daß er als Geselle zehn Jahre lang bei demselben Meister verblieben ist.«
Bald gelangte Freud zur vermuteten Ursache der Hysterie: »Seine gegenwärtige Erkrankung datiert seit etwa drei Jahren. Er geriet damals mit seinem liederlichen Bruder, welcher ihm die Rückzahlung einer geliehenen Summe verweigerte, in Streit; der Bruder drohte ihn zu erstechen und ging mit dem Messer auf ihn los. Darüber geriet der Kranke in eine namenlose Angst, er verspürte ein Sausen im Kopfe, als ob ihm dieser zerspringen wolle, eilte nach Hause, ohne sich besinnen zu können, wie er dahin gekommen sei, und fiel vor seiner Türschwelle bewußtlos zu Boden. Es wurde später berichtet, daß er durch zwei Stunden die heftigsten Zuckungen gehabt und dabei von der Szene mit seinem Bruder gesprochen habe. Als er erwachte, fühlte er sich sehr matt.«
Nachdem August P. die folgenden sechs Wochen unter heftigen Kopfschmerzen litt und bei der Arbeit leicht ermüdete, normalisierte sich der Zustand bald wieder, ehe ihn – kurz bevor er von Freud der *Gesellschaft der Ärzte*

präsentiert wurde – eine neuerliche Aufregung traf: »Der Kranke wurde von einer Frauensperson des Diebstahls beschuldigt, bekam heftiges Herzklopfen, war durch etwa 14 Tage so deprimiert, daß er an Selbstmord dachte ... die linke Körperhälfte verspürte er so, als ob sie von einem Schlage gestreift worden wäre, seine Augen wurden sehr schwach und ließen ihn häufig alles grau sehen; der Schlaf wurde von schreckhaften Erscheinungen und von Träumen, in denen er von einer großen Höhe herabzufallen glaubte, gestört.« Aufgrund der Symptome mußte der Patient seine Arbeit aufgeben.
»Betrachten Sie nun den etwas bleichen, mittelkräftig entwickelten Kranken«, forderte Freud seine Zuhörer auf. »Ich kann, wie Sie sehen, eine spitze Nadel durch eine Hautfalte stossen, ohne daß der Kranke dagegen reagiert ... Ich verbinde ihm die Augen und frage dann, was ich mit seiner linken Hand getan habe. Er weiß es nicht.«
Freud wies noch darauf hin, daß August P. auch unter leichten Bewegungsstörungen litt, daß eine medizinische Untersuchung aber kaum nennenswerte organische Schäden aufgewiesen hätte. In diesem Fall nicht in Hypnose, sondern mit elektrischer Behandlung gelang es Freud, dem Kranken »in kurzer Zeit die normale Empfindlichkeit wiederzugeben.«
Später berichtete er über den »Erfolg« seines zweiten Vortrags in der *Gesellschaft der Ärzte*: »Diesmal klatschte man mir Beifall, nahm aber weiter kein Interesse an mir. Der Eindruck, daß die großen Autoritäten meine Neuigkeiten abgelehnt hätten, blieb unerschüttert; ich fand mich mit der männlichen Hysterie und der suggestiven Erziehung hysterischer Lähmungen in die Opposition gedrängt. Als mir bald darauf das hirnanatomische Laboratorium versperrt wurde und ich durch Semester kein Lokal hatte, in dem ich meine Vorlesungen abhalten konnte, zog ich mich aus dem akademischen und Vereinsleben zurück.«
Kein Geringerer als Arthur Schnitzler – damals freilich noch ein unbekannter 25jähriger Sekundararzt an der Poliklinik – veröffentlichte in der nächsten Ausgabe der

Wiener Medizinischen Presse einen ausführlichen Bericht, in dem er Freuds ersten Vortrag und auch die kritischen Stimmen aus der Ärzteschaft wiedergab. Im darauffolgenden Jahr verfaßte Schnitzler für die *Internationale Klinische Rundschau* eine hymnische Rezension über Freuds Charcot-Übersetzung: »Dr. Freud hat das Buch in so ausgezeichneter Weise übertragen, daß man kaum irgendwo daran erinnert wird, eine Übersetzung vor sich zu haben: er hat ein Werk in die deutsche Literatur eingeführt, welches eine wirkliche Bereicherung für dieselbe bedeutet, und hat sich solchermaßen ein Verdienst erworben, für das ihm der Dank der deutschen Ärzte und die Anerkennung der Kritik in gleichem Maße gebührt.«

Der Name Freud begann sich in Wien herumzusprechen – zwar meist kritisch, aber er wurde genannt. Kranke, die durch herkömmliche Methoden keinen Ausweg sehen, klammern sich an jeden Strohhalm. Freud war einer. Und es kamen Patienten. Sobald er den Eindruck hatte, durch Hypnose wirklich helfen zu können, wandte er die in Nancy erlernte Technik an.

Wie ein »Hypnotiseur« von konservativen Wissenschaftlern eingestuft wurde, ist einer Episode zu entnehmen, derzufolge der berühmte Psychiater Richard von Krafft-Ebing bei einer Séance ein Medium hypnotisierte, das – von ihm in Trance versetzt – dem anwesenden Volksschauspieler Alexander Girardi eine Uhr aus der Tasche zog. Worauf der Chirurg Theodor Billroth seinen Universitätskollegen als Schwindler bezeichnete.

Nicht viel besser erging's etliche Jahre danach Krafft-Ebings jüngerem Kollegen Freud, wie einer Tagebucheintragung des aus Wien stammenden Wahrsagers Hermann Steinschneider zu entnehmen ist, der unter dem Namen »Hanussen« Berühmtheit erlangen sollte: »Heute habe ich im Café des Hotel *Flora* in Prag einen Mann kennengelernt, der ebenfalls hypnotische Experimente macht«, schreibt Hanussen, »ein Arzt aus Wien, er heißt Dr. Freud. Ich habe mit ihm eine Partie Billard gespielt und haushoch gewonnen. Der Wirt hatte gerade unser

Plakat aufgehängt, und ich erzählte dem Doktor, daß ich Assistent von Rubini bin und nebenbei hypnotische Experimente mache. Der Doktor sagte, das täte er auch, aber nur aus therapeutischen Gründen. Alles andere wäre Scharlatanerie. Ich ließ mich nicht provozieren, da ich erkannt hatte, daß er schlechter Laune war, weil ich so hoch gewonnen hatte, und lud ihn zu einem Mokka ein. Er hielt mir dann einen schwer verständlichen Vortrag über seine Entdeckung des Unterbewußtseins. Nebbich! Wie soll ausgerechnet er das Unterbewußtsein entdeckt haben? Da er mich langweilte, forderte ich ihn zu einer vierten Partie auf, die ich ebenfalls gewann.«
Soweit der Hellseher Hanussen, der später – als er den Brand des Reichstags prophezeit hatte – auf Befehl Hitlers in einem Wald am Stadtrand von Berlin erschossen wurde.

Der Fall Anna O.
Auf dem Weg zur Psychoanalyse

»Die Patientin war ein junges Mädchen von ungewöhnlicher Bildung und Begabung gewesen, die während der Pflege ihres zärtlich geliebten Vaters erkrankt war.« Mit diesen Worten beschreibt Sigmund Freud den Fall der Bertha Pappenheim, die als »Anna O.« in die Geschichte der Psychoanalyse eingehen sollte.
Freud hatte erstmals in den letzten Tagen des Jahres 1882 von Bertha Pappenheim aus Erzählungen seines Freundes Breuer gehört, dessen Patientin sie war. An der Salpêtrière machte er Charcot auf die ihn faszinierenden Symptome aufmerksam, doch der schien an einem reinen Fall der Psychologie nicht interessiert. »Nach Wien zurückgekehrt, wandte ich mich wieder der Breuer'schen Beobachtung zu und ließ mir mehr von ihr erzählen.«
Bertha Pappenheim war 29 Jahre alt, als sich ihre Familie 1880 verzweifelt an Dr. Breuer wandte. Der Internist – zu dessen Aufgabengebieten ja auch die Behandlung nervenkranker Patienten zählte – diagnostizierte »ein buntes Bild von Lähmungen und Kontrakturen (= Gelenkssteife), Hemmungen und Zuständen psychischer Verworrenheit«, insgesamt also einen Fall von schwerer Hysterie.
Berthas Vater, der wohlhabende Wiener Getreidehändler Siegmund Pappenheim, war wenige Monate vorher an Lungentuberkulose erkrankt. Selbst ein schweres Leiden wie dieses wurde damals nicht im Spital behandelt. Seine Frau pflegte ihn tagsüber, die Tochter in den Nachtstunden.
Hatte Bertha bis dahin das sorgenfreie, wenn auch eintönige Leben einer Tochter aus gutem Haus geführt, so brachte die neue Situation eine völlige Umstellung mit sich. Die durchwachten Nächte an der Seite des todkran-

ken Vaters führten bei ihr zu schweren körperlichen und seelischen Belastungen. Schon nach wenigen Wochen stellten sich immer schlimmer werdende Schwächeanfälle ein. Als sie dann auch noch vor jeglicher Form von Nahrung Ekel empfand und unter Blutarmut litt, sah sich die Mutter – gegen Berthas Willen – gezwungen, sie von der Betreuung des geliebten Vaters abzuziehen und eine ganze Reihe von Fachärzten zu konsultieren, die aber keinerlei organische Ursachen feststellen konnten. Als sich das Leiden der »früher stets gesund ohne irgendein Nervosum« beschriebenen jungen Frau gegen Ende des Jahres noch immer nicht gebessert hatte, zog die Familie Pappenheim den damals schon hochangesehenen und berühmten Dr. Breuer zu Rate.
»Anna O.« litt, als Breuer am 8. Dezember 1880 erstmals zu ihr gerufen wurde, an schweren Seh- und Hörstörungen, starken Kopfschmerzen, nervösem Husten, Halluzinationen sowie Lähmungserscheinungen der Halsmuskeln und des rechten Armes. Später kamen noch weitere Lähmungen sowie Sprachstörungen dazu, bald erkannte sie ihre eigene Umgebung nicht mehr und war die meiste Zeit geistig abwesend. Vorerst konnte auch Breuer nichts anderes empfehlen als »absolute Bettruhe«, die bis zum 1. April des folgenden Jahres währte.
Der Zustand hatte sich gebessert, doch als Berthas Vater vier Tage nach Ablauf der verordneten Bettruhe, am 5. April 1881, verstarb, kamen die alten Symptome wieder. Aus der von Breuer – auf Drängen Freuds – später verfaßten *Krankengeschichte Frl. Anna O.* geht hervor, daß er die Patientin ursprünglich für geisteskrank gehalten hatte. »Rapidester Stimmungswechsel in Extremen«, beschrieb er die Symptome, »vorübergehend Heiterkeit, sonst schwere Angstgefühle, hartnäckige Opposition gegen alle therapeutischen Maßnahmen, ängstliche Halluzinationen von schwarzen Schlangen, als welche ihr Haare, Schnüre und dergleichen erschienen. Dabei sprach sie sich immer zu, nicht so dumm zu sein, es seien ja ihre Haare usw. In ganz klaren Momenten beklagte sie die tiefe Finsternis ihres Kopfes, wie sie nicht denken könne,

blind und taub werde, zwei Ichs habe, ihr wirkliches und ein schlechtes, das sie zu Schlimmerem zwinge.« Alle körperlichen Beschwerden waren laut Breuer Folge einer »sehr schweren Neurose und Psychose hysterischer Natur.«
Da Bertha bei vollem Bewußtsein nicht in der Lage war, ihren Arzt zum Ursprung der Symptome zu führen, versuchte es Breuer – bald schon der einzige Mensch, dem sie vertraute – mit Hypnose. Er selbst empfand es als Wunder: Sobald sie in einen trance-artigen Zustand versetzt und über ihre Lähmungen und sonstigen Störungen befragt worden war, kam deren Herkunft zum Vorschein. »Ich suchte sie am Morgen auf, hypnotisierte sie und fragte sie nun unter Konzentration ihrer Gedanken auf das eben behandelte Symptom um die Gelegenheiten, bei denen es aufgetreten war. Die Patientin bezeichnete in rascher Folge mit kurzen Schlagworten diese äußeren Veranlassungen, die ich notierte. In der Abendhypnose erzählte sie dann, unterstützt durch diese notierte Reihenfolge, ziemlich ausführlich die Begebenheiten.«
Für die Herkunft jedes einzelnen Symptoms schien es plötzlich eine Erklärung zu geben: Die erste Sehstörung trat ein – wie Bertha in Hypnose erzählte –, als sie am Krankenbett des Vaters vor Tränen in den Augen nicht mehr in ihrem Buch lesen konnte. Der nervöse Husten stellte sich ein, als während der Krankenwache aus dem Nachbarhaus Tanzmusik zu ihr drang, sie aber nicht zu den fröhlichen jungen Leuten gehen durfte. Zu Schwerhörigkeit bzw. Taubheit war es gekommen, als sie einen Erstickungsanfall des geliebten Patienten nicht wahrhaben wollte. Und die Sprache versagte, als sie sich von ihrem Vater dermaßen gekränkt und gedemütigt fühlte, daß sie nicht mehr mit ihm reden wollte.
In der Hypnose wurden die Anlässe nach und nach »weggerzählt«, wie Breuer es nannte. Sobald sie die quälenden Erlebnisse geschildert hatte, die sie während der aufopfernden Pflege durchmachte, waren die Symptome verschwunden. »Die Befreiung ihrer Psyche war vollständig, nachdem sie, von Angst und Grauen geschüttelt,

all diese Schreckensbilder reproduziert und ausgesprochen hatte.«
Hätte sie einen »Schuldspruch« über den Vater in wachem Zustand als »ungehörig« empfunden, so konnte sie in Trance relativ offen über dieses Thema sprechen. In der Hypnose gestand sie plötzlich, daß sie eigentlich »lieber tanzen gegangen wäre, als den Vater zu pflegen.« Es war klar zu sehen: Sie unterdrückte die Wahrheit, verdrängte ihre Erlebnisse immer dann, wenn ihr die Worte, die sie sprach, bewußt waren. Sobald sie in der Hypnose alles offen ausgesprochen hatte und damit der innere Konflikt in ihr Bewußtsein gedrungen war, verschwanden Seh- und Hörstörungen, Lähmung, Husten, Zittern, Sprachhemmung. Und sie hatte wieder Appetit.
Bertha Pappenheims Zustand besserte sich von Mal zu Mal deutlich, wann immer sie Breuer »gebeichtet« hatte. Da sie über Wochen und Monate auch ihre Muttersprache vollkommen aus dem Gedächtnis gestrichen hatte, unterhielt sich Bertha mit ihrem Arzt zeitweise nur englisch und nannte die Behandlung *talking cure*, hatte also das Wesen der Therapie selbst erkannt.
Kein Wunder, war sie doch, wie Breuer bald feststellte, »von bedeutender Intelligenz, erstaunlich scharfsinniger Kombination und scharfsichtiger Intuition . . . Nur Argumente, nie Behauptungen hatten Einfluß auf sie . . . Ihre Stimmungen hatten immer eine leichte Tendenz zum Übermaße der Lustigkeit und Trauer; daher auch einige Launenhaftigkeit.«
Und weiter: »Das sexuale Element war erstaunlich unterentwickelt; die Kranke, deren Leben mir durchsichtig wurde, wie selten das eines Menschen einem andern, hatte nie eine Liebe gehabt, und in all den massenhaften Halluzinationen ihrer Krankheit tauchte niemals dieses Element des Seelenlebens empor.«
Im Frühjahr 1882 brach Breuer die Behandlung Bertha Pappenheims ganz plötzlich ab. Schildert Breuer in den *Studien über Hysterie* das Ende der Therapie als harmonischen Übergang, so war die Schlußphase in Wahrheit alles andere als ruhig, nämlich sehr dramatisch verlau-

fen. Breuers Frau Mathilde hatte im Zuge der intensiven Behandlung derartige Eifersuchtsgefühle gegen Bertha entwickelt, daß die Ehe gefährdet schien. Um sein bis dahin glückliches Familienleben nicht weiter aufs Spiel zu setzen, informierte er seine Patientin darüber, daß er ab sofort nicht mehr zu ihr kommen würde.
Die Mitteilung führte zur neuerlichen Katastrophe. Schien sie tags zuvor beinahe genesen, so mußte Breuer am Abend nach dem angekündigten Abbruch der Behandlung – dem 7. Juni 1882 – an Berthas Krankenbett eilen. Völlig verwirrt lag sie in den Wehen einer Scheinschwangerschaft und schrie: »Jetzt kommt Dr. Breuers Kind!«
Die Patientin hatte sich ganz offensichtlich in ihren Arzt verliebt, ein Phänomen, das bei dieser und ähnlichen Behandlungsmethoden nicht selten ist, stellt doch die emotionsbetonte Beziehung Patient-Arzt geradezu die Voraussetzung für eine erfolgreiche Therapie dar. Einmal noch, ein allerletztes Mal, versetzte der jetzt persönlich betroffene Arzt Bertha in Hypnose, um sie zu beruhigen. Danach verließ Breuer das Haus der Familie Pappenheim fluchtartig, um mit seiner Frau – als Wiederholung der Hochzeitsreise – nach Gmunden am Traunsee zu fahren.
Die Behandlung der »Anna O.« nahm er nie wieder auf, Breuer überwies sie vielmehr – weit weg – in ein Schweizer Privatsanatorium, nach Kreuzlingen am Bodensee.
Der »Entzug« von Breuer hatte schreckliche Folgen. Ein Großteil der alten Symptome trat wieder auf, Bertha litt unter einer schmerzhaften Gesichtsneuralgie, wurde vorübergehend morphiumsüchtig, sodaß Breuer, der von Berthas Bruder weiterhin auf dem laufenden gehalten wurde, einmal zu Freud sagte, er wünschte seiner früheren Patientin den Tod, »damit die Arme von ihrem Leiden erlöst werde.«

Freud war noch Medizinstudent, als Bertha Breuers Patientin geworden war, er war unbezahlter »Aspirant« am Allgemeinen Krankenhaus, als Breuer die *Kathartische*

Methode – wie er das Sich-Aussprechen in Hypnose nannte – förmlich über Nacht beendet hatte. Sechs Monate danach erzählte Breuer Freud erstmals von Bertha. Der voll Tatendrang und Energien steckende junge Arzt war fasziniert und gleichzeitig überrascht. Warum hatte Breuer die Behandlung abgebrochen? Warum die zweifellos revolutionären Erkenntnisse nicht publiziert und weiterverfolgt?

Freud hat damals offensichtlich noch nicht den Mut gefunden, den älteren, verehrten Wissenschaftler zur Rede zu stellen. Ein halbes Jahrhundert später kritisiert er in einem Brief an Stefan Zweig Breuers mangelnde Ausdauer, wobei er im besonderen auf Berthas Aussage eingeht, Breuer wäre der Vater ihres Kindes: »In diesem Moment hatte er den Schlüssel in der Hand, der den Weg zu den Müttern geöffnet hätte, aber er ließ ihn fallen. Er hatte bei all den großen Geistesgaben nichts Faustisches an sich. In konventionellem Entsetzen ergriff er die Flucht und überließ die Kranke einem Kollegen. Sie kämpfte noch monatelang in einem Sanatorium um ihre Herstellung.«

Martha Freud war mit Bertha Pappenheim – deren Mutter einer Frankfurter Bankiersfamilie entstammte – weitschichtig verwandt, der Fall gehörte also »zur Familie«. So schrieb Freud nach einem Besuch bei Breuer an seine damalige Verlobte nach Wandsbek: »Dann kam ein langes medizinisches Gespräch über die ›moral intensity‹ und Nervenkrankheiten ... auch Deine Freundin Bertha Pappenheim kam wieder aufs Tapet, und dann wurden wir intim persönlich vertraut, und er erzählte mir manches, was ich erst wieder erzählen soll, wenn ich mit Martha verheiratet bin.«

Gerade dieser Fall interessierte Freud dermaßen, daß er beschloß, sich ganz der Psychopathologie, den krankhaften Zuständen der Seele, zuzuwenden. Seit Beginn der neunziger Jahre forderte er Breuer mehrmals auf, die *Krankengeschichte Anna O.* niederzuschreiben, ehe diese dann 1895 zur Grundlage der von den beiden Ärzten gemeinsam publizierten *Studien über Hysterie* werden

sollte. Der ungewöhnliche Fall Bertha Pappenheim wurde damit zum Ausgangspunkt neuer Erkenntnisse auf dem Gebiet der damals noch ziemlich unbekannten Neurosen.
Daß es bis zur Veröffentlichung der von Breuer und Freud gemeinsam erarbeiteten Schlußfolgerungen so lange dauerte, lag an Meinungsverschiedenheiten der beiden. Breuer war es, der jahrelang zögerte, sich an den *Studien* zu beteiligen. Der Grund dafür lag an den unterschiedlichen Auffassungen über die Bedeutung der Sexualität.
Sicher spielte dabei eine Rolle, daß Breuer durch Berthas Scheinschwangerschaft persönlich involviert war. Der Psychologe Fritz Schweighofer geht in seinem Buch *Das Privattheater der Anna O.* sogar so weit, die »Phantomgeburtsszene« mit den Worten zu erklären: »Die Bezichtigung Breuers als Kindesvater legt aber auch die Vermutung nahe, daß es zwischen den beiden vielleicht doch zu Intimitäten gekommen war.«
Eine andere These vertritt der amerikanische Psychiater George H. Pollock. Er meint, Breuers Abneigung gegen die sexuelle Wurzel der Neurose könnte aus einem Trauma seiner eigenen Kindheit stammen. – Breuers Mutter war an den Folgen einer Geburt gestorben, als er drei Jahre alt gewesen war. Verdrängte Erinnerungen an diese Katastrophe könnten Breuer daran gehindert haben, seine bei Bertha Pappenheim gemachten Beobachtungen weiterzuverfolgen und auch in anderen Fällen anzuwenden.
Tatsächlich überrascht, daß Breuer der Sexualität in diesem Zusammenhang so wenig Bedeutung beimaß, ja mit seiner Patientin nie über dieses Thema gesprochen haben will, während Freud meinte, die Hysterie sei *ausschließlich* sexuellen Ursprungs. Damit war Freud einen Schritt weitergegangen, einen entscheidenden Schritt. Und dieser Schritt war es, der ihn zu einem der bedeutendsten Forscher unseres Jahrhunderts werden ließ. Später sollte er die sexuellen Bereiche ins Zentrum seiner gesamten Lehre stellen. Breuers Patientin »Anna O.«

– die nie in Freuds Behandlung stand – gab durch ihren Fall den Anstoß zur Psychoanalyse, dieser für die ganze Menschheit so wichtigen, neuen Methode und Erkenntnis des Seelenlebens.
Noch waren Freud und Breuer in der Lage, sich »zusammenzuraufen« und die Schlußfolgerungen aus dem Fall »Anna O.« gemeinsam zu ziehen. Aber die ersten Anzeichen, daß sie in Zukunft getrennte Wege gehen würden, waren sichtbar. Ein Schicksal, das Freud noch sehr oft, bei einem Großteil seiner Mitstreiter, widerfahren sollte.

Das »Sich-Aussprechen«, »Sich-Ausweinen« und die daraus resultierende erlösende Wirkung ist keine Entdeckung Breuers oder Freuds. Doch sie waren es, die aus zum Teil seit Jahrtausenden bekannten Phänomenen eine methodische Therapie entwickelten.
Freud sah die Voraussetzungen geschaffen, Breuers *Kathartische Methode* weiter zu entwickeln und daraus die Psychoanalyse entstehen zu lassen. Breuers Anteil am Ursprung seiner bedeutendsten Entdeckung hat er nie geleugnet. »Wenn es ein Verdienst ist, die Psychoanalyse ins Leben gerufen zu haben«, schreibt Freud, »so ist es nicht mein Verdienst ... Ich war Student ..., als ein anderer Wiener Arzt, Dr. Josef Breuer, dieses Verfahren zuerst an einem hysterisch erkrankten Mädchen anwendete.« Prominente Psychoanalytiker vermuten, Freud selbst habe Breuers Anteil am Zustandekommen der Psychoanalyse überschätzt.
Nicht nur Bernheim, Liébeault, Freud und Breuer forschten in Richtung Hysterie. Freuds Nachfolger als Assistent bei Charcot war Pierre Janet, und auch der befaßte sich nun mit denselben Symptomen, ebenfalls in der Vorstellung, diese als erster publizieren und damit bekanntwerden zu können. 1898 schrieb Freud, der wieder einmal Angst haben mußte, von einem anderen Forscher »überholt« zu werden, an einen Freund: »Ein jüngst erschienenes Buch von Janet, *Hysterie et idées fixes*, habe ich mit Herzklopfen zur Hand genommen und ruhigen Pulses beiseite gelegt. Er ahnt den Schlüssel nicht.«

Nun, was war der »Schlüssel«? Freud mußte vorerst die Hypnose überwinden. Durch die Behandlung seiner Patienten nach der Breuer'schen Methode sollte er zunächst herausfinden, daß sie sich nur unter Zwang anwenden ließ, unter dem Zwang des Arztes. Und so entwickelte Freud die »Freie Assoziation«, aus dem bisherigen *Dialog* Arzt-Patient wurde ein *Monolog* des psychisch Kranken. Vermischten sich im Dialog die aus dem Unterbewußtsein zutage geförderten Erinnerungen nur allzu häufig mit dem Einfluß des Arztes, so schied die Gefahr einer »Verfälschung« durch Freuds neue Methode aus. Mit der freien Rede des Patienten, der dem Psychiater – vor allem aber sich selbst – sein Unbewußtes öffnet, hatte die Geburtsstunde der Psychoanalyse geschlagen. Beim Arzt liegt seither nur noch die Interpretation der verdrängten, ins Bewußtsein zurückgeholten Erinnerungen. Der äußere Zwang fällt weg, der Patient erliegt ausschließlich seinem eigenen, inneren Zwang, der ihm vom Unbewußten auferlegt wurde. Zum Unterschied von allen bisherigen Methoden verzichtet Freuds psychoanalytische Behandlung auf medizinische Einflußnahme, auf Ratschläge oder Predigten, der Arzt bleibt Zuhörer.

So nahe Breuer der Psychoanalyse gekommen war, es fehlte ihm Freuds Größe, um aus dem Einzelfall der »Anna O.« eine Methode zur Heilung psychischer Krankheiten zu entwickeln. Er war auf dem Wege, einer Patientin zu helfen, hatte es aber verabsäumt, die daraus resultierenden wissenschaftlichen Konsequenzen zu ziehen. Für ihn war der Fall »Anna O.« erledigt, sobald sie nicht mehr seine Patientin war. Freud aber entwickelte daraus eine der bedeutendsten wissenschaftlichen Entdeckungen des 20. Jahrhunderts, als er herausfand, daß der Zugang zur verschleierten Wahrheit nicht nur befreiende Wirkung hat, sondern auch den Weg zur Selbsterkenntnis ebnet: Erst wenn der Patient die Zusammenhänge erkennt, versteht und fühlt, woher das Übel kommt, ist eine Heilung auf Dauer möglich. Breuer konnte nur äußere Symptome – wie Angst, Husten, Lähmungen – bekämpfen, Freud gelangte mit seiner Methode an die dahinterliegende Störung, an die Wurzel des Leidens, heran.

»Anna O.«, die all das ausgelöst hatte, sollte in späteren Jahren ein unvermutetes Schicksal nehmen. Nach weiteren Irrwegen, verbunden mit unvorstellbarem Leid, Sanatoriumsaufenthalten und Rauschgiftentziehungskuren, schien sie geheilt, wie Breuer am 13. Januar 1884 dem sie jetzt behandelnden Arzt Dr. Robert Binswanger nach Bad Kreuzlingen mitteilt: »Die kleine Pappenheim habe ich heute gesehen. Sie ist ganz gesund, ohne Schmerzen oder sonst was.«
Breuers Diagnose war wohl etwas verfrüht, schreibt doch Martha Freud drei Jahre später noch an ihre Mutter – nachdem ihr Bertha Pappenheim einen Besuch abgestattet hatte –, »sie fühle sich bei Tag recht wohl, aber gegen Abend leide sie noch immer an halluzinatorischen Zuständen.« 1889 übersiedelte Bertha nach Frankfurt. Etwa ab diesem Zeitpunkt nimmt ihr Leben eine geradezu unglaubliche Wende. Waren die Jahre nach Erkrankung und Tod ihres Vaters von schwerem physischem und psychischem Leid geprägt, so wurde sie jetzt zum Vorbild einer fortschrittlich denkenden Generation, zur kämpferischen Frauenrechtlerin. Sie begeisterte sich für den Pferdesport und begann in karitativen Vereinigungen tätig zu werden. Nachdem sie – zum Teil aus eigenen Mitteln – ein Waisenhaus für jüdische Kinder gegründet hatte, wurde sie zur engagierten Kämpferin gegen den damals weitverbreiteten Mädchenhandel: Junge Frauen aus Polen und Galizien wurden in Massen nach Kairo, Konstantinopel, Algier und Südamerika verschleppt und dort an Bordelle verkauft. Die einst schwerkranke Bertha Pappenheim unternahm Reisen, die sie in alle Welt führten, um gegen diese Misere anzukämpfen. Sie verfaßte Artikel, Bücher, hielt Vorträge, nahm Kontakte mit einflußreichen Persönlichkeiten auf, die sie um Unterstützung für ihre Sache ersuchte. Eine von ihr aufgesetzte Resolution an den Völkerbund in Genf wurde von Albert Einstein unterstützt.

Nach Ende des Ersten Weltkriegs wurde Bertha Pappenheim als Vorkämpferin der weiblichen Emanzipation, als Sprecherin der jüdischen Frauen und als eine der Anführerinnen der deutschen Frauenbewegung berühmt. Sie widmete all ihre Kräfte den Schwachen und Benachteiligten, setzte sich für gefährdete Mädchen, Schwangere, alleinstehende Mütter, für Säuglinge, Klein- und Schulkinder ein.
1936 verstarb sie im Alter von 77 Jahren in Nazi-Deutschland, nachdem sie Hitler unterschätzt und eine Emigration abgelehnt hatte. Erst ein Vierteljahrhundert nach Berthas Tod wurde das Pseudonym der »Anna O.« – entstanden aus der Notwendigkeit ärztlicher Schweigepflicht – gelüftet: Freuds langjähriger Mitarbeiter und Biograph Ernest Jones enthüllte, daß »Anna O.« in Wahrheit Bertha Pappenheim war. Die Welt konnte damals nicht fassen, wie aus einer schwer gestörten jungen Frau die tatkräftige, unerschrockene Vorkämpferin des Frauenrechts hatte werden können.
Zweifellos hat Doktor Breuers Therapie – wenn sie auch vorübergehende Rückschläge brachte – wesentlich dazu beigetragen, das Leben dieser außergewöhnlichen Frau lebenswert zu machen.

Wien IX., Berggasse 19
Eine Adresse macht Weltgeschichte

Am 16. Oktober 1887 war Freud »so müde, als ob ich alles selbst durchgemacht hätte. Um drei Viertel acht hatten wir also das Kind.« Noch in derselben Nacht setzt er sich an seinen Schreibtisch, um seine Schwiegermutter von der Geburt seines ersten Kindes zu informieren. »Es wiegt dreitausendvierhundert Gramm, was sehr anständig ist, ist furchtbar häßlich, lutscht von seinem ersten Moment ab an seiner rechten Hand, scheint sonst sehr gutmütig und benimmt sich, als ob es wirklich zu Hause wäre. Trotz seiner prachtvollen Stimme schreit es wenig, schaut sehr vergnügt drein, liegt behaglich in seinem prächtigen Wagen und macht gar nicht den Eindruck, über sein großes Abenteuer unglücklich zu sein. Es heißt natürlich Mathilde nach Frau Dr. Breuer. Wie kann man über ein fünf Stunden altes Ding schon so viel schreiben? Ich habe es nämlich schon sehr lieb, obwohl ich es noch nicht bei Licht gesehen habe.« Ganz offensichtlich aufgeregt wie jeder Mann, der zum ersten Mal Vater wird, wiederholt sich Freud schon nach wenigen Zeilen: »Es ist um drei Viertel acht Uhr geboren.«
Die freudigen Ereignisse folgten Schlag auf Schlag. Zwei Jahre nach Mathilde kam mit Jean-Martin der erste Sohn zur Welt, den der stolze Vater nach seinem Lehrer und Vorbild Charcot nannte. Als nächstes Kind war Oliver – benannt nach dem englischen Staatsmann Cromwell – im Februar 1891 in der Maria-Theresien-Straße zur Welt gekommen. Freud kann über die Entwicklung seiner Kinder zufrieden sein. »Das Gesindel gedeiht prächtig«, schreibt er seiner Schwägerin Minna im Sommer nach Olivers Geburt.
Da die Familie immer größer wurde und nach der Geburt des dritten Kindes schon wieder Nachwuchs angesagt

war, übersiedelten die Freuds im September 1891 in eine größere Wohnung. Sie lag in der Vorstadt Alsergrund, im 9. Bezirk, Berggasse Nr. 19. Eine Adresse, die Geschichte machen sollte.

> **Docent Dr. Sigm. Freud**
>
> beehrt sich anzuzeigen, dass er von Mitte September 1891 an
>
> **IX. Berggasse 19,**
>
> wohnen und daselbst von 5–7 Uhr (auch 8–9 Uhr Früh) ordiniren wird.
>
> WIEN, Datum des Poststempels.

Freud hatte die im ersten Stock des Hauses gelegene Wohnung von Dr. Viktor Adler, dem Arzt und Führer der Sozialdemokratischen Partei Österreichs, übernommen, dessen Ordination bis dahin hier untergebracht war.
Viktor Adler und Freud hatten einander 1873 als Mitglieder des *Lesevereins der Deutschen Studenten Wiens* kennengelernt. Diese Begegnung war alles andere als erfreulich gewesen. Führte doch ein Streit über die »Philosophie des Materialismus« – den Adler damals ablehnte – beinahe zum Duell der beiden! In seinem Buch *Die Traumdeutung* berichtet Freud über die hitzige Diskussion: »Ich, grüner Junge, der materialistischen Lehre voll, drängte mich vor, um einen höchst einseitigen Standpunkt zu vertreten. Da erhob sich ein überlegener älterer Kollege, der seitdem seine Fähigkeit erwiesen hat, Menschen zu lenken und Massen zu organisieren, der übrigens einen Namen aus dem Tierreich trägt, und machte

uns tüchtig herunter; auch er habe in seiner Jugend die Schweine gehütet und sei dann reuig ins Vaterhaus zurückgekehrt. Ich fuhr auf (wie im Traum), wurde saugrob und antwortete, seitdem ich wüßte, daß er die Schweine gehütet, wunderte ich mich nicht mehr über den Ton seiner Reden (Im Traum wunderte ich mich über meine deutschnationale Gesinnung). Großer Aufruhr; ich wurde von vielen Seiten aufgefordert, meine Worte zurückzunehmen, blieb aber standhaft. Der Beleidigte war zu verständig, um das Ansinnen einer *Herausforderung**, das man an ihn richtete, anzunehmen, und ließ die Sache auf sich beruhen.«
Fünf Jahre nach diesem Eklat heiratete Adler die Schwester von Freuds Schulfreund Heinrich Braun, die er im Café Griensteidl am Michaelerplatz kennengelernt hatte. Durch diese Ehe kam es zu neuerlichen Kontakten zwischen Adler und Freud. Adler hatte seine Ordination 1879 im Haus Berggasse 19 etabliert, das er von seinem Vater geerbt hatte, und lud Freud gemeinsam mit Heinrich Braun zu einem Mittagessen ein, ohne daß sich bei dieser Gelegenheit besondere Berührungspunkte ergeben hätten.

Wollten Adler und Freud einander nach dem Kennenlernen fast duellieren, so war jetzt, 18 Jahre später, die Tatsache, Adlers Wohnung übernehmen zu können, mit ein Grund für Freud, die Ordination gerade hier zu eröffnen. Viktor Adler war mittlerweile ein berühmter Mann geworden. In ärmlichen Verhältnissen aufgewachsen, hatte es sein Vater als erfolgreicher Kaufmann zu beachtlichem Vermögen gebracht. Dadurch finanziell unabhängig, konnte es sich Adler leisten, in der Berggasse als Armenarzt zu ordinieren, ohne für seine Behandlung Honorare zu verlangen, mehr noch, er machte es sich sogar zur Aufgabe, seine ärmsten Patienten mit Medikamenten und Lebensmitteln zu versorgen. 1886 schloß sich der

---

* Es war in der damaligen Zeit unter Aristokraten, Offizieren, Akademikern und Studenten durchaus üblich, den Gegner nach einer solchen Auseinandersetzung zum Duell aufzufordern.

ehemals deutschnationale Adler den Sozialdemokraten an, zwei Jahre später brachte er den *Hainfelder Einigungsparteitag* zustande, bei dem es gelang, verschiedene Splittergruppen auf eine gemeinsame Ebene zu stellen. Die Sozialdemokraten wurden zur Partei. Adler war ihr erster Vorsitzender und kurz danach auch Gründer und Chefredakteur der *Arbeiter Zeitung*.
Das war etwa die Zeit, in der Freud Adlers Wohnung und Ordination in der Berggasse übernahm. Der »Armeleutedoktor« Viktor Adler war in seiner Großzügigkeit so weit gegangen, daß er sein eigenes Vermögen verlor, das Haus Berggasse 19 verkaufen und die darin befindliche Ordination aufgeben mußte. Durch Sigmund Freud sollte die Adresse internationale Berühmtheit erlangen.
War Adler von ganz rechts nach links »übergelaufen«, so erscheint Freuds politischer Lebensweg im Rückblick noch weniger geradlinig. Nach einer »heute überwundenen deutschnationalen Periode in der Jugendzeit«, auf die er zur Jahrhundertwende zurückblickte, setzte er sich – ohne jemals »links« gestanden zu sein – später für die Sozialdemokraten ein. Denn obwohl er eher bürgerlich-liberal dachte, fühlte und lebte, war Freud aufgrund seiner zutiefst antiklerikalen Haltung niemals bereit, christlichsozial zu wählen. Der Grund dafür war auch darin zu sehen, daß diese Partei für ihn das Gedankengut des Antisemiten Karl Lueger verkörperte. Als sich Kaiser Franz Joseph 1895 zum dritten Mal weigerte, Lueger als Wiener Bürgermeister zu bestätigen, jubelte Freud: »Ich halte mich sonst an die Vorschrift, nicht zu rauchen«, nur am Tage von Luegers Nicht-Bestätigung hätte er die Regel aus lauter Freude durchbrochen.
Die ersten drei Kinder waren noch in der Maria-Theresien-Straße geboren worden, die drei folgenden erblickten das Licht der Welt bereits in der Berggasse: Sohn Ernst – benannt nach Freuds Lehrer Brücke – im Jahre 1892; Töchterchen Sophie – benannt nach der Nichte von Freuds Religionslehrer Hammerschlag – im darauffolgenden Jahr; und schließlich 1895 Anna, die Jüngste – die ihren Namen von Hammerschlags Tochter erhielt. Es wa-

ren also drei Töchter und drei Söhne, »drei und drei, das ist mein Stolz und mein Reichtum«, erklärt Freud in der *Traumdeutung*, wo er auch auf die Wahl der Namen zu sprechen kommt: »Ich hielt darauf, daß ihre Namen nicht nach der Mode des Tages gewählt, sondern durch das Andenken an teure Personen bestimmt sein sollten. Ihre Namen machten die Kinder zu ›Revenants‹. Und schließlich, ist Kinder haben nicht für uns alle der einzige Zugang zur Unsterblichkeit?«
Martha Freud wurde sowohl von ihren Mädchen und Buben als auch von ihrem Mann liebevoll »Mama« genannt. Hatte Freud vorerst nur die im ersten Stock der Berggasse gelegene Wohnung Viktor Adlers übernommen, so mietete er nach der Geburt Sophies – seines fünften Kindes – zusätzlich den Gartentrakt im Hochparterre des Hauses, wohin er jetzt seine Ordination verlegte, um so die beinahe jährlich steigende Platznot der Familie lindern zu können.
Wohnung und Ordination waren zwar groß, aber in der Einrichtung äußerst bescheiden. Der Schriftsteller Ernst Lothar begleitete einmal seine Mutter, die Freud in den letzten Jahren der Monarchie konsultierte, in die Berggasse und besuchte ihn dort später noch einmal anläßlich eines Interviews. In seinen Lebenserinnerungen beschreibt Lothar Freuds »typisch österreichische Ärztewohnung: Man gelangte in ein finsteres, auch bei Tageslicht künstlich beleuchtetes Vorzimmer, danach in ein Wartezimmer, so bedrückend wie alle Wartezimmer. Und der Herr, der nach einigem Wartenlassen auf der Schwelle erschien und routinemäßig ›Bitte einzutreten‹ sagte, sah wie ein typisch österreichischer Arzt aus. Schnurr- und Kinnbart, kurzgehalten in einem schmalen Gesicht, tiefer Kragen, der dem Hals Bequemlichkeit ließ, eine kleine schwarze Masche zwischen den Kragenrändern.«

Der Besucher pflegte dann, auf Geheiß der ärztlichen Autorität, Freud in das Ordinationszimmer zu folgen. »Hinter den Schreibtisch tretend«, beschreibt Ernst Lothar seine Erinnerung an die Berggasse, sagte Freud:

»›Nehmen Sie Platz‹. Wie andere österreichische Ärzte. Doch schon im nächsten Augenblick war er keineswegs wie andere, da um seine Lippen ein wissendes Lächeln lag und, während er sich setzte, mit seinen Augen etwas geschah, was ich seither an niemandem gesehen habe: sie erhielten Licht von innen. Da saß ein Mann am Schreibtisch und machte eine Röntgenaufnahme der Seele mit nichts als seinen Augen. Das dauerte weder lange noch war es Quacksalberei; man hätte sagen können, er verabfolge eine Injektion, zu gleichen Teilen gemischt aus Phantasie und Wissen – ein Wissen freilich von einer Abgründigkeit, Schärfe und Kompromißfeindschaft, das der Einbildungskraft soviel wie der Exaktheit, dem Dichterischen nicht weniger als der Medizin verdankte. War es das, was ihn den Wiener Medizinern so verdächtig machte, daß sie keine Professur für ihn übrig hatten? Da saß der typische Österreicher, dem Österreich nicht wohlwollte, und stellte untypische Fragen. Aber ich wehrte ab. Als Patient sei ich nicht gekommen – ›obwohl Sie einer sind‹, sagte er.«
Andere Besucher beschrieben die Berggasse immer wieder als »unwürdig« eines so bedeutenden Mannes. Der französische Schriftsteller André Breton berichtete viele Jahre danach, der größte lebende Psychiater wohnte und arbeitete »in einem mittelmäßig wirkenden Haus eines verlorenen Wiener Stadtviertels, das Mädchen, das die Tür geöffnet, war nicht hübsch. Ich fand mich in Gegenwart eines kleinen, bescheidenen Mannes, der mich in seinem schäbigen Sprechzimmer wie ein Armenarzt empfing.« In einer weiteren Beschreibung heißt es, Freuds Sprechzimmer sei »wie das jedes beliebigen Universitätsprofessors«, nicht jedoch wie das eines weltberühmten Arztes.

Er war noch lange nicht weltberühmt, damals 1893, als Freud Wohnung und Ordination um ein Stockwerk erweiterte, doch war er gerade damit beschäftigt, die Voraussetzungen für seinen späteren Ruhm zu schaffen. In den ersten Jahren seiner Praxis in der Berggasse wandte

Freud Breuers *Kathartische Methode* an, ließ seine Patienten also in hypnotischem Zustand von ihren Problemen sprechen. Gemeinsam mit Breuer publizierte er im *Neurologischen Centralblatt* einen Artikel *Über den psychischen Mechanismus hysterischer Phänomene*, den sie als »vorläufige Mitteilung« bezeichneten, weil eine ausführlichere Veröffentlichung desselben Themas zu einem späteren Zeitpunkt geplant war. Diese Zusammenarbeit der beiden Freunde führte zu jenen Meinungsverschiedenheiten, die schließlich den Bruch der Verbindung zur Folge hatten.

Ihren 1895 gemeinsam veröffentlichten *Studien über Hysterie* widmete Alfred Freiherr von Berger eine hymnische Rezension in der *Morgenpresse*. Es wäre an der Zeit gewesen, meinte der spätere Direktor des Hof-Burgtheaters, daß sich endlich auch die Wissenschaft an dieses Gebiet heranwagte, »denn bis jetzt waren Dichter diejenigen, die von den Geheimnissen der Menschenseele das Meiste und Beste gewußt und ausgesagt haben.«

Der Einzug in die Berggasse brachte auch eine gewaltige Veränderung der persönlichen Lebensverhältnisse Sigmund Freuds, der jetzt Mitte der Dreißig stand. Etwa ab diesem Zeitpunkt zählte die Familie aufgrund der zusehends besser gehenden Ordination zur Wiener Mittelschicht, etwas später dann zum wohlhabenden Bürgertum. In seiner Glanzzeit sollte Freud zehn, manchmal sogar elf Analysepatienten pro Tag behandeln, von denen jeder etwas weniger als eine Stunde blieb. Allerdings verging oft sehr viel Zeit, bis die Honorare einlangten – und Freud war als »Geldeintreiber« nicht sehr begabt. An Breuer schreibt er, »der Überschuß bestand stets in Außenständen, wie sie unsere Profession sich gefallen lassen muß.« Zur Erläuterung dieses Umstandes schildert er noch den Fall einer Patientin: »Frl. N. N. stellte in ihrer Überschwänglichkeit die Forderung, behandelt zu werden wie jede andere Patientin. Mir lag selbst daran, kein Übermaß von Dankbarkeit aufkommen zu lassen; andererseits lag es mir ferne, das arme Mädchen ihrer kleinen Habe zu berauben. So kam es zu einem Vertrag zwischen uns, daß ich ihr die Sitzung zu fünf Gulden* berechne, ›wie jeder anderen‹, daß aber von dem so zustande kommenden Honorar von siebenhundertfünfzig Gulden (hundertfünfzig Sitzungen), nur hundertfünfzig Gulden sogleich zu bezahlen sind, der Rest von sechshundert Gulden erst, nachdem sie die ihr zukommende Erbschaft von ihrer jetzt noch lebenden Mutter gemacht haben wird. Wie Sie sehen, kann ich nicht genötigt werden, für die Behandlung des Frl. N. N. etwas anzunehmen, ehe sie geerbt hat.«

Abseits des medizinischen Alltags und seiner revolutionären wissenschaftlichen Tätigkeit führte Freud schon gegen Ende des vorigen Jahrhunderts das Leben eines typischen Wiener Großbürgers. Er las täglich die *Neue Freie Presse*, konnte sich alljährlich, wie es damals in »besseren Kreisen« durchaus üblich war, einen dreimonatigen Sommerurlaub leisten, hatte in seiner großen Wohnung mehrere Dienstboten, verkehrte »standesgemäß«. Der einzige Punkt, in dem sich Freud von den meisten anderen Akademikern unterschied, war die Tatsache, daß er kaum in Theater- und praktisch nie in Opernaufführungen anzutreffen war, obwohl gerade die Jahrhundertwende eine Blütezeit des Wiener Bühnenlebens brachte und er überaus belesen und literarisch interessiert war.

Doch der anstrengende Tag- und Nachtbetrieb in der Ordination und seine anderen Tätigkeiten ließen ihm kaum Zeit, persönlichen Neigungen nachzugehen: Einmal in der Woche hatte er seine Vorlesung an der Universität, die Praxis war viele Jahre lang täglich bis in die Abendstunden geöffnet, danach wertete er bis spätnachts die Ergebnisse der Analysen aus, verfaßte Buch- und Vortragsmanuskripte, beantwortete die zahlreich eingehende Post. In all den Jahren hatte er nie eine Schreibkraft, einen Assistenten oder Helfer.

Freud behandelte in der Berggasse im Verlauf von fast 50 Jahren Tausende Patienten. Schwere Fälle und leichtere,

* Entspricht lt. Berechnungen des Statistischen Zentralamts Wien im Jahre 1989 einem Betrag von 500 Schilling (= 70 DM)

heilbare, aber auch solche, die unheilbar blieben oder nur geringe Linderung zeigten. Jede einzelne Schlußfolgerung, die er für sein wissenschaftliches Werk zog, stammt aus den Erfahrungen, die ihm diese Patienten brachten. Sein Resümee aus den vielen neurotischen Schicksalen zeigt nüchternen Pessimismus: »Wie für den einzelnen, so ist auch für die ganze Menschheit das Leben schwer zu ertragen.«

»Deinem Rauchverbot folge ich nicht«
Freund Fließ und die ständige Todesangst

»Wenn unsere kleine Mathilde lacht, bilden wir uns ein, sie lachen zu hören, sei das Schönste, das uns widerfahren kann.« Diese persönlichen Zeilen Freuds finden sich in einem Brief, den er seinem Freund Dr. Fließ schickte. Wilhelm Fließ war Facharzt für Hals-, Nasen- und Ohrenerkrankungen, um zwei Jahre jünger als Freud und seit 1887 sein wichtigster Vertrauter in persönlichen wie in medizinischen Fragen. Die Beziehung der beiden Ärzte sollte eine Freundschaft par distance werden, denn Freuds bester Freund, »erstes Publikum« und »oberster Richter« der nächsten eineinhalb Jahrzehnte lebte in Berlin. Während eines Wien-Aufenthalts hatte Fließ auf Anraten Josef Breuers eine Vorlesung Freuds über »Hysterische Paralysen« besucht, und von da an sollte der intensive Kontakt für lange Zeit nicht mehr abreißen. Fließ wurde zum wichtigen Briefpartner, mit dem er die Entstehung der Psychoanalyse diskutierte.
Fließ war eine imponierende Persönlichkeit und hatte eine gutgehende Praxis, in der er sich weit über sein Spezialgebiet hinausgehend vor allem auch mit neurologischen Problemen seiner Patienten befaßte. Freud war von Anfang an von Fließ fasziniert, was er diesem schon in seinem ersten Schreiben mitteilte: »Mein heutiger Brief hat zwar einen geschäftlichen Anlaß; ich muß ihn aber mit dem Bekenntnis einleiten, daß ich mir Hoffnung auf Fortsetzung des Verkehrs mit Ihnen mache, und daß Sie mir einen tiefen Eindruck hinterlassen haben, der mich leicht dazu führen könnte, Ihnen frei heraus zu sagen, in welche Rangordnung von Männern ich Sie stellen muß.« Gemeinsame medizinische Interessen, aber auch ähnliche weltpolitische, soziale und kulturelle Auffassungen waren die Grundlage dieser Freundschaft.

Schon bald sah Freud in Fließ nicht nur einen Vertrauten, sondern auch seinen »Hausarzt«, soweit Beratung oder gar Behandlung bei der räumlichen Trennung überhaupt möglich waren. Jedenfalls war er Fließ, viel mehr noch als Breuer, blind ergeben, Fließ war für ihn »der Typus des Mannes, dem man vertrauensvoll sein Leben u. das der Seinigen in die Hände legt.«

Freud »kränkelte« praktisch sein ganzes Leben lang. Professor Nothnagel hatte schon am 26jährigen Assistenzarzt Dr. Freud eine leichte Typhuserkrankung diagnostiziert, ebenfalls in ganz jungen Jahren litt er an Ischias und vermutlich auch an Pocken – die bei ihm allerdings keine Narben hinterließen. Dies war in der Zeit seiner großen Verliebtheit, und so hatte er trotz einer ihm verordneten, kurzfristigen Quarantäne einen Weg gefunden, die Korrespondenz mit seiner geliebten Martha aufrechtzuerhalten: »Mein Arzt hat einen Modus ausfindig gemacht, wie ich Dir schreiben kann. Dieser Brief samt Couvert wird für einige Stunden in einen Trockenkasten von 120 ^{0} C. gelegt werden, in dem er all seiner gefährlichen Eigenschaften verlustig gehen soll. Nicht wahr, die Art Censur wird uns nicht schaden?«

Den Briefen an Wilhelm Fließ verdanken wir eine detailreiche Kenntnis seines Gesundheitszustandes in mittleren Jahren. Und um den stand es nicht zum besten. Freud schreibt von etlichen, immer wiederkehrenden Beschwerden: Quälende Kopfschmerzen, die er als »Migräneattacken« bezeichnete, machten ihn zeitweise arbeitsunfähig und konnten nie befriedigend behandelt werden. Des weiteren hatte er ständigen Schnupfen und Nasenkatarrhe, die vermutlich auf eine chronische Nebenhöhlenentzündung zurückzuführen waren. Auch litt er an immer wiederkehrenden Beschwerden im Magen-Darm-Trakt, Verdauungsproblemen, vor allem jedoch unter regelmäßig auftretenden Herzbeschwerden.

Aus Freuds Briefen können wir schließen, daß er von Fließ immer wieder dringend ermahnt wurde, doch endlich das Rauchen aufzugeben. Freud versuchte im Laufe der Freundschaft unzählige Male, diesem ärztlichen Rat zu folgen. Tatsächlich gab er das Laster oft und oft auf – und wurde doch immer wieder rückfällig. In den ebenso zahlreichen wie kurzen Phasen völliger Nikotinentsagung litt Freud unter schrecklichen Entzugsqualen. Das freundschaftlich, aber nicht minder strikt verordnete Rauchverbot begann er immer wieder dann einzuhalten, wenn die Herzbeschwerden schlimmer wurden. Hieß es in einem Freud-Brief gegen Ende 1893 noch: »Deinem Rauchverbot folge ich nicht; hältst Du es denn für ein großes Glück, sehr lange Jahre elend zu leben?«, so änderte sich die Situation kurze Zeit später nach einem akuten Herzanfall: »Da jeder Mensch irgendwen braucht, von dem er sich suggerieren läßt, um sich von seiner Kritik auszuruhen, habe ich tatsächlich von damals an (es sind heute drei Wochen) nichts Warmes mehr zwischen den Lippen gehabt und kann heute bereits andere ohne Neid rauchen sehen, mir auch wieder Leben und Arbeit ohne diesen Beitrag vorstellen. Lange ist es nicht her, daß ich soweit bin, auch war das Elend der Abstinenz von einer ungeahnten Größe, aber das ist ja selbstverständlich.«

Freud schreibt in einem Brief, die Unregelmäßigkeiten der Herztätigkeit wären erstmals 1889 »ziemlich plötzlich nach einem Influenzaanfall aufgetreten.« Er konnte sich mit den ihn behandelnden Ärzten nie einig werden, worauf die schon ab dem 33. Lebensjahr ständig wiederkehrenden Herzbeschwerden zurückzuführen wären. Freund Fließ gesteht er: »Es ist ja peinlich für den Medicus, der sich alle Stunden des Tages mit dem Verständnis der Neurosen quält, nicht zu wissen, ob er an einer logischen oder an einer hypochondrischen Verstimmung leidet.«

Jedenfalls wurde Freud in diesen Jahren von depressiven Stimmungen und unerträglichen Todesahnungen verfolgt. Noch keine 40 Jahre alt, bittet er Fließ um schonungslose Aufklärung seiner Lebenserwartung: »Wenn Du etwas Sicheres sagen kannst, teile es mir nur mit. Ich habe weder von meiner Verantwortlichkeit noch von meiner Unentbehrlichkeit eine übergroße Meinung und

werde die Unsicherheit und die Lebensabkürzung, die mit der Diagnose der Myocarditis (= entzündliche Erkrankung des Herzmuskels, Anm.) verbunden ist, sehr würdevoll ertragen, vielleicht im Gegenteil für die weitere Einrichtung meines Lebens Vorteil daraus ziehen und mich über alles freuen, was mir verbleibt.«
Wobei er dem Freund wesentlich mehr verriet als der eigenen Familie, die Freud keinesfalls beunruhigen wollte. »Fratzen und Frau sind wohl«, schreibt er nach Berlin, »letztere ist nicht Vertraute meiner Sterbedelirien.« Könnte ein Arzt dem 38jährigen Freud garantieren, 51 Jahre alt zu werden, »der würde mir die Cigarre nicht verleidet haben. Meine Compromißansicht, für die ich keine wissenschaftliche Begründung habe, ist die, daß ich noch 4-5-8 Jahre an wechselnden Beschwerden mit guten und schlechten Zeiten leiden und dann zwischen 40 u. 50 an einer Herzruptur schön plötzlich verenden werde; wenn es nicht so nahe an 40 ist, ist es gar nicht so schlecht.«
Ganz »nahe an 40« war er, als ein gerade aktueller Anlaßfall dazu beitrug, wieder einmal das eigene Ende kommen zu sehen. Am 16. April 1896, drei Wochen vor Freuds rundem Geburtstag also, verstarb der bekannte Bildhauer Viktor Tilgner, dem Wien die Denkmäler Mozarts, Makarts und Bruckners zu verdanken hat, der aber auch Skulpturen für Burgtheater, Hofburg und die großen Ringstraßenmuseen schuf. Wie Freud seinem Leibblatt, der *Neuen Freien Presse*, entnehmen konnte, war Tilgner im Alter von 52 Jahren nach einem Herzanfall gestorben. Der Infarkt war Folge einer Koronarthrombose gewesen, die gewisse Parallelen zu Freuds eigenen Anfällen aufwies. Es überrascht also nicht, wenn Freud, der die längste Zeit schon »keine Lebenskraft mehr« spürte, eine Identifizierung mit dem Fall Tilgner herstellte. »Von mir notire ich . . . Anfälle von Todesangst«, schreibt er Fließ am Tag, als der Nachruf auf den Bildhauer in der *Presse* erschien, »woran aber Tilgner's Herztod mehr Schuld tragen mag als der Termin.«*

* Mit »Termin« meint Freud offensichtlich seinen bevorstehenden 40. Geburtstag

Bedenkt man, daß Freud 83 Jahre alt werden sollte, zum Zeitpunkt solch düsterer Gedanken also noch nicht die Hälfte seines Lebens erreicht hatte, so scheinen die Befürchtungen – aus der Sicht eines ausgebildeten Mediziners – doch mehr als »gesunden« Pessimismus auszudrücken. Er selbst hatte das sehr wohl erkannt und seine Todesahnungen als »neurotisch« bezeichnet.
Doch kaum fühlte sich Freud besser, zündete er sich wieder eine Zigarre nach der anderen an. Diese Inkonsequenz dauerte Jahrzehnte, er blieb – mit kurzen Unterbrechungen – bis zu seinem Lebensende ein starker Raucher, sein Quantum betrug in der Regel 20 Zigarren pro Tag. Am Beginn seiner körperlichen Leiden hatte er das Thema »Fehlleistungen« noch lange nicht erforscht, als er selbst von solchen eingeholt wurde. So schreibt er etwa in einer Phase gesundheitlichen Wohlbefindens, daß er »einem langen Leben und unverringerter *Rauf*lust« (statt *Rauch*lust) entgegensehe. Max Schur, sein Arzt in späteren Jahren, erkennt in diesem geradezu klassischen Verschreiben im Freud'schen Sinn, den Wunsch, für den Genuß der geliebten Zigarre kämpfen *(raufen)* zu wollen.
Seine Tabaksucht und deren Auswirkungen blieben jedenfalls ein zentrales Thema der Korrespondenz mit Wilhelm Fließ. Hier ein Beispiel im verzweifelten, nicht enden wollenden Kampf gegen das Nikotin: »Vom Tage Deines Verbots an habe ich 7 Wochen nicht geraucht. Es ging mir, wie erwartet, zuerst unerlaubt schlecht, Herzbeschwerden mit Verstimmung und dabei das gräuliche Elend der Abstinenz ... ich blieb complet arbeitsunfähig, ein geschlagener Mann. Nach 7 Wochen begann ich – gegen mein Versprechen an Dich – wieder zu rauchen ... Von den ersten Cigarren an war ich arbeitsfähig und Herr meiner Stimmung, früher war die Existenz unerträglich. Auch habe ich nicht bemerkt, daß die Beschwerden sich nach 1 Cigarre gesteigert hätten. Ich rauche jetzt mäßig, bin langsam bis zu 3 pro Tag gestiegen, es geht mir sehr viel besser als früher, eigentlich progressiv besser, nicht gut natürlich.«
Begründet Freuds Mitstreiter Ernest Jones dessen kör-

perliche Beschwerden ausschließlich mit seinen – tatsächlich vorhandenen – Neurosen, hält ihn dieser also im großen und ganzen für einen Hypochonder, »der später sein Leiden zweifellos als Angsthysterie klassifiziert hätte«, so widerspricht Dr. Schur dieser These: »Wir haben keinen überzeugenden Grund, uns Jones' Theorie anzuschließen, daß *all diese Störungen* leicht lokalisierte Aspekte seiner Neurose darstellten.« Schur, dessen Patient Freud die letzten zehn Jahre seines Lebens war, führt Freuds Leiden in mittleren Jahren (heftige Herzbeschwerden, die in den linken Arm ausstrahlten, Atemnot und Beklemmungsgefühle) vielmehr auf heftige Anfälle von Angina pectoris zurück. »Während dieser Periode waren bei Freud auch Anzeichen eines leichten linksseitigen Herzkammerversagens zu bemerken, wie Kurzatmigkeit oder was er später als ›motorische Insuffizienz‹ beschrieb.« Infolge seiner Neurose sah Freud die physischen Beschwerden zwar übersteigert, doch war er zweifellos auch ernsthaft organisch krank.

1929 sollte der bereits weltberühmte Sigmund Freud eine Zeitungsumfrage zum Thema Rauchgewohnheiten so beantworten: »Ich begann mit 24 Jahren zu rauchen, zuerst Cigaretten, bald aber schließlich Cigarren, rauche auch heute noch (72 ½ J.) und schränke mich in diesem Genuß sehr ungern ein. Zwischen 30 und 40 mußte ich das Rauchen durch 1 ½ Jahre aufgeben wegen Herzstörungen, die vielleicht Nikotinwirkung, wahrscheinlich aber Folge einer Influenza waren. Seither bin ich meiner Gewohnheit oder meinem Laster treu geblieben und meine, daß ich der Cigarre eine große Steigerung meiner Arbeitsfähigkeit und eine Erleichterung meiner Selbstbeherrschung zu verdanken habe. Vorbild war mir mein Vater, der ein starker Raucher war und bis in sein 81stes Lebensjahr blieb.«

Max Schur zieht sogar in Zweifel, ob Freud, hätte er das Rauchen ganz aufgegeben, überhaupt in der Lage gewesen wäre, sein Werk zu derartigen Höhepunkten zu führen: »Wie das für jede Sucht gilt, ist es äußerst schwer zu entscheiden, ob Freud ohne Nikotin die Konzentration

hätte aufbringen können, die für das Lösen sehr schwieriger Probleme notwendig ist, sei es, daß die Folgen der Entziehung seine Fähigkeit zu langdauernder gespannter Aufmerksamkeit beeinträchtigt hätten, sei es, daß zumindest in Freuds Fall die spezifische pharmakologische Wirkung des Nikotins anscheinend eine optimale Leistungsfähigkeit begünstigte.«
Am ehesten ließe sich Freuds Leiden als klassischer Fall der »Schöpferischen Krankheit« bezeichnen, die der Tiefenpsychologe Henry F. Ellenberger so definiert: »Perioden der Besserung und der Verschlimmerung wechseln sich ab. Während der Dauer der Krankheit verliert der Leidende niemals den Faden seiner beherrschenden Idee. Sie läßt sich häufig mit normaler Berufstätigkeit und mit einem normalen Familienleben vereinbaren. Aber selbst wenn der Leidende seine sozialen Funktionen erfüllt, ist er fast ausschließlich mit sich selbst beschäftigt. Er leidet an einem Gefühl äußerster Isolierung, selbst wenn er einen Mentor hat, der ihn durch die schwere Prüfung geleitet ... Der von dieser Krankheit Befallene geht aus seiner Probe mit einer bleibenden Persönlichkeitswandlung und der Überzeugung hervor, daß er eine große Wahrheit oder eine neue geistige Welt entdeckt hat. Im Falle Freuds sind alle diese Züge zu finden.«

Während Freud in den Jahren der Freundschaft zu Fließ die Grundzüge der Psychoanalyse erarbeitete – und zu Recht davon überzeugt sein konnte, »eine neue geistige Welt« entdeckt zu haben –, war Fließ in Berlin mit der Erforschung eigener medizinischer Theorien befaßt. Einer seiner zahlreichen Hypothesen zufolge waren Veränderungen der Nasenschleimhäute für eine Vielzahl von Krankheiten – von Kopfschmerzen über Magen-Darmleiden, Herzbeschwerden bis zu sexuellen Problemen – verantwortlich. Da Freud selbst unter einigen der von Fließ beschriebenen Symptome litt, zeigte er naturgemäß großes Interesse für diese Theorie. In einer weiteren These behauptete der Berliner Hals-, Nasen-, Ohrenarzt, daß nicht nur die Frau einer Periode (von 28 Tagen) unterliege, sondern auch der Mann in einem bestimmten Zyklus lebe, und dieser männliche Zyklus dauerte, so Fließ, 23 Tage. Schließlich war er auch »von der unbedingten Bisexualität aller Lebewesen« überzeugt.

So abenteuerlich die eine oder andere Fließ-Idee für Freud klingen mochte, schätzte er den Freund nicht nur als Korrespondenzpartner und als seinen persönlichen Arzt, sondern auch als wissenschaftlichen Berater. Ja, er zog ihn sogar als Operateur bei, wenn eine Krankengeschichte aus seinem Patientenkreis in dessen Fachgebiet fiel. Dies gab den beiden Freunden neben wohlvorbereiteten Urlaubstreffen – die sie als »Kongresse« bezeichneten – auch Gelegenheit zur beruflichen Zusammenarbeit. Zu trauriger Berühmtheit gelangte in diesem Zusammenhang der »Fall Emma«, einer Wienerin, die bei Freud wegen eines nervösen Magenleidens und Menstruationsproblemen in Behandlung war. Laut Fließ war auch bei ihr eine Nasenerkrankung als Ursprung der Hysterie anzusehen. Freud bat den Berliner Freund nach Wien zu kommen, und tatsächlich reiste dieser im Jahre 1894 an, um nach eingehender Untersuchung eine Operation an Emmas Nase durchzuführen.

Im Anschluß daran fuhr Fließ zurück nach Berlin und überließ die postoperative Behandlung Wiener Kollegen. Als an der Wunde schon nach wenigen Tagen schwere Komplikationen auftraten, stellte der diensthabende Spitalsarzt fest, daß Dr. Fließ aus Versehen ein langes Stück Jodoformgaze in der Operationswunde zurückgelassen hatte. Etwas später stellte sich eine so schwere Blutung ein, daß »Emma« längere Zeit in Lebensgefahr schwebte. Für Freud war die Sache doppelt unangenehm. Denn bei »Emma« handelte es sich um Emma Eckstein, die Schwester seines Freundes Friedrich Eckstein. Dieser zählte zu den originellsten und gebildetsten Männern Wiens, er war enorm belesen und stand in dem Ruf, einfach alles zu wissen. Es gab keine Frage, so hieß es, die der Polyhistor nicht hätte beantworten können. Man raunte sich zu – berichtet Friedrich Torberg –, daß der große Brockhaus, wenn er etwas nicht wußte, heimlich aufstand und im alten Eckstein nachsah. Eckstein war mit der Schriftstellerin Bertha Diener verheiratet – die unter dem Pseudonym Sir Galahad bekannt war –, zu seinem engeren Freundeskreis zählten Gustav Mahler, Franz Liszt, Adolf Loos, Karl Kraus, Peter Altenberg und Hans Makart. Waren sich Hofmannsthal, Werfel oder Rilke über ein Gedicht im Zweifel, so pilgerten sie an Ecksteins Stammtisch ins Café Imperial. Friedrich Eckstein zählte zu Freuds Tarockpartnern, man kann sich also leicht vorstellen, wie der »Fall Emma«, der an seiner Schwester begangene ärztliche Kunstfehler, in Wien die Runde machte und indirekt auch Freud Schaden zufügte. Trotzdem nahm er seinen Berliner Kollegen gegen alle Angriffe in Schutz.

Von der ausführlichen Korrespondenz der beiden Freunde sind 284 Briefe Freuds erhalten geblieben – sie zählen zu den wichtigsten Quellen der psychoanalytischen Forschung, behandeln sie doch eben den Zeitraum, der die Entstehung der neuen Wissenschaft bedeutet. »Verehrter Freund und Kollege«, heißt es in dem ersten Schreiben vom 24. November 1887 noch sehr förmlich, dem fünf Jahre später das briefliche »Du«-Wort und die Anrede »Liebster Freund« bzw. »Teurer Wilhelm« folgen.
Wie immer die Anrede lautete, dringen in etlichen Briefen Freuds schreckliche Todesahnungen durch. Neben der Sorge um die Familie, mußte er befürchten, sein Werk nicht vollenden zu können, denn ihm war klar, daß er für seine Forschungsarbeit viel Zeit benötigte. Die Behandlung jedes einzelnen Patienten, die ihn seinem Ziel näherbringen sollte, dauerte Monate, manchmal Jahre. War es ihm gegeben, einer ihm gegenüber mehr als kritisch eingestellten Mitwelt die Beweise seiner Theorien liefern zu können? Oder sollte ihm die dafür notwendige Zeit nicht mehr beschieden sein, da er – was er des öfteren sagte – »wie Moses, im Angesicht des Zieles« sterben würde? In den jetzt folgenden wesentlichen Jahren der Erforschung der Psychoanalyse wurde Freud von diesen quälenden Gedanken geplagt.

»Der Hauptpatient, der bin ich selbst« Die Couch

Mitte der neunziger Jahre war Freud so weit, die *Kathartische Methode* aufzugeben. Sie erschien ihm als »Zwangsmethode«, da der Patient in der Hypnose seine tatsächlichen Gedanken allzusehr mit äußeren Einflüssen vermischte, auch ist nicht jeder in der Lage, auf hypnotische Kräfte anzusprechen. Also suchte er nach einem neuen Verfahren, das er 1894 erstmals als »Psychoanalyse« bezeichnete. »Der freie Einfall« oder auch »Die freie Assoziation« des Patienten sollten die Hypnose ablösen und den vollen Zugang zum Unbewußten eröffnen.

Bedeutsam für das Übergangsstadium von der Hypnose zur Psychoanalyse wurde eine Patientin, die Freud in seinen Schriften als »Elisabeth von R.« bezeichnete und die später als Elisabeth Weiss identifiziert werden konnte. Bei der Behandlung dieses interessanten Falles brachte Freud Spuren beider Behandlungsmethoden zur Anwendung.

»Elisabeth von R.« war ein gutaussehendes, hochintelligentes 24jähriges Mädchen, das wohlbehütet, in intakten Familienverhältnissen aufgewachsen war. Doch innerhalb von zwei Jahren brach das bisherige Glück der Familie Weiss in sich zusammen. Elisabeths Vater – den sie über alles geliebt hatte – verstarb nach schwerer Krankheit; ihre Mutter mußte sich kurz darauf einer für die damalige Zeit außergewöhnlich gefährlichen Augenoperation unterziehen und drohte zu erblinden; die ältere ihrer beiden Schwestern verheiratete sich mit einem Mann, der auf die ganze Familie negativen Einfluß ausübte; und zu all dem Unglück kam dann der wohl schwerste Schock, als Elisabeths jüngere Schwester – die sehr glücklich verheiratet war – während einer Schwangerschaft an Herzversagen verstarb.

Freud bot sich ein Bild des Schreckens, als ihm Fräulein Weiss im Herbst 1892 von einem Kollegen vorgestellt wurde. Ihre Symptome waren denen der »Anna O.« nicht unähnlich: Elisabeth hatte so starke Schmerzen in beiden Beinen, daß sie zeitweise nicht gehen konnte. Dazu kam, daß die junge Frau jeder Form von psychiatrischer Therapie skeptisch gegenüberstand und an den Erfolg einer solchen Behandlung nicht glauben konnte.
Nach eingehender Untersuchung kam Freud zu dem Ergebnis, daß kein organisches Leiden, sondern ein klarer Fall von Hysterie vorlag. Er begann mit Massagen und einer elektrotherapeutischen Behandlung der empfindlichen Beinmuskulatur, um – wie er es in den *Studien über Hysterie* beschreibt – »mit der Kranken in Verkehr bleiben zu können.« Dabei wurde eine leichte Besserung erzielt, »ganz besonders schien sie sich für die schmerzhaften Schläge der Influenzamaschine zu erwärmen, und je stärker diese waren, desto mehr schienen sie die eigenen Schmerzen der Kranken zurückzudrängen.« Als Freud durch dieses Verfahren, das er selbst als »Scheinbehandlung« bezeichnete, nach vier Wochen Elisabeths Vertrauen gewonnen hatte, schlug er der argwöhnischen Patientin eine psychische Behandlung vor.
Der Plan ging auf, Fräulein von R. willigte gegen ihre bisherigen Vorbehalte ein. »Die Arbeit, die ich aber von da an begann, stellte sich als eine der schwersten heraus, die mir je zugefallen waren.« Vorerst versuchte Freud, den Zusammenhang zwischen der Leidensgeschichte und den Symptomen der Patientin herauszufinden. Er hatte von Anfang an vermutet, daß sich hinter der Krankheit ein »Geheimnis« verbarg, das Elisabeth mit sich trug. Und das es zu ergründen galt.
»Ich konnte also zunächst auf die Hypnose verzichten, mit dem Vorbehalte allerdings, mich später der Hypnose zu bedienen, wenn sich im Verlaufe der Beichte Zusammenhänge ergeben sollten, zu deren Klärung ihre Erinnerung etwa nicht ausreichte. So gelangte ich bei dieser ersten vollständigen Analyse einer Hysterie, die ich unternahm, zu einem Verfahren, das ich später zu einer Metho-

*Sigmund Freud, einer der bedeutendsten Männer des 20. Jahrhunderts, leb-
e mit Frau und sechs Kindern in großer Bescheidenheit. Neben seinen Aus-
ιndsreisen zählten 20 Zigarren pro Tag zum persönlichen »Luxus«. Das
Foto mit Zigarre« nahm sein Schwiegersohn Max Halberstadt auf.*

2 In Wien wuchs Sigmund Freu in einer typischen Großfamili auf. Seine jüngere Schwester An na beschrieb ihn als privilegier ten ältesten Sohn, dem die jünge ren Geschwister »zu gehorche hatten«. Das Porträt – Ausschnit eines Ölbildes der Familie Freud zeigt Sigmund als zwölfjährige Gymnasiasten.

3 Im ersten Stock dieses Hauses i der Kleinstadt Freiberg wurd Sigmund Freud geboren. Ebene dig lag die Schlosserwerkstatt de Hausherrn Zajic, dessen Fra Sigmunds Kindermädchen wa Ihre Verhaftung war Sigmund erstes außergewöhnliches Erleb nis. Die Straße, in der er drei Jah re seines Lebens verbrachte, is heute nach Freud benannt.

4 Sigmund mit seinem Vater, einem jüdischen Wollhändler, der aus Galizien stammte und sich in Mähren und später dann in Wien ansiedelte. Jakob Freud war 41 Jahre alt und zum dritten Mal verheiratet, als sein Sohn Sigmund zur Welt kam. Seine beiden ersten Frauen waren früh verstorben. Den Tod des Vaters bezeichnete Freud später als »das bedeutendste Erlebnis, den einschneidendsten Verlust im Leben eines Mannes.«

5 Amalie Freud mit ihrem 16jährigen Sohn Sigmund, der später einmal sag te: »Wenn man der unbestrittene Liebling der Mutter gewesen ist, so behäl man das Eroberergefühl, jene Zuversicht des Erfolges, welche nicht selter wirklich den Erfolg nach sich zieht.«

Es war ein dorniger Weg, den der junge Arzt Sigmund Freud (6) zu beschreiten hatte, ehe er zum weltberühmten »Vater der Psychoanalyse« wurde. Jahrelang mußte er – wie es damals üblich war – unbezahlten Dienst in Wiens Allgemeinem Krankenhaus versehen. Zu seinen ersten Patienten verhalf ihm sein Freund Dr. Josef Breuer (7), durch den er auch mit dem Fall der »Anna O.« konfrontiert wurde. Ihr Schicksal ist eng mit der Entwicklung der Psychoanalyse verbunden. Heute wissen wir, daß »Anna O.« die Frauenrechtlerin Bertha Pappenheim (8) war.

9 Durch Freud wurde dieses Haus in der Wiener Berggasse weltberühmt. Von 1891 bis 1938 wohnte und ordinierte er hier. Vorher behandelte er seinen Kollegen Dr. Ernst von Fleischl (10). In der Berggasse zählten dann Emma Eckstein (11) und der „Wolfsmann“ Sergej P. (12) zu seinen Patienten.

›er Patient solle »auf einem Ruhebett lagern«, während der Psychoanalyti- ›r »hinter ihm, von ihm ungesehen, Platz nimmt«: Freuds berühmte Couch der Berggasse (13). Viktor Adler wohnte mit seiner Frau (14) in der späte- ›n Freud-Ordination. 15 Eingangstüre im Jahre 1938.

16 *In einem Brief an seinen Freund Wilhelm Fließ (rechts) sah Freud di Marmortafel auf Schloß Bellevue (17) voraus: »Hier enthüllte sich am 24. Ju 1895 dem Dr. Sigm. Freud das Geheimnis des Traumes.« Das Gebäude ex stiert nicht mehr – die Marmortafel gibt es.*

3 »*Mein teures, heißgeliebtes Mädchen*«, *schreibt Freud an Martha Bernays, ine Verlobte und spätere Ehefrau. Vier lange Jahre mußte er auf Heirat nd gemeinsamen Haushalt warten. Danach lebten sie in überaus harmoni-her Ehe – Martha schenkte Sigmund Freud sechs Kinder.*

»... ist furchtbar häßlich, lutsch von seinem ersten Moment ab an se ner rechten Hand, scheint sonst seh gutmütig«, teilte Sigmund Freu 1887, unmittelbar nach der Gebur seiner ältesten Tochter Mathilde (19 seiner Schwiegermutter mit. Insge samt sollten es drei Söhne und dre Töchter werden, »drei und drei, da ist mein Stolz und mein Reichtum sagte er. Seinem Freund Wilhel Fließ schrieb er einmal »Fratze wohlauf«: Freuds Söhne Olive Jean-Martin, Ernst am Beginn de neuen Jahrhunderts (20). Marth Freud mit der zweijährigen Tochte Sophie (21).

22 »Berichte Ihnen gerne, daß wir beide Söhne gleichzeitig zum Urlaub in Salzburg bei uns hatten, beide in gutem Zustand«, schreibt Freud einem Freund, als dieses Foto 1916 aufgenommen wurde.

23 Freud auf einer Wanderung mit seiner Mutter und mit Ehefrau Martha in der Umgebung von Altaussee. Seine Liebe zur Natur spielte in seinem Forscherdrang eine wichtige Rolle. Noch mehr als seine Österreich-Urlaube liebte er freilich Auslandsreisen.

24 *»Was an mir erfreulich ist, heißt Anna«: Freuds jüngste Tochter war dre Jahre lang bei ihrem Vater in Analysebehandlung. Er war bedrückt, daß si niemals heiratete und bezeichnete die Tatsache, daß für sie kein Mann a den vergötterten Vater »heranreichte«, als »Vaterkomplex«.*

de erhob.« – Der Fall Elisabeth von R. wurde zur Geburtsstunde der Psychoanalyse.

Freud ließ sich vorerst erzählen, was der Kranken bekannt war, er »achtete sorgfältig darauf, wo ein Zusammenhang rätselhaft blieb, wo ein Glied der Kette der Verursachungen zu fehlen schien und drang dann später in tiefere Schichten der Erinnerung ein, indem ich an jenen Stellen die hypnotische Erforschung oder eine ihr ähnliche Technik wirken ließ ... Die Leidensgeschichte, welche Fräulein Elisabeth erzählte, war eine langwierige, aus mannigfachen schmerzlichen Erlebnissen gewebte. Sie befand sich während der Erzählung nicht in Hypnose, ich ließ sie aber liegen und hielt ihre Augen geschlossen, ohne daß ich mich dagegen gewehrt hätte, wenn sie zeitweilig die Augen öffnete, ihre Lage veränderte, sich aufsetzte u. dgl.«

Der Psychiater führte die Behandlung in diesem speziellen Fall teilweise in der Wohnung der Familie Weiss durch, was – wie sich bald herausstellen sollte – eine wesentliche Rolle zur Lösung spielte. »Ich hörte einmal während der Arbeit mit der Kranken Männerschritte im Nebenzimmer, eine angenehm klingende Stimme, die eine Frage zu stellen schien, und meine Patientin erhob sich darauf mit der Bitte, für heute abzubrechen; sie höre, daß ihr Schwager gekommen sei und nach ihr frage. Sie war bis dahin schmerzfrei gewesen, nach dieser Störung verrieten ihre Miene und ihr Gang das plötzliche Auftreten heftiger Schmerzen. Ich war in meinem Verdachte bestärkt und beschloß, die entscheidende Aufklärung herbeizuführen.«

In der nächsten Sitzung führte Freud seine Patientin in Richtung dieses »Verdachts«: Die »angenehm klingende Stimme« vom letzten Mal gehörte dem Mann ihrer verstorbenen Schwester. Er war in den Erzählungen schon des öfteren aufgetaucht, doch jetzt erst kam das »Geständnis«: Elisabeth hatte mit dem Schwager, kurz vor dem Tod seiner Frau, einen ausgedehnten Spaziergang unternommen. Als sie von der gemeinsamen Wanderung zurückkehrten – erinnerte sie sich im Gespräch mit

Freud –, waren ihre ersten Lähmungserscheinungen aufgetreten. Danach hatte sie immer wieder davon geträumt, »einen Mann wie diesen« an ihrer Seite haben zu können. Wenige Tage nach dem Spaziergang verstarb Elisabeths Schwester, die Frau dieses Mannes. Freud beschreibt die jetzt folgende, wichtige Phase der Analyse mit den Worten: »Dann standen sie vor dem Bette, sahen die Tote, und in dem Momente der gräßlichen Gewißheit, daß die geliebte Schwester gestorben sei, ohne von ihnen Abschied zu nehmen, ohne ihre letzten Tage durch ihre Pflege verschönt zu haben – in demselben Momente hatte ein anderer Gedanke Elisabeths Hirn durchzuckt, der sich jetzt unabweisbar wieder eingestellt hatte, der Gedanke, der wie ein greller Blitz durchs Dunkel fuhr: Jetzt ist er wieder frei, und ich kann seine Frau werden.«
Nun war freilich alles klar, »die Mühe des Analytikers war reichlich belohnt worden.« Freud hatte seine Patientin dahin gebracht, all das auszusprechen, was zur Umwandlung einer psychischen Erregung ins Körperliche geführt hatte. »Dieses Mädchen hatte ihrem Schwager eine zärtliche Neigung geschenkt, gegen deren Aufnahme in ihr Bewußtsein sich ihr ganzes moralisches Wesen sträubte. Es war ihr gelungen, sich die schmerzliche Gewißheit, daß sie den Mann ihrer Schwester liebte, zu ersparen, indem sie sich dafür körperliche Schmerzen schuf«, die genau in dem Augenblick auftraten (während des Spaziergangs mit dem Schwager), da sich ihr diese Gewißheit aufdrängte.
Von einer Heilung konnte nach Erkennen und Aussprechen der Wahrheit noch keine Rede sein, im Gegenteil, für die Patientin wie für den Therapeuten kam zunächst eine böse Zeit.
»Der Effekt der Wiederaufnahme jener verdrängten Vorstellung war ein niederschmetternder für das arme Kind. Sie schrie laut auf, als ich den Sachverhalt mit den trokkenen Worten zusammenfaßte: Sie waren also seit langer Zeit in Ihren Schwager verliebt. Sie klagte über die gräßlichsten Schmerzen in diesem Augenblicke, sie machte noch eine verzweifelte Anstrengung, die Aufklärung zu-

rückzuweisen. Es sei nicht wahr, ich habe es ihr eingeredet, es könne nicht sein, einer solchen Schlechtigkeit sei sie nicht fähig. Das würde sie sich auch nie verzeihen. Es war leicht, ihr zu beweisen, daß ihre eigenen Mitteilungen keine andere Deutung zuließen, aber es dauerte lange, bis meine beiden Trostgründe, daß man für die Empfindungen unverantwortlich sei und daß ihr Verhalten, ihr Erkranken unter jenen Anlässen ein genügendes Zeugnis für ihre moralische Natur sei, bis diese Tröstungen, sagte ich, Eindruck auf sie machten.«

Während der folgenden Begegnungen gelang es, die Patientin durch Abreagieren von der aufgespeicherten Erregung zu befreien. Eine Verbindung mit dem geliebten Schwager war, wie Freud in einem Gespräch mit Elisabeths Mutter erfahren mußte, nicht möglich, da dieser kränklich war und sich vom Tod seiner Frau nicht erholt hatte. Trotzdem betrachtete Freud, als die Sommerferien nahten, seine Patientin als geheilt. Zwar wurde er während des Urlaubs durch Elisabeths Mutter noch von schmerzhaften Rückschlägen informiert, doch im Herbst 1893, ein Jahr nach Beginn der Behandlung, hatte sie sich vollkommen erholt. »Im Frühjahr 1894«, schließt Freud den Bericht dieses Falles, »hörte ich, daß sie einen Hausball besuchen werde, zu welchem ich mir Zutritt verschaffen konnte, und ich ließ mir die Gelegenheit nicht entgehen, meine einstige Kranke im raschen Tanze dahinfliegen zu sehen. Sie hat sich seither aus freier Neigung mit einem Fremden verheiratet.«

Als unmittelbare Folge der erfreulichen Genesung »Elisabeth von R.'s« wandte sich Freud von der Hypnose ab und jener Behandlungsmethode zu, die fortan mit seinem Namen verbunden bleiben sollte: der »Freien Assoziation«, die später als Psychoanalyse die Welt eroberte. Während der ersten Jahre seiner Praxis in der Berggasse hatte er die Erfahrung gemacht, »daß in der besten Hypnose die Suggestion nicht eine unbegrenzte Macht ausübt, sondern nur eine Macht von bestimmter Stärke. Kleine Opfer bringt der Hypnotisierte, mit großen hält er, ganz wie im Wachen, zurück.«

Sigmund Freud hat uns detailliert hinterlassen, mit welchen Worten er die Beziehung zum Patienten in der neuentwickelten Psychoanalyse aufnahm, beziehungsweise wie er die Therapie »anlegte«. Das war gleichzeitig eine Art »Anleitung« für interessierte Kollegen: Der psychisch Kranke solle, schreibt Freud, »auf einem Ruhebett lagern, während man hinter ihm, von ihm ungesehen, Platz nimmt. Es ist im ganzen gleichgültig, mit welchem Stoffe man die Behandlung beginnt, ob mit der Lebensgeschichte, der Krankengeschichte oder den Kindheitserinnerungen des Patienten. Jedenfalls aber so, daß man den Patienten erzählen läßt und ihm die Wahl des Anfangspunktes freistellt.«
Nachdem der Patient sich's auf der – späterhin so berühmt gewordenen – Freud'schen Couch bequem gemacht hat, eröffnet der Arzt das Gespräch: »Man sagt (zum Patienten) also: Ehe ich Ihnen etwas sagen kann, muß ich viel über Sie erfahren haben: bitte teilen Sie mir mit, was Sie von sich wissen. Noch eines, ehe Sie beginnen. Ihre Erzählung soll sich doch in einem Punkte von der gewöhnlichen Konversation unterscheiden. Während Sie sonst mit Recht versuchen, in Ihrer Darstellung den Faden des Zusammenhanges festzuhalten, und alle störenden Einfälle und Nebengedanken abweisen, um nicht, wie man sagt, aus dem Hundertsten ins Tausendste zu kommen, sollen Sie hier anders vorgehen. Sagen Sie also alles, was Ihnen durch den Sinn geht. Benehmen Sie sich so wie zum Beispiel ein Reisender, der am Fensterplatz des Eisenbahnwagens sitzt und den im Inneren Untergebrachten beschreibt, wie sich vor seinen Blicken die Aussicht verändert. Endlich vergessen Sie nie daran, daß Sie volle Aufrichtigkeit versprochen haben, und gehen Sie nie über etwas hinweg, weil Ihnen dessen Mitteilung aus irgendeinem Grund unangenehm ist.«
Nach dieser kurzen Einleitung beginnt der Part des Patienten. Der redet und redet – redet sich frei. Freud hört zunächst nur zu, sonst nichts. »Der Arzt«, sagte er einmal, »soll undurchsichtig für den Analysierten sein und wie ein Spiegel nichts anderes zeigen, als was ihm gezeigt

wird.« Das Ziel der Analyse sei erreicht, meinte Freud damals, sobald der Patient Einblick in sein Unbewußtes gewährt. Denn, und das war Freuds große Erkenntnis, hinter jedem Verhalten stehen auch Motive, die dem Menschen unbewußt sind. Unbewußte Prozesse sind ein wesentlicher Teil unserer Psyche.
War Freud auf der Suche nach den Inhalten des jeweils Unbewußten »fündig« geworden, zeigte er dem Patienten seine Befriedigung darüber. Er stand von seinem hinter der Couch befindlichen Sessel auf und sagte: »Das muß gefeiert werden!« Für ihn ein Grund mehr, sich genüßlich eine Zigarre anzurauchen, wie uns seine Patientin Hilda Doolittle hinterließ. Ebenso teilte er aber auch seine Unzufriedenheit mit, wenn die Mitteilungen allzu bruchstückhaft blieben. Waren die für seine Analyse wichtigen Details nicht an die Oberfläche gelangt, sondern im Unbewußten verblieben, pflegte er zu sagen: »Wir müssen weitergraben, bis wir auf etwas stoßen, das mehr Aufschluß gibt.«

Freud war nicht der erste, der »das Unbewußte« zu beschreiben versuchte. Schriftsteller und Wissenschaftler hatten sich lange vor ihm mit den dunklen Feldern der Seele befaßt. Doch er war es, der die menschliche Psyche solange systematisch studierte, bis es gelang, die Inhalte des Unbewußten durch Träume und Fehlhandlungen, Verdrängung oder Verschiebung zutage zu fördern. Dieses Bewußtmachen möglichst weiter Teile des Unbewußten führt vielfach zur Heilung psychischer Erkankungen. In der Praxis ist dies nur durch das Zurückgehen in die Tage der Kindheit möglich, deren Erlebnisse wir teilweise vergessen oder verdrängt haben. Und dieses Vergessen und Verdrängen, sagt Freud, findet nicht zufällig statt, sondern ist die Folge einer systematisch durchgeführten Verschleierung. Man verdrängt Unangenehmes, um sein Selbstbildnis zu idealisieren, und erliegt damit einer Selbsttäuschung.
In Ärztekreisen fand er nach Publikwerden seiner neuen Behandlungsmethode wieder einmal wenig Anerken-

nung. Was hatte Freud Wiens Medizinern angetan, daß sie ihn mit Mißtrauen betrachteten, als Außenseiter sahen? Revolutionäre erfreuen sich bei Vertretern etablierter Gesellschaftsschichten bekanntlich nie allzu großer Beliebtheit. Genau das war der Fall: Freud war Rebell, war Revolutionär. So bürgerlich sein persönlicher Lebensstil war, so revolutionär war er als Wissenschaftler. Die ehrwürdigen Ärzte heilten immer noch nach den traditionellen Methoden ihrer Lehrer und den Methoden der Lehrer ihrer Lehrer. Mediziner, die durch Neuerungen die Situation verbessern wollten, wurden bekämpft oder nicht zur Kenntnis genommen – wie etwa Ignaz Philipp Semmelweis, der das tödliche Kindbettfieber besiegte, oder Karl Landsteiner, der Entdecker der Blutgruppen.

Und Freud erging es ebenso. Denn eines war klar: am Verhältnis zum Patienten durfte sich nichts ändern. In der unbedingt einzuhaltenden Rangordnung standen die Herren Professoren, Medizinal- und Hofräte, Dozenten und Doktoren auf der einen Seite. Und die Hilfesuchenden, die sich den Urteilen der sie behandelnden Ärzte dankbar zu beugen hatten, auf der anderen. Ein Gespräch Arzt-Patient fand im Normalfall gar nicht statt, *durfte* nicht stattfinden.

Und gerade die therapeutische Wirkung des Gesprächs war Freuds revolutionäre Entdeckung. In der Psychoanalyse wurde der Patient zum Mittelpunkt und damit der Arzt ein wenig an den Rand des Geschehens gerückt. Überspitzt könnte man sagen: Bisher behandelte man *Krankheiten*, seit Freud werden *Patienten* behandelt. Zu den objektiven medizinischen Kriterien gesellte sich der subjektive Kontakt, der Kontakt von Mensch zu Mensch. Während die Medizin vor Freud den Patienten nur von außen her beschrieb, ihn nie direkt zu Wort kommen ließ, seine Krankengeschichte höchstens nacherzählte, fand Freud durch das Gespräch des Kranken die Subjektivität des Leidens. Aus dem für das Gros der Patienten unverständlichen Medizinerlatein hatte sich eine allgemein verständliche Sprache entwickelt. Im weiteren Sinne eine Demokratisierung im Verhältnis Arzt-Patient.

Um die gegen Freuds Revolution gerichtete Skepsis wirklich zu verstehen, muß man die medizinische Versorgung in der Monarchie kennen. Die Situation war katastrophal, menschenunwürdig. Und das, obwohl gerade im vorigen Jahrhundert einige der bedeutendsten Ärzte der Wiener Medizinischen Schule wirkten. Doch ihr Hauptaugenmerk lag auf der Diagnose, nicht auf der Therapie. Die gewonnenen Erkenntnisse wurden sehr langsam oder gar nicht in die Praxis umgesetzt, der Patient war nur als Experiment interessant, die Mehrzahl der autoritär eingestellten Ärzte zeigte wenig Mitgefühl, verstand ihre Aufgabe nicht darin, Krankheiten auszurotten, sondern lediglich sie zu begreifen und zu beschreiben.
Katastrophal stand es um die Versorgung mit medizinischem Hilfspersonal, das schlecht ausgebildet und so niedrig entlohnt war, daß sich für den Schwesternberuf – abgesehen von den geistlichen Schwestern – nur Hausmädchen und Wäscherinnen zur Verfügung stellten, die in ihrem ursprünglichen Gewerbe keine Beschäftigung finden konnten. Obwohl sie in 24-Stunden-Schichten arbeiteten, waren die Krankenschwestern darauf angewiesen, in den Spitalszimmern nebenbei Kaffee zu verkaufen, um halbwegs für ihren Lebensunterhalt aufkommen zu können. Das führte zu einem kriminellen Mißbrauch im Allgemeinen Krankenhaus, den der Abgeordnete Engelbert Pernerstorfer vor der Jahrhundertwende im Reichsrat aufdeckte: Patienten, die den Kaffee der Krankenschwestern ablehnten oder »freiwillig« kein Trinkgeld zahlten, wurden von diesen einfach »übersehen«.
Da außerdem die meisten Medikamente von Kranken bezahlt werden mußten, war es kein Wunder, daß der Arme Angst vor dem Spital hatte, befürchten mußte, es lebend nicht mehr zu verlassen. Also ging man, wenn es sich nur irgendwie vermeiden ließ, erst gar nicht hin. Wodurch viele Krankheiten nicht einmal erkannt wurden.
In der Psychiatrie war die Situation noch schlimmer als in den anderen medizinischen Bereichen. Bis 1869 war ein Großteil aller psychiatrischen Fälle Wiens in den gefängnisartigen »Narrenturm« des Allgemeinen Kranken-

hauses gesperrt worden. Ebenso geringe medizinische Behandlung erfuhren die Insassen der dem Narrenturm folgenden »Irrenhäuser«. Selbst Freuds bedeutender Lehrer Theodor Meynert, der sich manchmal dazu herabließ, mit Geisteskranken zu reden, lehnte eine »Behandlung der Seele« ab, da dies mehr verlangen würde, »als wir vollbringen können, und über die Grenzen exakter naturwissenschaftlicher Untersuchung hinausgeht.« Im teuren *Privatsanatorium Oberdöbling*, in dem Freud als junger Arzt kurze Zeit gearbeitet hatte, war das Personal zwar um Behaglichkeit der Pflegefälle bemüht, aber Behandlung oder gar Heilung fand ebensowenig statt wie in den »normalen« Spitälern. Die ärztliche Betreuung beschränkte sich auch hier, wie Freud seiner Verlobten mitgeteilt hatte, im wesentlichen auf »Überwachung, Pflege, Kost und Gewährenlassen.« Auf den Gedanken, daß emotionelle Störungen nicht physischer, sondern psychischer Herkunft sein könnten – und man an deren Wurzel gelangen müßte, um sie zu behandeln –, kam vor Freud niemand.

Freuds Psychoanalyse war der Triumph über den bis dahin herrschenden therapeutischen Nihilismus. Der Schock, den er damit hervorrief, saß tief.

Und er erfaßte bald wesentlich größere Kreise, ging weit über die Ärzteschaft hinaus. Denn was Freud predigte, war die »dritte schwere Kränkung, die die Eigenliebe des Menschen von seiten der Wissenschaft erlitten hat«, schrieb Freud 1917: Kopernikus hatte den Anfang gemacht, als er nachwies, die Erde drehe sich um die Sonne und nicht umgekehrt, unser Planet ist also nicht der Mittelpunkt des Universums. Als nächster schockierte Darwin durch seine Feststellung, der Mensch stamme vom Affen ab. Freuds Lehre zeigte schließlich auf, daß der sich stets als »Krone der Schöpfung« betrachtende Mensch eigentlich nicht »Herr und Meister seiner eigenen Seele« sei, daß er mit seinem Willen und seiner Energie nicht alles steuern könne. Unsere Existenz ist vielmehr von einer ganzen Reihe von Faktoren – die zum Teil im Unbewußten entstehen – beeinflußt, wobei das Trieb-

leben eine wesentlich größere Rolle spielt, als dies der Mensch wahrhaben will.
Das war eine neue Weltsicht, eine Weltsicht, die den religiösen Empfindungen vieler Menschen widersprach und die bisherigen Auffassungen der Schöpfungsgeschichte in Frage stellte. Kein Wunder also, daß dieser Freud zum Außenseiter werden mußte. Er selbst trug einiges dazu bei, da er zwar regelmäßig mit seinen Anhängern, sehr selten jedoch mit seinen Kritikern diskutierte.

Freud war sich der problematischen Situation von Anfang an im klaren. Eröffnete er doch eine seiner Vorlesungen zur Einführung der Psychoanalyse mit den Worten: »Für eine Schwierigkeit in Ihrem Verhältnis zur Psychoanalyse muß ich Sie selbst, meine Hörer, verantwortlich machen, wenigstens insoweit Sie bisher medizinische Studien betrieben haben. Ihre Vorbildung hat Ihrer Denktätigkeit eine bestimmte Richtung gegeben, die weit von der Psychoanalyse abführt. Sie sind darin geschult worden, die Funktionen des Organismus und ihre Störungen anatomisch zu begründen, chemisch und physikalisch zu erklären und biologisch zu erfassen, aber kein Anteil Ihres Interesses ist auf das psychische Leben gelenkt worden, in dem doch die Leistung dieses wunderbar komplizierten Organismus gipfelt. Darum ist Ihnen eine psychologische Denkweise fremd geblieben, und Sie haben sich gewöhnt, eine solche mißtrauisch zu betrachten, ihr den Charakter der Wissenschaftlichkeit abzusprechen und sie den Laien, Dichtern, Naturphilosophen und Mystikern zu überlassen. Diese Einschränkung ist gewiß ein Schaden für Ihre ärztliche Tätigkeit. Hier ist die Lücke, welche die Psychoanalyse auszufüllen bestrebt ist. Sie will der Psychiatrie die vermißten psychologischen Grundlagen geben, sie hofft, den gemeinsamen Boden aufzudecken, von dem aus das Zusammentreffen körperlicher mit seelicher Störung verständlich wird. Zu diesem Zweck muß sie sich von jeder ihr fremden Voraussetzung anatomischer, chemischer oder physiologischer Natur frei halten, durchaus mit rein psychologi-

schen Hilfsbegriffen arbeiten, und gerade darum, fürchte ich, wird sie Ihnen zunächst fremdartig erscheinen.«
Mit Freuds Psychoanalyse hatte sich nicht bloß ein neues Feld der Psychiatrie eröffnet, sie revolutionierte die gesamte Medizin, ja mehr noch: Das Ergründen der Seele führte zu neuen Anschauungen in Religion und Kultur, in Erziehung und Familienleben, in der Sexualität, der Philosophie, im Staatswesen. Selten hat ein Wissenschaftler durch seine Ideen das Denken seiner Zeit – und auch der nachfolgenden Generationen – so sehr beeinflußt wie Freud, als er die »Anatomie der Seele« beschrieb.

Der Ausdruck »Seele«, nie so oft zitiert wie im Zusammenhang mit Freud, war jahrtausendelang fast ausschließlich von den Religionen verwendet und von diesen im Gegensatz zur materiellen Substanz des Körpers als unsterblich dargestellt worden. Der Begriff der modernen Seele entstand im revolutionären Paris des Jahres 1789 durch den deutschen Arzt Franz Anton Mesmer, der die vornehme Welt mit einer neuen Therapie gegen nervöse Zustände in Aufregung versetzte. Er behauptete, seelische Leiden mit Hilfe eines »magnetischen Fluidums« heilen zu können. 1838 gelang es dem Wiener Arzt und Dichter Ernst von Feuchtersleben, ein wenig Licht in die Zusammenhänge zwischen »Leib und Seele« zu bringen, und in der Folge unternahmen immer mehr Mediziner und Naturwissenschaftler den Versuch, die menschliche Psyche zu erfassen. Doch Sigmund Freud war es, dem die treffendste Beschreibung gelang, als er – sich von den religiösen Einflüssen lösend – erkannte, daß die Seele (»Psyche«) nicht nur aus dem bewußten Leben, sondern auch aus unbewußten Trieben besteht.

Wie sehr der Begriff »Seele« noch von der Schulmedizin des vorigen Jahrhunderts verspottet wurde, zeigt der Ausspruch des großen Pathologen Carl von Rokitansky, der die Anatomie zum verläßlichen Instrument der Diagnose machte. Er sagte: »Also, ich hab' schon 80.000 Leichen seziert – aber Seele hab' ich noch keine gesehen.«

Zwischen diesem Ausspruch und der Freud'schen Revolution lagen nur wenige Jahre. Stefan Zweig hat 1931 erkannt, was in der relativ kurzen Zeitspanne geschehen ist: »Sigmund Freud hat die Menschheit – herrliche Tat eines einzelnen Menschen – klarer über sich selbst gemacht: ich sage klarer, nicht glücklicher. Er hat einer ganzen Generation das Weltbild vertieft: ich sage vertieft und nicht verschönert ... Mit anderen Augen, freier, wissender und ehrlicher sieht eine neue Generation dank seiner Leistung in eine neue Zeit.« (Daß diese »neue Zeit« trotz Freud grausamer werden würde als jede bisher dagewesene, konnte auch Stefan Zweig nicht erahnen.)

Der allererste Schritt auf dem Wege zur Erforschung des Unbewußten war Freuds Eindringen in seine eigene psychische Situation, ein Vorgang, den er »Selbstanalyse« nannte. Freud war sein eigener Therapeut, was er Wilhelm Fließ 1897 mit den Worten mitteilte: »Der Hauptpatient, der mich beschäftigt, bin ich selbst.«

Tatsächlich strömten in der Selbstanalyse verdrängte Kindheitserinnerungen auf ihn ein – das ging so weit, daß sogar seine längst vergessen geglaubten tschechischen Sprachkenntnisse wiederkehrten. Schon bei dieser Therapie an der eigenen Person spielte die Sexualität eine dominierende Rolle. So erkannte er in seiner häßlichen alten Kinderfrau Monica Zajic aus Freiberg, durch die er »von Gott und der Hölle erfahren hatte«, die Wurzel seines ersten sexuellen Erlebnisses. Im Alter von zweieinhalb Jahren waren seine libidinösen Wünsche gegenüber der eigenen Mutter geweckt worden. Die Beziehungen zu seinem etwa gleichalten Neffen John lieferten das Muster für die neurotische Seite seiner späteren Freundschaften. In der Analyse erinnerte er sich auch an seine Eifersucht auf den kleinen Bruder Julius und an die Schuldgefühle nach dessen frühem Tod.

Die Selbstanalyse, meint er, sei »das Wesentlichste, was ich jetzt habe, und verspricht, von höchstem Wert für mich zu werden, wenn sie bis zu Ende geht ... Ganz ehrlich mit sich sein ist eine gute Übung. Ein einziger Gedanke von allgemeinem Wert ist mir aufgegangen. Ich habe die Verliebtheit in die Mutter und die Eifersucht gegen den Vater auch bei mir gefunden und halte sie jetzt für ein allgemeines Ereignis früher Kindheit . . . Wenn das so ist, so versteht man die packende Macht des Königs Ödipus . . .«

Gerade in der Selbstanalyse, in der er Arzt und Patient in einer Person war, machte Freud die wohl bedeutsamste seiner zahlreichen Entdeckungen, nämlich daß Kindheitserinnerungen die zentrale Rolle in der Behandlung psychischer Erkrankungen spielen. So begann er die Erzählungen seiner Patienten auf ihre ersten Jahre zu lenken. Später verlangte er dann von ärztlichen Kollegen, sie sollten wie er eine Selbstanalyse durchführen, da ihm die Erfahrung gezeigt hätte, »daß jeder Psychoanalytiker nur so weit kommt, als seine eigenen Komplexe und inneren Widerstände es gestatten.« Aus der Selbstanalyse wurde im Laufe der Zeit die für jeden Psychiater zwingende »Lehranalyse« – die Analyse erfolgt in diesem Fall durch einen anderen Analytiker.

Ohne Fließ wäre er nicht in der Lage gewesen, das zweifellos gewagte Experiment, in das eigene Unbewußte zu dringen, zu bestreiten. Ersetzte der Berliner Freund doch den für die »Freie Assoziation« notwendigen Gesprächspartner, wie er immer wieder nach Berlin vermeldete: »Ich hoffe, . . . Du läßt Dich als wohlgeneigtes Publikum weiterhin von mir mißbrauchen. Ohne solches kann ich eigentlich doch nicht arbeiten.« Oder, ein anderes Mal: »Ich brauche einen neuen Impuls von Dir, nach einer Weile geht er mir aus.«

Die seelischen Leiden plagten Freud in diesen Jahren viel mehr noch als körperliche Störungen. Seine langanhaltenden, depressiven Perioden brachten Stimmungsschwankungen mit sich, während derer er zu konzentrierter Tätigkeit nicht fähig war. Er verwendete diese Zeit für einfachere Tätigkeiten, wie das Aufschneiden von Büchern, das Betrachten von Landkarten des antiken Pompeji, um Patiencen zu legen oder Schach zu spielen.

Doch »zwischendurch«, sobald es ihm besser ging, forschte, analysierte, schrieb er unaufhörlich und entwikkelte gerade in der Zeit persönlichen Unbehagens sein wichtigstes Werk. Immer wieder von Todesahnungen geplagt, hält ihn, neben der Sorge um die Familie, nur noch die Hoffnung aufrecht, die psychoanalytische Forschung vollenden zu können: »Gebt mir noch ein paar Jahre«, schreibt er an Fließ, »und diese Erde wird ein anderes Gesicht haben.«
In den Momenten, da er seine Selbstzweifel beiseite gelegt hatte, war sich Freud also des Stellenwerts seiner Tätigkeit sehr genau bewußt.

Irma
Freud träumt

Schloß *Bellevue* am Cobenzl war ein zur Jahrhundertwende überaus beliebtes Ausflugsziel der Wiener. Freud liebte das Hotel, das den wohl schönsten Blick auf die Haupt- und Residenzstadt gewährte. Mehrere Sommer verbrachten die Freuds hier – nicht nur infolge der einzigartigen Lage, sondern auch weil eine weite Reise für die Großfamilie zu kostspielig gewesen wäre.
Auch im Juli 1895, als Martha ihr jüngstes Kind erwartete, war man auf den Cobenzl gekommen, um den heißen Tagen und Nächten in der Großstadt zu entfliehen. Das spätbiedermeierliche Schloß Bellevue sollte durch diesen Aufenthalt zur historischen Stätte werden, denn hier gelang Freud die erste vollständige Deutung eines Traums, den er selbst geträumt. Des »Traums von Irmas Injektion«.
Freud hatte schon seit einiger Zeit vermutet, daß sich die Erfüllung verborgener Wünsche im Traum ausdrückte. Mit anderen Worten: Was man in der Realität nicht auszuleben, auszusprechen wagt, das kann man – oft in verschlüsselter Form – träumen. Die Schranken der Verbotszonen bleiben während des Schlafs geöffnet und können daher im Traum durchbrochen werden. Der theoretische Gedanke erwies sich als richtig. In der Nacht vom 23. auf den 24. Juli 1895 träumte Freud im Hotel Schloß *Bellevue* von »Irmas Injektion«.
Irma war Patientin in Freuds Ordination gewesen. Eine hysterische junge Frau, die sich in den Wochen vor dem Sommerurlaub in die Berggasse in psychoanalytische Behandlung begeben hatte. Als Freud die Behandlung abbrach, um seine Ferien am Cobenzl anzutreten, konnte er einen »teilweisen Erfolg« feststellen. Die Patientin hatte zwar ihre Angstzustände verloren, die körperlichen

Symptome waren aber zum Teil immer noch vorhanden. Auf Schloß *Bellevue* am Cobenzl erhielt Freud, noch ehe er von Irma träumte, den Besuch von Otto, einem befreundeten Arzt. Otto war sein Assistent am *Kassowitz-Institut* und kannte Irma, die er an ihrem Urlaubsort besucht hatte. Auf Freuds Frage, wie es seiner Patientin gehe, antwortete der jüngere Kollege: »Es geht ihr besser, aber nicht ganz gut.« Freud glaubte in diesem Satz einen Vorwurf gegen seine Behandlung herauszuhören. Am Abend des 23. Juli verfaßte Freud, um den vermeintlichen Vorwurf zu entkräften, einen Bericht der Krankengeschichte Irmas, den er einem berühmten Kollegen (Dr. M.) zeigen wollte.

Nach Fertigstellung des Berichts legte Freud sich nieder, schlief ein und träumte. Er träumte von Irma und schrieb den Traum unmittelbar nach seinem Erwachen am nächsten Morgen nieder: »Eine große Halle, viele Gäste, die wir empfangen. – Unter ihnen Irma, die ich sofort beiseite nehme, um ihr Vorwürfe zu machen. Ich sage ihr: Wenn du noch Schmerzen hast, so ist es wirklich nur deine Schuld – Sie antwortet: Wenn du wüßtest, was ich für Schmerzen jetzt habe im Hals, Magen und Leib, es schnürt mich zusammen. – Ich erschrecke und sehe sie an. Sie sieht bleich und gedunsen aus; ich denke, am Ende übersehe ich da doch etwas Organisches. Ich nehme sie zum Fenster und schaue ihr in den Hals ...« Dr. M. wird beigezogen und stellt – immer noch in Freuds Traum – fest: Irma leidet an einer Infektion, die sie als Folge einer falschen Injektion bekommen hatte. Der Arzt, der ihr die Spritze gab, war Otto. Jener Otto, von dem Freud glaubte, er hätte ihn beschuldigt, Irma nicht vollkommen geheilt zu haben. »Man macht solche Injektionen nicht so leichtfertig. Wahrscheinlich war auch die Spritze nicht rein«, lauten die beiden letzten Sätze in Freuds Aufzeichnung seines Traums.
Den er jetzt analysiert und dabei zu folgendem Schluß gelangt: »Das Ergebnis des Traumes ist nämlich, daß ich nicht schuld bin an dem noch vorhandenen Leiden Irmas

und daß Otto daran schuld ist. Nun hat mich Otto durch seine Bemerkung über Irmas unvollkommene Heilung geärgert, der Traum rächt mich an ihm, indem er den Vorwurf auf ihn selbst zurückwendet. Von der Verantwortung für Irmas Befinden spricht der Traum mich frei, indem er dasselbe auf andere Momente zurückführt. Der Traum stellt einen gewissen Sachverhalt so dar, wie ich ihn wünschen möchte; sein Inhalt ist also eine Wunschvorstellung, sein Motiv ein Wunsch.«

Einen ganz anderen Wunsch glaubte Freuds späterer Arzt Max Schur im Traum von Irmas Injektion erkannt zu haben: Mit Irma meinte Freud in Wahrheit »Emma«, die Patientin, an der Fließ im Jahr davor ein ärztlicher Kunstfehler unterlaufen war. Laut Freud wäre dies dann der typische Fall einer »Verschiebung« gewesen. Schur sieht in Freuds »klassischem« Traum den unbewußten Versuch, Fließ zu rechtfertigen.
Wie auch immer, Freuds Erkenntnis aus »Irmas Injektion« war die Tatsache, daß Träume nicht sinnlos sind, sondern reale Wunschvorstellungen erkennen lassen. Über den Traum tastete sich Freud an die weitere Erforschung des Unbewußten heran. Die »Erlebnisse im Schlaf« waren dabei seine ersten und besten Objekte. Immer wieder verwendete er seine eigenen Träume als Informationsquelle für die Selbstanalyse, als »wichtigstes Studienobjekt«, wie er sagte, auf dem Weg zur Psychoanalyse.

Einer seiner umfassendsten Träume war der von den Zyklamen: Während einer Nacht und einem »Tagtraum« am darauffolgenden Vormittag begegnete Freud einigen besonders wichtigen Menschen seines Lebens: seiner Frau Martha, seinem Vater, Freund Fließ, den Ärzten Koller und Königstein – die ihn seinerzeit um den Kokainerfolg gebracht hatten –, seinem Gymnasialdirektor, mehreren Mitschülern, einer Patientin.
»Ich habe am Vormittage im Schaufenster einer Blumenhandlung ein neues Buch gesehen, welches sich betitelt:

Die Gattung Zyklamen – offenbar eine Monographie über diese Pflanze. Zyklamen ist die Lieblingsblume meiner Frau. Ich mache mir Vorwürfe, daß ich so selten daran denke, ihr Blumen mitzubringen, wie sie sich's wünscht. – Bei dem Thema Blumen mitbringen erinnere ich mich einer Geschichte, welche ich unlängst im Freundeskreise erzählt und als Beweis für meine Behauptung verwendet habe, daß Vergessen sehr häufig die Ausführung einer Absicht des Unbewußten sei und immerhin einen Schluß auf die geheime Gesinnung des Vergessenden gestatte: Eine junge Frau, welche daran gewöhnt war, zu ihrem Geburtstag einen Strauß von ihrem Mann vorzufinden, vermißt dieses Zeichen der Zärtlichkeit an einem solchen Festtag und bricht darüber in Tränen aus. Der Mann kommt hinzu, weiß sich ihr Weinen nicht zu erklären, bis sie ihm sagt: Heute ist mein Geburtstag. Da schlägt er sich vor die Stirne, ruft aus: Entschuldige, hab' ich doch ganz daran vergessen, und will fort, ihr Blumen zu holen. Sie läßt sich aber nicht trösten, denn sie sieht in der Vergeßlichkeit ihres Mannes einen Beweis dafür, daß sie in seinen Gedanken nicht mehr dieselbe Rolle spielt wie einstens. – Diese Frau L. ist meiner Frau vor zwei Tagen begegnet, hat ihr mitgeteilt, daß sie sich wohlfühlt, und sich nach mir erkundigt. Sie stand in früheren Jahren in meiner Behandlung.«

Nun zieht Freud seine Schlüsse, vergleicht den Traum vom Zyklamen-Buch damit, »selbst einmal etwas Ähnliches geschrieben zu haben wie eine Monographie über eine Pflanze, nämlich einen Aufsatz über die Cocapflanze, welcher die Aufmerksamkeit von C. Koller auf die anästhesierende Eigenschaft des Kokains gelenkt hat.« Die vor vielen Jahren für ihn so unliebsame Affäre beschäftigte Freud also offensichtlich auch nach so langer Zeit noch.

»Dazu fällt mir ein, daß ich am Vormittag des Tages nach dem Traume (zu dessen Deutung ich erst abends Zeit fand) des Kokains in einer Art von Tagesphantasie gedacht habe: Wenn ich je an Glaukom [= erhöhter Augendruck] erkranken sollte, würde ich nach Berlin reisen

und mich dort bei meinem Berliner Freunde [Fließ] von einem Arzt, den er mir empfiehlt, inkognito operieren lassen. Der Operateur, der nicht wüßte, an wem er arbeitet, würde wieder einmal rühmen, wie leicht sich diese Operationen seit der Einführung des Kokains gestaltet haben; ich würde durch keine Miene verraten, daß ich an dieser Entdeckung selbst einen Anteil habe. An diese Phantasie schlossen sich Gedanken an, wie unbequem es doch für den Arzt sei, ärztliche Leistungen von seiten der Kollegen für seine Person in Anspruch zu nehmen. Den Berliner Augenarzt, der mich nicht kennt, würde ich wie ein anderer entlohnen können. Nachdem dieser Tagtraum mir in den Sinn gekommen, merke ich erst, daß sich die Erinnerung an ein bestimmtes Erlebnis hinter ihm verbirgt. Kurz nach der Entdeckung Kollers war nämlich mein Vater an Glaukom erkrankt; er wurde von meinem Freunde, dem Augenarzt Dr. Königstein operiert, Dr. Koller besorgte die Kokainanästhesie ...«
Freuds Deutung des vermischten Tag- und Nachttraums brachte viele, ihm bedeutsam erscheinende Stationen seines Lebens in Erinnerung: »Alle angefangenen Gedankengänge, von den Liebhabereien meiner Frau und meinen eigenen, vom Kokain, von den Schwierigkeiten ärztlicher Behandlung unter Kollegen, von meiner Vorliebe für monographische Studien und meiner Vernachlässigung gewisser Fächer wie der Botanik ... Der Traum bekommt wieder den Charakter einer Rechtfertigung, eines Plaidoyers für mein Recht, wie der erstanalysierte Traum von Irmas Injektion; ja er setzt das dort begonnene Thema fort und erörtert es an einem neuen Material, welches im Intervall zwischen beiden Träumen hinzugekommen ist ... Es heißt jetzt: Ich bin doch der Mann, der die wertvolle und erfolgreiche Abhandlung (über das Kokain) geschrieben hat.«
In dem weiten Bogen, den dieser Traum umspannte, sah Freud »das Rätsel zerfallen, daß der Traum sich nur mit den wertlosen Brocken des Tageslebens beschäftigt; ich muß auch der Behauptung widersprechen, daß das Seelenleben des Wachens sich in den Traum nicht fortsetzt

und der Traum dafür psychische Tätigkeit an läppisches Material verschwendet. Das Gegenteil ist wahr: Was uns bei Tage in Anspruch genommen hat, beherrscht auch die Traumgedanken, und wir geben uns die Mühe zu träumen nur bei solchen Materialien, welche uns bei Tage Anlaß zum Denken geboten hätten.« Also: Hinter jedem, uns auf den ersten Blick unwesentlich erscheinenden Detail des Traums steckt ein für das eigene Seelenleben bedeutsames Ereignis.

Freud unterschied zwischen »manifestem Trauminhalt« – an den man sich nach dem Erwachen erinnert – und »latentem Traumgedanken«, den man am nächsten Morgen »vergessen« hat. Er machte es sich nun zur Aufgabe, über den im Gedächtnis verbliebenen Teil an die dahinterliegenden, eigentlichen Traumgedanken zu gelangen und diese zu entschlüsseln.

Dies geschieht in Freuds Praxis, »indem man den manifesten Trauminhalt ohne Rücksicht auf seinen etwaigen scheinbaren Sinn in seine Bestandteile zerlegt und dann die Assoziationsfäden verfolgt, die von jedem der nun isolierten Elemente ausgehen. Diese verflechten sich miteinander und leiten endlich zu einem Gefüge von Gedanken, welche nicht nur völlig korrekt sind, sondern auch leicht in den uns bekannten Zusammenhang unserer seelischen Vorgänge eingereiht werden. Auf dem Wege dieser ›Analyse‹ hat der Trauminhalt all seine uns befremdenden Sonderbarkeiten abgestreift.«

Auf diese Weise war es ihm möglich, unbewußte und verdrängte Wünsche, Ängste und Gedanken zu erkennen. Er suchte den »Traumgedanken« hinter der »Traumfassade« und nannte die daraus gewonnene Erkenntnis später »den schönsten, den wahrscheinlich einzig überlebenden Fund, den ich gemacht habe.« Ausgerechnet in der schlimmsten Phase seiner Todesängste hatte Sigmund Freud das Geheimnis des Traumes enthüllt.

In klaren Worten beschreibt Freud den Ablauf der Traumanalyse: Der Traum beziehe sich immer auf Erlebnisse des letztabgelaufenen Tages, »welchen Traum immer ich vornehme, einen eigenen oder fremden, jedesmal bestätigt sich mir diese Erfahrung. In Kenntnis dieser Tatsache habe ich etwa die Traumdeutung damit begonnen, daß ich zuerst nach dem Erlebnis des Tages forsche, welches den Traum angeregt hat; für viele Fälle ist dies sogar der nächste Weg.«

Nun, wie kommt es überhaupt zum Traum? »Ein meist sehr kompliziertes Gefüge von Gedanken«, schreibt Freud, »welches während des Tages aufgebaut worden ist und nicht zur Erledigung geführt wurde – ein Tagesrest –, hält während der Nacht den von ihm in Anspruch genommenen Energiebetrag – das Interesse – fest und droht eine Störung des Schlafes. Dieser Tagesrest wird durch die Traumarbeit in einen Traum verwandelt und für den Schlaf unschädlich gemacht ... Der aus den Traumgedanken hervorgehende Wunsch bildet die Vorstufe und später den Kern des Traumes.«

Im Jahre 1899 veröffentlichte Freud *Die Traumdeutung*, sein Verleger Franz Deuticke datierte sie fälschlich mit der Jahreszahl 1900, ohne auch nur erahnen zu können, daß dieses Werk tatsächlich ein Symbol des neuen Jahrhunderts werden sollte. Der »Verkaufserfolg« eines der revolutionärsten Bücher aller Zeiten hielt sich zunächst in Grenzen: In den ersten sechs Jahren nach Erscheinen konnten von der *Traumdeutung* sage und schreibe 351 Exemplare verkauft werden. Mittlerweile wurde sie freilich in alle Kultursprachen der Welt übersetzt und in millionenfacher Auflage gedruckt.

Die Bedeutung des Traums war zwar schon von vielen Kulturen erahnt worden, doch Freud war es, der ihn als Seelenleben während des Schlafs entdeckte und therapeutisch einzusetzen verstand. »Träume sind Schäume«, spöttelte man einst, bezeichnete die Erinnerungen der Nacht als sinnlose Gebilde, an die sich Dichter und Philosophen klammerten, die von der medizinischen Wissenschaft aber nicht weiter ernst zu nehmen seien. Ärzte bezeichneten Träume noch im vorigen Jahrhundert vielfach als »krankhafte Vorgänge«. Und so war es kein Wunder, daß Freud – wieder einmal – ins Zentrum akademischer Angriffe geriet. Man verglich ihn mit den zur Jahrhundertwende besonders populären »ägyptischen Traumdeuterinnen«, die ihre Zahlen an Lottospieler verkauften: Träumten sie von einem Bügeleisen, hatte man im Lotto die Ziffer 9 zu setzen, der Traum von einer Schlittenfahrt bedeutete 27, ein altes Weib 39. Der deutsche Psychiater Alfred Erich Hoche behauptete in seinem Buch über Traumdeutung, Freuds Theorie könne man »auf billigem Papier gedruckt in den wohlbekannten Traumbüchern in jeder Küche finden.« Hoche – ein entschiedener Befürworter der Euthanasie – blieb sein Leben lang erbitterter Freud-Gegner. Als er die Psychoanalyse einmal als »üble Methode« bezeichnete, sah Freud darin »die bisher größte Anerkennung« seiner Lehre.

Freud war sich darüber im klaren, daß die *Traumdeutung* kritische Stellungnahmen hervorrufen würde. So fragte er einmal seine Hörer an der Universität: »Können Sie sich nun denken, was die exakte Wissenschaft dazu sagen würde, wenn sie erführe, daß wir den Versuch machen wollen, den *Sinn* der Träume zu finden?« Um den Studenten dann Mut zu machen, ihm zu folgen: »Bekennen wir uns zum Vorurteil der Alten und des Volkes, und treten wir in die Fußstapfen der antiken Traumdeuter.«

Die Folgen der weiteren Ablehnung nach Bekanntwerden der *Traumdeutung* blieben nicht aus und waren für seine wissenschaftliche Karriere tragisch, wie er selbst formulierte: »Ich stand völlig isoliert. In Wien wurde ich gemieden, das Ausland nahm von mir keine Kenntnis. Die *Traumdeutung* wurde in den Fachzeitschriften kaum referiert ... Meine Neuerungen in der Psychologie hatten mich den Zeitgenossen, besonders den älteren unter ihnen, entfremdet.« Und was die Leserkreise außerhalb der Ärzteschaft betraf, wußte Freud, »daß sich diese damit begnügt haben, den Inhalt des Buches auf ein Schlagwort (›Wunscherfüllung‹) zu reduzieren, das sich leicht behalten und bequem mißbrauchen läßt.«

Die Gnadenlosigkeit des Traums zeigt ein Freud-Traum, dessen Inhalt er seinen Studenten während einer anderen Vorlesung anvertraute: »Eines Morgens erwachte ich, es war im Hochsommer, in einem tirolerischen Höhenort, mit dem Wissen geträumt zu haben: Der Papst ist gestorben. Die Deutung dieses kurzen, nicht visuellen Traumes gelang mir nicht. Ich erinnerte mich nur der einen Anlehnung für den Traum, daß in der Zeitung kurze Zeit vorher ein leichtes Unwohlsein Sr. Heiligkeit gemeldet worden war. Aber im Laufe des Vormittags fragte meine Frau: ›Hast du heute morgens das fürchterliche Glockenläuten gehört?‹ Ich wußte nichts davon, daß ich es gehört hatte, aber ich verstand jetzt meinen Traum. Er war die Reaktion meines Schlafbedürfnisses auf den Lärm gewesen, durch den die frommen Tiroler mich wecken wollten. Ich rächte mich an ihnen durch die Folgerung, die den Inhalt des Traumes bildet, und schlief nun ganz ohne Interesse für das Geläute weiter.« Der Papst (er hieß damals Benedikt XV.) hatte in Freuds Traum »dran glauben müssen«.

Als Folgen der Selbstanalyse begann sich Freud während der Arbeit an der *Traumdeutung* physisch und psychisch besser zu fühlen. Die Überzeugung, Weltbewegendes entdeckt zu haben, führte zu einem Erfolgserlebnis, das wiederum positiven Einfluß auf sein persönliches Befinden ausübte: Die schweren Neurosen, unter denen er zehn Jahre lang gelitten hatte, fanden allmählich ihr Ende. Derselbe Mann, der vor nicht allzu langer Zeit noch von düsteren Gedanken geplagt war, spricht jetzt von »continuierlicher Euphorie«, schreibt seinem Freund Fließ, »meine böse Zeit ist typisch abgelaufen und ich interessire mich gar nicht für das Leben nach dem Tode.«
Obwohl es ihm also etwa mit dem Eintritt ins vierte Lebensjahrzehnt in jeder Hinsicht spürbar besser ging, gab Freud die Selbstanalyse nie auf, er opferte ihr, solange er lebte, täglich einen kurzen Augenblick.
Fünf Jahre nach dem historischen »Traum von Irmas Injektion« verbrachten die Freuds einen weiteren Sommer am Cobenzl. An Fließ schrieb er von diesem Aufenthalt: »Glaubst Du eigentlich, daß an dem Hause dereinst auf einer Marmortafel zu lesen sein wird: ? Hier enthüllte sich

am 24. Juli 1895 dem Dr. Sigm. Freud das Geheimnis des Traumes.«
Wenn er auch ein wenig resignierend hinzufügte: »Die Aussichten sind bis jetzt hiefür gering«, beweist das Schreiben doch, daß der einst von Zweifeln und Minderwertigkeitsgefühlen geplagte Arzt mittlerweile wieder selbstsicher geworden war. Anders wäre es wohl nicht

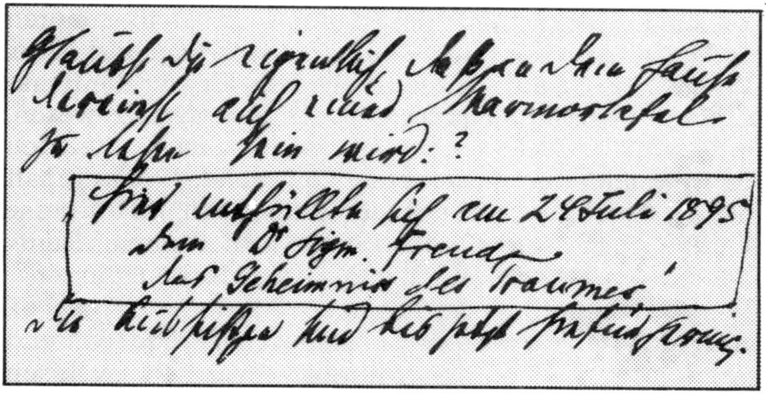

Aus dem Brief an Wilhelm Fließ

denkbar, daß Freud an eine Marmortafel dachte, die einmal an ihn erinnern sollte. Max Schur meinte, »es war nicht der Erfolg, sondern der unaufhörliche Prozeß der Selbstanalyse«, der Freud schließlich von seinen früheren Gefühlen der Unsicherheit befreite.
Immerhin, am 6. Mai 1977 brachte die Wiener Sigmund-Freud-Gesellschaft genau dort, wo sich einmal das mittlerweile abgetragene Schloß *Bellevue* befunden hatte, in Anwesenheit Anna Freuds einen Gedenkstein an. Die Marmortafel enthält wortwörtlich den von Freud formulierten Satz. Ein ganz offensichtlicher Wunsch-Traum Sigmund Freuds ist damit in Erfüllung gegangen.

Der Psychoanalytiker Friedrich Hacker stellt die Vermutung an, daß Freud Österreicher sein mußte, um die Traumdeutung überhaupt entwickeln zu können. Freuds Theorie besagt nämlich, daß unsere Gedanken und Erinnerungen im Unterbewußtsein »eingesperrt« bleiben und von dort aus dem Grund nicht an die Oberfläche dringen können, weil dies eine Art Zensur verhindere. Die Zensoren vergleicht Freud mit Zollbeamten. Nur des Nachts, wenn wir träumen, hätten unsere Gedanken Gelegenheit, in unser Bewußtsein zu dringen, denn da schliefen auch die Zöllner. »Das aber ist eine sehr österreichische Erklärung, denn auf die Idee, daß Zöllner des Nachts ihre Arbeitszeit verschlafen, käme man in einem anderen Land gar nicht«, meint Professor Hacker zu Freuds Erklärung durch österreichische Schlamperei und die Beamtenmentalität, »es wird schon nix passieren.«

In ganz anderem Zusammenhang mußte Freud selbst einmal erfahren, für wie »österreichisch« man seine Traumforschung hielt. Ein Freund und Kollege zitierte bei einer wissenschaftlichen Versammlung in Amerika Freuds Behauptung, daß all unsere Träume von rein egoistischen Motiven beherrscht seien. Daraufhin erhob sich eine Dame im Publikum und sagte, das möge vielleicht für Österreich richtig sein, aber sie dürfte von sich und ihren Freunden behaupten, daß sie auch noch im Traume selbstlos fühlten. Freud erwähnte diese Anekdote in einem Artikel, den er viele Jahre später für die Psychoanalytische Zeitschrift *Imago* verfaßte, und beschloß sie mit den Worten: »Mein Freund, obwohl selbst ein Angehöriger der englischen Rasse, mußte auf Grund seiner eigenen Erfahrungen in der Traumanalyse der Dame energisch widersprechen: Im Traume sei auch die edle Amerikanerin ebenso egoistisch wie der Österreicher.«

Ein Jahr nachdem Freud die Marmortafel am Cobenzl »vorausgesehen« hatte, verstarb sein Vater im Alter von 81 Jahren. Und auch in diesem Zusammenhang erinnerte er sich eines Traums, der tief schließen läßt. Jakob Freud hatte lange gelitten, und Freud mußte vier Monate lang »auf den Tod meines Vaters, also auf das bedeutsamste Erlebnis, den entscheidenden Verlust im Leben eines Mannes« warten, ehe dieser starb. Zum Begräbnis am jüdischen Sektor des Wiener Zentralfriedhofs kam er zu

spät, weil er »beim Friseur warten mußte.« In der darauffolgenden Nacht träumte er dann von einem Schild, auf dem zu lesen war: »Es wird gebeten, die Augen zuzudrükken.« Der Traum war voller Selbstvorwürfe, hatte er zu wenig für seinen alten, kranken Vater getan, ihn angesichts des nahen Todes zuviel alleingelassen? Die letzten Jahre stand er ihm kritisch, ja feindselig gegenüber. Erst jetzt, nach seinem Ableben erkannte er, wie viel der Vater ihm bedeutet hatte.
Hatte er wenige Tage zuvor noch eher lakonisch gemeint, »der Zustand meines Alten wird meine Theilnahme wahrscheinlich auf das mindeste beschränken«, so schreibt er nach dessen Tod an Fließ: »Auf irgendeinem der dunklen Wege hinter dem offiziellen Bewußtsein hat mich der Tod des Alten sehr ergriffen. Ich hatte ihn sehr geschätzt, sehr genau verstanden und er hat viel in meinem Leben gemacht, mit der ihm eigenen Mischung von tiefer Weisheit und phantastisch leichtem Sinn. Er war lange ausgelebt, als er starb, aber im Innern ist wohl alles Frühere bei diesem Anlaß aufgewacht. Ich habe nun ein recht entwurzeltes Gefühl.«
Es ist wohl kein Zufall, daß Freuds innere Leiden in den Monaten nach seines Vaters Tod – die er voller Selbstvorwürfe erlebte – vorübergehend zurückkehrten.

Der Fall Otto Weininger
Freud im Mittelpunkt eines Skandals

Im Herbst 1902 erschien ein junger Mann in Freuds Ordination, der sich als Otto Weininger vorstellte. Der erst 22jährige Doktor der Philosophie hatte kurz davor unter dem Titel *Eros und Psyche* seine Dissertation verfaßt, die er jetzt auch in Buchform veröffentlicht sehen wollte. Nachdem es sein »Doktorvater« an der Universität Wien, Professor Friedrich Jodl, abgelehnt hatte, einem Verlag das Manuskript zum Abdruck zu empfehlen, wandte sich Otto Weininger an den Dozenten Dr. Freud, mit dessen *Traumdeutung* er sich beschäftigt hatte. Dieser sollte seinem Verleger Franz Deuticke *Eros und Psyche* nahelegen.

Freud weigerte sich wie vor ihm schon Professor Jodl, zu dem eigentümlich anmutenden Machwerk, das ebenso antisemitische wie frauenfeindliche Tendenzen enthielt, positiv Stellung zu nehmen. Als sich Otto Weininger Monate danach das Leben nahm, warf man Freud vor, Mitschuld am Freitod des »jungen Genies« zu tragen.

Otto Weininger, als Sohn eines jüdischen Goldschmieds in Wien zur Welt gekommen, war ein zweifellos überaus intelligenter und begabter junger Mann gewesen, der sechs Sprachen beherrschte und nach der Matura Philosophie und Psychologie studiert hatte. Am Tag seiner Promotion konvertierte er zum protestantischen Glauben, womit er sich in einer seelisch-geistigen Gemeinschaft mit Jesus Christus fühlte, denn auch der »war ein Jude, aber nur, um das Judentum in sich am vollständigsten zu überwinden.«

Weiningers Verbindungsmann zum »Vater der Psychoanalyse« war sein bester Freund Hermann Swoboda, ein Patient Sigmund Freuds in der Berggasse, gewesen. Freud pflegte Patienten, die ihm intelligent und gebildet erschienen, in seine Arbeit und zum Teil auch in sein Privatleben einzuweihen. Mit Swoboda hatte er unter anderem über Wilhelm Fließ gesprochen, dessen Hypothesen ihn zu diesem Zeitpunkt faszinierten. Swoboda wiederum, so müssen wir annehmen, erzählte seinem Freund Weininger von den Forschungsarbeiten des Dr. Fließ in Berlin.

Damit begann eine in mehrfacher Hinsicht verhängnisvolle Tragödie. Denn der Doktorand Otto Weininger baute Fließ' noch nicht veröffentlichte Theorie in seine Dissertation ein, wobei er sich vor allem auf die »unbedingte Bisexualität aller Lebewesen« bezog und diese These als »Beweis« seiner frauenfeindlichen Polemiken verwendete. Keine Frage: Freud hatte die Fließ'schen Gedankengänge vorzeitig »ausgeplaudert«.

Freud retournierte das Weininger-Manuskript, dessen gedanklichen Exzessen er nicht folgen konnte, an den Autor und fügte kritische Worte bei. Einige Monate nach dem Selbstmord des jungen Akademikers berichtete Freud dem Münchner Neurologen Leopold Löwenfeld, der eine psychopathologische Studie zum Fall Weininger vorbereitete, daß Otto Weininger auf ihn zwar einen großen Eindruck gemacht hätte – er sprach von einem »ernsthaften und schönen Gesicht, auf dem ein Hauch von Genialität schwebte« –, daß er das Manuskript aber ablehnen mußte. Kein Wunder, wird »der Jude« von Weininger ganz allgemein als »stets lüstern und geil«, als »der geborene Kommunist«, als »Kuppler« und einer, »der nicht glauben kann«, beschrieben. Ebenso geistlos und bar jeder sittlichen Würde sei die Frau, was in der Feststellung gipfelt: »Das Weib besitzt kein Ich, das Weib ist das Nichts«.

Nach seinem vergeblichen Besuch bei Freud fand Weininger in dem Verleger Wilhelm Braumüller einen Abnehmer seines Werks. Der Autor fügte seiner Dissertation drei weitere Kapitel an und gab dem 600 Seiten starken Buch den neuen Titel *Geschlecht und Charakter*, unter dem es schließlich 1903 erschien. Dem Kollegen Löwenfeld gegenüber bemerkte Freud später, hätte er die neuen

Kapitel damals schon gekannt, wäre seine Kritik noch schärfer ausgefallen, denn gerade in diesen Abhandlungen kämen Weinigers Antisemitismus und Frauenhaß noch krasser zum Ausbruch.
Weiningers pseudowissenschaftliches Buch *Geschlecht und Charakter* fand zwar auf Anhieb mehr Käufer als Freuds *Traumdeutung*, doch zum Sensationserfolg wurde es vorerst nicht. In tiefster Depression, weil seine »Bibel« nicht als neues Kultbuch aufgenommen wurde, mietete Otto Weininger am 3. Oktober 1903 ein Zimmer in Beethovens Sterbehaus in der Wiener Schwarzspanierstraße und schoß sich dort eine Kugel ins Herz. Durch diesen aufsehenerregenden Akt wurde Weininger für viele zum Mythos, sein Kritiker Freud ein Antiheld.
Zur Schar der Verehrer des mit knapp 23 Jahren so tragisch aus dem Leben geschiedenen Philosophen zählten August Strindberg – der zum Begräbnis einen Kranz aus Stockholm sandte, »weil ich sein Gedächtnis ehre als das eines tapferen männlichen Denkers« – sowie Arnold Schönberg, Alban Berg, Georg Trakl, Hermann Broch und Heimito von Doderer, deren Werk er beeinflußte. Für Alfred Kubin war Weininger »der größte Mensch dieses Jahrhunderts«, Stefan Zweig und der damals 14jährige Ludwig Wittgenstein folgten seinem Sarg. Ebenso wie Karl Kraus, der Weiningers engagiertester Anhänger wurde und für die *Fackel* einen hymnischen Nachruf schrieb: »Unabhängig von Ansichten ist wohl das Faktum, daß das Weib ein rudimentärer Mann ist ... Es war dieses bekannte Geheimnis, das Otto Weininger auszusprechen wagte; es war diese Entdeckung des Wesens und der Natur des Weibes, die er in seinem männlichen Buche mitteilte und die ihn das Leben kostete.«
Freud war durch Weiningers Selbstmord nicht nur in einen »Skandal« verwickelt, er verlor durch die Angelegenheit auch die für ihn so bedeutsame Freundschaft Wilhelm Fließ'. Dieser forderte 1904 in mehreren Briefen Rechenschaft darüber, wie es denn möglich wäre, daß Weininger über den Freud-Patienten Hermann Swoboda von seinen Forschungen erfahren hatte. Freud versuchte den

von ihm tatsächlich verschuldeten Anteil an der Plagiatsaffäre zu verharmlosen, Fließ antwortete auf Freuds »Ausreden«, wie er dessen Reaktionen nannte, mit zwei Pamphleten, in denen er den Freund der »unerlaubten Fahrlässigkeit im Umgang mit vertraulichen Forschungsergebnissen« anklagte. Die Veröffentlichung der Streitschriften war für Freud äußerst unangenehm, auch wenn er es ablehnte, Fließ die alleinige Urheberschaft an der Idee der menschlichen Bisexualität zu überlassen.

Als Freud-Patient und Weininger-Informant Hermann Swoboda einen Prozeß gegen Fließ verlor, stürzte sich Karl Kraus wieder wortgewaltig in die Schlacht. In der *Fackel* ergriff er neuerlich Weiningers Partei, dem er posthum zurief: »Ein Frauenverehrer stimme den Argumenten seiner Frauenverachtung begeistert zu«.

In Wien entstand jetzt das Phänomen, daß Weininger – der in seinem Buch auch Freud zitiert und dessen *Studien über Hysterie* für seine zwielichtigen, antifeministischen Argumente mißbraucht hatte – einerseits als »Freud-Schüler« gehandelt wurde, andererseits wieder als Anti-Freud, sein wirres Produkt als Gegenthese zur Psychoanalyse.

Was immer in diese Richtung damals geschrieben wurde – Weiningers Spinnereien waren unwürdig, mit Freud auch nur in einem Atemzug genannt zu werden.

Immerhin geht Freud in einem seiner Werke auf Weininger ein, wenn er in der 1909 erschienenen *Analyse der Phobie eines fünfjährigen Knaben (der kleine Hans)* einen Zusammenhang zwischen Frauenhaß und Antisemitismus Otto Weiningers findet: »Der Kastrationskomplex ist die tiefste unbewußte Wurzel des Antisemitismus, denn schon in der Kinderstube hört der Knabe, daß dem Juden etwas am Penis – er meint, ein Stück des Penis – abgeschnitten wurde, und dies gibt ihm das Recht, den Juden zu verachten. Auch die Überhebung gegen das Weib hat keine stärkere unbewußte Wurzel. Weininger, jener hochbegabte und sexuell gestörte junge Philosoph, der nach seinem merkwürdigen Buche *Geschlecht und Charakter* sein Leben durch Selbstmord beendigte, hat

in seinem vielbemerkten Kapitel den Juden und das Weib mit der gleichen Feindschaft und mit den nämlichen Schmähungen überhäuft. Weininger stand als Neurotiker völlig unter der Herrschaft infantiler Komplexe: die Beziehung zum Kastrationskomplex ist das dem Juden und dem Weibe dort Gemeinsame.«
Der Verleger Wilhelm Braumüller hatte den Entschluß, Weiningers Buch zu publizieren, nicht zu bereuen. In den Jahrzehnten nach dem so wirkungsvoll inszenierten Tod des Autors geschah, wovon dieser zu Lebzeiten geträumt hatte. Eine Zeit, in der Frauenhaß und Antisemitismus auf fruchtbaren Boden stießen, empfand sein Traktat vielfach tatsächlich als neue Heilslehre, die in insgesamt 28 Auflagen in Druck gehen konnte. Erst die Nationalsozialisten sahen sich (schweren Herzens) veranlaßt, das antisemitische Buch zu verbieten – weil sein Autor Jude war. Im faschistischen Italien feierten Weiningers Tiraden hingegen gerade zu dieser Zeit ihren größten Erfolg, Mussolini behauptete sogar, Weininger hätte ihm »viele Dinge klargemacht.«
Freud wurde, solange er lebte, mit Weiningers Ergüssen konfrontiert. Noch am 11. Juni 1939 – drei Monate vor seinem Tod – mußte er in einem Brief an den norwegischen Psychiater David Abrahamsen, der an einer weiteren Weininger-Studie arbeitete, seine Ansicht zum Fall Weininger wiederholen.

»Ich gedenke reich zu werden« Zwei teure Leidenschaften: Reisen und Sammeln

»Samstag abends nach elfstündiger Analysearbeit und am Ende einer Woche ohne Sonntag bin ich nicht zu gebrauchen und tue gut, Karten spielen zu gehen«, schreibt Freud seinem Schüler Sándor Ferenczi. Einmal in der Woche setzte er sich für ein paar Stunden an den Tarocktisch, um ein wenig Entspannung zu finden. Die benötigte er dringend, denn sowohl die zahlreichen Analysen als auch seine wissenschaftliche Tätigkeit verlangten ungeheuren Einsatz an Energie und Konzentration. Die wöchentlichen Tarocktreffen fanden ausgerechnet in der Wohnung des Augenarztes Leopold Königstein statt, einem jener beiden Mediziner also, die ihm seinerzeit die Entdeckung des Kokains als Anästhesiemittel »entwendet« hatten. Freud hatte Königstein – ebenso wie dessen »Komplizen« Dr. Koller – längst vergeben und zählte ihn mittlerweile zu seinem engeren Freundeskreis. Die beiden anderen ständigen Tarockpartner waren der Kinderarzt Oscar Rie, dem Freud seine eigenen Kinder anvertraute, und der Arzt Ludwig Rosenberg, oft stieß auch Friedrich Eckstein, der Bruder seiner Patientin »Emma«, hinzu.

Abgesehen von den Karten gab es nur wenige Leidenschaften: Eine davon war Freuds täglicher Rundgang durch die breite Allee der prachtvollen, vier Kilometer langen Ringstraße. Gegen Mittag spazierte er, um sich seine Kondition zu bewahren, mit auffallend schnellem Schritt über jenen »Ring«, der die Innere Stadt umgab, vorbei an Oper, Burgtheater, Votivkirche. Wie er es überhaupt bevorzugte, solange er dazu körperlich in der Lage war, über lange Strecken zu Fuß zu gehen. Was ihn später einmal zu einem scherzhaften Ausspruch veranlaßte: Mit der Toleranz verhielte es sich ebenso »wie mit dem Wagen und den Fußgängern. Als ich anfing, den ganzen Tag im Wagen zu fahren, ärgerte ich mich über die Unvorsichtigkeit der Passanten wie früher über die Rücksichtslosigkeit der Kutscher.«

Sobald er sich's leisten konnte, kam ein weiteres Steckenpferd hinzu. Er sammelte antike Gegenstände, mit denen er Wohnräume und Ordination schmückte. Und er reiste für sein Leben gern. Seine rund 100 größeren Auslandsfahrten führten ihn nach Frankreich, Holland, Belgien, Deutschland, England, Griechenland und in die Schweiz. Und vor allem nach Italien, seinem bevorzugten Ziel, wohin es den begeisterten Touristen insgesamt achtzehnmal zog. Böse Zungen meinten, das Sammeln und das Reisen hätten die Liebe zu Martha ein wenig »abgelöst«, mit derselben Intensität an Zuneigung, die er in jungen Jahren seiner Verlobten schenkte, schmiedete er jetzt Reise- und Einkaufspläne.

Das Wunderbare für ihn war, daß es sich einrichten ließ, die beiden Liebhabereien miteinander zu verbinden. Nach seiner Rückkehr von der ersten größeren Italienreise im Jahre 1896 hatte Freud an Fließ geschrieben: »Mein Zimmer (in der Berggasse, Anm.) habe ich jetzt mit Gipsen der Florentiner Statuen geschmückt. Es war eine Quelle außerordentlicher Erquickung für mich; ich gedenke reich zu werden, um diese Reisen zu wiederholen.«

Tatsächlich waren die Besichtigungs- und Einkaufsfahrten ein wichtiges Motiv, seine Einkommensverhältnisse zu verbessern. Freud wäre nicht Freud, hätte er den Ursprung seiner »glühenden Sehnsucht, so weit zu reisen und die Welt zu sehen«, nicht selbst zu analysieren gewußt. In einem Brief an den Schriftsteller Romain Rolland erklärt Freud sein Fernweh damit, als Gymnasiast gezweifelt zu haben, ob er je in der Lage sein würde, Athen sehen zu können: »So weit zu reisen, ›es so weit zu bringen‹, erschien mir außerhalb jeder Möglichkeit. Das hing mit der Enge und Armseligkeit unserer Lebensverhältnisse zusammen. Die Sehnsucht zu reisen war gewiß auch ein Ausdruck des Wunsches, jenem Druck zu entkommen, verwandt dem Drang, der so viele halbwüchsi-

ge Kinder dazu antreibt, vom Hause durchzugehen.« In der *Traumdeutung* teilt Freud mehrere »Romträume« mit, »denen die Sehnsucht, nach Rom zu kommen, zugrunde liegt.«
Eine durchaus logische Folge der Wunschträume des Studenten und jungen Arztes ist die Tatsache, daß der bereits etablierte Freud von all seinen Reisen tagtäglich Briefe und Karten an seine Familie sandte und auch Freunde und Kollegen durchaus mit Nachrichten aus der Ferne »verwöhnte« – insgesamt hat er an die 400 »Reisebriefe« verschickt, war also offensichtlich stolz darauf, unterwegs sein zu können und wollte das seine Umwelt auch wissen lassen. Als er 1901 seinen »Romtraum« wahrmachen konnte – und dort täglich längere Zeit vor Michelangelos Mosesstatue verweilte –, schilderte er die Eindrücke als »überwältigend« und als »Höhepunkt des Lebens«. Drei Jahre später war er in Athen, was er in dem Essay *Eine Erinnerungsstörung auf der Akropolis* festhielt: »Es muß so sein, daß sich an die Befriedigung, es so weit gebracht zu haben, ein Schuldgefühl knüpft; es ist etwas dabei, was unrecht, was von alters her verboten ist. Das hat mit der kindlichen Kritik am Vater zu tun, mit der Geringschätzung, welche die frühkindliche Überschätzung seiner Person ausgelöst hatte. Es sieht aus, als wäre es das Wesentliche am Erfolg, es weiter zu bringen als der Vater, und als wäre es noch immer unerlaubt, den Vater übertreffen zu wollen.«
In seinen Briefen entwickelte Freud eine Liebe zu pikanten und originellen Details der Reiseeindrücke, wie er etwa Fließ von einer Osterreise aus dem antiken Aquileja berichtet: »Im Dom waren gerade mehrere hundert der schönsten Friauler Mädchen zur Feiertagsmesse versammelt. Die Pracht der alten romanischen Basilika tat wohl, mitten in der Armut der Neuzeit. Auf dem Rückweg sahen wir ein Stück alter Römerstraße mitten in einem Feld freigelegt. Ein rezenter Betrunkener lag auf den antiken Pflastersteinen.«
Neben seiner Frau, seiner Schwägerin Minna und – in früheren Tagen – Wilhelm Fließ, mit dem er sich in verschie-

denen Städten zu »Kongressen« getroffen hatte, zählte vor allem Freuds jüngerer Bruder Alexander zu den treuesten Reisebegleitern. Das war kein Zufall, war dieser doch ein geradezu »professioneller« Eisenbahnfahrer. Jahrelang hauptberuflich Redakteur des *Allgemeinen Tarif-Anzeigers*, hatte Alexander Freud auch das *Eisenbahnstationsverzeichnis zu Artaria's Eisenbahn- und Post-Communicationskarte von Oesterreich-Ungarn* zusammengestellt. Er war also auf allen Bahnhöfen der Monarchie zu Hause und in der Lage, jede Zugverbindung im Schlaf zu nennen.
Begnügte sich Freud anfangs damit, samt jeweiliger Begleitung in einfachen Gasthöfen einzukehren, so übernachtete er, sobald es ihm wirtschaftlich besser ging, in Grand- und Luxushotels, wie etwa im *Eden* in Rom, im *Bristol-Britannia* in Venedig, im *Continental des Etrangers* in Genua oder im *Cocumella* in Sorrent. Als Fortbewegungsmittel diente anfangs noch die Postkutsche, später dann die Eisenbahn.
»Schade, daß man hier nicht dauernd leben kann«, schrieb er von einem weiteren Rom-Aufenthalt an die daheimgebliebene Familie, »von diesen kurzen Besuchen hat man nichts als ungestillte Sehnsucht und die Empfindung der Unzulänglichkeit auf allen Seiten.« Seine Rom-Sehnsucht bezeichnete er selbst als »tief neurotisch«.

Bemerkenswert ist, daß Freud ab seinem 40. Lebensjahr sehr viel reiste, obwohl er Bahnfahrten verabscheute und lange Zeit unter einer Reisephobie litt. Trotz der nervösen Symptome, die ihn in Zugabteilen und engen Hotelzimmern plagten, ließ er sich den »Reisedrang« nicht nehmen. Im Rahmen der Selbstanalyse gelang es ihm, sich von den beklemmenden Angstzuständen zu befreien. Ein kleiner Rest der Phobie blieb in der Form, daß er auch später prinzipiell um eine Stunde früher am Bahnhof erschien, als dies notwendig gewesen wäre.
Auf der Rückreise befanden sich stets antike Erinnerungsstücke in seinem Gepäck. Freud hatte, wie er Stefan Zweig einmal in einem Brief gestand, »mehr Archäo-

logie als Psychologie« gelesen, und Besucher wußten zu berichteten, daß seine Ordination in späteren Jahren einem Museum glich. Sowohl er selbst als auch Freuds Patienten haben exakte Schilderungen seines »Museums« hinterlassen: Die ersten Steinfiguren hatte er auf seinen Schreibtisch gestellt, später wurde die Sammlung auf das gesamte Behandlungszimmer und die angrenzende Bibliothek ausgeweitet. In Glasvitrinen standen unzählige Vasen, Schalen und Statuetten aus pompejischen und etruskischen Gräbern, Satyrn, Göttinnen, irisierende Gläser, römische Tonlampen und andere Raritäten. Auf dem Boden neben der stets geöffneten Flügeltür, die zur Bibliothek führte, standen ägyptische Steinreliefs. Während er analysierte, fiel sein Blick auf einen kleinen Tisch, auf dem ein besonders schöner Buddha-Kopf aus Bronze aufgestellt war. An einer Wand hing das Porträt einer ägyptischen Mumie, von der er scherzhaft sagte, sie hätte »ein schönes jüdisches Gesicht.«
Über der Couch selbst hing eine Radierung des großen Tempels von Karnak, daneben eine Gipskopie des marmornen Grabreliefs der Gradiva – jener pompejanischen Mädchengestalt, der er ein frühes Werk gewidmet hatte. Von ihrer Figur hing jahrelang ein Büschel getrockneter Papyrusblätter auf die Couch hinunter. Neue Patienten wurden von Paula Fichtl, dem Hausmädchen der Freuds, ermahnt, die Blätter nicht anzufassen, da sie sich bei der leisesten Berührung in Staub auflösen würden.
In den 40 Jahren, in denen er antike Objekte sammelte, gingen nur drei Stücke in Scherben, was tatsächlich einem Wunder gleichkam, da ja jeder Winkel seiner Ordination mit filigranen Stücken angefüllt war. Er war stolz auf seine Geschicklichkeit und beschreibt die drei »Katastrophen« in der *Psychopathologie des Alltagslebens*: »So habe ich eines Morgens, als ich im Badekostüm, die Füße mit Strohpantoffeln bekleidet, durch ein Zimmer ging, einem plötzlichen Impuls folgend, einen der Pantoffeln vom Fuß weg gegen die Wand geschleudert, so daß er eine hübsche kleine Venus von Marmor von ihrer Konsole herunterholte. Während sie in Stücke ging, zitierte ich

ganz ungerührt die Verse von Busch: ›Ach! die Venus ist perdü – Klickeradoms! – von Medici‹!«
Für die »Tat« war, wenn sie auch unbewußt geschah, der pure Aberglaube verantwortlich: Freud hoffte, daß durch das Opfer seine erkrankte Tochter Mathilde Genesung fände (sie war auch tatsächlich bald wieder gesund). Ein anderes Mal wurde am Deckel eines Tintenfasses »die Exekution vollzogen«, wie er sich ausdrückte. Und auch beim dritten Stück, einer prächtig glasierten ägyptischen Figur, spielte der Aberglaube mit. Er zerschlug sie, um ein größeres Unheil, nämlich den Verlust eines alten, vertrauten Freundes, der sich von ihm ungerecht behandelt fühlte, abzuwenden. »Zum Glück ließ sich beides – die Freundschaft wie die Figur – so kitten, daß man den Sprung nicht merken würde.«
Im Zusammenhang mit Freuds Antikensammlung finden wir also Hinweise für ein wenig Aberglauben in seinen Handlungen. Obwohl er behauptete, »die Kluft zwischen der Verschiebung des Paranoikers und der des Abergläubischen« sei nicht allzu groß, brach er eine Lanze für den Aberglauben, der »nur in unserer modernen, naturwissenschaftlichen, aber noch keineswegs abgerundeten Weltanschauung deplaciert erscheint; in der Weltanschauung vorwissenschaftlicher Zeiten und Völker war er berechtigt und konsequent.«
Einige ausgewählte Stücke, wenn auch nicht die wertvollsten, pflegte Freud, wenn er auf Reisen war, mitzunehmen. Im Sommer 1915 hatte, wie er Tochter Anna in einem Brief aus Karlsbad mitteilte, ein Zimmermädchen »eine Rauchschale hingeschleudert, daß sie zerbrach. Sie bedauerte gewiß, daß es nur die porphyrne war und nicht die Nephritschale, die ich zu Hause gelassen. Jetzt fand ich meine Energie wieder, nach einigen Auseinandersetzungen zeigte ich ihr einen großen Papierstreifen, den ich mit Reißnägeln über dem Schreibtisch befestigt, auf dem zu lesen steht: ›Nicht Schreibtisch anrühren! Bei Strafe!‹ Das hat gewirkt.«
Freuds Sammlung antiker Gegenstände beschränkte sich auf Behandlungszimmer und Bibliothek, im Wohn-

trakt hatte er nur geringe Spuren seiner Entdeckungsreisen hinterlassen. Im Jahre 1908 sorgte er dann für einen weiteren Zubau des »Museums«: Er gab die Räumlichkeiten im Parterre, die er als Ordination eingerichtet hatte, auf und nahm statt dessen eine größere Wohnung im ersten Stock dazu, in der bis dahin seine Schwester Rosa lebte. Von da an stand Freud die ganze Etage zur Verfügung, was nicht zuletzt deshalb nötig geworden war, weil er für seine antiken Gegenstände immer mehr Platz benötigte. Wohnung und Ordination waren jetzt direkt miteinander verbunden.

Dr. Schur gegenüber bezeichnete Freud das Sammeln von Antiken und Ausgrabungsstücken »als eine Sucht, die an Stärke nur von der Nikotinsucht übertroffen wird.« In seiner Neigung zu Metaphern fand er überdies einen treffenden Vergleich seines Berufs mit dem ebenso geliebten Hobby: Der psychoanalytische Vorgang sei nichts anderes als eine Art Ausgrabung verborgener Bauten, erst wenn das Unbewußte durch die Analyse zugänglich gemacht wird, »können die verfestigten Konflikte und Komplexe zerbröckeln wie die Gebäude von Pompeji, als sie nach der Entdeckung der Lavadecke, die sie 2000 Jahre lang unverändert gehalten hatte, dem Wind, der Sonne und dem Regen ausgesetzt waren.« Man müsse in der Psychoanalyse wie in der Archäologie so lange graben, bis man auf etwas stoße, das Aufschluß gibt. Schon am Beginn der Selbstanalyse, mit der er seine Kindheit rekonstruierte, hatte er an Fließ geschrieben: »Ich getraue mir noch kaum, daran ordentlich zu glauben. Es ist, als hätte Schliemann wieder einmal das für sagenhaft gehaltene Troja ausgegraben.«

Daß er für Ausgrabungen und antike Kunstgegenstände schon sehr früh schwärmte, beweist ein Brief des erst 26jährigen an Martha, in dem er seine Braut mit der Venus von Milo verglich, obwohl ein Fuß der im Pariser Louvre befindlichen voluminösen altgriechischen Statue »gleich zwei der Deinen bedecken würde. Verzeih das Vergleichsobjekt, aber Hände hat die antike Dame nicht.« Später waren ihm die archäologischen Studien

und die Sammlung in seiner Wohnung »unübertroffener Trost« und »eine Quelle der Erquickung« in den Kämpfen des Lebens.
Neben Rom war Pompeji sein bevorzugtes Reiseziel, und die neuen Ausgrabungen von Kreta bezeichnete er noch als 75jähriger als »höchst aufregende Ereignisse«, es sei bitter für ihn, daß ihm das Schicksal nicht gestatten würde, ihre Ergebnisse zu sehen.
Wunschtraum sollte auch eine Rußland-Reise bleiben, die Freud am liebsten mit der Psychiatrierung Zar Nikolaus' II. samt entsprechender Honorarnote verbunden hätte, wie er Fließ am 31. August 1898 in witziger Form mitteilte: »Die große Neuigkeit des Tages, das Manifest des Zaren, hat mich persönlich berührt. Ich habe vor Jahren schon die Diagnose gemacht, daß der junge Mann – zum Glück für uns – an Zwangsvorstellungen leidet ... Es könnte zwei Leuten geholfen werden, wenn man mich mit ihm zusammen brächte. Ich gehe auf 1 Jahr nach Rußland, nehme ihm soviel weg, daß er nicht leidet ... Von da an halten wir drei Kongresse im Jahr, ausschließlich auf italienischem Boden, und ich behandle nur mehr gratis.«
Wenn ihn der Zar auch nie nach St. Petersburg holte, so wurde Freud in zunehmendem Maße doch bald auch beruflich in weite Teile der Welt gerufen. Durch ausgedehnte Vortragsreisen lernte er deutsche und italienische Städte kennen, nahm an sechs Psychoanalytischen Kongressen teil, unter anderem in Budapest, Den Haag und Berlin.
Die größte Reise seines Lebens sollte ihn viel später, im Jahre 1909, in die Vereinigten Staaten von Amerika führen, als er von der *Clark University* in Worcester bei Boston eingeladen wurde, eine Reihe von Vorlesungen über Psychoanalyse zu halten. Schon die Schiffsreise von Bremen nach New York war ein für damalige Verhältnisse überaus aufregendes Erlebnis. Begleitet von seinen Freunden Sándor Ferenczi und Carl Gustav Jung, verbrachten die drei Psychoanalytiker die meiste Zeit der zweiwöchigen Überfahrt damit, einander gegenseitig die

Träume zu deuten. Wie sich dabei herausstellte, befaßte sich Freud in einem Großteil seiner Träume mit der Zukunft seiner Familie und mit seiner Arbeit. Das schönste Erlebnis an Bord der *George Washington* hatte er, als er einen Kajütensteward bei der Lektüre seines Buches *Psychopathologie des Alltagslebens* überraschte. Freud erzählte Ernest Jones, der damals Professor an der Universität von Toronto war und die drei Herren in den USA empfing, bei dieser Gelegenheit war ihm in den Sinn gekommen, er könnte berühmt werden.
Die Notiz einer amerikanischen Tageszeitung, die seinen Namen falsch schrieb, holte ihn anderntags wieder ein wenig zurück auf den Boden der Tatsachen. »*Professor Freund*« (!), war da zu lesen, sei aus Wien angekommen. Nach zweitägigem New-York-Aufenthalt, den er zum Besuch der griechischen Antiquitätensammlung im *Metropolitan Museum* nützte, reisten Freud, Ferenczi und Jung per Bahn nach Massachusetts, wo ihm Stanley Hall, der Präsident der kleinen, aber angesehenen *Clark University* einen freundlichen Empfang bereitete.
Da Freud sein Englisch als mangelhaft betrachtete, hielt er seine fünf Vorlesungen in deutscher Sprache, verstand es aber trotzdem, seine Hörer ungeheuer zu beeindrukken. Wie immer sprach er vollkommen frei, ohne Manuskript, hatte sich nur wenige Stunden zuvor auf das jeweilige Thema vorbereitet. Seine aus Europa mitgereisten Kollegen waren überrascht, als er in Amerika Breuers große Verdienste für die Psychoanalyse würdigte. Am Ende der Vortragsreihe wurde Freud eine der größten Ehrungen seines Lebens zuteil, als ihm die Universität das Ehrendoktorat der Rechte zuerkannte. »Dies ist die erste offizielle Anerkennung unserer Bemühungen«, sagte er, sichtlich ergriffen, in seiner Dankesrede.
In der *Selbstdarstellung* erinnerte er sich noch viele Jahre später daran, wie gut der kurze Aufenthalt in der Neuen Welt seinem Selbstbewußtsein getan hatte. »In Europa fühlte ich mich wie geächtet, hier sah ich mich von den Besten wie ein Gleichwertiger aufgenommen. Es war wie die Verwirklichung eines unglaubwürdigen Tagtraums,

als ich in Worcester den Katheder bestieg, um eine ›Vorlesung über die Psychoanalyse‹ abzuhalten. Die Psychoanalyse war also kein Wahngebilde mehr, sie war zu einem wertvollen Stück Realität geworden.« Um so mehr erstaunen die Ressentiments, die Freud gegen die Vereinigten Staaten hatte.
Auch aus Amerika brachte er eine wertvolle Erinnerung mit nach Hause: Bei *Tiffany* in New York hatte er eine chinesische Jagdschale erworben, die einen Ehrenplatz auf einem kleinen runden Tisch im Behandlungszimmer, gleich neben der Couch, erhalten sollte.

Freud ist zu ehrlich
Die Sexualität

Je mehr Patienten in »Freier Assoziation« zu Freud gesprochen hatten, desto deutlicher trat ein Thema in den Vordergrund: das Thema Sexualität. Wird der Lusttrieb unterdrückt und ins Unterbewußtsein gedrängt –, statt sich, wie von der Natur vorgesehen – zu entladen, dann kommt es vielfach zu seelischen Störungen.

Die Zusammenhänge zwischen psychischen Erkrankungen, unterdrückter Kindheitserinnerung und Sexualität waren dem Seelenarzt aus der Berggasse sehr früh bewußt geworden. So schildert er in den 1895 veröffentlichten *Studien über Hysterie* einen Fall aus seiner Praxis: »Ich behandelte eine junge Frau an einer komplizierten Neurose, die wieder einmal nicht zugeben wollte, daß sie sich ihr Leiden in ihrem ehelichen Leben geholt hatte. Sie wandte ein, daß sie schon als Mädchen an Anfällen von Angst gelitten habe, die in Ohnmacht ausgingen. Ich blieb standhaft. Als wir besser bekannt geworden waren, sagte sie plötzlich eines Tages: ›Jetzt will ich Ihnen auch berichten, woher meine Angstzustände als junges Mädchen gekommen sind. Ich habe damals in einem Zimmer neben dem meiner Eltern geschlafen, die Tür war offen, und ein Nachtlicht brannte auf dem Tische. Da habe ich dann einige Male gesehen, wie der Vater zur Mutter ins Bett gegangen ist, und habe etwas gehört, was mich sehr aufgeregt hat. Darauf bekam ich meine Anfälle‹.«

Hatte sein Freund Breuer die Sexualität außer acht gelassen, so entwickelte Freud zunächst eine Theorie, die jegliche Art von Hemmung, Hysterie und Neurose erklären sollte: Psychischen Fehlentwicklungen, meinte Freud, waren grundsätzlich sexuelle Erlebnisse in der Kindheit vorausgegangen. Patientinnen hatten ihm erzählt, sie wären als Mädchen verführt oder vergewaltigt worden;

Männer berichteten, ihre Mütter hätten sie in der Kindheit – etwa beim Baden oder ähnlichen Gelegenheiten – mit »übertriebenen Zärtlichkeiten« belästigt. Schuld, so glaubte Freud erkannt zu haben, wären in den meisten Fällen die Eltern, oft aber auch Kinderfrauen, Gouvernanten oder fremde Personen.
Freud war auf diese »Verführungstheorie« durch einen Fall gestoßen, den sein ehemaliger Lehrer, der prominente Neurologe Moritz Benedikt, erwähnte: »Ich wurde in eine Provinzstadt zum Konsilium gerufen«, berichtete Benedikt, »und fand eine junge Dame vor, die seit Monaten vom Morgen bis Abend an Hustenschreikrämpfen litt. Sie empfing mich mit den Worten: ›Herr Professor, Sie werden mich nicht kurieren!‹ Ich wußte hiermit, daß dem Falle ein schwerwiegendes Geheimnis zugrunde liege.« Nach eingehender Untersuchung des Mädchens »eröffnete ich der Mutter der Kranken, ich hätte den Verdacht, daß ihre Tochter geschlechtlich mißbraucht worden und daß sie davon somatisch und psychisch krank sei. Ich sagte ihr, daß ich in der Regel ein solches Geschlechtsgeheimnis einer Patientin nicht einmal der Mutter verrate. Hier handle es sich aber um die Heilung eines schweren Zustandes und hier müsse volle Klarheit herrschen. Ich hatte richtig vermutet; das Mädchen sei als zehnjähriges Kind von einem Manne mißbraucht worden. Als ich zur Kranken kam, sagte sie mir: ›Jetzt werden Sie mich kurieren.‹ In der Tat konnte das somatische Leiden in kurzer Zeit weggeschafft werden.«
Hier setzte Freud ein – nicht ohne in seiner Arbeit *Über den psychischen Mechanismus hysterischer Phänomene* auf die »gelegentlich publicirten Bemerkungen Benedikts« hinzuweisen. Durch Ehrgeiz und ungeheures Einfühlungsvermögen sollte er wieder einmal aus einem Einzelfall die Erkenntnis für eine generelle Heilmethode entwickeln, indem er bei seinen Patienten in diese Richtung forschte. Doch 1897 mußte Freud seine eigene Auffassung revidieren, als er nämlich herausfand, daß die Patientin von Professor Benedikt und ähnliche Fälle aus seiner eigenen Praxis eher Ausnahmeerscheinungen wa-

ren: Die Verführung hätte zwar auch in anderen Fällen »stattgefunden«, – jedoch meist nur als Produkt kindlicher Phantasie.
Diese Erkenntnis bezeichnet Freud in seiner *Selbstdarstellung* als die eigentliche Geburtsstunde der Psychoanalyse: »Unter dem Drängen meines damaligen technischen Verfahrens reproduzierten die meisten meiner Patienten Szenen aus ihrer Kindheit, deren Inhalt die sexuelle Verführung durch einen Erwachsenen war. Bei den weiblichen Personen war die Rolle des Verführers fast immer dem Vater zugeteilt. Ich schenkte diesen Mitteilungen Glauben und nahm also an, daß ich in diesen Erlebnissen sexueller Verführung in der Kindheit die Quelle der späteren Neurosen aufgefunden hatte . . . Als ich dann erkennen mußte, diese Verführungsszenen seien niemals vorgefallen, seien nur Phantasien, die meine Patienten erdichtet, die ich ihnen vielleicht selbst aufgedrängt hatte, war ich eine Zeitlang ratlos . . . Als ich mich gefaßt hatte, zog ich aus meiner Erfahrung die richtigen Schlüsse, daß die neurotischen Symptome nicht direkt an wirkliche Erlebnisse angeknüpft, sondern an Wunschphantasien, und daß für die Neurose die psychische Realität mehr bedeute als die materielle.«
Freud kommt also zu dem Schluß: Hat die Verführung auch nicht tatsächlich stattgefunden, so kann das, was man erlebt zu haben glaubt, eine ähnlich katastrophale Wirkung auf die Psyche verursachen. Das Mädchen, das die Belästigung geträumt oder sich eingebildet hat, kann in späteren Jahren unter ebensolchen Symptomen leiden wie jenes, dem das Schreckliche in der Realität widerfahren ist.
Zu dieser wesentlichen Änderung seiner Schlußfolgerungen kam der Praktiker Freud, als er Eltern und Umwelt seiner Patienten kennengelernt und »unter die Lupe genommen« hatte und dabei zur Auffassung gelangen mußte, daß diese Persönlichkeiten mit Sicherheit keine »Vergewaltiger« oder »sexuellen Verführer« ihrer eigenen Kinder gewesen sind. Unmittelbarer Anlaßfall für die grundsätzliche Korrektur seiner Lehre war die Pa-

tientin Emma Eckstein gewesen, jene junge Frau, die durch einen Kunstfehler seines damaligen Freundes Wilhelm Fließ fast gestorben wäre.
Die Änderung seiner Sexualtheorie sollte Jahrzehnte nach Freuds Tod einen internationalen Skandal zur Folge haben. Der Psychoanalytiker Jeffrey M. Masson machte es sich als designierter Leiter des Sigmund-Freud-Archivs in New York zur Aufgabe, die im Besitz Anna Freuds befindliche Fließ-Korrespondenz zu veröffentlichen. Ohne Freuds Tochter davon in Kenntnis zu setzen, zog Masson völlig neue Schlüsse und prangerte in seinem 1984 erschienenen Buch *Was hat man dir, du armes Kind, getan?* die »Verführungstheorie« an: Masson war nicht bereit, Freuds Gedanken nachzuvollziehen, wonach die Vergewaltigung der Kinder ihrer eigenen Phantasie entsprungen sei. Er meinte vielmehr, Freud hätte seine ursprüngliche Theorie »nicht aus theoretischen Erwägungen heraus oder auf Grund neuen klinischen Beweismaterials aufgegeben, sondern weil er nicht genug Mut aufbrachte, um auf ihr zu beharren.« In Wahrheit, mutmaßt Masson, hätte die Verführung in allen Fällen sehr wohl stattgefunden, Freud wäre nur zu feige gewesen, die unpopuläre Darstellung aufrechtzuhalten. Der Autor bezichtigt Freud der Lüge, durch die er sich persönliche Vorteile verschafft hätte. Und er stützt sich dabei auf Statistiken, denen zufolge Gewalt in der frühen Kindheit weit häufiger vorkomme, als weithin angenommen – in der Gesamtbevölkerung sei jede dritte Frau betroffen.
Der Skandal war gewaltig, um so mehr, als Masson zu den Vertrauensleuten Anna Freuds gezählt hatte. Massons Theorie fand nur wenig Anhänger, die moderne Psychoanalyse steht nach wie vor fest auf seiten Freuds, der die sexuelle Belästigung im allgemeinen der kindlichen Phantasie zuordnete.

Freuds Erkenntnisse zum Thema Sexualität haben dazu beigetragen, das menschliche Leben zu erleichtern. Sein eigenes hat er damit eher erschwert. Denn er nannte das bis dahin Unaussprechliche beim Namen. Zählen diese

»Namen« heute – letztlich durch Freud – zum beinahe alltäglichen Wortschatz, so galten sie zu seiner Zeit als anstößig. »Freud hätte alles oder beinahe alles ohne viel Ärgernis aussprechen können, was er sagte, wenn er sich nur bereit gefunden hätte, seine Genealogie des Geschlechtslebens vorsichtiger, unwegiger, verbindlicher zu formulieren«, meinte Stefan Zweig. »Nur ein Wortmäntelchen hätte er seinen Überzeugungen umzuhängen brauchen, sie ein wenig poetisch zu überschminken, und sie würden sich ohne arge Auffälligkeit in die Öffentlichkeit eingeschmuggelt haben ... Aber Freud, der Unhold und allen Halbheiten abholde, nimmt harte, kantige, unverkennbare Wörter, er drückt sich an keiner Deutlichkeit vorbei: geradezu sagt er Libido, Lusttrieb, Sexualität, Geschlechtstrieb statt Eros und Liebe. Freud ist immer zu ehrlich, um vorsichtig zu umschreiben, wenn er schreibt.«

»Zu ehrlich« im Sinne Stefan Zweigs war Freud wohl auch, als er behauptete, bereits das Kleinkind verfüge über sexuelle Instinkte. Zur Jahrhundertwende dachte man eben noch landauf, landab, das geschlechtliche Triebleben beginne mit der Pubertät, Kinder wären geschlechtslose Wesen, hätten mit Sexualität nichts zu tun. Das freilich »ist ein grober, für die Kenntnis wie für die Praxis folgenschwerer Irrtum«, erkannte Freud, der in seiner Ordination so oft das Gegenteil erlebte, »daß man sich verwundern muß, wie er (der Irrtum) überhaupt entstehen konnte. In Wahrheit bringt das Neugeborene Sexualität mit auf die Welt, gewisse Sexualempfindungen begleiten seine Entwicklung durch die Säuglings- und Kinderzeiten, und die wenigsten Kinder dürften sexuellen Betätigungen und Empfindungen vor ihrer Pubertät entgehen.«

Freuds Begriff von Sexualität ist freilich viel weiter, als er im allgemeinen gebraucht wird. Er fand sie nicht nur in der genitalen Vereinigung, sondern auch in Vorstufen wie schauen und sich zur Schau stellen, küssen, riechen, spielen, jedenfalls in Aktivitäten, die bis dahin unter keinen Umständen sexuell genannt wurden.

Aber nicht nur der Volksmund sprach Kindern jegliche Sexualität ab, »auch in den zahlreich gewordenen Schriften über die Entwicklung des Kindes wird das Kapitel ›Sexuelle Entwicklung‹ meist übergangen«, stellt Freud in seinen *Drei Abhandlungen zur Sexualtheorie* fest. Das war im Jahre 1906. Als er 14 Jahre später, im Mai 1920, die vierte Auflage dieses Buches überarbeitete, fügte er in einer Fußnote an dieser Stelle an: »Die hier niedergeschriebene Behauptung erschien mir selbst nachträglich als so gewagt, daß ich mir vorsetzte, sie durch nochmalige Durchsicht der Literatur zu prüfen. Das Ergebnis dieser Überprüfung war, daß ich sie unverändert stehen ließ.«
Freud erklärt die allgemeine Verleugnung der »infantilen Sexualität« mit einer *Amnesie*: Die meisten Menschen *vergessen* und *verdrängen*, was sie in den ersten Jahren ihrer Kindheit erlebt haben – wobei er nicht nur den Sexualbereich meint. »Man berichtet uns, daß wir in diesen Jahren, von denen wir später nichts im Gedächtnis behalten haben als einige unverständliche Erinnerungsbrocken, lebhaft auf Eindrücke reagiert hätten, daß wir Schmerz und Freude in menschlicher Weise zu äußern verstanden, Liebe, Eifersucht und andere Leidenschaften gezeigt, die uns damals heftig bewegten, ja, daß wir Aussprüche getan, die von den Erwachsenen als gute Beweise für Einsicht und beginnende Urteilsfähigkeit gemerkt wurden. Und von alldem wissen wir als Erwachsene aus eigenem nichts. Warum bleibt unser Gedächtnis so sehr hinter unseren anderen seelischen Tätigkeiten zurück?« fragt Freud. »Wir haben doch Grund zu glauben, daß es zu keiner anderen Lebenszeit aufnahmsfähiger ist als gerade in den Jahren der Kindheit.«
In einem Schlüsselsatz stellt Freud dann fest, »wir können uns durch psychologische Untersuchung an anderen davon überzeugen, daß die nämlichen Eindrücke, die wir vergessen haben, nichtsdestoweniger die tiefsten Spuren in unserem Seelenleben hinterlassen haben und bestimmend für unsere ganze spätere Entwicklung geworden sind ... Aber welche Kräfte bringen diese Verdrängung der Kindheitseindrücke zustande?«

Eine Frage, die er sich auch bei »Dora«, einem der bekanntesten Fälle seiner Praxis, stellen mußte. Freud hatte seit dem Fall »Elisabeth von R.« seine Behandlungsmethode entscheidend geändert. Die Hypnose spielte nun überhaupt keine Rolle mehr, und in der »Freien Assoziation« ließ er seine Patienten nach eigener Wahl das Thema der jeweiligen Sitzung bestimmen. Er griff also nicht mehr in den Ablauf des Erzählens ein und kam dadurch noch näher an die spezifischen Folgerungen des Unterbewußtseins heran.
Dora, ein 18jähriges Mädchen, war gegen ihren Willen, aber auf Drängen ihres Vaters zu Freud gekommen, weil sie zu bestimmten Zeiten unter Sprachstörungen, nervösem Husten und Anfällen hysterischer Atemnot litt. Außerdem hatten die Eltern einen von ihr verfaßten Abschiedsbrief vorgefunden, aus dem sie folgern mußten, daß ihre Tochter akut selbstmordgefährdet war.
Tatsächlich führt uns Freud mit seiner Patientin Dora ein außergewöhnliches Familienleben vor Augen, das einem meisterhaft verfaßten Roman entnommen sein könnte: Die Eltern des Mädchens waren mit einem Ehepaar K. befreundet. Doras Vater hatte seit langem mit Frau K. intimen Kontakt, während Herr K. sich seinerseits um Dora bemühte. Dora verweigerte sich dem gutaussehenden, älteren Mann, gab ihm sogar eine Ohrfeige, als er ihr einen Antrag machte, obwohl sie ihn liebte. Nach anfänglichem Leugnen gestand sie ihrem Psychoanalytiker die Liebe zu dem Mann. In einer Analyse ihrer Träume deckte Freud des weiteren auf, daß Dora darüber hinaus auch eine sexuelle Zuneigung zu ihrem Vater verspürte und eine homoerotisch-platonische Leidenschaft der Frau K. erwiderte. Dora hatte ihre Gefühle zu allen drei Bezugspersonen soweit verdrängt, daß sie ihrem Bewußtsein verborgen blieben. Die komplizierten Verhältnisse führten schließlich dazu, daß sich zur Liebe, die sie für ihren Vater sowie für Herrn und Frau K. empfand, auch Eifersucht, Haß und Ekel mengten.
Freud war nach mehreren Sitzungen klar, daß sie ihre Krankheitssymptome immer dann entwickelte, wenn

der heimlich verehrte Herr K. geschäftlich verreist war, was öfters vorkam. Freud deutete die Sprachstörungen: »Wenn der Geliebte ferne war, verzichtete sie auf das Sprechen; es hatte seinen Wert verloren, da sie mit ihm nicht sprechen konnte.«
In der Analyse fand Freud, vor allem durch Doras Erzählung zweier Träume, heraus, daß auch bei ihr das Anhören des elterlichen Geschlechtsverkehrs in der frühen Kindheit die Wurzel der Symptome war: Ihre Husten- und Asthmaanfälle gaben das Keuchen des Vaters beim damals beobachteten Geschlechtsakt wieder, womit sie eine »Flucht aus dem Leben in die Krankheit« vollzog. Dora konnte – obwohl Freud in der Sexualität die »motivierende Kraft« ihrer Hysterie gefunden hatte – nicht geheilt werden, da sie die Behandlung schon nach elf Wochen abbrach. Freud bezeichnete den Fall daher als *Bruchstücke einer Hysterieanalyse* und veröffentlichte ihn auch unter diesem Titel.
Ein Jahr nach Abbruch der Theraphie suchte ihn Dora neuerlich auf, ohne daß es zu einer Fortsetzung der Behandlung kam. Freud versprach, »ihr zu verzeihen, daß sie mich um die Befriedigung gebracht, sie weit gründlicher von ihrem Leiden zu befreien.« Später notierte er, daß »das Mädchen sich seither verheiratet hat.«
Im Vorwort seiner *Krankengeschichte der Dora* beschäftigt sich Freud ausführlich mit der Problematik der ärztlichen Schweigepflicht im Zusammenhang mit den von ihm veröffentlichten Fällen: »Es ist gewiß, daß die Kranken nie gesprochen hätten, wenn ihnen die Möglichkeit einer wissenschaftlichen Verwertung ihrer Geständnisse in den Sinn gekommen wäre, und ebenso gewiß, daß es ganz vergeblich bliebe, wollte man die Erlaubnis zur Veröffentlichung von ihnen selbst erbitten. Zartfühlende, wohl auch zaghafte Personen würden unter diesen Umständen die Pflicht der ärztlichen Diskretion in den Vordergrund stellen und bedauern, der Wissenschaft hierin keine Aufklärungsdienste leisten zu können. Allein ich meine, der Arzt hat nicht nur Pflichten gegen den einzelnen Kranken, sondern auch gegen die Wissenschaft auf

sich genommen. Gegen die Wissenschaft, das heißt im Grunde nichts anderes als gegen die vielen Kranken, die an dem Gleichen leiden oder noch leiden werden. Die öffentliche Mitteilung dessen, was man über die Verursachung und das Gefüge der Hysterie zu wissen glaubt, wird zur Pflicht, die Unterlassung zur schimpflichen Feigheit, wenn man nur die direkte persönliche Schädigung des einen Kranken vermeiden kann. Ich glaube, ich habe alles getan, um eine solche Schädigung für meine Patientin auszuschließen.«

Das hat Sigmund Freud zweifellos getan, und doch ist uns heute bekannt, wer hinter dem von ihm gewählten Pseudonym Dora steckt: Seine Patientin war die Schwester des damaligen Jusstudenten und späteren Politikers Otto Bauer, der nach Viktor Adlers Tod im Jahre 1918 zum Chef des Außenministeriums der jungen Republik und zum geistigen Führer der österreichischen Sozialdemokratie werden sollte.

Bei einer späteren Vorlesung über den Fall Dora änderte Freud das Pseudonym aus Rücksicht auf eine der beiden weiblichen Studenten, die Dora Teleki hieß. Freud war klar, daß er sie bei Aussprechen des Namens dem Gespött ihrer männlichen Kollegen preisgegeben hätte, zumal es ja gerade hier um intimste Einzelheiten des Sexuallebens ging. Also nannte er Dora an diesem Tag im Hörsaal der Wiener Universität Erna. Was er nicht wissen konnte, war, daß daraufhin die andere der beiden Hörerinnen verhöhnt wurde. Denn ihr Familienname war *Lucerna* – und der enthielt den Vornamen *Erna*.

Die Beobachtung des Geschlechtsverkehrs bei Erwachsenen, »wozu die Überzeugung der Großen, das kleine Kind könne noch nichts Sexuelles verstehen, die Anlässe schafft«, kann nach Freuds Beobachtungen auch ganz andere Folgen zeitigen: Da das Kleinkind den Sexualakt als eine Art von sadistischer Mißhandlung oder Überwältigung auffaßt, trägt »ein solcher frühkindlicher Eindruck viel zur Disposition für eine spätere sadistische Verschiebung des Sexualzieles bei.« Freud vertritt die

Auffassung, daß das Kind die Existenz des sexuellen Aktes und dessen Folgen erahnt und darin etwas Feindseliges und Gewalttätiges sieht, einen Akt, den es verhindern möchte, denn in der Geburt eines Geschwisterchens erblickt es »eine Bedrohung seiner egoistischen Interessen.«
Freud leitet hier – wie so oft – aus seiner eigenen Biographie Allgemeingültiges ab, denn als er als ältester Sohn der Familie Freud in Wien jedes Jahr eine Schwester dazubekam, sehnte er sich zurück ins Städtchen Freiberg, in dem er allein von der Mutter verwöhnt und verhätschelt wurde. Als dem achtzigjährigen Freud vorgeschlagen wird, ein Konkurrenzblatt zu einer bestehenden Psychoanalytischen Zeitung zu gründen, sprach er sich dagegen aus und begründete dies damit, daß das Schwesterblatt dem ersten »das Wasser abschneiden oder, passender ausgedrückt, die Milch wegtrinken könnte!«

Das Drama des *König Ödipus* dient als Vorlage für eine der bedeutendsten Sexualtheorien Freuds: In Theben wütet die Pest, so beginnt die Tragödie von Sophokles aus der griechischen Antike. Hilfesuchend wendet sich das Volk an König Ödipus, der das Orakel von Delphi um Rat fragt. Es meldet den Spruch: Rettung vor der Pest, sobald der Mörder des früheren Königs Laios gefunden und bestraft ist. Sofort läßt Ödipus öffentlich nach dem Mörder des Laios fahnden. Der Seher Teiresias offenbart Ödipus, er selbst habe seinen Vater – im Glauben, er würde von einem Fremden attackiert – erschlagen und in Iokaste seine Mutter geheiratet. Zug um Zug wird nun die Wahrheit aufgedeckt: Iokaste und ihrem ersten Gatten, König Laios, war prophezeit worden, ihr Sohn werde den Vater erschlagen und die Mutter schänden, worauf sie Befehl gaben, das Neugeborene zu töten. Ein Hirte erbarmte sich des in der Wildnis ausgesetzten Knaben und zog ihn auf. Danach trat all das ein, was das Orakel geweissagt hatte: Ödipus erschlägt – ohne zu wissen, daß es sein Vater ist – den König Laios; durch die Heirat mit Iokaste wird er König und zeugt vier Kinder. Als das Kö-

nigspaar die Wahrheit erkennt, erhängt sich Iokaste, und Ödipus sticht sich die Augen aus.
Der Mensch, der ahnungslos gerecht sein will, findet die Schuld in sich, war die Erkenntnis des Sophokles, aus der Freud 2500 Jahre später seinen »Ödipuskomlex« entwikkelte: Während die erste Neigung des Mädchens dem Vater gelte, würden die frühen infantilen Begierden des Knaben der Mutter entgegengebracht. »Der Vater wird somit für den Knaben, die Mutter für das Mädchen zum störenden Mitbewerber.« Verliebtheit in den einen und Haß gegen den anderen Teil des Elternpaares kann sich später zur Neurose entwickeln. Beim Knaben führt die Angst vor den eigenen inzestuösen Wünschen zur Kastrationsangst.
Freud hat den nach Thebens unglücklichem König abgeleiteten Ausdruck erstmals im Jahre 1910 verwendet, als er von einem Patienten berichtete, »er gerät, wie wir sagen, unter die Herrschaft des Ödipuskomplexes.« Freund Fließ hatte er schon viele Jahre vorher geschrieben, jeder sei einmal im Keime ein Ödipus gewesen, und vor der »in die Realität gezogenen Traumerfüllung schaudert jeder zurück, mit dem ganzen Betrag der Verdrängung, der seinen infantilen Zustand von seinem heutigen trennt.« Die Handlung des Stückes sei für ihn nichts anderes als eine schrittweise gesteigerte und kunstvoll verzögerte Enthüllung, »mit der Arbeit einer Psychoanalyse vergleichbar.«
Perversion ist für Freud nichts Abstoßendes, sondern eine in bestimmten Lebensphasen völlig normale Tatsache, über die man ohne Entrüstung sprechen sollte. Ist schon der Säugling verschiedener Ausdrucksformen der Sexualität fähig, so geht der Heranwachsende durch eine Reihe von »perversen« Entwicklungsstadien hindurch. – Eine Formulierung, die sehr häufig mißverstanden wurde und viel zu Freuds Denunzierung beitrug: »Schon die Unbestimmtheit der Grenzen für das normal zu nennende Sexualleben«, meint er, »sollte die Eiferer abkühlen. Wir dürfen doch nicht vergessen, daß die uns widrigste dieser Perversionen, die sinnliche Liebe des Mannes zum

Mann, bei einem so sehr kulturüberlegenen Volke wie den Griechen nicht nur geduldet, sondern selbst mit wichtigen sozialen Funktionen betraut war. Ein Stückchen weit, bald hier, bald dort, überschreitet jeder von uns die fürs Normale gezogenen Grenzen in seinem eigenen Sexualleben. Die Perversionen sind weder Bestialitäten noch Entartungen im pathetischen Sinn des Wortes. Es sind Entwicklungen von Keimen, die sämtlich in der indifferenzierten sexuellen Anlage des Kindes enthalten sind, deren Unterdrückung oder Wendung, auf höhere, asexuelle Ziele – deren Sublimierung – die Kräfte für eine gute Anzahl unserer Kulturleistungen abzugeben bestimmt ist. Wo also jemand grob und manifest pervers *geworden* ist, da kann man richtiger sagen, er sei es *geblieben*, er stellt ein Stadium einer Entwicklungshemmung dar.«

Als Freud 1927 in einem der wenigen Interviews, die er gab, gefragt wurde, ob es richtig gewesen wäre, die Sexualität in den Mittelpunkt seiner Lehre zu stellen, antwortete er: »Ich habe gewiß viele Fehler gemacht, aber das Schwergewicht, das ich in meiner Lehre auf die Sexualität gelegt habe, war gewiß kein Fehler. Weil der Geschlechtstrieb so stark ist, deswegen kommt er immer wieder mit den Konventionen und Sicherungen der Zivilisation in Widerspruch. Wenn die Menschheit seine Bedeutung zu leugnen versucht, so tut sie das nur in einer Art von Selbstverweigerung. Mag man irgendeine beliebige menschliche Gefühlsregung analysieren, die von der Sphäre der Sexualität noch so weit entfernt ist, so wird man unumgänglich als ihren ursprünglichen Impuls die Sexualität finden, der das Leben seine eigene Fortdauer verdankt.«

Freuds zunehmendes Interesse am Thema Sexualität ging – fast ist man geneigt zu sagen: kurioserweise – Hand in Hand mit eigener Enthaltsamkeit nach den ersten Ehejahren. So sehr er Martha liebte, stellte er etwa ab dem 40. Lebensjahr – nachdem sie ihm sechs Kinder geboren hatte – den sexuellen Kontakt mit ihr ein, was durch verschiedene Äußerungen Freuds belegt ist. Auch sind kei-

nerlei Beziehungen mit anderen Frauen je bekannt geworden, sieht man von einem »Verdacht« ab, den der Freud-Forscher Peter Swales äußert, der Freud der »doppelten Moral« bezichtigt, weil dieser angeblich ein Verhältnis mit seiner Schwägerin Minna Bernays unterhalten hätte, die mit den Freuds im selben Haushalt lebte und mit der er einige Urlaube verbrachte. Wie wenig aufschlußreich solche Aussagen sind, beweist die Behauptung des schlichten Gegenteils durch die Schriftstellerin Anna de Noailles, die sich nach einem Besuch bei Freud »erschüttert darüber zeigte, daß ein Mann, der soviel über die Sexualität geschrieben hatte, seiner Frau niemals untreu gewesen war.«
Beides – sowohl die eheliche Treue als auch die vermutete Untreue – wird Freud von den betreffenden Autoren zum Vorwurf gemacht.

»Ganz famillionär«
Sigmund Freud lacht

Der »Fall Weininger« hat Freud nicht nur von Fließ, sondern auch von Karl Kraus entfremdet. Wo immer sich von nun an Gelegenheit bot, polemisierte der große Spötter gegen Freud. Ebenso bösartig wie effektvoll tat er dies mit dem Aphorismus: »Die Psychoanalyse ist jene Geisteskrankheit, für deren Therapie sie sich hält.«
Wäre die Pointe nicht gegen ihn selbst gerichtet gewesen, Sigmund Freud hätte sie wohl in sein Buch *Der Witz und seine Beziehung zum Unbewußten* aufgenommen. Denn Ärzte- und Patientenscherze kommen darin nicht zu kurz:
Der Arzt, der vom Krankenbett der Frau weggeht, sagt zu dem ihn begleitenden Ehemann kopfschüttelnd: »Die Frau gefällt mir nicht.« – »Mir gefällt sie schon lange nicht«, beeilt sich dieser zuzustimmen.
Ein Witz, ein harmloser Scherz, ohne Tiefe, zur bloßen Unterhaltung gedacht? Sigmund Freud ist anderer Ansicht. Für ihn steckt hinter jeder Pointe ein Stückchen Unbewußtes. Er hatte sich nach seinen ersten Behandlungserfolgen immer wieder auf die Suche nach dem Unbewußten begeben. Nur wenn ich an die verborgenen und verdrängten Gedanken meiner Patienten herankomme, so sagte er sich, kann ich ihnen auch helfen. Die »Freie Assoziation« – die zwanglose Erzählung der eigenen Biographie also – erwies sich in vielen Fällen als gangbarer Weg. Eine der Stützen, dem Unbewußten nahezukommen, war der Traum, der im Gespräch zwischen Patient und Analytiker die Zensurschranke zu öffnen imstande ist. Die nächste von ihm entdeckte Möglichkeit, dem Arzt Hinweise auf verborgene Empfindungen des Patienten zu vermitteln, war die »Fehlleistung«. In der *Psychopathologie des Alltagslebens* zeigt er auf,

daß scheinbar bedeutungs- und sinnlose fehlerhafte Handlungen wie Versprechen, Verschreiben, Verlieren, Vergessen tatsächlich der Erfüllung unbewußter Wünsche dienen und dem Analytiker wichtige Hinweise geben.
Er selbst datierte einmal, aus den Ferien kommend, einen Brief irrtümlich mit Oktober statt mit September. Und erkannte in dieser Fehlhandlung den Wunsch, es wäre bereits Oktober, da in diesem Monat ein Patient angesagt war, dessen Fall ihn besonders interessierte.
Auch wenn ihm ein Name nicht einfallen wollte, vermutete Freud dahinter die verdrängende Macht des Unbewußten: »In solchen Fällen wird nämlich nicht nur vergessen, sondern auch falsch erinnert. Dem sich um den entfallenen Namen Bemühenden kommen andere – Ersatznamen – zum Bewußtsein, die zwar sofort als unrichtig erkannt werden, sich aber doch mit großer Zähigkeit immer wieder aufdrängen.« Fließ gegenüber schilderte er einmal ein Erlebnis, das er »leider nicht der Öffentlichkeit preisgeben« könne. Freud war der Name des Dichters Julius Mosen – Autor eines Andreas-Hofer-Stücks – entfallen. Der Vorname Julius, wohlgemerkt, war ihm geläufig, nur an den Familiennamen Mosen wollte er sich nicht und nicht erinnern. Seine Deutung, als er ihm wieder einfiel: »Daß ich den Namen Mosen wegen gewisser Beziehungen (»Mösen«, Anm.) verdrängt habe ...« Tief blicken läßt auch ein von Freud zitierter »Versprecher« eines Mannes, für den eine bestimmte Sache *zum Vorschwein* statt *zum Vorschein* gelangte.

Zurück zum Witz. Der Ehemann, der den oben zitierten Scherz erzählt, von seiner Frau also sagt, »mir gefällt sie schon lange nicht«, oder über eine solche Pointe lacht, der denkt – unbewußt – ebenso. Diesem Phänomen widmete Freud im Jahre 1905 sein Buch über den Witz, in dem er sich mit den Hintergründen des Humors auseinandersetzt. Als eine weitere Möglichkeit, »das Unbewußte bewußt zu machen.«
»Das Ehepaar X lebt auf ziemlich großem Fuße«, wird

hier ein Wortspiel des *Wiener Spaziergängers* Daniel Spitzer zitiert, »nach der Ansicht der einen soll der Mann viel verdient und sich dabei etwas zurückgelegt haben, nach anderen wieder soll sich die Frau etwas zurückgelegt und dabei viel verdient haben.«
Ist's mehr als ein oberflächlicher Scherz? Gibt der Erzähler mit dieser Pointe Einblick in seine eigene, unbewältigte Vergangenheit? Freud ist der Meinung, daß man im Scherz all das auszudrücken imstande ist, was »ernst« – infolge der eigenen Erziehung – niemals gesagt werden könnte. Dafür dient auch die einem Ehemann zugeschriebene Äußerung seiner Frau gegenüber: »Wenn einer von uns beiden stirbt, übersiedle ich nach Paris.«* Anhand dieses Beispiels folgert Freud – und beweist damit einmal mehr, wie sehr er selbst die Kunst des Pointierens beherrscht: »Im Scherz darf man bekanntlich sogar die Wahrheit sagen.«
Auch »dieser« findet sich in Freuds Humoreskensammlung: »Wie geht's?«, fragt der Blinde den Lahmen. »Wie Sie sehen«, antwortet der Lahme dem Blinden.
Ähnlich wie bei »Versprechern« oder beim »Verschreiben« oder »Vergessen« drücken sich im Witz lustvoll empfundene, unbewußte Strebungen aus. In einer Art Kurzschlußhandlung wird das Bewußtsein ausgeschaltet, kommen Gedanken *zum Vorschein* – um nicht zu sagen: *zum Vorschwein* –, die der gebildete, gesellschaftlich integrierte Mensch ohne pointierte Verkleidung niemals aussprechen würde, weil er damit wider die guten Sitten verstieße. Der Witz – »ein Seitensprung der Traumdeutung« – macht das Aussprechen des Unmöglichen möglich. »Die Aufdeckung des psychischen Automatismus gehört zur Technik des Komischen wie jede Entlarvung, jeder Selbstverrat«, sagt Freud.

Besonders anschaulich wird die »Entlarvung« wiederum in Verbindung mit der Sexualität. Denn ist »die Lustwirkung des harmlosen Witzes zumeist eine mäßige; ein

* Diesen Scherz erwähnt Freud in seinem Aufsatz *Zeitgemäßes über Krieg und Tod*, 1915

deutliches Wohlgefallen, ein leichtes Lächeln ist zumeist alles, was er beim Hörer zu erreichen vermag«, so verhält es sich beim »tendenziösen Witz« ganz anders: »Wo der Witz nicht Selbstzweck, d. h. harmlos ist, stellt er sich in den Dienst von nur zwei Tendenzen, die selbst eine Vereinigung unter einen Gesichtspunkt zulassen; er ist entweder feindseliger Witz (der zu Aggression, Satire, Abwehr dient) oder obszöner Witz (welcher der Entblößung dient).«

Als tendenziös-feindseligen Scherz bringt Freud eine zu seiner Zeit über »die geniale Schauspielerin Josephine Gallmeyer« in Umlauf befindliche Anekdote, die auf die Frage *»Wie alt?«* mit verschämtem Augenniederschlag geantwortet haben soll: *»In Brünn«*. Der Scherz ist gleichzeitig ein Beispiel dafür, wie wenig »ernst zu nehmen« Schauspieleranekdoten mitunter sein können: Die Volksschauspielerin »Pepi« Gallmeyer war in Wahrheit in Leipzig zur Welt gekommen. Heut' kann man auch schon schreiben, wann: im Jahre 1838.

Zur Sexualität im Witz zitiert er einen »in ärztlichen Kreisen heimischen Zerteilungswitz«: Wenn man einen seiner jugendlichen Patienten befragte, ob er sich je mit der Masturbation befaßt habe, würde man gewiß keine andere Antwort hören, als: *O na, nie!*

»Die Zote«, wie Freud solch billige Scherze aus dem sexuellen Bereich bezeichnet, »ist ursprünglich an das Weib gerichtet und einem Verführungsversuch gleichzusetzen«: Hätte der Mann im ernsten Gespräch mit einer ihm noch wenig bekannten Frau wohl kaum den Mut, das Thema Sexualität zu behandeln, so läßt es sich im Scherz sehr wohl »zum Thema kommen«:

»Wo nämlich die Bereitschaft des Weibes sich rasch einstellt, da ist die obszöne Rede kurzlebig, sie weicht alsbald der sexuellen Handlung.« Hier wird für Freud greifbar, was der Witz im Dienste seiner Tendenz leistet: »Er ermöglicht die Befriedigung eines Triebes (des lüsternen und feindseligen) gegen ein im Wege stehendes Hindernis, er umgeht dieses Hindernis und schöpft somit Lust aus einer durch das Hindernis unzugänglich gewordenen

Lustquelle. Das im Wege stehende Hindernis ist eigentlich nichts anderes als die der höheren Bildungs- und Gesellschaftsstufe entsprechend gesteigerte Unfähigkeit des Weibes, das unverhüllt Sexuelle zu ertragen.«

»Die unverhüllte Nudidität« spricht der Mann aber nicht nur vor dem anderen Geschlecht aus, sondern sehr oft auch vor dem eigenen: »Wenn sich dann ein Mann in Männergesellschaft mit dem Erzählen oder Anhören von Zoten vergnügt, so ist die ursprüngliche Situation, die infolge sozialer Hemmnisse nicht verwirklicht werden kann, dabei mit vorgestellt. Wer über die gehörte Zote lacht, lacht wie ein Zuschauer bei einer sexuellen Aggression.«

Mit einem Wort: Der Witz ist, dank seiner Fassade – ähnlich Träumen und Versprechern – imstande, Verbotenes auszusprechen.

Dem *Witz* verdanken wir schließlich eine Information, die wir in dem Zusammenhang nicht vermutet hätten. Ausgerechnet in diesem Buch enthüllt Freud seine – wenn auch entfernte – Verwandtschaft mit einem der bedeutendsten Dichter des deutschen Sprachraums. »Ich erinnere mich der Erzählung einer eigenen alten Tante«, schreibt Freud, »die durch Heirat in die Familie Heine gekommen war, daß sie eines Tages als schöne junge Frau einen Sitznachbar an der Familientafel fand, der ihr unappetitlich schien und gegen den die anderen sich geringschätzig benahmen. Sie fühlte sich nicht veranlaßt, herablassender gegen ihn zu sein; erst viele Jahre später erkannte sie, daß der nachlässige und vernachlässigte Vetter der Dichter Heinrich Heine gewesen war.«

Im *Witz* zitiert Freud auch einen Scherz Heines aus dessen *Reisebildern*, in denen der Dichter »die köstliche Figur des Lotteriekollekteurs und Hühneraugenoperateurs Hirsch-Hyacinth aus Hamburg« auftreten läßt. Das Faktotum rühmt sich in dem Stück seiner Beziehungen zum reichen Baron Rothschild, wenn er sagt: »Und so wahr mir Gott alles Gute geben soll, ich saß neben Salomon Rothschild, und er behandelte mich ganz wie seinesgleichen, ganz *famillionär*.«

Der persönlichen Schilderung seiner Tante fügt Freud an: »Wie sehr Heine unter dieser Ablehnung seiner reichen Verwandten in seiner Jugendzeit und später gelitten, dürfte aus manchen Zeugnissen bekannt sein. Auf den Boden solcher subjektiven Ergriffenheit ist dann der Witz *›famillionär‹* erwachsen.« Das »sehr lachkräftige Beispiel« (Freud) drückt wohl den Traum des armen Mannes, reich zu sein und von den Reichen mit einem Wort ebenso *familiär* wie als *Millionär* behandelt zu werden, aus. Freud hat uns damit ein Stück Heines offenbart und untermauert die Geschichte noch mit einem Detail: Ein reicher Onkel des Dichters hieß ebenfalls Salomon, »ganz wie der alte Rothschild.«
Wie das jüdische Element in Freuds Gesamtwerk eine bedeutende Rolle spielt, ist er sich auch im *Witz* seiner Herkunft bewußt und bezweifelt, »ob es sonst noch häufig vorkommt, daß sich ein Volk in solchem Ausmaß über sein eigenes Wesen lustig macht.« Etwa wenn er etliche Witze über das Handelstalent des »Schadchen« – des jüdischen Heiratsvermittlers – schildert:
Der Schadchen verteidigt das von ihm vorgeschlagene Mädchen gegen die Kritik des jungen Mannes. »Die Schwiegermutter gefällt mir nicht«, sagt dieser, »sie ist eine boshafte, dumme Person.« – »Sie heiraten doch nicht die Schwiegermutter, Sie wollen die Tochter.« – »Ja, aber jung ist sie nicht mehr und schön von Gesicht gerade auch nicht.« – »Das macht nichts; ist sie nicht jung und schön, wird sie Ihnen um so eher treu bleiben.« – »Geld ist auch nicht viel da.« – »Wer spricht von Geld? Heiraten Sie denn auch das Geld? Sie wollen doch eine Frau!« – »Aber sie hat ja auch einen Buckel!« – »Nun, was wollen Sie? *Gar keinen Fehler* soll sie haben!«
Wie in so vielen Fällen war Freud wiederum durch Fließ auf den Witz gekommen, nachdem dieser bemerkt hatte, »daß meine Traumdeutungen häufig einen ›witzigen‹ Eindruck machten. Um diesen Eindruck aufzuklären, nahm ich die Untersuchung der Witze vor.« Freud war für diese Arbeit gut präpariert, hatte er doch schon 1897 »eine Sammlung tiefsinniger jüdischer Witze« angelegt. Aus

der hier noch ein Beispiel wiedergegeben sei: Zwei Juden treffen sich im Eisenbahnwagen auf einer galizischen Station. »Wohin fährst du?« fragt der eine. »Nach Krakau«, ist die Antwort. – »Sieh her, was du für ein Lügner bist«, braust der andere auf. »Wenn du sagst, du fahrst nach Krakau, willst du doch, daß ich glauben soll, du fahrst nach Lemberg. Nun weiß ich aber, daß du wirklich fahrst nach Krakau. Also warum lügst du?«
Im *Witz* zitiert Freud ein weiteres Mal Heinrich Heine, der eine satirische Komödie mit dem weisen Aphorismus rezensierte: »Diese Satire wäre nicht so *bissig* geworden, wenn der Dichter mehr zu *beißen* gehabt hätte.« Heine, der oft selbst »wenig zu beißen« hatte, war 1856 verstorben, im selben Jahr, als Freud zur Welt kam.

Was von Freuds Abhandlung über den Witz bleibt, ist – wie in so vielen Fällen – eine theoretisch-philosophische Studie. Als solche hat sie alle seither erfolgten Untersuchungen zum Thema in den Schatten gestellt. Kein anderer Forscher hat den Witz so ernst genommen wie Freud. Er hatte, als er den *Witz* veröffentlichte, die erste Hälfte seines Lebens überschritten. So gesehen gewährt ein Wortspiel, das er in diesem Buch zitiert, wohl auch Einblick in seine eigenen Gedanken, die ihn in diesem Altersabschnitt beschäftigen. Wenn er nämlich schreibt: »Das menschliche Leben zerfällt in zwei Hälften, in der ersten wünscht man die zweite herbei, und in der zweiten wünscht man die erste zurück.«
Kein Freud-Kapitel ohne Rückgriff an den Beginn der »ersten Lebenshälfte«, in die Kindheit. »Die Lust am Unsinn« durch den Witz vergleicht er mit den ersten Handlungen der Menschen: »Vor allem Witz gibt es etwas, das wir als Spiel oder Scherz bezeichnen können. Das Spiel – verbleiben wir bei diesem Namen – tritt beim Kinde auf, während es Worte verwenden und Gedanken aneinanderfügen lernt.« Der Witz des Erwachsenen ist demnach die natürliche Fortsetzung des kindlichen Spiels.

»Der einzig außerordentliche«
17 Jahre Warten auf einen Titel

Ein Wortspiel, das er im *Witz* zitiert, liefert den Übergang zum nächsten Lebenskapitel Sigmund Freuds. Wenn er nämlich schreibt: »Der Unterschied zwischen ordentlichen und außerordentlichen Professoren besteht darin, daß die ordentlichen nichts Außerordentliches und die außerordentlichen nichts Ordentliches leisten.«

Sigmund Freud hatte, als sich das Jahrhundert seinem Ende zuneigte, mehr als Außerordentliches geleistet. Aber Professor war er noch lange nicht. Weder außer-, geschweige denn ordentlicher. Er hatte zu diesem Zeitpunkt unzählige wissenschaftliche Artikel und ein halbes Dutzend Bücher publiziert, einige seiner wichtigsten Erkenntnisse erdacht: So war es ihm bereits gelungen, die Existenz der männlichen Hysterie nachzuweisen, er hatte die Methode der »Freien Assoziation« entdeckt, die »Verführungstheorie« entwickelt – und wieder verworfen –, den Ödipuskomplex beschrieben, gemeinsam mit Breuer die *Studien über Hysterie* verfaßt und schließlich die Bedeutung des Traums erkannt.

Obwohl er also ein zumindest in Fachkreisen bekannter Mann war, der sich darüber hinaus einer gutgehenden Ordination erfreuen konnte, sollte es noch lange dauern, bis ihn die medizinische Fakultät mit dem Titel eines Professors auszeichnete. Fast schien es, als wäre ein Ausspruch, den Theodor Billroth einmal geprägt hatte, auf Freud gemünzt: »Ein Privatdozent, der nicht einmal Extraordinarius wird, trägt bis zu seinem Tode den Dolch im Herzen.«

Mit anderen Worten: Ein Universitätslehrer, der in mittleren Jahren nicht Professor ist, bleibt im akademischen Leben ein toter Mann, von der Kollegenschaft mißachtet, ohne jede Bedeutung für die Wissenschaft.

Und Freud hatte die mittleren Jahre erreicht, ja überschritten. Und war immer noch Dozent. Nach seiner Habilitation im Jahre 1885 mußte er 17 Jahre darauf warten, bis man ihm die Professur zuerkannte. Laut einer Statistik der Medizinischen Fakultät der Universität Wien benötigte ein Dozent um die Jahrhundertwende im Durchschnitt acht Jahre, ehe er Professor war – bei Freud dauerte es somit mehr als doppelt so lang.

Vorerst hatte er sich auch gar nicht weiter darum bemüht, zu höheren akademischen Ehren zu gelangen, wohl weil er der vielleicht etwas naiven Ansicht war, die Vorrükkung würde »sowieso von selbst« vor sich gehen. Als dies im Jahre 1897 noch immer nicht der Fall war, bewarb er sich dann – gemeinsam mit vier weiteren Dozenten – doch um die Erlangung des Titels »a. o. Prof.« Zum Vergleich: Drei der vier Mitbewerber erhielten den begehrten Titel schon ein Jahr später, der vierte mußte zwei weitere Jahre warten. Doch im Falle Freud zog ein Semester nach dem anderen ins Land, ohne daß er Titularprofessor wurde.

Dabei sollte es an Interventionen hochgestellter Freunde, Kollegen und Verehrer nicht mangeln. Die ebenso berühmten wie einflußreichen Professoren Hermann Nothnagel und Richard Krafft-Ebing hatten ihn am Beginn des Jahres 1897 im Kollegium zur Professur vorgeschlagen, was sie Freud »spontan und als vorläufiges Geheimnis« mitteilten. Nothnagel verriet ihm darüber hinaus, daß er und Krafft-Ebing – der die Nachfolge seines Lehrers Theodor Meynert an der Psychiatrischen Klinik angetreten hatte – den Vorschlag auch dann an das zuständige Ministerium weiterleiten würden, wenn die anderen Professoren gegen ihn stimmten. Nothnagel war realistisch genug, anzufügen, »welche geringe Wahrscheinlichkeit es hat, daß der Minister dem Vorschlag Folge leistet.«

Es gab also bereits zahlreiche, gegen Freud gerichtete Strömungen, sowohl unter den Professoren als auch im Unterrichtsministerium, was Freud zumindest ahnte, denn er teilte seinem Freund Fließ in dieser Phase mehrmals mit, daß er nicht daran glaubte, jemals Professor zu werden. Zwar sprach sich das Kollegium der Medizinischen Fakultät mit 22 gegen 10 Stimmen unter Hinweis auf Freuds »ungewöhnliche Begabung und Fähigkeit, wissenschaftliche Untersuchungen in neue Bahnen zu lenken«, für die Ernennung aus, doch blieb der Vorschlag im Ministerium jahrelang »unerledigt«, der Fall wurde »schubladiert«, wie man in Österreich sagt: in eine Schublade gelegt.

Nach einem Besuch bei seinem ehemaligen Lehrer Sigmund Exner – der mittlerweile ein hoher Ministerialbeamter geworden war – hatte Freud Gewißheit darüber, daß seine Gegner und Neider intervenierten, wie er Fließ mitteilte: Exner erwähnte persönliche Einflüsse, »die bei seiner Exzellenz* gegen mich tätig seien, und riet mir, einen persönlichen Gegeneinfluß zu suchen.«

Daraufhin wandte sich Freud an seine ehemalige Patientin Elise Gomperz, wurde »in Sachen Beförderung« also erstmals aktiv. Sie war die Frau des bedeutenden Philologen Theodor Gomperz – übrigens einer der wenigen Universitätsprofessoren Österreichs, der, ohne je ein Doktorat erworben zu haben, eine glänzende wissenschaftliche Karriere schaffte. Und Professor Gomperz war nicht nur Freund und Fakultätskollege Minister Hartels, sondern spielte als liberaler Parlamentsabgeordneter und Schwager des Bankiers Leopold Wertheimstein – in dessen legendärem Salon sich halb Wien traf – auch eine große gesellschaftliche Rolle. Der »persönliche Gegeneinfluß« war gefunden.

Professor Gomperz dürfte eine wichtige Rolle in Freuds Traumforschung gespielt haben, wie wir einem Brief an dessen Frau Elise entnehmen können, in dem Freud darauf hinweist, daß er von ihrem Mann die ersten »Bemerkungen über die Rolle des Traumes im Seelenleben des Urmenschen« hörte, »Dinge, die mich seither so intensiv beschäftigt haben.« Freud und Theodor Gomperz kannten einander seit langer Zeit, der Philologe hatte die *Gesammelten Werke* von John Stuart Mill herausgegeben

* dem damaligen Unterrichtsminister Wilhelm Freiherr von Hartel

und den jungen Freud mit der Übersetzung des zwölften Bands beauftragt.
Als Jahre danach Elise Gomperz an einer schmerzhaften Gesichtsneuralgie erkrankt war, begab sie sich in Freuds Hypnosetherapie. Ihr Mann hatte ihr diese Form der Behandlung empfohlen, obwohl er nicht sehr viel davon hielt, wie man einem an seinen Sohn, den späteren Philosophen Heinrich Gomperz gerichteten Brief vom 13. November 1893 entnehmen kann: »Mama scheint durch die Hypnose wirklich auf dem Wege der Besserung zu sein. Wäre nur das Heilmittel nicht selbst so unheimlich und noch so wenig erprobt ...«
Ohne daß Freuds Hypnosebehandlung ihr dauerhafte Genesung gebracht hätte, stand Frau Gomperz ihrem früheren Arzt acht Jahre später immer noch so nahe, daß sie sich jetzt einen Termin beim Unterrichtsminister geben ließ, um sich für seine Ernennung zum Professor einzusetzen. Nachdem sie ihr Anliegen im Sinne Freuds vorgetragen hatte, zeigte sich Minister von Hartel verwundert, daß Freuds Professur überhaupt erwogen wurde, denn der fast fünf Jahre zurückliegende, damals an ihn gerichtete Vorschlag des Professorenkollegiums war nie in seine Hände gelangt.
Krafft-Ebing und Nothnagel waren nach Frau Gomperz' Besuch beim Minister empört und sofort bereit, einen neuen Vorschlag zu formulieren (der im Archiv der Universität Wien aufgefunden werden konnte). Das »An das Professorencollegium der medicinischen Facultät« gerichtete Schreiben vom 5. Dezember 1901 ist folgenden Inhalts:
»Die Unterzeichneten haben vor Jahren den Antrag gestellt, es möge Docent Dr. Sigmund Freud, in Anbetracht seiner hervorragenden wissenschaftlichen Leistungen, zum Professor extr. dem h. Ministerium für Cultus und Unterricht vorgeschlagen werden. Dieser Vorschlag wurde dem h. Ministerium seiner Zeit vom Professorencollegium unterbreitet, hat aber bis dato keine Erledigung gefunden. Die Unterzeichneten stellen das Ersuchen, es möge die Candidatur des Docenten Dr. Freud für die

Würde eines außerordentlichen Professors der h. Unterrichtsbehörde in Erinnerung gebracht werden. R. v. Krafft-Ebing, Nothnagel.«
Wie war es möglich, daß das Genie im Bereich der Wiener Universität so lange nicht die Anerkennung finden konnte, die ihm mehr als zustand? War der seit Karl Luegers Wahl zum Bürgermeister der Stadt Wien wieder salonfähig gewordene Antisemitismus daran schuld? Oder waren es Freuds skandalös erscheinende Sexualtheorien, die die ministerielle Bürokratie dazu veranlaßten, gegen eine Beförderung des Außenseiters zu intrigieren? Oder wurde Freuds Karriere – auf gut österreichisch – einfach verschlampt?
Das eigenartige »Verschwinden« des ersten Antrags einerseits und die Isolation andererseits, in der sich Freud seit Bekanntwerden seiner Psychoanalyse in Medizinerkreisen befand, lassen den Schluß zu, daß wohl ein wenig von all dem mitgespielt hat. Ein Akt ging verloren, weil der Bewerber »ein Jud'« war, der noch dazu unbequeme Thesen aufstellte. Und weil's in Österreich auch kaum jemandem auffällt, wenn ein Gesuch statt auf dem Schreibtisch des Ministers im Papierkorb landet.
Doch jetzt sollte es bald soweit sein, der Minister nahm die Sache aufgrund der Intervention von Frau Gomperz persönlich in die Hand. Und so wurde Freud am 5. März 1902 mit der eigenhändigen Unterschrift Kaiser Franz Josephs zum außerordentlichen Professor ernannt. Womit er dann einen der berühmten Wiener »Titel ohne Mittel« besaß, denn in Wahrheit hat man hierzulande solange die Funktion eines Dozenten, bis man »Ordentlicher Professor« ist. Das aber wurde Freud überhaupt erst, als er längst keine Universitätsvorlesungen mehr hielt, nämlich 1920, im Alter von 64 Jahren.

Kaiser Franz Joseph, der 68 Jahre lang regierte, hat während dieser langen Regentschaft rund 250.000 Untertanen in Audienz empfangen. Obwohl im Prinzip jeder Staatsbürger mit gutem Leumund die Möglichkeit hatte, irgendwann einmal seinem Kaiser gegenüber zu stehen,

war »Audienz beim Kaiser« ein ganz außergewöhnliches Erlebnis. Nach Ernennungen, Auszeichnungen oder Erhebungen in den Adelsstand war es durchaus üblich, sich dafür bei Seiner Majestät persönlich zu bedanken.
Auch wenn Freud, wie wir wissen, den Habsburgern im allgemeinen und Franz Joseph im besonderen nicht allzu viel Liebe entgegenbrachte, zählte seine kurze Audienz am 13. Oktober 1902 zweifellos zu den bewegenden Momenten seines Lebens. Dem strengen Protokoll entsprechend, blieben sowohl der Kaiser als auch dessen Besucher stehen, während Freud im schwarzen Gehrock seinen »Dank für die Allergnädigste Verleihung des Titels eines a. o. Professors« aussprach. Das Ende der Audienz, die rund zehn Minuten dauerte, wurde durch die Verabschiedung des Kaisers bestimmt.

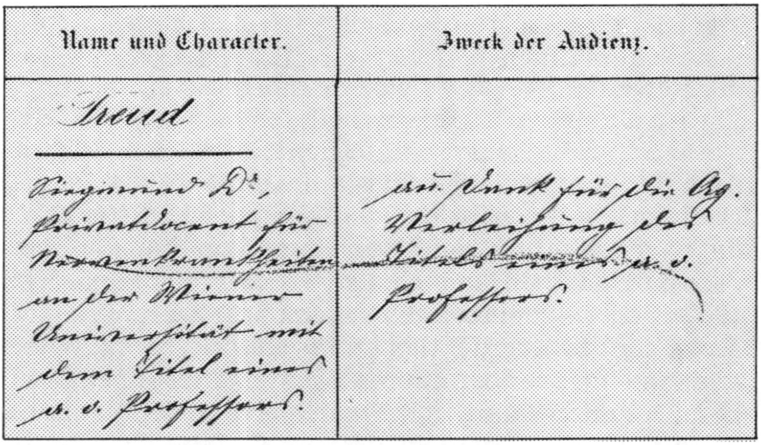

Name und Character.	Zweck der Audienz.
Freud Sigmund Dr., Privatdocent für Nervenkrankheiten an der Wiener Universität mit dem Titel eines a. o. Professors.	um Dank für die Ag. Verleihung des Titels eines a. o. Professors.

Aus der Audienzliste Kaiser Franz Josephs vom 13. Oktober 1902

Das Besondere dieses Audienztages war, daß am selben Vormittag gleich zwei Mitglieder der Familie Freud zum Kaiser gebeten waren. Sigmunds zehn Jahre jüngerer Bruder Alexander, der als Professor an der *Exportakademie* – der späteren Hochschule für Welthandel – lehrte, war von Franz Joseph mit dem Titel »Kaiserlicher Rat« ausgezeichnet worden.
Wie in Wien, der Stadt des Tratsches und der Intrige,

kaum anders zu erwarten, gab's nach einiger Zeit sogar einen »Skandal« um Sigmund Freuds Ernennung zum Titularprofessor. Neben Frau Gomperz, so wurde verbreitet, hätte nämlich eine weitere ehemalige Freud-Patientin, die Baronin Marie von Ferstel, bei Minister Hartel vorgesprochen, um sich für dessen Ernennung stark zu machen. Und sie hätte, um die Sache ein wenig zu beschleunigen, der dem Minister nahestehenden *Modernen Galerie* Arnold Böcklins Gemälde »Die Burgruine« geschenkt. Ein klarer Fall von Bestechung also.
Freud-Forscher Renée Gicklhorn konnte freilich nachweisen, daß sich »Die Burgruine« bis zum Jahre 1958 in ununterbrochenem Eigentum der Wiener Familie Thorsch befand. Tatsächlich war ein anderes Bild, »Kirche in Auscha«, gemalt von Emil Orlik, 1902 von der Baronin Ferstel in den Besitz der *Modernen Galerie* übergegangen. Doch war der Wert des Bildes so gering, daß es als »Bestechungsgeschenk« zwecks Erlangung eines Professorentitels nicht entsprochen hätte.
Zynisch schreibt Freud nach seiner Ernennung an Wilhelm Fließ: »Es regnet jetzt schon Glückwünsche und Blumenspenden, als sei die Rolle der Sexualität plötzlich von Sr. Majestät amtlich anerkannt, die Bedeutung des Traumes vom Ministerrat bestätigt und die Notwendigkeit einer psychoanalytischen Therapie der Hysterie mit 2/3 Mehrheit im Parlament durchgedrungen.«
Stefan Zweig zählte zu jenen Zeitgenossen, die erkannt hatten, wie wenig Bedeutung es letztlich für Freuds Werk hatte, welchen Titel ein Mann seiner Größe trägt. »Unter allen ordentlichen Professoren«, sagte der Dichter einmal zum Arzt, »sind Sie der einzig *außer*ordentliche.«

»An keinem anderen Orte ...«
Freuds Haßliebe zu Wien – Religion – Antisemitismus

»Wien ist zwischen 1900 und 1910 einer der geistigen Mittelpunkte der Welt, und Wien hat keine Ahnung davon.« Mit diesen Worten beschreibt der Historiker Carl Schorske sehr treffend die Zeit des Fin de siècle, der neuen Ringstraßenpracht, des Jugendstils, die Zeit Arthur Schnitzlers und Otto Wagners, Hugo von Hofmannsthals, Karl Kraus', Gustav Mahlers, Egon Schieles, Gustav Klimts, Sigmund Freuds.

Jetzt ist er zwar Professor – wenn auch nur »außerordentlicher« –, mit Sicherheit ist dies jedoch nicht die Auszeichnung, die eine Stadt einem ihrer großen Söhne entgegenzubringen hat. Wie könnte sie das aber auch, Wien hat ja »keine Ahnung davon«, was in der Berggasse vor sich geht.

Freud selbst bekannte: »An keinem anderen Orte ist die feindselige Indifferenz der gelehrten und gebildeten Kreise so deutlich verspürbar wie in Wien.« Fließ hatte er sogar einmal mitgeteilt, daß er Wien »geradezu persönlich hasse.« Aber mindestens ebenso persönlich hat er diese Stadt auch geliebt.

Und gerade deshalb, wurde vielfach behauptet, konnte in Wien, nur in Wien, und im Wien der Jahrhundertwende, die Lehre von den Erkrankungen der Seele entstehen. Lebenslust und Todessehnsucht, Weltoffenheit und Spießertum, Eros und Prüderie paarten sich nirgendwo so seltsam wie hier und damals, in der zu neuer Blüte gelangenden Hauptstadt eines Kaiserreichs, dessen Untergang nicht aufzuhalten war. Es war ein Inferno im Dreivierteltakt, die Revolution sagte noch »Küß' die Hand«, ehe sie zuschlug.

Das dem Finale zujubelnde Leben im k. u. k. Wien spiegelte sich im Verhältnis Sigmund Freuds zu dieser Stadt wider. Haß und Liebe schalteten einander nicht aus, sondern ergänzten sich zu schöpferischer Harmonie. In den 78 Jahren zwischen 1860 und 1938, da Wien sein Wohn- und Arbeitssitz gewesen ist, verbrachte er nur wenige Monate, wenn er auf Reisen war, außerhalb dieser Stadt. Immer wieder zog es ihn hierher zurück, solange es nur irgendwie möglich war, hielt er Wien, das er liebte und haßte, die Treue. Es sei der Ort, sagte er einmal, »über den man sich zu Tod ärgert und wo man trotzdem sterben will.«

Nur drei Jahre hatte er im mährischen Städtchen Freiberg gelebt, und als anläßlich seines 75. Geburtstags eine Gedenktafel an seinem Geburtshaus angebracht werden sollte, bedankte er sich mit einem freundlichen Brief beim Bürgermeister und entsandte seine Tochter Anna zur Einweihungsfeier. Als hingegen aus demselben Anlaß Wiens Berggasse – in der er damals seit immerhin 40 Jahren wohnte – in Sigmund-Freud-Straße umbenannt werden sollte, lehnte er die Idee als »unsinnig und unschicklich« ab.

In der Wiener Scheinwelt des prachtvoll aufbereiteten Untergangs und der unterdrückten Lust waren die Neurosen entstanden, die seine Forschung benötigte. Doch Freud war der Meinung, daß er sie woanders ebenso gefunden hätte.

Wien war aber nicht nur die Stadt seiner »Fälle«, Wien war auch die Stadt seiner Isolation. Die er freilich in etwas übertriebener Form dargestellt haben dürfte. Denn so groß die Zahl seiner Gegner war – es gab auch nie zuvor oder danach einen Wiener Arzt, der so viele Anhänger hatte wie Sigmund Freud. Bereits 1901 war sein Name im *Bibliographischen Lexikon hervorragender Ärzte des neunzehnten Jahrhunderts* zu finden, und ein Jahr später wurde in Wien der Grundstein für die Psychoanalytischen Vereinigungen in aller Welt gelegt: als seine ersten Gefolgsleute die *Psychologische Mittwochgesellschaft* ins Leben riefen.

Dr. Rudolf Reitler hatte Freuds Universitätsvorlesungen über die »Psychologie der Neurosen« besucht und war

der erste Arzt in Wien, der nach ihm die Psychoanalyse praktizierte. Ein weiterer Hörer war Dr. Max Kahane, der in einem Nervensanatorium arbeitete, dort aber immer noch elektrische und andere konservative Behandlungsmethoden zur Anwendung brachte. Kahane erwähnte Freuds Namen 1901 gegenüber seinem Kollegen Dr. Wilhelm Stekel, der zu dieser Zeit selbst unter neurotischen Beschwerden litt und sich daraufhin in die Berggasse zur Analyse begab. Nachdem schon nach wenigen Sitzungen eine Besserung eingetreten war, wurde auch er »Freudianer«. Im Herbst 1902 verschickte Freud Einladungen an die Doktoren Reitler, Kahane und Stekel, bei ihm zu Hause über seine Behandlungsmethode zu diskutieren. Die Anregung dazu gab »ein Kollege, welcher die gute Wirkung der analytischen Therapie an sich selbst erfahren hatte«, wie Freud später schrieb – womit zweifellos Stekel gemeint war. Als vierter Gast in Freuds Wartezimmer fand sich der 32jährige Nervenarzt Dr. Alfred Adler ein, der Freud schon früher als Hörer seiner Vorlesungen aufgefallen war. Er sollte in den nächsten Jahren – ohne, daß sich je ein besonders herzlicher Kontakt ergeben hätte – einer der besten Köpfe um Freud sein, später aber dann einer seiner schärfsten Rivalen.
Nach dem ersten Treffen beschloß man, die Gespräche regelmäßig einmal in der Woche fortzuführen – und zwar jeweils Mittwochabend in Freuds Wartezimmer. Insgesamt stießen rund 20 Männer als ständige Besucher zur neuen Vereinigung. Darunter der Internist Paul Federn, des weiteren der Hausarzt der Familie Freud, Eduard Hitschmann, sowie Fritz Wittels, Otto Rank und – als eines der nichtärztlichen Mitglieder – der Musikhistoriker Max Graf. Im Vorwort seiner Arbeit *Richard Wagner im Fliegenden Holländer* geht Graf auf »die kleine Gesellschaft, die sich mehrere Jahre im gastfreundlichen Hause Professor Freuds allwöchentlich versammelte«, ein. Es wurden hier psychologische Probleme behandelt und dabei der Versuch unternommen, »die Freud'schen Ideen auf den verschiedenen Arbeitsgebieten zu erproben.« Grafs Schilderung zeigt, wie breitgefächert diese Gebiete

waren, hatte er doch in der *Mittwochgesellschaft* erstmals seinen Vortrag über Richard Wagners *Fliegenden Holländer* gehalten, der dann zum Thema seiner Arbeit wurde. »Die Gedanken, die ich hier entwickelte, sind in ununterbrochenem Meinungsaustausch mit Professor Freud und infolge vielfacher Anregungen, die ich in den Diskussionen in seinem Haus erhielt, langsam gekeimt.«

Neben den ständigen Jüngern einer neuen wissenschaftlichen Lehre stießen auch immer wieder Gäste zu dem exklusiven Zirkel, so etwa der Medizinstudent und später in Berlin praktizierende Arzt Max Eitingon, der deutsche Neurologe Karl Abraham, der in Zürich lehrende Dozent für Psychiatrie Carl Gustav Jung, der aus Budapest stammende Psychoanalytiker Sándor Ferenczi, der Schweizer Ludwig Binswanger, der englische Psychiater Ernest Jones. Sechs Jahre nach ihrer Gründung wurde die *Mittwochgesellschaft* schon etwas förmlicher zur *Wiener Psychoanalytischen Vereinigung*, die bald Nachfolgeorganisationen in anderen Ländern fand. Als Freuds Wartezimmer zu klein geworden war, traf man sich in anderen Lokalitäten.

Der Mittwochabend-Gast Dr. Max Graf leistete später noch einen besonderen Beitrag zur Geschichte der Psychoanalyse. Als nämlich sein fünfjähriger Sohn Herbert unter einer Tierphobie litt und das Haus nicht verlassen konnte, weil er Angst hatte, von einem Pferd gebissen zu werden, riet ihm Freud, die Analyse selbst durchzuführen, weil er überzeugt war, daß bei einem so kleinen Kind nur der Vater zur Gesprächstherapie in der Lage wäre. Um die Anonymität des Kranken zu wahren, bezeichnete Freud den Patienten bei seiner später veröffentlichten *Analyse der Phobie eines fünfjährigen Knaben* als »kleiner Hans«. Vater Graf berichtete Freud laufend vom Fortgang der Analyse. Dabei stellte sich heraus, daß sich »Hans« sehr früh mit seinem Penis beschäftigt hatte und diesen mit dem seines Vaters, aber auch mit dem eines Pferdes verglich. Er erkannte den größeren Penis als Gefahr um die Gunst der Mutter. Wobei das noch größere Glied des Pferdes zum Objekt einer »Verschiebung« wur-

de: »Der kleine Hans« verschob seine Angst vor dem Vater auf das Pferd. Herbert Graf konnte von seiner Phobie vollkommen geheilt werden, die Veröffentlichung seines Falles diente Freud als wichtiger Beweis für die Existenz der infantilen Sexualität. In dieser *Analyse der Phobie eines fünfjährigen Knaben* verwendet Freud zum ersten Mal den Ausdruck »Kastrationskomplex«.
14 Jahre nach der »indirekten« Behandlung durch Freud erschien ein junger Mann unangemeldet in der Berggasse und sagte: »Ich bin der kleine Hans«. Er hatte die Veröffentlichung »seines« Falls gelesen, den Inhalt seiner eigenen Analyse mittlerweile aber vollkommen vergessen.

Max Graf, Adler, Stekel, Kahane und all die anderen ständigen Besucher der Mittwochabende waren ebenso jüdischer Herkunft wie Freud. Einmal fragte er sie: »Ganz nebenbei, warum hat keiner von all den Frommen die Psychoanalyse geschaffen, warum mußte man da auf einen ganz gottlosen Juden warten?« In der Tat erstaunt, daß rund 90 Prozent seiner Anhänger in diesen ersten Jahren jüdischer Herkunft waren. Wollten »die anderen«, die nichtjüdischen Ärzte, nichts mit Freud und seiner »jüdischen Wissenschaft« zu tun haben? Der Schweizer Pastorensohn C. G. Jung war einer der wenigen vom Christentum kommenden frühen Anhänger der Psychoanalyse. Freud erachtete Jungs Mitarbeit als besonders wichtig, schreibt er doch 1908 an Karl Abraham, daß »erst sein Auftreten die Psychoanalyse der Gefahr entzogen hat, eine jüdisch-nationale Angelegenheit zu werden«. Sicher auch, um dieser Gefahr zu entgehen, wurde Jung zwei Jahre später zum ersten Präsidenten der Internationalen Psychoanalytischen Vereinigung gewählt.
Wien, die Stadt so vieler Antisemiten, gleichzeitig aber auch die Stadt, die mehr bedeutende Juden hervorbrachte als irgendeine andere. Jüdische Ärzte wurden hier bekämpft wie nirgendwo anders, und doch waren gerade sie es, die den Ruf dieser Stadt als Mekka der Heilkunst zu einem Gutteil gefestigt hatten. Neben Freud zählten Breuer und Adler, die Anatomen Emil Zuckerkandl und

Julius Tandler, die Nobelpreisträger Robert Bárány und Karl Landsteiner sowie der Begründer der modernen Ohrenheilkunde, Adam Politzer, und der Radiologe Guido Holzknecht zu den großen jüdischen Ärzten Wiens. Theodor Billroths Einstellung zeigt den Kontrast in seinem ganzen, irrealen Ausmaß: Er war erklärter Antisemit – jedoch waren sämtliche seiner Assistenten jüdischer Herkunft. Die Wissenschaft hatte Luegers dümmlichen Spruch, »Wer ein Jud is', bestimm' ich« für sich in Anspruch genommen.

Eben zu der Zeit, als Sigmund Freud Billroths Hörer gewesen war, als junger Medizinstudent, war er erstmals hautnah mit dem Phänomen des Antisemitismus konfrontiert worden. »Die Universität, die ich 1873 bezog, brachte mir zunächst einige fühlbare Enttäuschungen. Vor allem traf mich die Zumutung, daß ich mich als minderwertig und nicht volkszugehörig fühlen sollte, weil ich Jude war. Das erstere lehnte ich mit aller Entschiedenheit ab. Ich habe nie begriffen, warum ich mich meiner Abkunft, oder wie man zu sagen begann: Rasse schämen sollte«, ist in Freuds *Selbstdarstellung* nachzulesen. »Aber eine für später wichtige Folge dieser ersten Eindrücke von der Universität war, daß ich so frühzeitig mit dem Lose vertraut wurde, in der Opposition zu stehen und von der ›kompakten Majorität‹ in Bann getan zu werden. Eine gewisse Unabhängigkeit des Urteils wurde so vorbereitet.« Er fühlte sich einer verfolgten Minderheit zugehörig und führte seine Kreativität teilweise auf den Umstand zurück, daß er gezwungen war, anders zu denken.

Als junger Arzt war Freud über Vermittlung seines Schulfreundes Wilhelm Knoepfmacher, der inzwischen Rechtsanwalt geworden war, Mitglied des damals neu gegründeten *Israelitischen Humanitätsvereins B'nai B'rith Wien* geworden. In einem Vortrag entwickelte er hier, noch vor Erscheinen der *Traumdeutung*, erstmals vor einem Laienpublikum seine Ideen von der Bedeutung des Traums. Er muß sein Publikum damit immerhin so fasziniert haben, daß sich danach die Frauen der Logenmitglieder beschwerten, zu der Vorlesung nicht geladen worden zu sein. Knoepfmacher, der auch *B'nai B'rith*-Präsident war, tröstete die Ehefrauen später damit, er selbst hätte, wie alle anwesenden Juristen,nach dem Vortrag geträumt, er würde »sämtliche Prozesse verlieren, die Ärzte träumten, ihre Patienten seien gestorben, und die Kaufleute, ihre Schuldner hätten bankrott gemacht.« Als Freud diese Bemerkung zu Ohren kam, wertete er Knoepfmachers Traum mit unbewußter Eifersucht, weil er seinerzeit Klassenbester gewesen wäre, während der Freund nur zum Durchschnitt zählte. Das erwähnte er auch in einem Probedruck der *Traumdeutung* unter dem Titel »Der Traum des Dr. K.« Als er dann erfuhr, daß es sich um einen Scherz und keinen tatsächlichen Traum handelte, eliminierte er die Bemerkung aus seinem Buch. Ohne seine religiöse Einstellung als »ungläubiger Jude«, wie er einmal sagte, jemals zu ändern, hielt Freud der *B'nai B'rith*-Loge die Treue, solange er in Wien lebte. Einer Feier der jüdischen Vereinigung aus Anlaß seines 70. Geburtstags blieb er mit der Begründung fern: »Wenn mich jemand beschimpft, kann ich mich verteidigen; wenn mich aber jemand lobt, bin ich wehrlos ... Die Juden überhaupt haben mich wie einen Nationalheros gefeiert, obwohl mein Verdienst um die jüdische Sache sich auf den einen Punkt beschränkt, daß ich mein Judentum nie verleugnet habe.«

In seiner 1925 veröffentlichten Arbeit über *Die Widerstände gegen die Psychoanalyse* nennt Freud vier Faktoren, die dazu beitrugen, daß er zum Außenseiter wurde: eine allgemein ambivalente Einstellung allem Neuen gegenüber, die Ablehnung der zeitgenössischen Medizinergeneration für die seelischen Faktoren, die »Kulturheuchelei« der Gesellschaft, die ihr Triebleben nicht beim Namen genannt wissen will. Und eben den Antisemitismus.
Freud war weder jüdisch-orthodox erzogen worden noch konnte er – im Gegensatz zu seinem Vater – Hebräisch lesen, doch empfand er bei aller Assimilation ein starkes

Zugehörigkeitsgefühl zum Judentum. Und je stärker der Antisemitismus in Erscheinung treten sollte, desto intensiver wurde dieses Gefühl. Der jüdischen Tradition entsprach auch Freuds patriarchalisches Denken, in dem das Weib dem Manne untergeordnet war. Was sich sowohl in seinem Privatleben als auch in seiner Lehre manifestierte.

Trotz starker Affinität zu seiner »Rasse« spielt Freuds atheistische Einstellung eine bestimmende Rolle. Was er der Religion vor allem vorwarf, war die von ihr geforderte Unterdrückung des sexuellen Trieblebens. Unsterblichkeit war für ihn nichts weiter als eine Leistung der Theologie, die »Nachexistenz für die wertvollere, vollgültige auszugeben und das durch den Tod abgeschlossene Leben zu einer bloßen Vorbereitung herabzudrücken.« Besondere Abneigung brachte er der katholischen Kirche entgegen, die er als größten Hemmschuh aller Neuerungen empfand. »Zur Zeit der Renaissance stand die katholische Kirche am Rande des Zerfalls«, sagte er einmal, »zwei Faktoren haben sie gerettet: Syphilis und Luther.«

Die Religion und ihr Einfluß auf den Menschen ziehen sich wie ein roter Faden durch Freuds Werk. Etwa, wenn er in *Eine Kindheitserinnerung des Leonardo da Vinci* meint: »Die Psychoanalyse hat uns den intimen Zusammenhang zwischen dem Vaterkomplex und der Gottesgläubigkeit kennengelehrt, hat uns gezeigt, daß der persönliche Gott psychologisch nichts anderes ist als ein erhöhter Vater, und führt uns täglich vor Augen, wie jugendliche Personen den religiösen Glauben verlieren, sobald die Autorität des Vaters bei ihnen zusammenbricht.« Später in *Totem und Tabu* beschreibt er die Analogie zwischen Religion und Zwangsneurose, und seine 1927 veröffentlichte *Zukunft einer Illusion* ist eine der schärfsten Religionskritiken, die jemals publiziert wurden. Religiöse Lehren, vom Menschen in seiner Begierde nach Tröstung geschaffen, sind für ihn Illusionen, und aus diesem Grund sei es unmöglich, sie zu beweisen, sie zu überprüfen oder gar richtigzustellen.

Der Schriftsteller Romain Rolland warf diesen Aussagen

Freuds vor, daß er »die wahre Quelle der religiösen Energie«, nämlich ein Gefühl, das er »die Empfindung der Ewigkeit« nennt, nicht hoch genug eingeschätzt habe. Worauf Freud drei Jahre später in *Das Unbehagen in der Kultur* konterte, daß er dieses »ozeanische Gefühl« überhaupt nicht kenne.

So darf es nicht verwundern, daß die Anwendung der Psychoanalyse von Theologen immer wieder abgelehnt, von manchen kirchlichen Kreisen sogar als »Todsünde« bezeichnet wurde. Die oftmals aufgestellte Behauptung, die katholische Kirche lehne offiziell die Psychoanalyse ab, entspricht jedoch nicht den Tatsachen. Richtig ist vielmehr, daß eine Reihe von Priestern die »Geständnisse« der Patienten in der Psychoanalyse als unerlaubte Konkurrenz zur Beichte empfindet.

Ganz anders die Einstellung des protestantischen Pfarrers Oskar Pfister aus Zürich, der seine psychoanalytischen Kenntnisse in die Seelsorge einbezog und mit Freud jahrzehntelang freundschaftlich verbunden war. »An sich ist die Psychoanalyse weder religiös noch das Gegenteil«, teilte ihm Freud einmal mit, »sondern ein Instrument, dessen sich der Geistliche wie der Laie bedienen kann, wenn es nur im Dienste der Befreiung Leidender geschieht. Ich bin sehr frappiert, daß ich selbst nicht daran gedacht habe, welche außerordentliche Hilfe die psychoanalytische Methodik der Seelsorge leisten kann. Aber es geschah wohl, weil mir als bösem Ketzer der ganze Vorstellungskreis so ferne liegt.«

Ferne lag Freud aber auch die zu seiner Zeit aufkeimende neue Bewegung der Rückführung des Judentums nach Palästina. Für Theodor Herzls Idee des Zionismus fand er nur wenig Sympathien, auch war er ihm nie persönlich begegnet, obwohl die beiden großen jüdischen Söhne der Stadt einen gemeinsamen Bekanntenkreis hatten. Und Herzl wohnte einige Jahre in der Berggasse Nr. 6, nur wenige Schritte von Freuds Ordination entfernt. Im Vorwort zur hebräischen Übersetzung seines religionsphilosophischen Buches *Totem und Tabu* faßt Freud sein jüdisches Bewußtsein in einem Satz zusammen, der treffender nicht formuliert hätte werden können. Sollte ihn, Freud, jemand fragen, was in ihm noch jüdisch sei, würde er antworten: »Nicht sehr viel, aber wahrscheinlich die Hauptsache.«

»Damit die Damen den Saal verlassen können«
Der »Rattenmann« und andere Patienten

Ein wenige Monate vor seiner Ernennung zum Professor an Fließ gerichteter Brief zeigt die Kluft zwischen Freud und dem »wissenschaftlichen Leben in Wien«. Da ist nachzulesen: »Einen letzten Montag in der *Neuen Freien Presse* angekündigten Vortrag habe ich nicht gehalten. Ich sagte sehr ungern zu, merkte später bei der Ausarbeitung, daß ich allerlei Intimes und Sexuelles bringen müßte, was für ein gemischtes und mir fremdes Publikum nicht taugte, und sagte brieflich ab (1. Woche). Darauf erschienen zwei Abgesandte bei mir und suchten mich doch zu nötigen. Ich riet ihnen dringend ab und forderte sie auf, sich den Vortrag eines Abends bei mir selbst anzuhören (2. Woche). In der dritten Woche hielt ich ihnen zweien den Vortrag und hörte, er sei wunderschön, ihr Publikum würde ihn anstandslos vertragen usw. Der Vortrag wurde also für die 4. Woche angesetzt. Einige Stunden vorher erhielt ich aber einen pneumatischen Brief, einige Mitglieder hätten doch Einwände erhoben und sie ließen mich bitten, meine Theorie zuerst durch unverfängliche Beispiele zu erläutern, dann anzukündigen, jetzt käme das Verfängliche, und eine Pause zu machen, damit die Damen den Saal verlassen können. Ich habe natürlich sofort abgesagt, und der Brief, in dem ich es tat, war wenigstens gewürzt und gesalzen. Dies ist wissenschaftliches Leben in Wien!«

Mit typisch österreichischen Kompromissen hätte Freud im akademischen Leben Wiens der Jahrhundertwende also durchaus bestehen können, doch das kam für ihn unter keinen Umständen in Betracht. Eine Vorwarnung, »damit die Damen den Saal verlassen können«, war seine Sache nicht.

Wenn auch in den heiligen Hallen der Universitätsinstitu-

te argwöhnisch betrachtet, von Ärztekollegen angefeindet, als Autor unterschätzt und mißachtet, wurde Freud gerade in dieser Zeit zum erfolgreichen Mann. Seine Fähigkeiten als »Seelenarzt« waren immer mehr Tagesgespräch, im Wartezimmer der Berggasse gaben sich die Patienten an den Ordinationstagen die Türschnalle in die Hand, oft behandelte er bis zu zwölf Stunden und saß dann noch bis drei Uhr früh, um die Ergebnisse des Tages schriftlich auszuwerten. »Ein Mensch daneben bin ich freilich kaum mehr«, hatte er schon 1896 an Fließ geschrieben, »abends 10 ½ h nach der Praxis bin ich zu Tode müde.«
»Er lebt in anscheinend sehr guten Verhältnissen«, ist auch im Leumundzeugnis vermerkt, das zur Erlangung des Professorentitels vorgelegt werden mußte, »hält drei Dienstboten und besitzt eine zwar nicht sehr ausgedehnte, aber lucrative Praxis. In moralischer Hinsicht ist Dr. Freud vollkommen unbeanstandet und erfreut sich eines guten Leumundes.«

Wirtschaftlich ging es ihm jetzt schon gut, zumal seine Privatpatienten zu den wohlhabenden Bürgern der Stadt zählten. Während er die meisten der für seine wissenschaftliche Arbeit nötigen neurologischen Studien in der Klinik an Fällen aus der unteren Sozialschicht durchführte, saßen im Wartezimmer der Berggasse eher Männer und Frauen, die sich aus der »guten Wiener Gesellschaft« rekrutierten. Ohne daß man seine tatsächliche Bedeutung auch nur erahnt hätte, war Freud eine Art Modearzt geworden, dessen tägliche Einnahmen gegen Ende des 19. Jahrhunderts bis zu 100 Kronen* betrugen. Wenn der eben zuerkannte Titel Professor auch mit keinem Gehalt verbunden war, verschaffte er ihm doch die Möglichkeit, die Honorare seiner Privatpraxis zu erhöhen.
Wohl auch deshalb, weil er selbst manch psychisches Leid durchgemacht hatte, zeigte Freud mit fortschreiten-

* Lt. Statistischem Zentralamt Wien entspricht diese Summe im Jahre 1989 einem Betrag von 5000 Schilling (= 700 DM)

dem Alter sein ehrliches und tiefes Mitgefühl für die Sorgen und Nöte seiner Patienten.
Aufsehenerregende Erfolge machten in Wien die Runde, wofür Freud durch Vorlesungen und Pubikationen seiner Fälle zum Teil selbst sorgte. Zu einem der bekanntesten Patienten der ersten Jahre des neuen Jahrhunderts wurde der sogenannte »Rattenmann«. Ein junger Wiener, Doktor der Rechtswissenschaften, hatte Freuds 1904 veröffentlichtes Buch *Zur Psychopathologie des Alltagslebens* gelesen und darin zahlreiche Züge seiner eigenen Krankheit erkannt. Also meldete er sich in der Berggasse an, und Freud konnte sehr schnell feststellen, daß er unter einer Zwangsneurose litt. Der Patient hatte seinerzeit als Student, so berichtete der 29jährige Jurist auf der Couch, eine militärische Waffenübung abzuleisten, während der er von der tatsächlichen Existenz einer orientalischen Foltermethode erfuhr. Die bestialischen Mißhandlungen gipfelten darin, daß die Opfer solange durch Ratten gequält wurden, bis sich diese in deren After gefressen hatten.
Ohne ersichtlichen Grund entwickelte der junge Mann eine unbeschreibliche Angst, diese in Ostasien gebräuchliche Tortur würde an den beiden Menschen angewandt, die ihm am nächsten standen: an seinem Vater und an seiner Geliebten. Zu diesen Zwangsvorstellungen mengten sich Selbstmordabsichten: Als die Freundin zur Pflege ihrer Großmutter die Stadt verlassen mußte, spielte er mit dem Gedanken, die alte Frau zu töten, war aber darüber selbst so entsetzt, daß er meinte, Selbstmord begehen zu müssen, um dies abzuwenden.
Freuds Patient wurde wegen der ihn quälenden Wahnvorstellungen in der Literatur zum »Rattenmann«.
Wie immer ließ Freud auch den »Rattenmann« bald aus seiner Kindheit erzählen und erfuhr dabei, daß dieser – natürlich ohne es zu wissen – schon früh an Zwangsideen und Zwangsvorstellungen gelitten hatte, die sich aus frühkindlicher sexueller Neugier, Zweifeln an der eigenen geschlechtlichen Identität und Furcht vor dem Tod des Vaters herleiteten. 1908, nach elfmonatiger Analyse,

war der »Rattenmann« geheilt. »Zu schnell«, wie Freud vermerkte, er hätte ihn im Interesse weiterer wissenschaftlicher Erforschung lieber länger behandelt. 1923 erwähnt Freud den »Rattenmann« noch einmal in seinen Schriften: »Der Patient, dem die mitgeteilte Analyse seine psychische Gesundheit wieder gegeben hatte, ist wie so viele andere wertvolle und hoffnungsvolle junge Menschen auch im großen Krieg umgekommen.«
Viel später noch sollten besonders findige Freud-Forscher im Zusammenhang mit dem »Rattenmann« eine von Freud begangene Fehlleistung entdecken. Als sein Patient von einem Mädchen namens »Gisela« erzählte, hatte Freud in seinen Aufzeichnungen irrtümlich »Gisela Fluß« notiert. Den Namen seiner ersten großen Liebe also, für die Freud im Jahr vor der Matura in seinem Heimatort Freiberg geschwärmt hatte.

Dem Patienten Bruno Goetz sind wir bereits begegnet. In seinen Briefen an einen Jugendfreund – die er 1952 in einem Artikel der *Neuen Schweizer Rundschau* publizierte – erzählt er auch von einem weiteren Besuch in der Berggasse. Als Goetz nach seiner Behandlung noch einmal zu Freud gekommen war, um sich für die Befreiung von seinen starken Kopfschmerzen zu bedanken, unterhielten sich die beiden über deutsche, indische und russische Literaturgeschichte – und wie sich zeigte, bewies Freud umfassende Bildung auf allen Gebieten. Er sprach auch von seiner großen Liebe zur Dichtkunst, ließ aber keinen Zweifel über den moralischen Stellenwert, den sein Beruf für ihn einnahm: »In der Hauptsache bin ich Arzt, und möchte den Menschen, die heute innerlich in einer Hölle leben, helfen, so gut ich kann. Nicht in irgendeinem Jenseits, sondern auf der Erde leben die meisten Menschen in einer Hölle: das hat Schopenhauer sehr richtig erkannt. Meine Erkenntnisse, meine Theorien und Methoden haben den Zweck, ihnen diese Hölle bewußt zu machen, damit sie sich aus ihr befreien können. Erst wenn die Menschen frei atmen gelernt haben, werden sie vielleicht wieder erfahren, was Kunst sein kann. Jetzt mißbrauchen sie sie als ein Betäubungsmittel, um wenigstens für ein paar Stunden ihre Qualen loszuwerden. Sie ist für sie eine Art von Schnaps!«

Bruno Goetz' Aufzeichnungen geben aber auch Ausdruck von Freuds menschlicher Größe. Es passierte nämlich, daß der behandelnde Arzt, anstatt ein Honorar von seinem Patienten zu *verlangen*, diesem eines *bezahlte*: Freud »setzte sich an seinen Schreibtisch und schrieb. Dazwischen fragte er, wie nebenbei: ›Man sagte mir, Sie hätten so gut wie kein Geld und lebten recht dürftig. Stimmt das?‹

Ich erzählte ihm, mein Vater könne bei seinem kleinen Lehrergehalt mein Studium nicht bezahlen, da noch vier jüngere Geschwister vorhanden wären; so hätte ich mich denn auf meine eigenen Beine gestellt und lebte vom Stundengeben und gelegentlichen Zeitungsartikeln.

›Ja‹, meinte er. ›Die Strenge gegen sich selbst hat auch etwas Gutes. Man darf sie nur nicht übertreiben. Wann haben Sie denn Ihr letztes Beefsteak gegessen?‹

›Ich glaube vor vier Wochen.‹

›Das dachte ich mir so ungefähr‹, sagte er und erhob sich vom Schreibtisch ... Er wurde dann beinahe verlegen. ›Sie dürfen es mir nicht übelnehmen, aber ich bin ein ausgewachsener Doktor und Sie sind noch ein junger Student. Nehmen Sie dieses Kuvert von mir an und gestatten Sie mir, heute ausnahmsweise einmal Ihren Vater zu spielen. Ein kleines Honorar für die Freude, die Sie mir mit Ihren Versen und Ihrer Jugendgeschichte gemacht haben. Adieu, und sprechen Sie wieder einmal bei mir vor. Meine Zeit ist zwar sehr besetzt, aber ein halbes Stündchen oder auch ein ganzes wird sich für Sie finden lassen. Auf Wiedersehen!‹

So verabschiedete er sich von mir. Und stell Dir vor, als ich das Kuvert in meiner Stube öffnete, lagen zweihundert Kronen* darin. Ich war in einem so aufgewühlten Zustande, daß ich laut weinen mußte.«

Einige Monate später übersiedelte Bruno Goetz nach

* Entspricht lt. Statistischem Zentralamt Wien im Jahre 1989 einem Betrag von 10.000 Schilling (= 1400 DM)

München, um dort seine Studien fortzusetzen. »Ich machte Freud einen Abschiedsbesuch. Es war das letzte Mal, daß ich ihn sah ... Als er mir die Hand zum Abschied reichte, sah er mir in die Augen, und ich spürte noch einmal die liebevolle, schwermütige Güte seines Blicks. Ich habe diesen Blick in meinem ganzen Leben nie vergessen.« Es war nicht das einzige Mal, daß Freud einem Patienten, statt von diesem Geld zu verlangen, Geld bezahlte. Auch bei einem seiner berühmtesten Fälle, dem »Wolfsmann« – dem wir später noch begegnen werden –, hat er das getan.

Ein anderer berühmt gewordener »Fall« ist der des Königlichen Senatspräsidenten Dr. Daniel Paul Schreber. Er wurde zum »Freud-Fall«, ohne daß die Herren einander je gesehen hatten.

Daniel Gottlob Moritz Schreber war ein aus Leipzig stammender Arzt, der sich große Verdienste um die Errichtung von Kinderspielplätzen erworben und eine Kleingartenbewegung gegründet hatte. Heute noch erinnern Zehntausende nach ihm benannte »Schrebergärten« an diesen bedeutenden Mann. So vorbildlich seine vehemente Forderung nach Frischluft für weite Teile der Bevölkerung gewesen sein mag, so schrecklich waren seine pädagogischen Ansichten, die er wohl auch als Familienvater in die Tat umsetzte. Sein 1842 geborener Sohn Daniel Paul Schreber sollte zum lebenden Beweis dafür werden, wohin verfehlte Erziehungsmethoden führen können. Vater Schreber, der eine Praxis als Orthopäde hatte, setzte sich in seinen Schriften für rigorose und zwanghafte Kinderziehung ein, entwickelte »Körperhaltungsmaschinen« und andere sadistisch anmutende Apparate mit Riemenwerk und Gurten.

Sohn Daniel studierte nach den im elterlichen Haus erfahrenen Torturen Jura und brachte es bis zum Senatspräsidenten des Königlichen Oberlandgerichts in Dresden. Doch mit 42 Jahren zeigten sich erste Anzeichen einer beginnenden Geisteskrankheit, die dazu führten, daß er in verschiedene Irrenanstalten eingeliefert wurde. Wieder in Freiheit, verfaßte der hochintelligente Jurist im Jahre 1903 ein Buch, das er *Denkwürdigkeiten eines Nervenkranken* nannte, und in dem er auch den Prozeß schildert, der zur Entlassung aus der Nervenklinik geführt hatte. Das Gericht gestand dem paranoiden aber gutartigen Mann zu, auch außerhalb einer geschlossenen Anstalt einen Wahn haben zu dürfen, mit dem er keinerlei Schaden anrichtet. Schrebers Familie hatte die komplette Auflage der *Denkwürdigkeiten* aufgekauft, doch war es Freud gelungen, sich ein Exemplar der interessanten Studie zu beschaffen.

In Daniel Paul Schebers Todesjahr 1911 publizierte Freud seine *Psychoanalytischen Bemerkungen über einen autobiographisch beschriebenen Fall von Paranoia.* In dem Aufsatz führte er die Wahnvorstellungen des ihm persönlich unbekannt gebliebenen Patienten auf verdrängte Homosexualität zurück und zitiert dessen Satz »Ich, ein Mann, liebe ihn, einen Mann«, womit er in Wahrheit aber den Haß gegen den Vater ausdrücken wollte. Die Umkehr dieses Gedankens, daß nämlich auch er vom Vater gehaßt wurde, führte schließlich zum Verfolgungswahn. Die letzten Jahre seines Lebens mußte Schreber wieder in einer Leipziger Anstalt verbringen, in der er dann auch verstarb.

»Die Psychoanalyse hört an der Tür des Kinderzimmers auf«
Familienmensch Freud

Die »großen Ferien« verbrachte Freud mit Frau und Kindern an verschiedenen, von Wien nicht allzu weit entfernten Orten in Bayern und Österreich. In Berchtesgaden oder Altaussee, am Semmering oder an der Rax führten die Freuds ein sehr bürgerliches Leben, das Familienoberhaupt liebte es, auf Pilzsuche zu gehen, nützte jeden See, um darin zu baden, und unternahm ausgedehnte Wanderungen. »Wir werden dann abwechselnd lesen, schreiben und in die Wälder laufen; wenn uns der liebe Gott den Sommer nicht ganz verregnet, kann es sehr schön werden«, schreibt er seiner Tochter Anna im Juli 1908 aus Berchtesgaden, ehe mit Beginn der Schulferien auch sie dorthin kommen konnte.

Anna war, als sie diesen Brief erhielt, 13 Jahre alt. Sie besuchte damals das *Cottage Lyceum* in Wien, eine Privatschule, in der sie schon drei Jahre später, mit 16, maturieren sollte. Sehr früh war auch für Außenstehende bemerkbar, daß Sigmund Freud zu seiner jüngsten Tochter eine besondere Beziehung aufgebaut hatte. Schon das Kleinkind erwähnt er in der *Traumdeutung*: »Wenn man mir zugibt, daß das Sprechen aus dem Schlaf der Kinder gleichfalls dem Kreis des Träumens angehört, so kann ich im folgenden einen der jüngsten Träume meiner Sammlung mitteilen. Mein jüngstes Mädchen, damals neunzehn Monate alt, hatte eines Morgens erbrochen und war darum den Tag über nüchtern erhalten worden. In der Nacht, die diesem Hungertag folgte, hörte man sie erregt aus dem Schlaf rufen: *Anna F.eud, Er(d)beer, Hochbeer, Eier(s)peis, Papp.* Ihren Namen gebrauchte sie damals, um die Besitzergreifung auszudrücken; der Speisezettel umfaßte wohl alles, was ihr als begehrenswerte Mahlzeit erscheinen mußte; daß die Erdbeeren darin in

zwei Varietäten vorkamen, war eine Demonstration gegen die häusliche Staatspolizei und hatte seinen Grund in dem von ihr wohl bemerkten Nebenumstand, daß die Kinderfrau ihre Indisposition auf allzu reichlichen Erdbeergenuß geschoben hatte; für dies ihr unbequeme Gutachten nahm sie also im Traume ihre Revanche.«
Wer immer Freuds Frau Martha (»die Frau Professor«) in späteren Jahren beschreibt, rühmt sie vor allem als gute Hausfrau und Mutter ihrer sechs Kinder. Enkel Ernest Freud ist sie »klein und unauffällig« in Erinnerung geblieben, »doch war sie gleichzeitig sehr im Bilde. Ich kann sie kaum als ›Die Macht hinter dem Thron‹ bezeichnen, aber in vieler Beziehung hielt sie doch die Fäden in der Hand. Sie war das Uhrwerk, das den Haushalt in Gang hielt. Sie strahlte Güte und Wohlwollen aus, auch wenn es ihr nicht so gut ging. Ich habe nie gehört, daß sie über ihren Zustand geklagt hat – sie stellte eher irgendwelche Schmerzen, unter denen sie litt, als etwas dar, was man halt mit in Kauf nehmen mußte. Obwohl sie einem etwas zart und fast zerbrechlich vorkam, muß die Arbeit, die sie im Dienste der Haushaltsroutine bewältigte, enorm gewesen sein. Sie war voll Weisheit, die sich in ihrer Ausdrucksweise spiegelte.«
Für die wissenschaftliche Arbeit ihres zunehmend berühmter werdenden Mannes zeigte sie wenig Interesse, sie soll sogar gesagt haben: »Die Psychoanalyse hört an der Tür des Kinderzimmers auf.« Abgesehen davon, daß der Vater der Psychoanalyse mit solchen Worten wenig Freude gehabt haben mag, stimmt der Ausspruch nur bedingt. Denn kleinere Probleme, wie er sie aus der Ordination kannte, hatte Freud auch in der eigenen Familie zu »behandeln«. So findet sich sein Brief an die 21jährige Tochter Mathilde: »Ich ahnte längst, daß Du bei all Deiner sonstigen Vernünftigkeit Dich kränkst, nicht schön genug zu sein und darum keinem Mann zu gefallen. Ich habe lächelnd zugeschaut, weil Du mir erstens schön genug schienst und weil ich zweitens weiß, daß in Wirklichkeit längst nicht mehr die Formenschönheit über das Schicksal des Mädchens entscheidet, sondern der Ein-

druck ihrer Persönlichkeit. Dein Spiegel wird Dich darüber beruhigen, daß nichts Gemeines oder Abschreckendes in Deinen Zügen liegt, und Deine Erinnerung wird Dir bestätigen, daß Du Dir noch in jedem Kreis von Menschen Respekt und Einfluß erobert hast.«

Auch wenn die tröstenden Worte des Vaters vermutlich im Moment keine allzu große Hilfe waren – einerseits war sie »schön genug«, andererseits ist die Schönheit gar nicht so wichtig –, dauerte Mathildes Kummer glücklicherweise nicht allzu lange an, denn ein Jahr später, 1909, war sie bereits verheiratet. Ihr Gemahl war ein junger Wiener Kaufmann namens Robert Hollitscher. Ihre um sechs Jahre jüngere Schwester Sophie ehelichte 1912 den Fotografen Max Halberstadt – der später einige der besten Freud-Porträts anfertigte – und zog zu ihm nach Hamburg. Schon unmittelbar nach Sophies Geburt hatte Freud an diesen Anlaß gedacht, als er damals seiner Schwägerin Minna mitteilte: »Sie ist klein, benimmt sich aber sehr intelligent, als ob sie bereits im Mutterleib davon Kenntnis erhalten hätte, daß man sich hier für einen Mangel an Mitgift durch etwas anderes entschädigen müsse.« Nur Anna blieb ledig und war auch die einzige, die in Vaters Fußstapfen treten sollte. Alle drei Söhne heirateten und waren in völlig verschiedenartigen Berufen tätig: Jean-Martin wurde Rechtsanwalt, Oliver Bauingenieur, Ernst Architekt.

Jean-Martin beschreibt seinen Vater später als gütigen und guten Erzieher, der sich am Sonntag und in den Sommerferien Zeit für seine Familie nahm. Als Wissenschaftler behauptete Freud in *Zur Einführung des Narzißmus*, »die rührende, im Grunde so kindliche Elternliebe ist nichts anderes als der wiedergeborene Narzißmus der Eltern, der in seiner Umwandlung zur Objektliebe sein einstiges Wesen unverkennbar offenbart.«

Wir wissen, daß Freud nicht nur seine Patienten, sondern auch seine eigenen Kinder sehr genau beobachtete und die dabei gewonnenen Erkenntnisse der psychoanalytischen Forschung zugute kommen ließ. »Das Benehmen der Kinder in der Schule, welches den Lehrern Rätsel genug aufgibt«, stellte er wohl auch in der eigenen Familie fest, »verdient überhaupt in Beziehung zur keimenden Sexualität derselben gesetzt zu werden. Die sexuell erregende Wirkung mancher an sich unlustiger Affekte, des Ängstigens, Schauderns, Grausens erhält sich bei einer großen Anzahl Menschen auch durchs reife Leben und ist wohl die Erklärung dafür, daß soviel Personen der Gelegenheit zu solchen Sensationen nachjagen, wenn nur gewisse Nebenumstände (die Angehörigkeit zu einer Scheinwelt, Lektüre, Theater) den Ernst der Unlustempfindung dämpfen.«

Freuds Gesichtszüge wurden mit den Jahren markanter, geprägt von großem Geist und innerer Güte, je weißer der Bart, desto gepflegter wirkt er. Seine Gesamterscheinung wird von Stefan Zweig als »durchaus harmonisch« charakterisiert: »Nicht zu groß, nicht zu klein die Figur*, nicht zu schwer, nicht zu locker der Körper: immer und überall zwischen Extremen geradezu vorbildliche Mitte. Jahre und Jahre verzweifeln vor seinem Antlitz alle Karikaturisten, denn nirgends finden sie in diesem völlig ausgeformten Oval rechten Ansatz für die zeichnerische Übertreibung . . . Die Züge des Dreißigjährigen, Vierzigjährigen, Fünfzigjährigen sagen nicht mehr als: ein schöner Mann, ein männlicher Mann, ein Herr mit regelmäßigen, beinahe allzu regelmäßigen Zügen.«

Im Alltag war er konservativ, für Neuerungen wie Telefon, Automobil, Fahrrad und Schreibmaschine konnte er sich lange nicht erwärmen, seine zahlreichen Briefe verfaßte er bis ins hohe Alter eigenhändig – mit klar und deutlich lesbarer (gotischer) Kurrentschrift. Wäre Goethes Wort von der historischen Bedeutung einer Korrespondenz auf eine bestimmte Person gemünzt, dann trifft dies auf Freud zu: »Deshalb sind Briefe so viel werth«, meinte der Dichterfürst, »weil sie das unmittelbare des Daseyns aufbewahren.«

Dem Medizinhistoriker Gerhard Fichtner kommt die verdienstvolle Aufgabe zu, Freuds reichen Schriftverkehr

---

* Freud war ca. 170 cm groß

gesichtet, katalogisiert und in ein Computerprogramm gespeichert zu haben. Dabei gelangt der Forscher zu einem verblüffenden Resultat: Freuds Korrespondenz, von der Jugend bis ins hohe Alter, umfaßt schätzungsweise 20.000 Briefe*, von denen knapp die Hälfte erhalten blieb. Unter den Briefpartnern finden sich Zeitgenossen wie Thomas Mann, Arthur Schnitzler, Stefan und Arnold Zweig, Albert Einstein, sowie die wichtigsten Weggefährten der Psychoanalyse, C. G. Jung, Sándor Ferenczi, Karl Abraham, Oskar Pfister, Ernest Jones, Max Eitingon, vor allem aber Wilhelm Fließ und Martha Bernays, als sie noch Freuds Verlobte war. Korrespondiert wurde auf deutsch, englisch, französisch und spanisch. Keine Frage, daß Freuds Briefe zu den wichtigsten Quellen bei der Erforschung seines Lebens zählen.

Minna Bernays, Marthas jüngere Schwester, lebte seit dem frühen Tod ihres Verlobten Ignaz Schönberg im Hause Freud. Der Hausherr schätzte sie sehr, hatte sie jedoch, da sie gerne Grammophonmusik hörte und er für seine Analysen absolute Ruhe benötigte, in die entfernteste Ecke der Wohnung verbannt. Freud war bekannt dafür, daß er für Musik wenig Verständnis aufbrachte.

»Tante Minna« war von beeindruckender Größe und wurde von den Kindern im Haus als streng empfunden. Brüsk, aber gutmütig, war sie sehr gebildet, verfügte in ihrer abgeschlossenen Wohnung über eine eigene, große Bibliothek und schien alle Bücher gelesen zu haben. Ihr Großneffe Ernest »hatte den Eindruck, daß sie sich dadurch die Berechtigung erworben hatte, sich mit meinem Großvater intellektuell zu unterhalten.« Von den fünf Schwestern Sigmund Freuds lebte Anna schon seit 1892 in den USA, wo sie mit Marthas Bruder Eli Bernays verheiratet war, die anderen – Rosa, Marie, Adolphine und Paula – hatten eigene Wohnungen in Wien, gingen aber in der Berggasse ein und aus, waren oft bei den Mahlzeiten anwesend, sodaß die Mitglieder der echten Großfamilie meist an einer ziemlich langen Tafel saßen.

* Freuds Briefe und die Antworten der Empfänger

Im Oktober 1912 erhalten die Freuds ein neues »Familienmitglied«. Zumindest erscheint sie Außenstehenden als solches: Die Schriftstellerin Louise von Salomé, genannt Lou Andreas-Salomé, tritt in Freuds Leben, fühlt sich in der Berggasse wie zu Hause – später bewohnt sie für einige Zeit auch ein Zimmer in der großen Ordinationswohnung. Eine schöne, eine aufregende Frau, deren Männerbekanntschaften Legende sind. Freud hatte die um vier Jahre jüngere, hochintelligente Künstlerin beim 3. Internationalen Psychoanalytischen Kongreß in Weimar kennen und schätzen gelernt. Daraufhin teilte sie ihm brieflich mit, daß sie gerne seine Vorlesungen und die Mittwochabende besuchen und deshalb von Schweden, wo sie gerade lebte, nach Österreich übersiedeln würde. Freud, der von ihr fasziniert war, sagte begeistert zu. Sie blieb ein halbes Jahr in Wien.

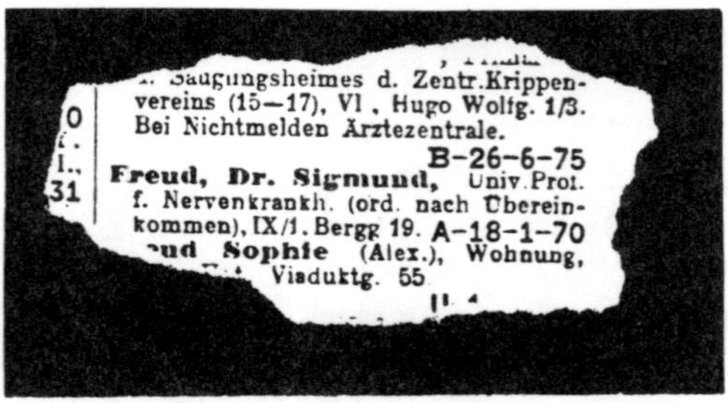
Säuglingsheimes d. Zentr.Krippenvereins (15—17), VI , Hugo Wolfg. 1/3.
Bei Nichtmelden Ärztezentrale.
B-26-6-75
Freud, Dr. Sigmund, Univ.Prof. f. Nervenkrankh. (ord. nach Übereinkommen), IX/1. Bergg 19. A-18-1-70
ud Sophie (Alex.), Wohnung, Viaduktg. 55

Eintragung Freuds im Wiener Telefonbuch

In St. Petersburg als Tochter eines adeligen Generals geboren, hatte »Lou« vorerst Theologie studiert und sich dabei in ihren Religionslehrer verliebt. Einige Jahre später trat sie aus der Kirche aus und beendete auch die stark erotische, angeblich aber doch platonische Beziehung zu ihrem Pfarrer. In Rom lernte sie Friedrich Nietzsche kennen, der sich Hals über Kopf in sie verliebte. Sie lehnte alle seine Heiratsanträge ab, und auch eine von Nietzsches Freund Paul Rée vorgeschlagene »menage a trois« wurde nicht realisiert. Stattdessen heiratete sie den Orientalisten Friedrich Carl Andreas und lebte mit ihm in einer Art Josefsehe. Persönliche Bekanntschaften verbanden sie mit Tolstoj, Turgenjew, Strindberg, Rodin, Frank Wedekind, Schnitzler, Hofmannsthal, Felix Salten. 1897 hatte sie dann eine intensive Beziehung mit dem um 14 Jahre jüngeren Rainer Maria Rilke, wurde schwanger, erlitt aber eine Fehlgeburt. In Schweden lebte sie mit dem ebenfalls wesentlich jüngeren Neurologen Paul Bjerre, der schließlich die Verbindung zu Freud herstellte. Untreue bezeichnete sie in ihrem Tagebuch nicht als Verrat an einem Mann, sondern als Weg, zu sich selbst zu finden. Lou Andreas-Salomé war aber nicht nur »femme fatale«, sondern vor allem eine hochsensible, intelligente und gebildete Künstlerin, die zahlreiche wissenschaftliche Arbeiten veröffentlichte und später Psychoanalytikerin wurde, wobei sie auch Rilke behandelte. Die außergewöhnliche Frau sei, so sagte man, mit den beiden bedeutendsten Männern des 19. und des 20. Jahrhunderts befreundet gewesen, nämlich mit Nietzsche und mit Freud.

Es konnte nicht allzu lange dauern, bis ihr auch mit letzterem eine Liebesaffäre nachgesagt wurde. Mit an Sicherheit grenzender Wahrscheinlichkeit ist es zu dieser oft vermuteten Romanze aber nicht gekommen, hatte doch jedes ihrer aufsehenerregenden Abenteuer seinen literarischen Niederschlag gefunden – sie war nicht der Typ Frau, die eine Liaison mit Freud verschwiegen hätte.
Freud bezeichnete sie als den »Dichter der Psychoanalyse«, während er selbst nur Prosa schreibe. In ihrem Essay *Zu Gast bei Freuds* erzählte Lou Andreas-Salomé später vom Familienleben in der Berggasse, wobei sie Freud selbst als ausgeglichen und heiter, gütig, nie mürrisch, sondern überaus freundlich beschreibt. »Und dieses Verhalten ausgeglichener Gesundheit fiel mir auf als kennzeichnend auch für die Familie Freud: sogar seine 80 Jahre alte Mutter erhält es noch bei wundersamster innerer Rüstigkeit, ferner gibt es eine Schwester (Rosa), trotz ihres Hörrohrs und Alters geradezu eine Anmut, und seine Töchter Anna und Mathilde sind voll davon.«
Lou hatte an Frau Freud bewundert, »daß sie von ihrem Wesens- und Wirkenskreis aus, unbeirrbar das Ihrige erfüllt, immer bereit in Entschiedenheit und Hingabe,

gleich weit entfernt von überheblicher Einmischung in des Mannes Aufgaben. Durch sie sind sicherlich die sechs Erziehungen sehr psychoanalysefremd geblieben; doch ist das von Freuds Seite gewiß nicht bloß Gewährenlassen gewesen, sondern – so fühle ich es jetzt – etwas gefiel ihm auch daran, sein Hauswesen in dieser Ferne von offenbaren Konfliktuositäten zu wissen; etwas daran gefiel ihm an seiner eigenen Frau. Jedenfalls hat mir das Zusammenleben tiefen Eindruck gemacht.«

Der Doppelgänger
Schnitzler, Freud und die Literatur

Sigmund Freud und Arthur Schnitzler wohnten in derselben Stadt, unmittelbar nach der Jahrhundertwende sogar fast Tür an Tür, nur wenige Gehminuten voneinander entfernt.* Der Dichter war sechs Jahre jünger als der Psychoanalytiker, hatte wie dieser Medizin studiert und ebenso den gemeinsamen Lehrer Theodor Meynert verehrt. Auch gab es frühe Berührungspunkte zu psychischen Phänomenen: Als Assistent seines Vaters, des prominenten Laryngologen Professor Johann Schnitzler, hatte Arthur Schnitzler in jungen Jahren ein hysterisches Mädchen behandelt, das an Stimmlosigkeit litt. Aus diesem Fall entstand später sein Einakter *Paracelsus*. Mit 30 Jahren legte Schnitzler seine Stellung als Sekundararzt an der Poliklinik zurück und widmete sich vermehrt – ohne seine Privatordination aufzugeben – der schriftstellerischen Tätigkeit. Freud hatte die Praxis, war als Publizist in Erscheinung getreten.

Im Jahre 1906 waren die beiden Namen in der Wiener Gesellschaft bekannt. Schnitzlers *Anatol*-Zyklus, *Liebelei*, *Leutnant Gustl*, *Der einsame Weg* gehörten teilweise zum Repertoire des Hof-Burgtheaters. Freud war einem interessierten Publikum aufgefallen, *Die Traumdeutung*, *Die Psychopathologie des Alltagslebens*, *Der Witz*, *Drei Abhandlungen zur Sexualtheorie* hatten ihn ins Gespräch gebracht. Der bedeutendste Dichter des Fin de siècle kannte die Werke des großen Arztes ebenso, wie jener dessen Stücke verfolgt hatte. Aus Dokumenten geht hervor, wie sehr die Seelenforscher Freud und Schnitzler einander schätzten, doch waren die beiden fortschrittlichsten Denker dieser Epoche bisher nie zusammengetroffen.

---

* Arthur Schnitzler bewohnte zwischen 1900 und 1903 eine Wohnung in der Frankgasse, im selben Bezirk gelegen wie die Berggasse.

Am 6. Mai 1906 feiert Sigmund Freud seinen 50. Geburtstag. Es ist ein anderer Freud als der, den wir aus seinen Jugendtagen und den Anfangsjahren seiner ärztlichen Praxis kennen. Neben den zahlreichen, immer wiederkehrenden Angriffen auf seine Person sind jetzt auch zunehmend Stimmen der Wertschätzung vernehmbar. Bis vor einiger Zeit kannte man ihn als Trauminterpret und als Erforscher des Unbewußten – worunter nur die wenigsten Menschen sich etwas vorstellen konnten –, inzwischen erschien er als Prophet einer neuen Sexualtheorie. Neben dem Sturm der Entrüstung stellte sich eine langsam größer werdende Zahl von Anhängern ein. Die Schilderungen, wonach Freud zu seinen Lebzeiten fast nur auf Ablehnung stieß, sind übertrieben, gerade nach der Jahrhundertwende schlug ihm eine Welle der Begeisterung und des Respekts entgegen. Diese Anerkennung durch zahlreiche Intellektuelle in aller Welt – und nicht zuletzt auch durch die immer größer werdende Zahl seiner Patienten – hatten seine Persönlichkeit geformt, hatten ihm Sicherheit im Auftreten verliehen. Dazu kam, daß sich seine eigenen Neurosen weitestgehend verflüchtigt hatten, es ihm auch körperlich wesentlich besser ging als in früheren Jahren. Der einst kränkelnde Dr. Freud fühlte sich, wie er in der *Selbstdarstellung* schreibt, in seinen mittleren Jahren »jugendlich und gesund«.

An seinem 50. Geburtstag stand er bereits im Zentrum zahlreicher Ehrungen, seine Anhänger hatten aus diesem Anlaß sogar eine Medaille prägen lassen, deren Vorderseite sein Porträt zierte. Der einzige Wermutstropfen des vielfach gewürdigten Jubeltags war ein neuerlicher polemischer Angriff von Wilhelm Fließ, dessen einstige Freundschaft in Haß umgeschlagen hatte.

An diesem 6. Mai 1906 bringt der Postbote einen Brief in die Ordination, der im Hause Freud große Überraschung auslöst. Aus heiterem Himmel gratuliert Arthur Schnitzler zum 50. Geburtstag. Freud ist hocherfreut, antwortet zwei Tage später gerührt dem »Verehrten Herrn Doktor«: »Seit vielen Jahren bin ich mir der weitreichenden Übereinstimmung bewußt, die zwischen Ihnen und meinen

Auffassungen mancher psychologischer und erotischer Probleme besteht, und kürzlich habe ich ja den Mut gefunden, eine solche ausdrücklich hervorzuheben*. Ich habe mich oft verwundert gefragt, woher Sie diese oder jene geheime Kenntnis nehmen könnten, die ich mir durch mühselige Erforschung des Objektes erworben, und endlich kam ich dazu, den Dichter zu beneiden, den ich sonst bewundert. Nun mögen Sie erraten, wie sehr mich die Zeilen erfreut und erhoben, in denen Sie mir sagen, daß auch Sie aus meinen Schriften Anregung geschöpft haben. Es kränkt mich fast, daß ich fünfzig Jahre alt werden mußte, um etwas so Ehrenvolles zu erfahren.«
Keine Frage, Freud und Schnitzler sprachen »dieselbe Sprache«, verfolgten seit langem dieselben gesellschaftlichen Ziele, waren darin ihrer Zeit um Jahrzehnte voraus, wurden von Wien gleichermaßen umjubelt und angefeindet. Liebe und Tod ist der Mittelpunkt ihres Werks, zwischen Freuds Psychoanalyse und Schnitzlers Menschendarstellung besteht eine geistige Verwandtschaft, und jeder hatte den anderen durch seine Ideen beflügelt – da endlich war der Schriftsteller initiativ geworden. Übrigens in einer für ihn ganz und gar untypischen Weise, wie Schnitzler in seinen Jugenderinnerungen einbekennt: »Kaum je in meinem Leben ist es mir begegnet, daß ich in einem Freundschaftsverhältnis der werbende Teil gewesen wäre ... Richtig ist, daß ich die meisten Menschen eher an mich herankommen ließ, als daß ich mich ihnen näherte.«
Das nächste Kapitel der Entwicklung dieser Bekanntschaft hätte Eingang in Freuds Studie zum Thema *Witz* finden können. Sechs Jahre vergingen, ehe der Briefverkehr wieder aufgenommen wurde. Diesmal war es Freud, der die Initiative ergriff, wobei er sich nicht gerade durch besonderen Einfallsreichtum auf der Suche nach einem Anlaß auszeichnen sollte. Auch Freud gratulierte seinem »Verehrten Herrn Kollegen« Schnitzler – zu dessen 50. Geburtstag: »Gestatten Sie mir die obige Anrede durch

---

* In *Bruchstücke einer Hysterieanalyse*, 1905

die Berufung auf Ihr recte erworbenes Doktordiplom der Medizin zu rechtfertigen, und dann mich unter die vielen Glückwünschenden zu mengen, die Ihren 50sten Geburtstag feiern wollen. Es ist mehr als ein Akt der Revanche von meiner Seite.«

Freud bekräftigt, daß er immer zu denen zählte, »die Ihre schönen und ernsten poetischen Schöpfungen in ganz besonderem Maße verstehen und genießen können. Ja, ich habe mir eingebildet, daß ein Reflex der thörichten und frevelhaften Geringschätzung, welche die Menschen heute für die Erotik bereithalten, auch auf Ihr Wirken gefallen sei, und daß Sie mir darum besonders wert sein dürften.«

So nahe die beiden einander geistig standen, so oberflächlich blieb der Kontakt auch in den folgenden Jahren. Einer Tagebucheintragung Lou Andreas-Salomés ist zwar zu entnehmen, daß Schnitzler zumindest einem der »Mittwochabende« im Hause Freud beiwohnte, doch blieben die meisten Zusammenkünfte eher dem Zufall überlassen. Warum Freud einer ihm derart »verwandten Seele« geradezu aus dem Weg ging, schreibt er in einem weiteren Brief – diesmal zum 60. Geburtstag des Dramatikers:

»Ich will Ihnen ein Geständnis ablegen, welches Sie gütigst aus Rücksicht für mich für sich behalten und mit keinem Freunde oder Fremden theilen wollen. Ich habe mich mit der Frage gequält, warum ich eigentlich in all diesen Jahren nie den Versuch gemacht habe, Ihren Verkehr aufzusuchen und ein Gespräch mit Ihnen zu führen ... Ich meine, ich habe Sie gemieden, aus einer Art von Doppelgängerscheu. Nicht etwa, daß ich sonst so leicht geneigt wäre, mich mit einem anderen zu identifizieren, oder daß ich mich über die Differenz der Begabung hinwegsetzen wollte, die mich von Ihnen trennt, sondern ich habe immer wieder, wenn ich mich in Ihre schönen Schöpfungen vertiefe, hinter deren poetischem Schein die nämlichen Voraussetzungen, Interessen und Ergebnisse zu finden geglaubt, die mir als die eigenen bekannt waren. Ihr Determinismus wie Ihre Skepsis – was

die Leute Pessimismus heißen –, Ihr Ergriffensein von den Wahrheiten des Unbewußten, von der Triebnatur des Menschen, Ihre Zersetzung der kulturell-konventionellen Sicherheiten, das Haften Ihrer Gedanken an der Priorität von Lieben und Sterben, das alles berührte mich mit einer unheimlichen Vertrautheit. So habe ich den Eindruck gewonnen, daß Sie durch Intuition – eigentlich aber in Folge feiner Selbstwahrnehmung – alles das wissen, was ich in mühseliger Arbeit an anderen Menschen aufgedeckt habe . . .«
Es passierte also der wohl seltene Fall, daß sich zwei Männer bis zum »Doppelgängertum« ähnlich waren – zu sehr, um einander näher zu kommen. Einen ganz besonderen Fall ihrer oft sehr ähnlichen, aber voneinander unabhängig verlaufenden Wahrnehmungen finden wir in Schnitzlers Einakter *Paracelsus* und in Freuds *Jenseits des Lustprinzips*: Sowohl im Stück als auch in der wissenschaftlichen Abhandlung werden die Widerstände neurotischer Patienten gegen ihre Heilung erklärt – ein Phänomen, das Freud auf den von ihm erstmals beschriebenen »Todestrieb« zurückführt.
Ist einer Tagebucheintragung Schnitzlers von 1922 zu entnehmen, daß er Freud »bisher nur ein paar Mal flüchtig gesprochen« hat, so war Freud in diesem Jahr endlich bereit, seine Hemmungen zu überwinden und Schnitzler in die Berggasse einzuladen. »Darf ich Ihnen nun vorschlagen, einfach an einem Abend der nächsten Woche ein Abendessen mit uns zu teilen? Wir sind: meine Frau und die Ihnen bereits bekannte Tochter* außer meiner Person. Es wird kein anderer mit dabei sein. Da ich tagsüber bis 8 h in der Arbeit bin und einige Abende regelmäßig besetzt habe, muß ich mich bestimmter Vorschläge getrauen. Ich lege Ihnen den 12ten (Montag), 13ten (Dienstag), 16ten (Freitag) zur Auswahl vor, wenn Ihnen diese Woche und Art des Beisammenseins überhaupt recht ist.«
Schnitzler nimmt die Einladung an und erscheint am 16. Juni 1922 in Freuds Wohnung. Der Gastgeber hatte

* Freuds jüngste Tochter Anna

sich darauf gefreut, und, »ohne mir ein Programm für diese Stunden zu machen«, verbrachten die beiden einen Abend in angeregtem Gespräch. Immerhin war es so fruchtbar, daß Freud Schnitzler nach Essen, Kaffee und gemeinsamem Zigarrenkonsum noch zu Fuß nach Hause geleitete – was mit einem beachtlichen Aufwand verbunden war, denn die von Schnitzler mittlerweile bezogene Villa in der Sternwartestraße ist eine gute Gehstunde von der Berggasse entfernt. Um so mehr erstaunt, daß sich der weitere Kontakt der beiden Männer, abgesehen von einigen eher zufälligen Treffen, für längere Zeit wieder auf gegenseitige Grußadressen anläßlich ihrer Jubeltage beschränkte.

Freud schätzte Schnitzlers Stücke ebenso wie er ihn menschlich mochte, umgekehrt war die Verehrung eindimensionaler. Denn Schnitzler war, wie er in seinen Erinnerungen schreibt, »alles Dogmatische, von welcher Kanzel es auch gepredigt würde und in welchen Schulen es gelehrt würde, durchaus widerwärtig, ja erschien mir im wahren Wortsinn undiskutabel.« Und Freuds Lehre war dogmatisch wie kaum eine andere, stellt auch Stefan Zweig fest: »Dieses harte Festhalten an seinen Anschauungen haben die Gegner Freuds ärgerlich seinen Dogmatismus genannt und sogar seine Anhänger manchmal laut oder leise beklagt. Aber diese Unbedingtheit Freuds ist vom charakterologischen seiner Natur nicht zu trennen.«

Eine Anekdote, die Mitte der zwanziger Jahre in Wien kursierte, beweist, daß das geistige Naheverhältnis der beiden Ärzte Freud und Schnitzler damals schon bekannt war: Der Sohn eines Industriellen wurde von seinem Pony just an der empfindlichsten Stelle seines Körpers gebissen. Zwei Diener betteten den an seiner Männlichkeit verletzten Reiter auf eine Tragbahre und beförderten ihn in die nahe Ordination Schnitzlers. Nachdem dieser einen Notverband angelegt hatte, gab er den beiden Trägern die folgende Weisung: »Den jungen Mann bringen Sie sofort auf die Unfallstation.« Und nach einer kleinen Pause: »Ja, und das Pony zum Professor Freud!«

Wenn Freud Schnitzler in der eher dürftigen »Geburtstags-Korrespondenz« meist als »Verehrten Herrn Kollegen« anspricht, kann er sich aber nicht nur auf die ihnen gemeinsame medizinische Praxis beziehen, sondern wohl auch auf sein eigenes literarisches Schaffen. Aus den so zahlreichen Freud-Publikationen geht hervor, daß er – ganz im Gegensatz zum Gros der wissenschaftlichen Autoren – neben all seinen Fähigkeiten auch über eine ausgeprägte schriftstellerische Begabung verfügte.
Dieser Tatsache war er sich sehr früh bewußt, worüber einer der ersten uns erhalten gebliebenen Briefe Sigmund Freuds – an seinen Jugendfreund Emil Fluß gerichtet – Auskunft gibt. Der damals 17jährige erzählt darin von der Bewertung seines Maturaaufsatzes durch den Deutschlehrer: »Mein Professor sagte mir zugleich – und er ist der erste Mensch, der sich untersteht, mir das zu sagen –, daß ich hätte, was Herder so schön einen *idiotischen Stil* nennt, das ist ein Stil, der zugleich korrekt und charakteristisch ist. Ich habe mich über die unglaubliche Tatsache gebührlich verwundert und versäumte es nicht, das glückliche Ereignis, das erste in seiner Art, so weit als möglich zu verschicken. An Sie, zum Beispiel, der Sie bis jetzt wohl auch nicht gemerkt haben, daß Sie mit einem deutschen Stilisten Briefe tauschen. Nun aber rate ich Ihnen, als Freund, nicht als Interessent – bewahren Sie auf – binden Sie zusammen – hüten Sie wohl – man kann nicht wissen.«
Emil Fluß nahm sich's zu Herzen, bewahrte auf, band zusammen, hütete wohl – *das* konnte er freilich wirklich nicht ahnen, wie wertvoll die Briefe des Gymnasiasten dereinst werden sollten. Freuds schriftstellerisches Talent, die Freude an der Formulierung, die Liebe zu seiner Muttersprache, sein reicher Wortschatz und das untrügliche Sprachgefühl sind wesentliche Momente seines Werks. »Für seine Leser, die kein professionelles Interesse haben«, erkennt Freuds Schüler und erster Biograph Fritz Wittels schon 1924, »ist oft nicht so wichtig, was er sagt, sondern vielmehr die faszinierende Art, wie er es sagt. Die Übersetzungen seiner Schriften können den

durch und durch deutschen Geist nicht wiedergeben, den Freuds Werke atmen. Der Zauber der Sprache läßt sich nicht übertragen. Wenn man Freuds Psychoanalyse wirklich von Grund auf verstehen will, muß man seine Bücher in der Originalsprache lesen.«

Freuds Patient Bruno Goetz befragte den Arzt während eines seiner Besuche in der Berggasse auch über dessen Verhältnis zur Literatur. In seiner Antwort meinte Freud, daß es da einen Unterschied gäbe, ob er Dichtkunst als Leser bzw. Theaterbesucher oder aber als Analytiker aufnahm: »Wenn ich eine Dichtung als Dichtung genieße, analysiere ich sie durchaus nicht, sondern lasse sie auf mich wirken und erbaue mich ganz einfach an ihr. Das ist die Funktion der Kunst in der Welt, uns aufzubauen, wenn wir in Gefahr sind, auseinanderzufallen. Wenn ich aber als Psychologe an eine Dichtung herantrete, dann ist sie für mich in dem Augenblicke keine Dichtung mehr, sondern ein etwas hieroglyphischer und rätselhafter psychologischer Text, den ich zu entziffern habe und daher zergliedern muß. Der psychologische Sinn, zu dem ich dann, wenn ich Glück habe, gelange, hat mit dem Kunstwerk, das vor mir liegt, gar nichts zu tun. Ich benutze es nur als ein oft unschätzbares Mittel zu wissenschaftlicher Erkenntnis.«

Freud hat oft darauf hingewiesen, daß die großen Schriftsteller ihm bei der Erforschung der menschlichen Seele vorangegangen sind. Gerne zitierte er in seinen wissenschaftlichen Abhandlungen die griechischen Tragödiendichter, aber auch Shakespeare, Goethe, Schiller und Heine. Einem Besucher seiner Ordination zeigte er einmal seine reichhaltige Bibliothek, in der kein Klassiker fehlte, und wies darauf hin, daß seine wesentlichen Theorien auf der Intuition dieser Dichter beruhten. »Ohne Zweifel hätte Freud einer der größten Schriftsteller werden können«, meint Henry F. Ellenberger in seiner *Entdeckung des Unbewußten*, »aber anstatt seine tiefe, intuitive Kenntnis der menschlichen Seele zum Erschaffen literarischer Werke zu benützen, versuchte er, sie zu formulieren und zu systematisieren.«

Als Dokument seiner Formulierungskunst sei hier aus einer Vorlesung zitiert, in der uns Freud bildreich, mit wenigen, klaren, allgemein verständlichen Worten – fernab vom trockenen Medizinerjargon – den menschlichen Schlaf erläutert:
»Unser Verhältnis zur Welt, in die wir so ungern gekommen sind, scheint es mit sich zu bringen, daß wir sie nicht ohne Unterbrechung aushalten. Wir ziehen uns darum zeitweise in den vorweltlichen Zustand zurück, in die Mutterleibexistenz also. Wir schaffen uns wenigstens ganz ähnliche Verhältnisse, wie sie damals bestanden: warm, dunkel und reizlos. Einige von uns rollen sich noch zu einem engen Paket zusammen und nehmen zum Schlafen eine ähnliche Körperhaltung wie im Mutterleibe ein. Es sieht so aus, als hätte die Welt auch uns Erwachsene nicht ganz, nur zu zwei Dritt-Teilen; zu einem Drittel sind wir überhaupt noch ungeboren. Jedes Erwachen am Morgen ist dann wie eine neue Geburt. Wir sprechen auch vom Zustand nach dem Schlaf mit den Worten: wir sind wie neugeboren, wobei wir uns über das Allgemeingefühl des Neugeborenen eine wahrscheinlich sehr falsche Voraussetzung machen. Es ist anzunehmen, daß dieser sich vielmehr sehr unbehaglich fühlt.«
Der Schweizer Literaturwissenschaftler Walter Muschg stellte anhand dieses Auszugs fest: »Was ist das für ein Reden! Ein großer Dichter könnte dies geschrieben haben. Aber es stammt von einem Verfechter der reinen Vernunft, dem im Adel dieser Sprache, im Kontur dieser rein gestalteten Materie der endgültige Ausdruck seines ihn erfüllenden Gedankens zugefallen ist und der von seinen Mitmenschen verstanden werden will.«
Albert Einstein gratulierte Freud zu seinem Buch *Der Mann Moses und die monotheistische Religion*: »Ganz besonders bewunderte ich Ihre Leistung, wie alle Ihre Schriften, vom schriftstellerischen Standpunkt aus. Ich kenne keinen Zeitgenossen, der in deutscher Sprache seine Gegenstände so meisterhaft dargestellt hat«.
»Worte«, sagte Freud, »waren ursprünglich Zauber, und das Wort hat noch heute viel von seiner alten Zauberkraft

bewahrt. Durch Worte kann ein Mensch den andern selig machen oder zur Verzweiflung treiben, durch Worte überträgt der Lehrer sein Wissen auf die Schüler, durch Worte reißt der Redner die Versammlung der Zuhörer mit sich fort und bestimmt die Urteile und Entscheidungen. Worte rufen Affekte hervor und sind das allgemeine Mittel zur Beeinflussung der Menschen untereinander. Wir werden also die Verwendung der Worte in der Psychotherapie nicht geringschätzen.«

Das hohe literarische Niveau der Freud'schen Schriften war – schon seit die überaus originell verfaßte *Traumdeutung* endlich größere Verbreitung gefunden hatte – von vielen Intellektuellen erkannt worden, wofür ein Ausspruch von Freuds berühmtem Kollegen und Widersacher, Professor Julius Wagner-Jauregg, als Beweis dienen mag. Als Wagner-Jauregg im Jahre 1927 der Nobelpreis für Medizin überreicht wurde, sprach ein Gratulant den soeben Ausgezeichneten mit den Worten an: »Schade, daß nicht auch der Doktor Freud den Nobelpreis bekommt.«

Worauf Wagner-Jauregg spitz erwiderte: »Vielleicht bekommt er ihn auch noch – für Literatur!«

» . . . hat mich seine Freundschaft gekostet«
Freud verliert Freunde, Lehrer, Mitstreiter

Nun, Freud sollte weder den einen (für Literatur) noch den anderen (für Medizin) erhalten. Letztere Tatsache gehört sicherlich zu den dunklen Punkten der Geschichte dieser Auszeichnung. Er selbst hoffte in seinen späten Jahren auf eine Verleihung, ohne jedoch ernsthaft mit einem Erfolg zu rechnen. Ein Jahr vor seinem Tod schrieb er noch an Arnold Zweig, der ihn wie viele andere Künstler und Wissenschaftler wissen ließ, daß nur er, der Vater der Psychoanalyse, würdig wäre: »Lassen Sie sich doch von der Nobel-Chimäre nicht meschugge machen«.
Als dem Wiener Ohrenarzt Robert Bárány nach Ausbruch des Ersten Weltkriegs für seine Arbeit über die Bogengänge des menschlichen Innenohres der Nobelpreis für Medizin zugesprochen worden war, gestand Freud seine Verbitterung über die Zuerkennung an den 20 Jahre Jüngeren. Freund Sándor Ferenczi schrieb er: »Die Verleihung des Nobelpreises an Bárány, den ich seinerzeit als Schüler abwies, weil er mir zu abnorm und zu unsympathisch erschien, hat wahrscheinlich auch trübe Gedanken eines Einzelnen gegen die Ächtung der Menge geweckt. Sie wissen, es läge mir nur an dem Preisgeld und vielleicht an der Rache, die sich aus dem Ärger einiger Kompatrioten ergeben hat. Aber es wäre lächerlich, ein Zeichen der Anerkennung zu erwarten, wenn man 7/8 der Welt gegen sich hat.«
Abgesehen von der über jeden Zweifel erhabenen wissenschaftlichen Leistung Báránys – durch dessen Forschungen die Sterblichkeit an Gehirnhautentzündung nach einer Innenohr-Eiterung praktisch auf Null sank – hat sich Freud auch menschlich in diesem getäuscht. Denn ein Jahr nach Erhalt des Nobelpreises schlug Bárány gerade Freud als nächsten Nobelpreisträger vor, jenen

Freud also, der ihn seinerzeit als Schüler abgelehnt hatte, weil er ihm »zu abnorm und unsympathisch erschien.«

Man muß annehmen, daß Freud, der im Laufe seines langen Lebens die Seele Tausender Patienten durchleuchtete, ein exzellenter Menschenkenner war. Und doch hat er sich in seinem unerbittlichen Urteil sehr oft geirrt, handelte in seiner Ablehnung vorschnell und manchmal auch ungerecht.

Freud hatte viele Freunde und Verehrer, fühlte sich aber doch isoliert. Viel trug er freilich selbst dazu bei. Kritische Worte konnte er nicht vertragen, auf Einwände ihm gut gesinnter Kollegen reagierte er empfindlich, brach daraufhin oft den Kontakt ab – und ließ sich nie wieder zu einer Rückkehr bewegen. Geprägt durch das Erlebnis, daß die Lorbeeren seiner Kokain-Forschung anderen zuerkannt wurden, blieb er sein Leben lang mißtrauisch und übervorsichtig, nannte Veröffentlichungen – selbst dann, wenn sie seinen eigenen Theorien widersprachen – sehr schnell »Plagiat«. Und verlor auf diese Weise im Laufe der Jahrzehnte einige seiner wichtigsten Mitkämpfer.

Einer der ersten, mit denen Freud »gebrochen« hatte, war sein von ihm lange Zeit verehrter Lehrer Ernst Wilhelm von Brücke. Während des Studiums bewunderte der Schüler den aus Berlin stammenden Professor, der es in Wien neben seiner akademischen Karriere auch zum Abgeordneten des Herrenhauses gebracht hatte. Tatsächlich entdeckte Freud sehr viele Gemeinsamkeiten zwischen seinen eigenen und den Intentionen des ebenfalls vielseitig begabten Physiologen: Beide waren antiklerikal eingestellt, von Brücke hatte Freud gelernt, die Naturwissenschaften mit Kunst- und Literaturstudien zu verbinden – so verfaßte Freud, wie vor ihm schon Brücke, eine Arbeit über Michelangelo. 1882 hatte Brücke seinem von ihm als überdurchschnittlich begabt erkannten Schüler den wichtigen Rat gegeben, neben dem wissenschaftlichen Weg die Eröffnung einer eigenen Praxis anzustreben, da er für die Universitätslaufbahn allein nicht wohlhabend genug war. Drei Jahre später wurde er von

25 Seine Schwägerin Minna verbrachte ihr halbes Leben im Haushalt der Familie Freud.

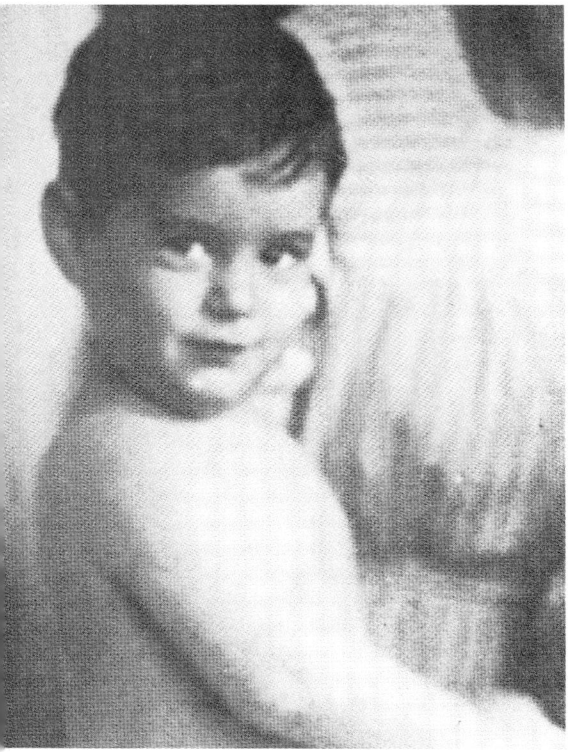

26 »Jahrelang war ich auf den Tod meiner Söhne gefaßt«, schreibt Freud nach dem Ersten Weltkrieg, »jetzt kommt der der Tochter«: Sophie Freud (auf dem Foto mit ihrem Vater) verstarb im Alter von nur 26 Jahren. Drei Jahre später starb auch Sophies kleiner Sohn »Heinele« (27), von dem Freud sagte, »daß ich kaum je einen Menschen, gewiß nie ein Kind, so lieb gehabt hab wie ihn«. Hatte Freud nach dem Verlust der Tochter noch versucht, vor seiner Umwelt jedes Zeichen von Schwäche zu verbergen, so konnte er seine Emotionen jetzt nicht mehr zurückhalten, es war das einzige Mal, daß man ihn in Tränen sah. Gerade in diesen Tagen mußte er dann auch von der eigenen Krebserkrankung erfahren.

28-38 Karikaturisten müßten an Freud verzweifeln, schrieb Stefan Zweig, »denn nirgends finden sie in diesem völlig ausgeformten Oval rechten Ansatz für die zeichnerische Übertreibung . . . Die Züge des Dreißigjährigen, Vierzigjährigen, Fünfzigjährigen sagen nicht mehr als: ein schöner Mann, ein männlicher Mann, ein Herr mit regelmäßigen beinahe allzu regelmäßigen Zügen. Freuds Porträt wurde mit den Jahren markanter, geprägt von großem Geist und innerer Güte. Je weißer der Bart – der eine Wunde nach einem Unfall in der Kindheit verdeckte – desto gepflegter wirkte er.

39 Seinen Chow-Chows gehörte die ganze Liebe des alternden Sigmun Freud. Die beiden Hunde hatten das Privileg, während der Analysen in de Ordination zu seinen Füßen sitzen zu dürfen. »Ich ziehe die Gesellschaft de Tiere der menschlichen vor«, sagte Freud einmal, »gewiß, ein wildes Tier is grausam. Aber die Gemeinheit ist ein Vorrecht des zivilisierten Menschen. Dorothy Burlingham, die Freundin seiner Tochter Anna, hatte ihm die Hunde geschenkt. In den Tagen vor seiner Emigration übersetzte Freud sogar ei Buch über Chows ins Deutsche.

0 Dem 82jährigen Sigmund Freud wurde, als er mit Familie in London an-
am, ein stürmischer Empfang bereitet. Der Lordsiegelbewahrer des briti-
chen Königs hatte dem Emigranten diplomatischen Status gewährt. Hun-
erte Journalisten und Fotoreporter empfingen den zu Lebzeiten bereits le-
endären »Vater der Psychoanalyse« in Londons »Victoria Station«. Foto:
'reud mit seiner Tochter Anna während der Bahnfahrt in die Emigration.

41 Der berühmte Chirurg Theodor Billroth zählte zu Freuds Lehrern.

42 Der Arzt Jean-Martin Charco begeisterte Freud für die Hypnose.

45 Den Dichter Arthur Schnitzler bezeichnete Freud als »Doppelgänger«.

46 Gustav Mahler begab sich 1910 fü einen Tag in Freuds Behandlung.

49 Freuds einflußreichster Gegner: Julius Wagner-Jauregg.

50 Sah Freuds Werk als »Fundamen der Zukunft«: Thomas Mann.

43 Zuerst Verehrer, später dann erbitterter Gegner: Alfred Adler.

44 Auch mit C. G. Jung führten die Differenzen zum Auseinandergehen.

47 Durch Otto Weininger wurde Freud in einen Skandal verwickelt.

48 Für ihn war Psychoanalyse eine »Geisteskrankheit«: Karl Kraus.

51 Korrespondenz zum Thema Krieg: Freud und Albert Einstein.

52 Stefan Zweig, Freuds langjähriger Freund, hielt die Grabrede.

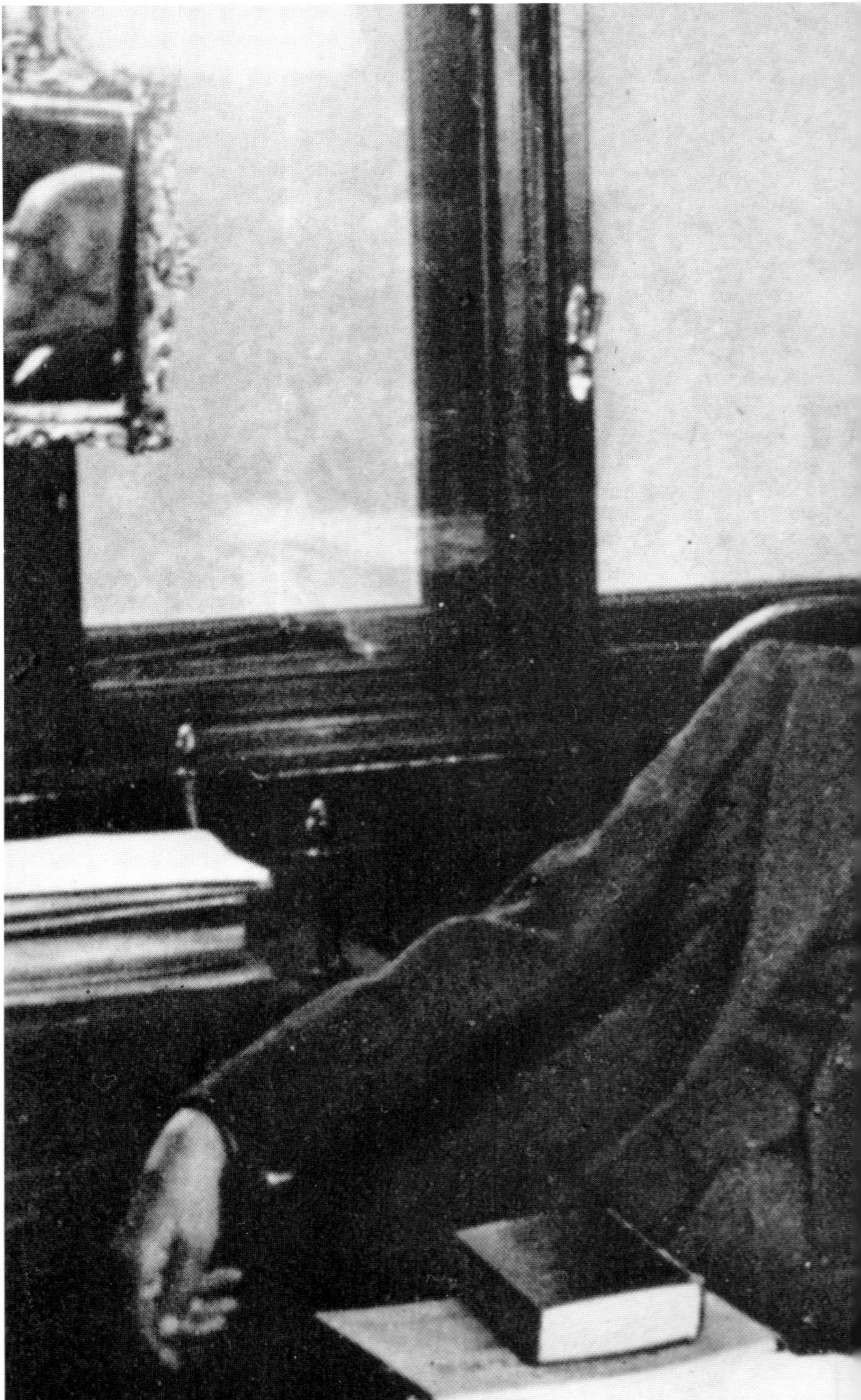

54 *Im Herbst 1938, nach seiner letzten großen Operation, zog Sigmund Freud mit Tochter Anna in das Londoner »Esplanade Hotel«, während seine Frau die Vorbereitungen für den Umzug in das Haus in Maresfield Gardens traf. Der 82jährige Seelenarzt aus Wien sollte sich von der Schwächung durch den Eingriff nicht mehr erholen.*

53 *(vorhergehende Seite): Bis ins hohe Alter empfing Freud tagtäglich seine Patienten.*

57 *Im Hause Maresfield Gardens 20 (rechts), im Londoner Stadtteil Hampstead, verbrachte Sigmund Freud das letzte Jahr seines Lebens. Das Haus sei »viel zu schön für jemanden, der es nicht mehr lange bewohnen wird«, sagte er, als er einzog. Sigmund Freud verstarb hier am 23. September 1939 um drei Uhr morgens im Alter von 83 Jahren.*

5 Die Schriftstellerin Lou Andreas-
'alomé zählte zu jenen Frauen, die
m Leben Freuds eine bedeutende
Rolle spielten. Er bezeichnete sie als
en »Dichter der Psychoanalyse«.
Einige Zeit lebte sie im Haushalt der
'amilie Freud.

56 Auch Marie Bonaparte, eine Urgroßnichte Napoleons und mit dem Sohn des griechischen Königs verheiratet, zählte zu Freuds Anhängerinnen. Durch ihren diplomatischen Status konnte sie ihm bei der Einreise nach England behilflich sein.

58 Freud schrieb und las bis knapp vor seinem Tod. Erst als dies nicht meh möglich war, bat er seinen Arzt, ihn von den Qualen zu befreien. 59 »Es wa ein aufregendes Erlebnis«: der 96jährige Dr. Karl Menninger, einer der letz ten lebenden Freud-Zeugen, erinnert sich im Gespräch mit Georg Markus a seinen Besuch bei Sigmund Freud in Wien.

demselben Brücke als Anwärter eines Stipendiums für den Aufenthalt bei Charcot in Paris empfohlen.
Doch als Brücke nicht bereit war, seine Theorien vom sexuellen Ursprung der Neurosen zu akzeptieren, brach Freud den Kontakt mit ihm ab.
In der *Selbstdarstellung* spricht Freud von »zehn oder mehr Jahren der Isolierung«, ohne genau anzugeben, in welchen Zeitraum diese Periode anzusiedeln ist. Gerade in seinen reiferen Jahren fand er sowohl im Inland als auch im Ausland sehr viele Beweise höchster Anerkennung. Forscher, Studenten und Patienten reisten eigens nach Wien, um Freud zu sprechen, was den Schluß zuläßt, daß er selbst seine Vereinsamung in übertriebener Form darstellt. Die Wurzel dieser Gefühle dürfte in den Ausläufern seiner Neurose, der »schöpferischen Krankheit«, zu suchen sein.
Wie Brücke hatte Freud lange Zeit auch seinen Lehrer und Klinikchef Theodor Meynert verehrt, den er einmal das »brillanteste Genie, dem ich je begegnet bin« nannte. Das Verhältnis kühlte ab, als der berühmte Psychiater Freuds ursprüngliche Heilbehandlung durch Hypnose als Scharlatanerie bezeichnete. Ebenso lehnte Meynert Freuds – von Charcot übernommene – Theorie ab, wonach es auch bei Männern zu Fällen von Hysterie kommen könne. Meynert hatte Freuds Respekt vielleicht erst auf seinem Totenbett wiedergewonnen. Denn bevor er im Jahre 1892 verstarb, gestand er seinem früheren Schüler augenzwinkernd: »Sie wissen, Freud, ich war immer einer der schönsten Fälle von männlicher Hysterie.«

Die Kokain-Behandlungen des jungen Freud wurden von Meynert ebenso abgelehnt wie von dessen Nachfolger Richard von Krafft-Ebing. Also zählte auch dieser Psychiater bald zu den »ehemals« von Freud geliebten Wissenschaftlern. Freiherr von Krafft-Ebing, in Wien lehrender gebürtiger Mannheimer, war durch zwei aufsehenerregende Fälle aus seiner Praxis berühmt geworden. Er war es, der den Kronprinzen Rudolf kurz vor seinem Selbstmord behandelt und der auch den Leibarzt

des bayerischen Königs Ludwig II. auf dessen selbstmörderische Tendenzen aufmerksam gemacht hatte, ehe sich dieser tatsächlich im Starnberger See ertränkte. In seinem Werk *Psychopathia sexualis* hatte sich Krafft-Ebing schon lange vor Freud mit der menschlichen Sexualität beschäftigt, war jedoch als streng katholischer Arzt zur Überzeugung gelangt, daß die einzige natürliche Funktion geschlechtlicher Betätigung die Sicherstellung der Arterhaltung sei. Von Krafft-Ebing stammen Bezeichnungen wie »Sadismus«, »Masochismus« und »Fetischismus«, seine Erkenntnisse hatten Freuds Psychopathologie – trotz teilweise konträrer Auffassungen – um wesentliche Details bereichert.
Hauptpunkt ihres Streits war Krafft-Ebings Aussage, Freuds »Verführungstheorie« sei ein »wissenschaftliches Märchen«. Obwohl Krafft-Ebing durch zweimalige Intervention maßgeblich an der Ernennung Freuds zum Außerordentlichen Professor beteiligt war, hat dieser ihm die harte Formulierung nie verziehen, auch dann nicht, als er selbst schon davon abgekommen war, daß alle Neurotiker in ihrer Kindheit von den Eltern verführt oder mißhandelt worden wären.

Schon 1893, während der gemeinsam mit Josef Breuer verfaßten Arbeit *Über den psychischen Mechanismus hysterischer Phänomene*, hatte Freud von »Kämpfen mit dem Herrn Compagnon« gesprochen, ein Jahr später wurden auch die Auseinandersetzungen mit diesem wesentlich härter, bis sie zur völligen Loslösung führten. In so vielen Punkten die beiden Wissenschaftler einer Meinung waren, konnte Breuer Freud immer wieder gerade dort nicht folgen, wo dieser die Rolle der Sexualität in der Hysterie erkannte. Weil ihre Auffassungen in dieser Kernfrage divergierten, wurde Breuer für Freud zum ersten Beispiel der unbewußten Abwehr unerwünschter Vorstellungen der Psychoanalyse. Breuer – meinte Freud – *konnte* sich seinen Ansichten nicht anschließen, weil er sich ihnen nicht anschließen *wollte*. Indirekt gab Breuer Freud diesbezüglich viele Jahre später recht, als er dem

Psychiater August Forel schrieb: »Daß dieses Eintauchen ins Sexuelle in Theorie und Praxis nicht mein Geschmack ist, gestehe ich ...«
Auch die allzu verschiedenartigen Charaktere der beiden Gelehrten dürften ihren Beitrag auf dem Weg zum Ende der Beziehung geleistet haben. Breuer hatte – ganz im Gegensatz zum ehrgeizigen Freud – stets das Gefühl, seinen Entdeckungen würde zu viel Bedeutung beigemessen, auch fehlte ihm trotz seiner großen Erfolge der für jeden Forscher unabdingbare Drang, Neuland erobern zu müssen.
Breuer und Freud waren immer per Sie. Hatte der Jüngere den Älteren einst brieflich als »Verehrtester Freund und liebster aller Männer« angesprochen, so war Freuds letzter Brief an den Freund und Gönner – datiert mit 7. Januar 1898 – mehr als förmlich mit »Verehrter Herr« überschrieben. Es geht darin um die Rückzahlung eines noch offenen Betrages, den Breuer seinerzeit Freud geliehen hatte: »Was meine Schuld anbelangt, so kann über deren Bestehen kein Zweifel sein. Ich habe sie nicht vergessen und immer vorgehabt, sie abzutragen, auch angenommen, daß Sie es nicht anders erwarten. Sie gaben mir einmal die Auskunft, daß Sie deren Höhe nicht kennen; nach meinen eigenen Erinnerungen, die freilich nicht sehr verläßlich sind, habe ich sie auf zweitausenddreihundert Gulden* geschätzt ...«
Nach Abzahlung des offenen Betrages verkehrten die einstigen Freunde, vor allem auf Betreiben Freuds, nicht mehr miteinander. Freud verlor jenen väterlichen Freund, von dem er einst Martha berichtet hatte: »Mit Breuer zu sprechen, ist so wie in der Sonne zu sitzen; er strömt Licht und Wärme aus. Er ist eine sonnige Persönlichkeit, und ich weiß nicht, was er in mir gefunden hat, daß er mich so freundlich behandelt. Man charakterisiert ihn nicht ganz zutreffend, wenn man nur gute Dinge über ihn sagt; denn man muß vor allem betonen, wie das Böse ihm gänzlich fehlt.«

* Lt. Statistischem Zentralamt Wien entspricht diese Summe im Jahre 1989 einem Betrag von 240.000 Schilling (= 34.000 DM).

Seit dem Bruch mit Freud hatte Breuer sein praktisches Interesse an psychiatrischen Fällen verloren und sich wieder ganz seinem eigentlichen Fach, der internen Medizin, gewidmet. Trotz allem hat Freud nie vergessen, was Breuer für ihn war, was er ihm zu danken hatte. Wenige Wochen nach Breuers Tod im Jahre 1925 finden sich in Freuds eben veröffentlichter *Selbstdarstellung* die Worte: »Die Entwicklung der Psychoanalyse hat mich dann seine Freundschaft gekostet. Es wurde mir nicht leicht, aber es war unausweichlich.«
Hatte er nach dem Abbruch der Beziehungen zu Breuer vorerst immer noch Fließ als Vertrauten, so war ja mittlerweile – nach der Weininger-Affäre – auch dieses Verhältnis beendet worden. Doch damit nicht genug, brach Freud in den folgenden Jahrzehnten den Kontakt mit vielen seiner Freunde und Mitstreiter ab. Und jedes Ende einer Beziehung war ebenso radikal wie bei Breuer und Fließ.

Jahrelang war Alfred Adler Freuds bevorzugter Schüler gewesen. Als Sohn eines assimilierten jüdischen Händlers aus dem Burgenland, 14 Jahre jünger als Freud, hatte er 1899, bereits als fertiger Arzt mit Praxis auf der Praterstraße, erstmals dessen Vorlesungen besucht und fühlte sich bald in seinen Bann gezogen. Drei Jahre später war Adler – der mit Viktor Adler übrigens nicht verwandt war – beim allerersten Treffen der *Mittwochgesellschaft* in Freuds Wohnung dabei.
Wie seinerzeit der junge Freud durch eigene Forschungsergebnisse zu schnellem Ruhm gelangen wollte, so waren auch die Begabten unter seinen Schülern bestrebt, sich mit der Entwicklung eigener Gedankengänge zu profilieren. Allein, dies duldete Freud nicht. Wer nicht hundertprozentig hinter ihm stand, war gegen ihn. So mußte sich Adler nach langen, inneren Kämpfen von seinem Abgott trennen, um 1910 eine eigene Tiefenpsychologie und bald auch den Begriff der »Individualpsychologie« zu entwikkeln. Aber auch Freud wollte den Bruch lange Zeit nicht wahrhaben, nahm sich vor, »tolerant zu sein und keine

Autorität auszüben«, gelangte aber zu dem Schluß, »in der Wirklichkeit geht es dann nicht.«
Adlers Gedankenwelt war von der eigenen, überaus schweren Kindheit geprägt. Als rachitisches Kind konnte er erst mit vier Jahren gehen, in seiner Jugend hatte er zwei schwere Unfälle und litt als Folge regelmäßig wiederkehrender Erstickungsanfälle unter ständiger Todesangst. 1907 stellte er in einer *Studie über Minderwertigkeit von Organen* die aus eigener Erfahrung gewonnene These auf, daß Kinder von schwächlicher physischer Konstitution ihre Schwäche kompensieren, indem sie ihre Stärken überbetonen. Der mittlerweile längst in den allgemeinen Sprachschatz gelangte Ausdruck »Minderwertigkeitskomplex« ist so durch Adler entstanden. 1911 entfernte er sich – inzwischen zum protestantischen Glauben übergetreten – von Freud, als er den alleinigen Ursprung der Neurosen durch die Sexualität und die Bedeutung des Ödipuskomplexes bestritt. Psychische Störungen waren für ihn nicht das Ergebnis unbewußter Verdrängung, sondern wurden als verfehlte Anpassung an die Gesellschaft interpretiert. Schließlich änderte Adler die Technik der Psychotherapie. Saß Dr. Freud hinter der Couch – vom Patienten ungesehen –, so trat Dr. Adler mehr in den Vordergrund, suchte größere Nähe zum Patienten, empfand sich gar als dessen Freund. Adler wollte die Verhaltensweisen des Menschen nicht nur aus der Erzählung seiner Vergangenheit erkennen, sondern auch aus der Zielsetzung des zukünftigen Lebens.
Nach seiner letzten Teilnahme an einer Sitzung der Wiener Psychoanalytischen Vereinigung im Mai 1911 trachtete Adler, ebenso wie Freud, eine möglichst große Schar von Anhängern – die sich bald in aller Welt fand – um sich zu gruppieren. Die ebenfalls einmal in der Woche veranstalteten Zusammenkünfte der Adlerianer fanden provokanterweise Donnerstagabend statt. Die einzige, die sowohl mittwochs bei Freud als auch donnerstags bei Adler – und zwar mit Wissen beider – dabei sein durfte, war Lou Andreas-Salomé. Während sie von Freud rückhaltlos schwärmte, war ihre Ansicht über Adler weniger schmei-

chelhaft: »Er ist liebenswürdig und sehr gescheit. Mich störte nur zweierlei: Daß er in viel zu persönlicher Weise von den obwaltenden Streitigkeiten sprach. Dann, daß er wie ein Knopf aussieht. Als sei er irgendwo in sich selbst sitzengeblieben.«

Allgemein wird heute anerkannt, daß die Tiefenpsychologie eine – eigenständige – Weiterentwicklung der Psychoanalyse darstellt und daß Adler diesem Fortschritt zuliebe den Mut aufbrachte, seinen früheren Abgott zu verlassen. »Leider blieb Adlers Auseinandersetzung mit Freud in einem Punkt nicht exemplarisch«, meint der Tiefenpsychologe Erwin Ringel, »sondern nur typisch, nämlich typisch menschlich: in seiner Verbitterung (die freilich durch die feindselige, beleidigte Reaktion Freuds hervorgerufen wurde) ging Adler schließlich zu weit, indem er praktisch alles ablehnte, was Freud lehrte, ja sogar die Anwendung jener Begriffe, die der Begründer der Psychoanalyse geprägt hatte, ängstlich vermied. Deshalb stehen die Nachgeborenen heute vor der Aufgabe, auch als begeisterte Adlerianer zu bekennen, daß vieles, was Freud entdeckte, richtig, ja fundamental ist – sie können dies tun, ohne deswegen ›Verräter‹ an Adler zu werden, weil sie einfach nicht mehr in der damaligen ›Kampfsituation‹, die den Blick einengte, gefangen und befangen sind.«

Gleichzeitig mit Adler war auch der Psychiater Wilhelm Stekel ins »andere Lager« übergelaufen. Jahre danach schrieb er dem sich zusehends einsamer fühlenden Freud: »Sie sehen nur das Unrecht, das man Ihnen angetan hat, und übersehen die Fehler, die Sie gemacht haben. Hätten Sie rechtzeitig die Quellen der Rivalität unter Ihren Schülern erkannt, Sie hätten sich manche wertvolle Kraft erhalten können. Es war nicht nur ein Kampf der Thronprätendenten, sondern ein Ringen um Ihre Liebe. Es war mehr Eifersucht auf Ihr Herz als Anspruch auf Ihren Kopf.«

So empfindlich Freud auf jede Art von Kritik reagierte, so unbarmherzig konnte er selbst in der Verurteilung seiner Lehrer, Mitarbeiter und Schüler sein. Meynert bezeichnete er als »hochthronenden Götzen«, Breuer wurde bis an sein Lebensende mit Verachtung gestraft und Adler sogar noch darüber hinaus: Als dieser 1937 als Gastprofessor in Großbritannien starb, schrieb Freud zynisch an Arnold Zweig: »Für einen Judenbuben aus einem Wiener Vorort ist ein Tod in Aberdeen, Schottland, eine unerhörte Karriere und ein Beweis, daß er es weit gebracht hat.«

Freud spricht von »langen Jahren ehrenvoller, aber schmerzlicher Einsamkeit« und berichtet seinem Schüler C. G. Jung im September 1907 »von der Teilnahmslosigkeit und Verständnislosigkeit der nächsten Freunde.« Symptomatisch, daß Freud wenige Jahre danach auch mit Jung gebrochen hatte. Dieser Bruch hatte sich über Jahre angekündigt. Der Schweizer Psychiater – dem Freud die ersten Auslandskontakte verdankte und den er als seinen Nachfolger sah – hatte mit seiner ersten analytischen Patientin eine Liebesbeziehung begonnen, was Freud selbstverständlich nicht tolerieren konnte. Jung gehörte zu jenen Schülern Freuds, die dazu neigten, die Psychoanalyse für sich in Anspruch zu nehmen. Führte dies zu persönlichen Rivalitäten, so kamen bald auch sachliche Differenzen hinzu, etwa im Libidobegriff, im Unbewußten, in der Traumauffassung und in der psychoanalytischen Technik. Wie Adler gründete auch Jung nach der völligen Loslösung von Freud eine eigene Lehre, die er »Analytische Psychologie« nannte. Als sich Freud und Jung 1913 beim 4. Internationalen Psychoanalytischen Kongreß in München zum letzten Mal sahen, kommentierte dies Freud mit den Worten: »Man schied voneinander, ohne das Bedürfnis, sich wieder zu sehen.«

»Ich bin ganz Leonardo« ... und ein Tag mit Gustav Mahler

Die Beziehung zu Jung war voll intakt, mit Adler »kriselte« es bereits, als Freud im Herbst 1909 begann, *Eine Kindheitserinnerung des Leonardo da Vinci* zu schreiben. Jung teilte er damals mit: »Das Charakterbild Leonardos da Vinci ist mir plötzlich durchsichtig geworden. Das gäbe also einen ersten Schritt in die Biographik. Aber das Material über Leonardo ist so spärlich, daß ich daran verzweifle, meine gute Überzeugung anderen faßbar darzustellen.«
Nun, was war seine »gute Überzeugung«? Die Persönlichkeit des Universalgenies hatte Freud seit langem fasziniert, konnte er sich doch mit dem Schöpfer des *Abendmahls* und der *Mona Lisa* in mancherlei Hinsicht identifizieren: Er begeisterte sich für die bildende Kunst und schöpfte wie Leonardo aus den Erkenntnissen der Natur. Und er fand wohl auch gewisse Parallelen zwischen seinem und Leonardos Los. Dieser habe zwar Meisterwerke der Malerei hinterlassen, »während seine wissenschaftlichen Entdeckungen unveröffentlicht und unverwertet blieben«, – ein Schicksal, das Freud sein Leben lang für sich selbst befürchtete (das aber nie wirklich eintraf). Wenn Freud aus Takt und Bescheidenheit weit davon entfernt war, seine eigenen »geringen Gaben« mit denen »eines der größten Männer der italienischen Renaissance« auch nur in einem Atemzug zu nennen, fühlte er sich zweifellos ebenso einsam und verkannt, wie es einst da Vinci tatsächlich gewesen ist.
Leonardos Experimente mit Flugapparaten, seine medizinischen Studien und Erfindungen hatten den genialen Künstler in die Nähe von Alchimisten und Scharlatanen gebracht, ähnlich wie Freuds *Traumdeutung* von Zeitgenossen mit Astrologie verglichen oder die Psychoanalyse

»mehr eine Leidenschaft als eine Wissenschaft« genannt wurde. Letzteres von Karl Kraus. Ein anderer Großer, Hugo von Hofmannsthal, hatte Freud zur Jahrhundertwende ins Mittelmaß, »voll bornierten, provinzmäßigen Eigendünkels« abgeschoben.
Freud studierte also Leonardos Biographie und gelangte zu der Auffassung, daß ein sexuelles Desinteresse des Künstlers viel glaubhafter wäre als dessen oft beschriebene gleichgeschlechtliche Neigung. Zwar war Leonardo in seiner Jugend wegen verbotenen homosexuellen Umgangs angezeigt worden, doch endete der Prozeß mit einem Freispruch. Auch was seine späteren Lebensjahre betrifft, hält Freud »für weitaus wahrscheinlicher, daß die zärtlichen Beziehungen Leonardos zu den jungen Leuten, die nach damaliger Schülerart sein Leben teilten, nicht in geschlechtliche Betätigung ausliefen«, wie er ihn überhaupt als Beispiel von kühler Sexualablehnung, die man beim Künstler und Darsteller der Frauenschönheit nicht erwarten würde, einstufte. Leonardos zahlreich hinterlassene Schriften »weichen allem Sexuellen so entschieden aus, als wäre allein der Eros, der alles Lebende enthält, kein würdiger Stoff für den Wissensdrang des Forschers.«
Von dieser These leitet Freud den Ursprung jener außergewöhnlichen Genialität ab, die sich auf so vielen Gebieten entfalten konnte: Leonardo hatte den »göttlichen Funken«, der mittelbar oder unmittelbar die Triebkraft allen menschlichen Tuns ist, in unermüdlichen Wissensdrang verwandelt. Die bei ihm nicht ausgelebten Kräfte der Sexualität wurden zu höherem Studium eingesetzt. »Die stürmischen Leidenschaften erhebender und verzehrender Natur, in denen andere ihr Bestes erlebten, scheinen ihn nicht getroffen zu haben ... Wer die Großartigkeit des Weltzusammenhanges und dessen Notwendigkeiten zu ahnen begonnen hat, der verliert leicht sein eigenes kleines Ich.«
Fand Freud auch hier Parallelen zu seiner Person? Hatte auch er, wie Zeitgenossen berichten, mit seinem 40. Lebensjahr jegliches Interesse an sexueller Betätigung ver-

loren? »Wenn ein biographischer Versuch«, leitet Freud sein *Leonardo*-Buch ein, »wirklich zum Verständnis des Seelenlebens seines Helden durchdringen will, darf er nicht, wie dies in den meisten Biographien aus Diskretion oder aus Prüderie geschieht, die sexuelle Betätigung, die geschlechtliche Eigenart des Untersuchten mit Stillschweigen übergehen«. Freud hat es seinen Biographen schwerer gemacht, als er es als Leonardo-Biograph haben sollte. Denn er hat alles, was mit seinem eigenen Sexual- und Liebesleben zu tun hatte, sehr wohl vor der Öffentlichkeit und damit auch vor der Nachwelt zu verbergen gewußt.

Leonardo da Vinci hatte also in seinen vielfältigen Forschungen einen Ersatz sexueller Betätigung gesucht und gefunden. »Die Beobachtung des täglichen Lebens der Menschen zeigt uns, daß es den meisten gelingt, ganz ansehnliche Anteile ihrer sexuellen Triebkräfte auf ihre Berufstätigkeit zu leiten. Der Sexualtrieb eignet sich ganz besonders dazu, solche Beiträge abzugeben, da er mit der Fähigkeit der Sublimierung begabt, das heißt, imstande ist, sein nächstes Ziel gegen andere, eventuell höher gewendete und nicht sexuelle, Ziele zu vertauschen.«

Bald kommt Freud auf die eigentliche *Kindheitserinnerung des Leonardo da Vinci* zu sprechen, die dieser ersten psychoanalytischen Biographie ihren Namen gab. In seinen Schriften über Flugversuche berichtet der Künstler nämlich von einem frühen Erlebnis mit einem Vogel:

»Es scheint«, schreibt Leonardo, »daß es mir schon vorher bestimmt war, mich so gründlich mit dem Geier zu befassen, denn es kommt mir als eine ganz frühe Erinnerung in den Sinn, als ich noch in der Wiege lag, ist ein Geier zu mir herabgekommen, hat mir den Mund mit seinem Schwanz geöffnet und viele Male mit diesem seinen Schwanz gegen meine Lippen gestoßen.«

Freud empfindet die Erinnerung Leonardos als »befremdend wegen ihres Inhalts und wegen der Lebenszeit, in die sie verlegt wird.« Es wäre zwar möglich, aber doch eher unwahrscheinlich, ein solches Erlebnis aus dem

Säuglingsalter zu bewahren, viel eher handelte es sich um eine Phantasie, die der Maler sich später gebildet und in die Kindheit verlegt hatte.
Der belesene Leonardo dürfte mit großer Wahrscheinlichkeit eine in seiner reichhaltigen Bibliothek befindliche ägyptische Sage gekannt haben, derzufolge es nur weibliche Geier und keine männlichen Vögel dieser Art gegeben habe. Die Befruchtung sollte sich laut Überlieferungen so abgespielt haben, daß die Vögel »zu einer gewissen Zeit im Fluge innehielten, ihre Scheide öffneten und vom Winde empfingen.« Diese Phantasie konnte Leonardo – auf den Menschen angewandt – nur recht sein, der in einer seiner Schriften schrieb: »Der Zeugungsakt und alles, was damit in Verbindung steht, ist so abscheulich, daß die Menschen bald aussterben würden, wäre es nicht eine althergebrachte Sitte und gäbe es nicht noch hübsche Gesichter und sinnliche Veranlagungen.« Leonardo da Vinci hatte also zu einer Zeit, als er bereits jene ägyptische Sage kannte, seine Geier-Phantasie in die eigene Kindheit verlegt, um sich selbst den Beweis zu liefern, daß es auch ohne Sexualität ginge.
Von Bedeutung ist Leonardos weitere Kindheit. Der Knabe aus dem Dorfe Vinci, das schon seinem Vater den Namen gegeben hatte, wuchs als uneheliches Kind zunächst bei seiner armen Mutter auf und wurde erst nach einigen Jahren in den Haushalt seines wohlhabenden Vaters aufgenommen, da dessen inzwischen mit einer anderen Frau geschlossene Ehe kinderlos geblieben war. Die Tatsache, daß Leonardo die ersten Jahre alleine mit der Mutter verbrachte, wirkten sich laut Freud entscheidend auf die Gestaltung seines inneren Lebens aus, denn »in den ersten drei oder vier Lebensjahren fixieren sich Eindrücke und bahnen sich Reaktionsweisen gegen die Außenwelt an, die durch kein späteres Erleben mehr ihrer Bedeutung beraubt werden können.« Freud erschien es als durchaus logisch, daß für Leonardo gerade die Erforschung von Flugapparaten eine so übermächtige Rolle spielte. – Was den Geier betraf, unterlag Freud freilich einem Übersetzungsfehler, denn Leonardo selbst hatte

sein Erlebnis im Originalmanuskript mit einem Milan, einem etwas kleineren Greifvogel, beschrieben.

Zu der Zeit, als er die biographische Studie des großen Malers zu schreiben begann, hatte Freud einen Patienten »mit derselben Konstitution wie Leonardo, wenn auch ohne sein Genie«, wie er C. G. Jung mitteilte. Das Leonardo-Buch erschien im Mai 1910. Drei Monate später sollte sich bei Freud ein Mann melden, wieder mit ähnlicher Konstitution wie Leonardo – diesmal freilich *mit* Genie! Es war Gustav Mahler.
Der Komponist und Dirigent hatte Wiens Opernhaus als dessen Direktor zur Jahrhundertwende zu nie dagewesener künstlerischer Höhe geführt, wurde aber in einer schmutzigen Pressekampagne, in der auch »Die Judenherrschaft in der Wiener Hofoper« ins Treffen geführt wurde, denunziert. »Ich gehe, weil ich das Gesindel nicht mehr aushalten kann«, schrieb Mahler im Juli 1907 an einen Freund. Etwa zur selben Zeit war Mahlers heißgeliebte Tochter Maria Anna an Diphtherie gestorben, und ein Arzt stellte bei ihm die ersten Anzeichen einer Herzschwäche fest, die später zur tödlichen Krankheit führen sollte.
Drei Jahre nach diesem familiären und beruflichen Katastrophenjahr brachte die dramatische Entwicklung der Ehe mit seiner fast 20 Jahre jüngeren Gemahlin Alma die nächste Erschütterung in Mahlers Leben. Der geniale Musiker hatte nach Lösung seines Wiener Vertrags eine Berufung an die *Metropolitan Opera* angenommen und war auch Leiter der *New Yorker Philharmoniker* geworden. Die Sommermonate des Jahres 1910 verbrachten Alma und Gustav Mahler in ihrem »Komponierhäuschen« am Attersee. Während dieses Urlaubs – in dessen Folge er sich an Freud wandte – hatte Alma Mahler ihre stürmische Liebesbeziehung zu Walter Gropius aufgenommen. Der bedeutende Architekt, den sie nach Mahlers Tod auch heiraten sollte, nahm im steirischen Tobelbad eine Kur. Als der 50jährige Mahler von der Affäre seiner Frau mit einem anderen, wesentlich jüngeren Mann erfuhr,

war seine Erregung so groß, daß er den Psychoanalytiker durch halb Europa verfolgte, ehe er ihn fand.
Sigmund Freuds Schwiegermutter Emmeline Bernays war zu diesem Zeitpunkt todkrank – sie starb wenige Monate später –, weswegen die Familie Freud den diesjährigen Sommerurlaub in der Nähe von Hamburg verbringen wollte. Während Martha ständig bei ihrer Mutter war, unternahm Sigmund eine Bildungsreise durch Holland, von wo aus er innerhalb kürzester Zeit zur Mutter seiner Frau gelangen konnte.
Im Hotel *Nordzee* in Noordwijk erreichte ihn das erste Telegramm Gustav Mahlers mit dem dringenden Wunsch einer möglichst baldigen Aussprache. Normalerweise reagierte Freud ungehalten, wenn ihn Patienten oder sonstwie an psychiatrischen Problemen interessierte Personen im Urlaub belästigten. Bei Mahler war es freilich etwas anderes. Ein weltberühmter Mann und wieder eine Persönlichkeit, mit der er sich vielfach identifizieren konnte: Wie er in einer kleinen Ortschaft an der böhmisch-mährischen Grenze geboren, wie er verkannt, wie er jüdischer Herkunft, wie er mit Wien in Haßliebe verbunden. Freud war von Mahler, lange bevor er ihn persönlich kennenlernen sollte, tief beeindruckt, auch wenn sein musikalisches Verständnis nicht sehr ausgeprägt war.
Es wurde ein Termin für Ende August vereinbart, Treffpunkt war die holländische Stadt Leiden, in der sich Freud zu dieser Zeit auf Einladung des Arztes de Bruine-Groevenveldt aufhielt. Für Mahler war der Ausflug in die Niederlande nichts Ungewöhnliches, hatte ihn doch das Amsterdamer *Concertgebouw Orchester* seit Jahren regelmäßig als Gastdirigenten verpflichtet.
Unmittelbarer Anlaß der Lebenskrise Gustav Mahlers war also die Verbindung mit Alma, vor der sie der ihr väterlich zugetane Burgtheaterdirektor Max Burckhard schon vor der Hochzeit gewarnt hatte. Ein so schönes Mädchen, meinte er damals, 1901, könne doch keinen »degenerierten, kränklichen Juden heiraten, der Schulden hat und als Komponist stark umstritten ist«. Neun

Jahre später schien sich die Unmöglichkeit dieser Ehe zu beweisen. Die von der Männerwelt heftig umworbene, 31jährige, zu voller Blüte gereifte Frau fühlte sich, wie sie einmal sagte, bei ihrem Mann in »erzwungener Askese«. Der physisch und psychisch leidende Mahler wiederum, der seine Frau über alles liebte, hatte seine »Libido von Alma abgewendet«, wie sich Freud ausdrückte. Tatsächlich hatte der Künstler nach den Erschütterungen des Jahres 1907 seine ganze, durch die Krankheit reduzierte Kraft seinem künstlerischen Schaffen gewidmet, mit der nach wie vor geliebten Frau fühlte er sich nur noch seelisch verbunden.

Der Kontakt zwischen Mahler und Freud war auf einen einzigen Tag beschränkt. Zwei der bedeutendsten Männer ihrer Zeit trafen einander vorerst in Freuds Hotel und unternahmen dann einen ausgedehnten, mehrstündigen Spaziergang. Viele Jahre später erwähnt Freud die Begegnung mit den Worten, er hätte Mahler »einen Nachmittag lang in Leiden analysiert und, wenn ich den Berichten glauben darf, sehr viel bei ihm ausgerichtet. Wir haben in höchst interessanten Streifzügen durch sein Leben seine Liebesbedingungen, insbesondere seinen Marienkomplex (Mutterbindung) aufgedeckt; ich hatte Anlaß, die geniale Verständigkeit des Mannes zu bewundern. Auf die symptomatische Fassade seiner Zwangsneurose fiel kein Licht. Es war, wie wenn man einen einzigen, tiefen Schacht durch ein rätselhaftes Bauwerk graben würde.«

Alma Mahler ergänzt diese Aussage in ihren Erinnerungen an Mahler. Freud hätte ihrem Mann damals in Leiden heftige Vorwürfe gemacht, nachdem dieser ihm sein Leben und die gerade aktuelle Situation ausführlich geschildert hatte. »Wie kann man in einem solchen Zustand ein junges Weib an sich ketten?« soll der Arzt gesagt haben. Und dann: »Ich kenne Ihre Frau. Sie liebte ihren Vater* und kann nur *den* Typus suchen und lieben. Ihr Alter, das Sie so fürchten, ist gerade das, was Sie Ihrer Frau so

* den bekannten Maler Jakob Emil Schindler

anziehend macht. Seien Sie ohne Sorge! Sie lieben Ihre Mutter, haben in jeder Frau deren Typus gesucht. Ihre Mutter war vergrämt und leidend, dies wollen Sie unbewußt auch von Ihrer Frau!« Mahler hätte sich nach Freuds Darlegungen zwar beruhigt gezeigt, wollte aber von seiner Mutterfixierung nichts wissen.

Freud geht in keiner seiner Schriften direkt auf Mahlers Leiden ein, seine Darstellung des Falles ist nur durch mündliche Überlieferungen erhalten. Indirekt spielt er aber auf die Problematik des Komponisten in seinem 1912 veröffentlichten Aufsatz *Über die allgemeine Erniedrigung des Liebeslebens* an. Es geht um die überstarke Mutterbindung und die Übertragung des Bildes der verhärmten, leidenden Mutter auf die Ehefrau. Wie in so vielen Fällen seiner Praxis hat Freud wohl auch hier von einem interessanten Einzelfall auf allgemeine Phänomene geschlossen, wenn er schreibt: »Wo sie lieben, begehren sie nicht, und wo sie begehren, können sie nicht lieben.«

Einmal mehr erscheint erstaunlich, wie Freud innerhalb kürzester Zeit in der Lage war, die Problematik eines Falles zu erkennen. Tatsächlich wollte Mahler am Beginn seiner Bekanntschaft mit Alma diese nicht nur Marie rufen (das war der Name seiner Mutter), sondern war auch enttäuscht darüber, daß sie nicht »verlittener« aussah, wie er sich ausdrückte. Darüber beklagte sich Mahler sogar einmal bei seiner Schwiegermutter, die sehr schlagfertig konterte: »Beruhige dich, das kommt schon durch das Leben.«

Mahler war vermutlich durch seinen engsten Vertrauten Bruno Walter auf Freud gestoßen und hatte nach diesem einen Gespräch mit dem Begründer der Psychoanalyse angeblich sogar seine Potenz wiedergewonnen.

Der Dirigent Bruno Walter war Jahre vorher selbst bei Freud in Behandlung gewesen, wie er seinen Memoiren anvertraute: Aufgrund einer neuralgischen Lähmung seines rechten Armes hatte er ein frühzeitiges Ende seiner Berufslaufbahn befürchten müssen. Er wandte sich an Freud und erwartete von diesem über sexuelle Verfeh-

lungen im Säuglingsalter befragt zu werden. Doch bewies Freud wieder einmal, daß er keineswegs starrsinnig die Psychoanalyse anwandte, wenn er ganz andere als seelische Ursprünge vermutete. Statt nach seinem Sexualleben zu forschen, fragte er Bruno Walter: »Kennen Sie Sizilien?« Nachdem dieser verneinte, sagte Freud: »Dann fahren Sie noch heute nacht los und vergessen Sie Ihren Arm und Ihre Arbeit in der Oper.« Bruno Walter befolgte den ärztlichen Ratschlag und war tatsächlich bald von den Symptomen befreit.
Mahler jedoch, der vermutlich durch Walters Vermittlung an Freud gelangt war, verstarb wenige Monate nach der Konsultation des Seelenarztes an den Folgen seiner Herzschwäche. Vielleicht hatte ihm Freud durch ein nachmittägliches Gespräch in der holländischen Stadt Leiden das Ende seines Lebens ein wenig verschönert.
Was den weltberühmten und wohlhabenden Komponisten nicht daran hinderte, seinem Arzt das ihm zustehende Honorar über seinen Tod hinaus schuldig zu bleiben.

»Endesgefertigter bestätigt . . .« Wieviel verdiente Freud?

Daß Gustav Mahler Freuds Honorarforderung nicht beglich, erfahren wir durch einen Zufall. Im Mai 1985, mehr als 70 Jahre nach Mahlers und keine 50 Jahre nach Freuds Tod, tauchen bei einer Autographenauktion im Londoner Versteigerungshaus *Sotheby's* zwei Briefe Sigmund Freuds auf. Sie sind an Gustav Mahlers Verlassenschaftspfleger und Erbenvertreter Dr. Emil Freund gerichtet. Der erste Brief ist mit 23. Mai 1911 datiert. »Sehr geehrter Herr Doktor!«, schreibt Freud genau eine Woche nach Mahlers Ableben an Freund, »da ich aus den Zeitungen erfahren habe, daß Sie die Verlassenschaftsabfindung nach Direktor Mahler führen, erlaube ich mir meinen Honoraranspruch von 300 Kronen an den Verstorbenen bei Ihnen anzumelden. Derselbe gründet sich auf meine mehrstündige Konsultation im August 1910 in Leiden (Holland), wohin ich über dringende Aufforderung von Noordwijk gekommen bin. Hochachtungsvoll ergebenst Prof. Dr. Freud.« Im zweiten Schreiben bestätigt »endesgefertigter Prof. Dr. Sigmund Freud für Herrn Direktor Gustav Mahler geleistete Dienste einen Honorarbetrag von K 300 d. i. Kronen Dreihundert«* erhalten zu haben. Womit wir über die Behandlung Gustav Mahlers zu einer sehr profanen Frage gelangen. Die Frage lautet: Wieviel verdiente Freud?

Zweifellos hatte es Freud in seinen Finanzen weit gebracht. Nach traumatischen Erlebnissen einer armen Kindheit – die er in seiner *Selbstdarstellung* vielleicht ein wenig übertrieben dargestellt haben mag – mußte er jah-

* Entspricht lt. Statistischem Zentralamt Wien im Jahre 1989 einem Betrag von 12.000 Schilling (= 1700 DM)

relang auf eine Anstellung und dann wieder auf die Gründung einer Praxis warten, die in der ersten Zeit nicht viel abwarf. Er hatte sich zur Errichtung der Ordination in Schulden gestürzt, deren Abzahlung lange dauerte.
Doch ab der Jahrhundertwende sah die Situation ganz anders aus, es war Wirklichkeit geworden, wovon der 40jährige Freud nach seinem ersten Italienurlaub geträumt hatte: »Ich gedenke reich zu werden, um diese Reise zu wiederholen.« Freud führte in seiner Glanzzeit elf Analysen pro Tag durch und erhielt für jede einzelne bis zu 100 Kronen – wobei er sehr wohl auf die finanzielle Situation des Patienten einging und Bedürftige nach wie vor kostenlos behandelte. In Anspielung auf seine Selbstanalyse hatte er einmal an Wilhelm Fließ geschrieben, er hätte gerade zwei Fälle unentgeltlich übernommen, »macht mit meiner Person drei Analysen, die nichts tragen.«
Die ansehnlichen Einnahmen verschafften ihm und seiner großen Familie ein sorgenfreies Leben. Um seinen Verdienst richtig einschätzen zu können, muß man wissen, mit welchen Summen andere Berufsgruppen in dieser Zeit ihr Auskommen finden mußten. Handelsangestellte, Volksschullehrer oder mittlere Staatsbedienstete erhielten Gehälter zwischen 120 und 140 Kronen im Monat, Hausangestellte, wie die Familie Freud mehrere hatte, erhielten wöchentlich rund 20 Kronen, ihre Bezahlung fiel also bei der finanziellen Situation des angesehenen Professors nicht ins Gewicht.
Die außerhalb der Ordination bezogenen Einnahmen waren bei Freud allerdings nicht so üppig. An der Universität zählte er ja niemals zu jenen Lehrkräften, die ein festes Gehalt bekamen, er wurde vielmehr pro Vorlesung honoriert – und solche hielt er, wie wir wissen, eher selten. So kündigte Freud im Vorlesungsverzeichnis des Wintersemesters 1905/1906 an: »Einführung in die Psychotherapie, dreistündig, zweimal wöchentlich nach Übereinkunft, Allgemeines Krankenhaus, Hörsaal der Psychiatrischen Klinik (Honorar 10 Kronen).« Später las er nur noch einmal pro Woche.

Auch die Einkünfte aus Buchveröffentlichungen waren eher bescheiden. Sigmund Freud war zwar als Arzt und Persönlichkeit mittlerweile ein bekannter Mann geworden, doch das tatsächliche Interesse an seinen wissenschaftlichen Werken hielt sich immer noch in Grenzen. So wurden von der *Kindheitserinnerung des Leonardo da Vinci* in den ersten sechs Monaten ganze 573 Exemplare verkauft, wofür ihm vom Verlag rund 300 Kronen ausbezahlt wurden. Er hatte also an einem ganzen Buch, an dem er viele Monate lang arbeitete, ebenso viel verdient wie durch ein einziges Gespräch mit Gustav Mahler.
In den letzten Tagen der Monarchie kam ein Patient in Freuds Ordination, dessen Bekanntschaft sich gerade in diesen schweren Zeiten als vorteilhaft erweisen sollte. Dr. Anton von Freund – wohl eine zufällige Namensgleichheit mit Gustav Mahlers Verlassenschaftsverwalter – war ein reicher ungarischer Bierbrauer, der an Hodenkrebs erkrankt war. Nachdem ihm eine Geschwulst operativ entfernt werden mußte, litt er, da er einen Rückfall befürchtete, an einer schweren Neurose, die Freud erfolgreich behandeln konnte. Anton von Freund ahnte freilich, daß seine Tage gezählt waren, und beschloß, einen beträchtlichen Teil seines großen Vermögens der Erforschung der Psychoanalyse zur Verfügung zu stellen, mit deren Hilfe er seine Lebenskraft wiedergewonnen hatte. Da Sigmund Freud immer wieder Probleme mit seinem Verleger Hugo Heller hatte, beschloß er, das Geld – es handelte sich um eine Viertelmillion Kronen* – zur Gründung eines Internationalen Psychoanalytischen Verlages zu verwenden. Der Verlag wurde nach Ende des Ersten Weltkriegs von Sándor Ferenczi aus der Taufe gehoben und geleitet, später führte Freuds ältester Sohn Jean-Martin das Unternehmen. Freud weigerte sich stets, aus dem Verlag Gewinne abzuzweigen, er war nicht einmal bereit, Tantiemen, die aus seinen Büchern einflossen, anzunehmen.
Dem Publizisten George Sylvester Viereck vertraute

* Entspricht lt. Statistischem Zentralamt Wien im Jahre 1989 einem Betrag von 730.000 Schilling (= 104.000 DM)

Freud 1927 an: »Der Krieg hat mein kleines Vermögen und die Ersparnisse meines Lebens aufgezehrt. Nun, ich kann mich damit wohl abfinden, die Arbeit ist mein Glück.« Über die schweren Jahre der Inflation retteten ihn dann wohlhabende Patienten aus den Vereinigten Staaten, die oft für mehrere Monate nach Wien kamen, um von Freud behandelt zu werden. Sie zahlten in den damals heißbegehrten US-Dollars.
Auch in seinen Vorlesungen kam Freud manchmal aufs Geld zu sprechen. Einmal, so erzählte mir Dr. Markus Wasser, ein mittlerweile verstorbener Wiener Arzt, der in den dreißiger Jahren Freuds Vorträge besucht hatte, überraschte der Professor, als er zum Thema »Moral« referierte, seine Hörer mit der Frage: »Stellen Sie sich vor, Sie gehen über die Kärntner Straße und finden zehntausend Schilling. Ich garantiere Ihnen, daß Sie niemand beobachtet. Wenn Sie das Geld abgeben, erhalten Sie keinen Finderlohn. Wie entscheiden Sie sich? Gehen Sie zur Polizei oder behalten Sie's?«
Elf der zwölf im Hörsaal anwesenden Studenten faßten den Entschluß, das Geld zu behalten. Nur ein einziger wollte zur Polizei. Freud schaute verschmitzt über seine Brillenränder hinweg und sagte dann zum ehrlichen Finder: »Ich gratuliere zu Ihrer Moral – Sie Trottel!«

Kehren wir aber zurück in die Zeit, als Österreich-Ungarn noch ein einheitliches Staatsgebilde war. Die geradezu paradiesisch anmutende wirtschaftliche Situation Freuds sollte sich 1914 schlagartig ändern. Denn der Ausbruch des Weltkriegs zeigte, wie in allen Bereichen des Alltags, bald auch für die Psychoanalyse katastrophale Auswirkungen. Hunderttausende Männer zogen ins Feld, die Stadt schien wie ausgestorben.

»Meine ganze Libido gehört Österreich-Ungarn« Das Ende der Donaumonarchie

Noch erstrahlt Österreich-Ungarn in seiner alten Pracht, auch in diesem Frühjahr 1914. Doch seit Jahrzehnten scheint ein Fluch über der Monarchie und ihrem Herrscherhaus zu liegen. Als Kaiser Franz Josephs Bruder – Maximilian von Mexiko – 1867 ermordet wurde, besucht der elfjährige Freud das Gymnasium in der Wiener Leopoldstadt. Als Kronprinz Rudolf 1889 mit der Baronesse Mary Vetsera in Mayerling aus dem Leben schied, ist Freud ein junger, ehrgeiziger Dozent, dessen Frau gerade ihr erstes Kind zur Welt gebracht hat. Und vier Jahre nach der Ermordung der Kaiserin Elisabeth in Genf, überreichte ihr Mann, der Kaiser, dem 41jährigen Freud das Ernennungsdekret zum Außerordentlichen Professor.
Jetzt ist nur noch einer da, dieses Kaiserreich zu repräsentieren, das längst dem Untergang geweiht scheint. Doch Franz Joseph ist inzwischen weit über achtzig, geschwächt durch die schweren Schläge, die ihm das Schicksal schlug. Er hat schon regiert, als Freud geboren wurde, jetzt unterzeichnet er immer noch gewissenhaft einen Akt nach dem anderen. Im Winter in der Hofburg, im Frühjahr in Schönbrunn, im Sommer in Bad Ischl.
Am 28. Juni 1914 wird mit der Ermordung des Erzherzogs Franz Ferdinand und seiner Frau Sophie in Sarajevo der letzte Akt im Drama der 600 Jahre alten Monarchie eingeläutet. Freud ist 58 Jahre alt, als Österreich-Ungarn Serbien den Krieg erklärt. Der Name Freud ist zu diesem Zeitpunkt, da seine Heimat in die Isolation schlittert, in den Ärztekreisen vieler Länder bekannt. Psychoanalytische Vereinigungen gibt es bereits in Deutschland, Großbritannien, in der Schweiz und in den Vereinigten Staaten, darüber hinaus auch eine internationale Dachorganisation. Der in Wien lebende »Vater« dieser völlig neuarti-

gen Wissenschaft ist eine Kultfigur, um die sich Psychiater aus aller Welt scharen. Nach dem Abfall seiner langjährigen Verbündeten Breuer, Fließ, Adler, Stekel und Jung stellten sich Karl Abraham, Max Eitingon, Ernest Jones, Sándor Ferenczi, Paul Federn und Otto Rank als getreue Anhänger ein. Freud selbst war bereits zu vier Internationalen Psychoanalytischen Kongressen gereist, die in verschiedenen deutschen und österreichischen Städten abgehalten wurden. Ein weiteres Treffen sollte im Herbst 1914 in Dresden stattfinden, mußte jedoch nach Ausbruch des Weltkriegs auf unbestimmte Zeit verschoben werden.
Der Thronfolger ist tot, Freud schreibt am selben Tag noch erschüttert an Ferenczi, »unter dem Eindruck des überraschenden Mordes in Sarajevo, dessen Folgen sich gar nicht absehen lassen.« Vier Wochen später gibt er sich, in einem Brief an Abraham, ganz patriotisch: »Ich fühle mich aber vielleicht zum ersten Mal seit 30 Jahren als Österreicher und möchte es noch einmal mit diesem wenig hoffnungsvollen Reich versuchen. Die Stimmung ist überall eine ausgezeichnete.« Anderswo sagt er: »Meine ganze Libido gehört Österreich-Ungarn.« Doch hält die Euphorie nicht allzu lange an, schon im September ist er von der »entfesselten Bestialität« auf beiden Seiten maßlos enttäuscht.
Wie die meisten Österreicher glaubte auch Freud anfangs an einen kurzen Regionalkrieg, mehr nicht. So hatte er unmittelbar nach der Kriegserklärung an Serbien Freund Eitingon geschrieben: »Auch auf unseren Congreß fallen jetzt Schatten, aber auf zwei Monate hinaus kann man nicht planen. Vielleicht ist dann wieder das meiste in Ordnung.« Tags darauf schritt das Russische Reich zur Gesamtmobilmachung ...

Das Sommerprogramm der Familie Freud sieht auch 1914 ganz wie in Friedenszeiten aus. Anna, die jüngste Tochter, reist – eine Woche nach dem Attentat – über Hamburg nach England, um dort die nächsten Monate zu verbringen. Martha und Sigmund Freud haben sich in

der *Villa Fasolt* auf dem Schloßberg bei Karlsbad einquartiert, wo er Verdauungsstörungen auskurieren will. Anfang August nach Wien zurückgekehrt, macht sich Freud daran, in seiner Antikensammlung und in der reichhaltigen Bibliothek Ordnung zu schaffen.
Doch bald melden sich seine Söhne Jean-Martin und Ernst freiwillig zur Artillerie. Der älteste Sohn in den ersten Wochen, der jüngste im Herbst. Daran, wie Ernst Freud im Oktober 1914 von seinem Kompaniechef empfangen wird, kann man ersehen, wie man diesen Krieg einschätzt: »Jetzt kommen Sie zum Militär«, sagt der Offizier vorwurfsvoll, »jetzt, wo der Krieg fast vorbei ist!«
Anna gelingt kurz nach dem Kriegseintritt Großbritanniens die Heimkehr zu den Eltern. Immer noch ganz Patriot, schreibt Freud an Abraham: »Ich wäre von Herzen dabei, wenn ich nicht England auf der unrechten Seite wüßte« – gerade in London sind einige seiner treuesten Anhänger zu Hause. Mit ihnen und zahlreichen anderen Mitstreitern im jetzt »feindlichen Ausland« verkehrt er in Briefen, die über Freunde in der neutralen Schweiz geschmuggelt werden.
Die anfängliche Begeisterung ist schon nach wenigen Wochen einem tiefen Pessimismus gewichen, der sich in einem Brief an Lou Andreas-Salomé ausdrückt: »Ich zweifle nicht daran, daß die Menschheit auch diesen Krieg verwinden wird, aber ich weiß sicher, daß ich und meine Altersgenossen die Welt nicht mehr froh sehen werden. Es ist zu garstig; das Traurigste daran aber, daß es gerade so ist, wie wir uns nach den von der Psychoanalyse geweckten Erwartungen die Menschen und ihr Benehmen vorstellen sollten. Wegen solcher Einstellung habe ich in Ihren frohen Optimismus nie einstimmen können. Mein geheimer Beschluß war: da wir die gegenwärtig höchste Kultur nur mit einer enormen Heuchelei behaftet sehen, so taugen wir organisch nicht für diese Kultur. Wir haben abzutreten, und der oder das große Unbekannte hinter dem Schicksal wird ein solches Kulturexperiment einmal mit einer anderen Rasse wiederholen.«
Freud fühlte sich in den Weltkriegsjahren noch einsamer

als sonst, viele seiner Freunde und die meist wesentlich jüngeren Anhänger befanden sich an der Front oder saßen unerreichbar im Lager der Ententemächte. Patienten gab es sehr wenige – zeitweise hatte er keinen einzigen, was auch gewaltige finanzielle Probleme schuf. Doch wie so oft gerade in schweren Zeiten, hatte Freud wieder einmal eine besonders schöpferische Phase. Innerhalb von nur drei Monaten verfaßte er 1915 zwölf große wissenschaftliche Abhandlungen, darunter so bedeutsame wie *Triebe und Triebschicksale, Die Verdrängung, Das Unbewußte, Trauer und Melancholie, Bewußtsein* und *Angst* – leider ging ein Teil dieser Arbeiten verloren, wurde nie irgendwo abgedruckt.
Da auch die wichtigsten Mitarbeiter der beiden regelmäßig erscheinenden psychoanalytischen Publikationen eingerückt waren, mußte er sich ganz allein um deren Redaktion kümmern, um sie in diesen schweren Zeiten überhaupt am Leben erhalten zu können. In *Imago*, einer von ihm herausgegebenen *Zeitschrift für Anwendung der Psychoanalyse auf die Geisteswissenschaften*, veröffentlichte Freud 1915 *Zeitgemäßes über Krieg und Tod*, wobei er sich – bedenkt man, daß jedes Wort von Zensurstellen überwacht wurde – kein Blatt vor den Mund nahm: »Die großen Völker selbst, könnte man meinen, hätten soviel Verständnis für ihre Gemeinsamkeiten und soviel Toleranz für ihre Verschiedenheiten erworben, daß ›fremd‹ und ›feindlich‹ nicht mehr wie noch im klassischen Altertum für sie zu einem Begriff verschmelzen durften ... Der Krieg, an den wir nicht glauben wollten, brach nun aus und er brachte die – Enttäuschung. Er ist nicht nur blutiger und verlustreicher als einer der Kriege vorher, infolge der mächtig vervollkommneten Waffen des Angriffs und der Verteidigung, sondern mindestens ebenso grausam, erbittert, schonungslos wie irgendein früherer. Er setzt sich über alle Einschränkungen hinaus, zu denen man sich in friedlichen Zeiten verpflichtet, die man das Völkerrecht genannt hatte, anerkennt nicht die Vorrechte des Verwundeten und des Arztes, die Unterscheidung des friedlichen und des kämpfenden Teils der

Bevölkerung, die Ansprüche des Privateigentums. Er wirft nieder, was ihm im Wege steht, in blinder Wut, als sollte es keine Zukunft und keinen Frieden unter den Menschen nach ihm geben. Er zerreißt alle Bande der Gemeinschaft unter den miteinander ringenden Völkern und droht eine Erbitterung zu hinterlassen, welche eine Wiederanknüpfung derselben für lange Zeit unmöglich machen wird . . .«
Und dann ein Frontalangriff gegen Politik und Politiker, die ihre Völker in den tödlichen Kampf schicken: »Der kriegführende Staat . . . bedient sich nicht nur der erlaubten List, sondern auch der bewußten Lüge und des absichtlichen Betruges gegen den Feind, und dies zwar in einem Maße, welches das in früheren Zeiten Gebräuchliche zu übersteigen scheint.«

Freud fand auch Zusammenhänge zwischen Krieg und den Erkenntnissen aus der Psychoanalyse: Für ihn stellten Geisteskrankheiten und Perversionen eine – dauernd oder zeitweise anhaltende – Rückbildung (»Regression«) zur primitiven Kultur der Urvölker beziehungsweise in die eigene, frühe Kindheit dar: »Ohne Zweifel«, meinte er jetzt, »gehören auch die Einflüsses des Krieges zu den Mächten, welche solche Rückbildung erzeugen können, und darum brauchen wir nicht allen jenen, die sich gegenwärtig unkulturell benehmen, die Kultureignung abzusprechen, und dürfen erwarten, daß sich ihre Triebveredlung in ruhigeren Zeiten wieder herstellen wird.« Die psychoanalytische Erfahrung könne »alle Tage zeigen, daß sich die scharfsinnigsten Menschen plötzlich einsichtslos wie Schwachsinnige benehmen, sobald die verlangte Einsicht einem Gefühlswiderstand bei ihnen begegnet, aber auch alles Verständnis wieder erlangen, wenn dieser Widerstand überwunden ist.« Krieg ist für ihn die Rückkehr zur Mordlust der Urvölker. »Gerade die Betonung des Gebotes: Du sollst nicht töten, macht uns sicher, daß wir von einer unendlich langen Generationsreihe von Mördern abstammen, denen die Mordlust, wie vielleicht noch uns selbst, im Blute lag.«

Trotz erdrückender Geld- und Papierknappheit gelingt es Freud, seine beiden Magazine *Imago* – in dem dieser Aufsatz erschien – und die *Internationale Zeitschrift für Psychoanalyse* den ganzen Krieg über erscheinen zu lassen. Gesundheitlich leidet er etwa ab seinem 60. Lebensjahr an einer Prostataerkrankung und mit Fortschreiten des Krieges auch unter starkem Rheumatismus, den er sich wohl in den schneidend kalten Kriegswintertagen zugezogen hat; je länger der Krieg andauert, desto schlechter ist die Versorgung mit Lebensmitteln und Brennmaterial. Im letzten Kriegsjahr kann die Wohnung in der Berggasse praktisch nicht mehr beheizt werden, Freud sitzt oft zitternd an seinem Schreibtisch.

Und schreibt von dort in diesen Tagen der größten Not an Ferenczi, der anfangs im Felde, später als Chefarzt einer Budapester Nervenklinik den Krieg erleben mußte: »Ich bin sonderbarer Weise bei alledem ganz wohl und in der Stimmung unerschüttert. Beweis, wie wenig Begründung man dazu braucht.« Dann wieder »Anfälle von Lebensunlust« und Phasen größter Bedrückung. Aus der Korrespondenz mit Ferenczi und Abraham lassen sich die Stimmungsschwankungen deutlich ablesen. Einmal prophezeit er, der Aberglaube habe sein Leben »etwa mit Februar 1918 begrenzt«, dann hingegen, »Sie werden sich bald überzeugen, daß ich dabei nicht an schlechter Stimmung leide. Ich arbeite den ganzen Tag mit 9 Narren ganz souverän, kann meinen Appetit kaum bewältigen ...« Ganz düster wiederum im letzten Kriegsjahr: »Meine Mutter wird heuer 83 Jahre alt u. ist nicht mehr recht solid. Manchmal denke ich, es wird ein Stück Freiheit mehr für mich sein, wenn sie stirbt, denn die Annahme, daß man ihr mitteilen muß, ich sei gestorben, hat etwas, wovor man zurückschreckt.«

Von seinen Söhnen blieb Oliver, der mittlere, aufgrund seines labilen Gesundheitszustandes vorerst in seinem Zivilberuf als Bauingenieur tätig, gegen Ende des Krieges, als man jeden einzelnen Mann benötigte, wurde freilich auch er eingezogen. Um die beiden anderen herrschte den ganzen Krieg über stetige Sorge, manchmal drang monatelang keine Nachricht von ihnen bis nach Wien durch. Im Sommer 1916 traf Freud endlich mit Jean-Martin – der in galizischen und russischen Schützengräben kämpfte – und mit Ernst – dessen Kompanie es nach Italien verschlagen hatte – zusammen. »Berichte Ihnen gerne«, schreibt er an Max Eitingon, »daß wir beide Söhne gleichzeitig zum Urlaub in Salzburg bei uns hatten, beide in gutem Zustand. Jetzt sind sie wieder draußen, einer nördlich, der andere südlich, und wir haben noch keine Nachricht von ihnen ...«

Um einige Jahre älter als seine Kinder war der Sohn Viktor Adlers. Als Freud im September 1891 Adlers Wohnung und Ordination in der Berggasse übernommen hatte, tollte da, bis zu dessen Übersiedlung, Adlers kleiner Sohn Fritz, damals zwölf Jahre alt, durch die weitläufige Zimmerflucht. In der Zwischenzeit war ein Vierteljahrhundert vergangen, Fritz hatte Physik studiert und als Privatdozent an der Universität Zürich unterrichtet. 1911 nach Wien zurückgekehrt und Abgeordneter der »Linken« geworden, verließ er nach Ausbruch des Weltkrieges aus Protest gegen die Kriegspolitik seiner Partei das Parlament.

Dasselbe Motiv veranlaßt eben diesen Dr. Friedrich Adler am 21. Oktober 1916, sich im Speisesaal des eleganten Hotels *Meissl & Schadn* auf dem Neuen Markt in der Wiener Innenstadt, einige Tische vom dort soupierenden Ministerpräsidenten Karl Graf Stürgkh entfernt, niederzusetzen und vorerst in aller Ruhe sein Mittagessen einzunehmen. Um 14.30 Uhr erhebt er sich, geht auf den k. u. k. Regierungschef zu, gibt drei Schüsse auf ihn ab, die sofort tödlich sind. Friedrich Adler wird vom Oberkellner und einem Offizier gestellt, festgenommen, später von einem Sondergericht zum Tod verurteilt, dann zu einer Kerkerstrafe begnadigt und 1918 amnestiert.

Auf den Tag genau einen Monat nach der Ermordung des Ministerpräsidenten – diesem letzten Schlag seines Lebens – stirbt auch Kaiser Franz Joseph im Alter von 86 Jahren. Obwohl sich an Sigmund Freuds Haltung den Habsburgern gegenüber nichts geändert hat, empfand er

für den greisen Franz Joseph zuletzt so etwas wie Respekt. Er war immer da, seit Freud am Leben ist, und einen anderen Monarchen konnte sich in diesem Völkergemisch von Tschechen, Ungarn, Rumänen, Polen, Ruthenen, Slowaken, Serbokroaten, Italienern und Deutschen niemand vorstellen, auch Freud nicht.
Ebensowenig wie Karl Renner, der im November 1918 – als der Weltkrieg endlich vorbei war und nach zweijähriger Regentschaft auch der junge Kaiser Karl abgedankt hatte – erster Staatskanzler der Republik wurde. Renner sagte damals, nach dem Umsturz: »Also, wenn der alte Kaiser noch gelebt hätte, hätten wir uns das nicht getraut.« Die alte Monarchie war von 54 Millionen Einwohnern auf einen Sieben-Millionen-Staat geschrumpft. »Es sind schrecklich gespannte Zeiten«, schreibt Freud an Ferenczi, »es ist gut, daß die alte stirbt, aber die neue ist noch nicht da ... Dem Schicksal von Österreich und Deutschland werde ich nicht eine Träne nachweinen.«
Am 11. November – dem Tag, an dem Kaiser Karl »auf jeden Anteil an den Staatsgeschäften« verzichtete – verfaßt Freud ein Memorandum, das die Bevölkerung zur Besonnenheit bewegen soll: »Österreich-Ungarn ist nicht mehr. Anderswo möchte ich nicht leben. Emigration kommt für mich nicht in Frage. Ich werde mit dem Torso weiterleben und mir einbilden, daß er das Ganze ist.«
Sigmund Freud, der die Verdrängung entdeckt hat, fand jetzt keinen anderen Ausweg, als selbst zu verdrängen.

Kurz davor hatte er Ernst Lothar, der seinerzeit seine Mutter in die Berggasse begleitet und in der Zwischenzeit einen Essay über den Seelenarzt veröffentlicht hatte, brieflich eingeladen, ihn zu besuchen, »sollte Ihnen danach zumute sein. Ich fürchte fast«, endete der Brief, »daß das öfter ist, als Sie zugeben werden.«
Jetzt war es soweit, dem späteren Regisseur und Direktor des Theaters in der Josefstadt war danach zumute, Freud die Frage zu stellen: »Wie kann man ohne das Land leben, für das man gelebt hat?« Freuds Antwort lautete: »Zu einem bestimmten Zeitpunkt verwaist jeder Erwachse-

ne. ›Das Land gibt es nicht mehr‹, sagen Sie? Vielleicht hat es das Land, das Sie meinen, nie gegeben, und wir haben uns darüber hinweggetäuscht. Das Sich-Hinwegtäuschen-Müssen ist auch eine biologische Tatsache. Zu einem bestimmten Zeitpunkt erkennt man zum Beispiel, daß ein Mensch, der einem nahesteht, nicht das ist, was man in ihm zu sehen glaubte. Man täuscht sich darüber hinweg ... Ich habe wie Sie eine unbändige Zuneigung zu Wien und Österreich, obschon ich seine Abgründe kenne.«

ÖFFENTLICHE VORLESUNGEN

AN DER

K. K. UNIVERSITÄT ZU WIEN

IM

WINTER-SEMESTER 1915/16.

XVI. Psychiatrie.

Wagner v. Jauregg Julius, o. ö. Prof. Hofrat Dr.: *Psychiatrische Klinik*, 5stünd., Di., Do. 5—6½, Sa. 10—12; Hörsaal d. psychiatr. Klinik. IX., Lazarettgasse 14. *K 10.50

Obersteiner Heinrich, o. ö. Prof. Dr.: °*Arbeiten über normale und pathologische Histologie des Nervensystems*, täglich während des Tageslichtes; neurolog. Inst. †*** Ärzte K 40.—, Stud. K 12.—

Redlich Emil, a. o. Prof. Dr.: *Nervenkrankheiten*, 3stünd., Mo., Fr. 5—6½; Psychiatr. Klinik, IX., Lazarettgasse 14. *K 6.30

Raimann Emil, a. ö. Prof. Dr.: *Forensische Psychiatrie*, 4stünd., Mi., Sa. 5—7; gr. Hörsaal d. Klin. v. Wagner. *K 8.40

Freud Sigmund, a. o. Prof. Dr.: *Einführung in die Psychoanalyse*, Sa. 7—9 abends; Hörsaal d. psychiatr. Klinik. †*** K 10.—

Vorlesungsverzeichnis aus der Zeit des Ersten Weltkrieges: Professor Freud am Samstagabend 7–9 Uhr

Freuds Söhne, denen in all den Jahren die größte Sorge galt, hatten den Krieg heil überstanden. Sie waren für eine Weltmacht in den Krieg gezogen und in eine bedeutungslose »Republik, die keiner wollte«, zurückgekehrt. Von diesem Kleinstaat aus sollten Freuds für die Menschheit so bedeutsamen Erkenntnisse den Weg um den Erdball finden? Freud fand wieder einmal genügend Gründe zur Resignation, sah sein Lebenswerk zerstört, dem Vergessen preisgegeben.

Er hatte sich gründlich getäuscht. Ja, im kleinen Österreich und in den übrigen Nachfolgestaaten der eingeäscherten Habsburgermonarchie fand man wenig Interesse an Seele und Wissenschaft. Es galt vielmehr, den nächsten Winter zu überstehen, anderes hatte hier zunächst kaum jemand im Sinn. Doch während Freud kriegsbedingt von den wichtigen Informationen aus England und Amerika abgeschnitten war, hatte sich dort eine Welle der Begeisterung für die Psychoanalyse entwikkelt. Psychoanalytiker wie Ernest Jones, Stanley Hall, James J. Putnam und Abraham A. Brill hatten dafür gesorgt, daß »Doctor Freud, the psychoanalyst from Vienna« bekannt und sogar populär wurde.

Sigmund Freud saß hungrig und frierend in der Berggasse und war mehr als erstaunt, als er in den letzten Tagen des Jahres 1918 erfuhr, daß er ein weltberühmter Mann geworden war.

Und noch ein »Krieg«
Freud gegen Wagner-Jauregg

Julius Wagner Ritter von Jauregg, der einzige Psychiater, dem je der Nobelpreis verliehen wurde, und Sigmund Freud, der »Vater der Psychoanalyse«, hatten vieles gemeinsam. Sie waren etwa gleich alt, kannten einander seit ihrer Studienzeit, waren gleichzeitig Dozenten geworden. Und doch waren diese bedeutenden Ärzte durch Welten voneinander getrennt. Wagner-Jauregg war Exponent der »klassischen Psychiatrie«, während Freud mit der Schaffung der Psychoanalyse das genaue Gegenteil bezweckte, nämlich das Wegkommen von den althergebrachten medizinischen Praktiken, hin zu humaneren Behandlungsmethoden.

Das Auseinandergehen ihrer Karrieren hatte damit begonnen, daß Wagner-Jauregg schon ein Jahr nach Erlangung der Dozentur mit 32 Jahren Außerordentlicher Professor für Psychiatrie wurde, während derselbe Vorgang bei Freud 17 Jahre dauern sollte. Wagner-Jauregg, bald auch Ordinarius, gehörte längst schon dem etablierten Ärztestand an, als Freud in der akademischen Hierarchie immer noch zum medizinischen »Nachwuchs« zählte. Er hatte mit der Schaffung einer völlig neuen Psychologie zweifellos den mühsameren Weg eingeschlagen.

In dieser Situation setzte Professor Wagner-Jauregg einen Schritt, der den menschlichen Bruch zwischen den beiden großen Ärzten zur Folge haben mußte. Als das Professorenkollegium der medizinischen Fakultät in seiner Sitzung vom 4. Juni 1899 über die Vergabe des Titels »Außerordentlicher Professor« zu bestimmen hatte, stand der damalige Dozent Freud als einer der Anwärter zur Diskussion. Dessen Studienkollege und Duzfreund Wagner-Jauregg schlug jedoch den Neurologen Emil Redlich vor und äußerte sich bei dieser Gelegenheit so-

gar abfällig über Freud, wie das Sitzungsprotokoll belegt: »Dr. Freud ist aber nur Dozent für Neuropathologie und hat sich nie praktisch mit Psychiatrie eingehender beschäftigt.«
Abgesehen davon, daß diese offenen Worte Wagner-Jaureggs als eine Art »Kriegserklärung« verstanden werden mußten, widersprachen sie der Wahrheit. Selbstverständlich wußte Wagner-Jauregg sehr genau, daß sich Freud vier Jahre zuvor mit seinen – gemeinsam mit Breuer verfaßten – *Studien über Hysterie* gerade in Fragen der Psychiatrie profiliert hatte. Der ablehnenden Haltung seines Gegenspielers war es wohl zuzuschreiben, daß Freud drei weitere Jahre auf seine Ernennung zum Außerordentlichen Professor warten mußte.
Knapp zwei Jahrzehnte später, nach dem Zusammenbruch der Monarchie, zählte Wagner-Jauregg als Chef der Psychiatrischen Klinik im Allgemeinen Krankenhaus Nachfolger Richard Krafft-Ebings, längst auch zu den großen Autoritäten der Universität, während der jetzt 63jährige Freud zwar in aller Welt berühmt, in Wien aber immer noch »Außerordentlicher Titularprofessor« war. Das bedeutete, daß er von Studenten, Patienten und seinen Nachbarn in der Berggasse als »Herr Professor« angesprochen wurde, dienstrechtlich aber nach wie vor dem niedrigeren Stand eines »Privatdozenten« angehörte.
Das Eigenartige an der Situation war, daß Freud, als man endlich doch seine Ordentliche Professur erwog, gerade emeritiert wurde. Er hatte seine Tätigkeit an der Universität Wien mit dem Sommersemester 1919 eingestellt und ab dann seine Hörer zu mehr oder weniger privaten Vorlesungen in einem Saal der Herzstation des Allgemeinen Krankenhauses versammelt. Später dienten dann die Räume der Wiener Psychoanalytischen Vereinigung diesem Zweck.
Über die Beförderung Freuds in den nächsthöheren Rang hatte wieder einmal eine Kommission zu entscheiden. Und dieser gehörte neuerlich Wagner-Jauregg an, diesmal sogar als deren Vorsitzender.

Man muß Wagner-Jauregg zugute halten, daß er sich diesmal für Freuds Ernennung zum Ordentlichen Professor aussprach, freilich hatte er praktisch keine andere Wahl. Nicht nur, daß Freuds Name mittlerweile ein internationaler Begriff war, entsprach seine Beförderung dem persönlichen Wunsch des neuen Staatssekretärs im Auswärtigen Amt, Dr. Otto Bauer, dessen Schwester »Dora« nach der Jahrhundertwende Freuds Patientin gewesen war.

Also legte Wagner-Jauregg – ob er wollte oder nicht – am 6. Juli 1919 dem Unterrichtsministerium ein »Gutachten« vor, in dem er Freuds Ernennung zum Ordinarius befürwortete:

»Prof. Dr. Sigmund Freud gehört gewiß zu jenen Mitgliedern des Lehrkörpers unserer Fakultät, deren Name in der wissenschaftlichen Welt die weiteste Verbreitung gefunden hat ...« Wagner-Jauregg ist vorerst voll des Lobes für den Vertreter einer ganz anderen Form der psychiatrischen Behandlung. Zwischen den Zeilen finden sich freilich zynische Passagen über Freuds Theorien, die »in vielen Punkten heftige Bekämpfung gefunden haben«, darüber hinaus gab Wagner-Jauregg zu bedenken, ob »Freuds Lehren auch im weiteren Fortschreiten der Wissenschaft in ihrer absoluten Fassung nicht aufrechterhalten bleiben oder Einschränkungen erfahren« könnten.

Nach Erörterung aller für und gegen ihn sprechenden Argumente kommt Wagner-Jauregg letztlich doch zu dem Schluß, daß man »dem Wirken Freuds auch vom teilweise oppositionellen Standpunkte aus die Anerkennung nicht versagen kann.«

Es folgt der wohl kurioseste Punkt in der Beurteilung seines Widersachers Freud. Da dieser bereits ein Alter von 63 Jahren erreicht hätte, gelangte Wagner-Jauregg zu der Bemerkung: »Es kann daher gewiss nicht als vorzeitig bezeichnet werden«, ihn mit dem Titel eines »Professor-*Extra*-Ordinarius« auszuzeichnen (»Prof. Wagner-Jauregg«).

Wagner-Jauregg schlug Freud also für die Ernennung

zum *Außer*ordentlichen Professor vor – das war jener Titel, den Freud bereits seit 17 Jahren trug!
Hätte Freud von Wagner-Jauregg einen Beweis für seine These der menschlichen Fehlleistungen verlangt, sein Gegenspieler hätte ihm keinen schöneren liefern können. Selbstverständlich handelt es sich um einen Schreibfehler Wagner-Jaureggs, der dann auch in der Dekanatskanzlei feinsäuberlich, mit einer anders gefärbten Tinte, korrigiert wurde. Doch der Fall bleibt ein Kuriosum der medizinischen Geschichte: Hinter Wagners Fehlleistung steckt der offensichtliche Wunsch der *Nicht*ernennung Freuds zum Ordentlichen Professor.

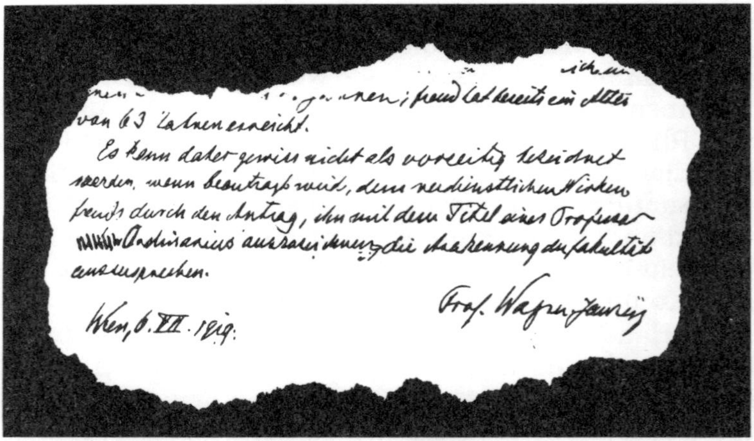
Freud hat bereits ein Alter von 63 Jahren erreicht.
Es kann daher gewiss nicht als voreilig bezeichnet werden, wenn beantragt wird, dem verdienstlichen Wirken Freuds durch den Antrag, ihn mit dem Titel eines Professor Ordinarius auszuzeichnen, die Anerkennung der Fakultät auszusprechen.
Wien, 6.VII.1919.
Prof. Wagner-Jauregg

»Extra« durchgestrichen: klassische Fehlleistung durch Widersacher Wagner-Jauregg

Freud wurde trotz aller Hindernisse am 7. Januar 1920 mit großer Mehrheit zum Ordinarius ernannt, wobei in der Begründung kein Wort von der Psychoanalyse zu finden ist, sondern nur »sein im Verein mit Breuer herausgegebenes Werk über Hysterie« – das mittlerweile ein Vierteljahrhundert alt war. Die Ernennung war nichts als eine ehrende Formalität.
Noch im Jahr seiner Beförderung war Sigmund Freud an der Reihe, sich für all die Schmach, die ihm Wagner-

Jauregg im Verlauf seiner Karriere erwiesen hatte, zu revanchieren. Es war aber kein billiger Rachefeldzug, vielmehr wußte Freud mit Grandezza zu agieren. Die Affäre, in die der mittlerweile zum Hofrat ernannte Wagner-Jauregg verwickelt war, hatte äußerst unerfreuliche Züge. Dem Weltkrieg waren insgesamt zehn Millionen Menschen zum Opfer gefallen, allein auf österreichischer Seite gab es 1,2 Millionen Tote und fast vier Millionen Verwundete. Freuds Neffe Hermann Graf – Sohn seiner Lieblingsschwester Rosa – war an der italienischen Front gefallen, sein Schwiegersohn Max Halberstadt in Frankreich verwundet worden. Verzweifelte Witwen und Waisen verlangten eine Verurteilung der Schuldigen des sinnlosen Gemetzels, das ihnen die nächsten Angehörigen geraubt hatte. So reagierte die provisorische Nationalversammlung schon wenige Wochen nach Kriegsende mit einem »Gesetz über die Feststellung und Verfolgung von Pflichtverletzungen militärischer Organe im Kriege«. Eine Kommission hervorragender Persönlichkeiten sollte untersuchen, inwieweit sich Offiziere, Beamte, Ärzte und andere am Kriegsgeschehen Beteiligte schuldig gemacht hätten.
Der Kommission zur Untersuchung kriegsverbecherischer Handlungen gehörte auch Julius Wagner-Jauregg an. Doch kurz nachdem er in diese Position berufen wurde, stand der berühmte Arzt selbst im Kreuzfeuer der Kritik: Über Nacht war der Richter zum Angeklagten geworden.
Ausgelöst wurde der »Fall Wagner-Jauregg« durch einen Artikel, der am 11. Dezember 1918 in der Zeitung *Der freie Soldat* erschienen war. Der Titel lautete »Die elektrische Folter« und enthielt schwere, in erster Linie gegen ihn gerichtete Angriffe. An der Klinik Wagner-Jauregg wären angeblich Tausende Soldaten mit verbrecherischen Methoden behandelt worden, die unter sogenannten »Kriegsneurosen« litten – an einer psychischen Erkrankung also, die in manchen Fällen bis zur völligen Lähmung im Felde führte. Bei Wagner-Jauregg wären »diese beklagenswerten Opfer in eine Kur ganz besonderer Art

genommen« worden, konnte man dem Soldatenblatt entnehmen: »Da eine gründliche Heilung lange Zeit, viele Mühe und gute Pflege erfordert, da die löbliche Heeresleitung aber den ›gemeinen‹ Soldaten all dieses nicht gönnte, haben gefällige Ärzte eine Methode gefunden, die die Nervenabteilungen in überraschend kurzer Zeit von ihren Patienten befreite. Den Kriegsnervösen wurde nämlich elektrischer Strom durch ihren Körper geleitet, und ihnen dadurch so wahnsinnige Schmerzen zugefügt, daß viele bei der Behandlung starben, die meisten aber sich dieser Tortur durch die Flucht aus dem Spital entzogen, ungeheilt natürlich. Denn Heilerfolge hat, wie erstklassige Nervenärzte wiederholt und öffentlich erklärt haben, die Starkstromfolter überhaupt nicht. Besonders ausgezeichnet haben sich auf diesem Gebiet während des Krieges in Wien die Klinik Wagner-Jauregg und eine Nervenabteilung im Grinzinger Kriegsspital. Mehr als einer von den Patienten dieser Schandspitäler hat Selbstmord verübt. Mit diesen Herren Ärzten sollte gründlich abgerechnet werden.«
Kurze Zeit später stellte ein ehemaliger Weltkriegsleutnant namens Walter Kauders – nicht zu verwechseln mit Wagner-Jaureggs Schüler und Nachfolger Otto Kauders – sein Kriegstagebuch der vom Parlament eingesetzten Untersuchungskommission zur Verfügung, das die schwerwiegenden Anschuldigungen gegen den prominenten Arzt bestätigte. Gemeinsam mit fünf weiteren Psychiatern stand der Klinikchef Wagner-Jauregg nun im Verdacht, als Militärarzt an Kriegsverbrechen beteiligt gewesen zu sein. Freud und der Psychiater Emil Raimann wurden vom Vorsitzenden Dr. Alexander Löffler als medizinische Sachverständige beigezogen, Wagner-Jauregg legte seine eigene Position als Mitglied der Kommission zur Erhebung militärischer Pflichtverletzungen zurück.
Dem Bericht von Leutnant Kauders war zu entnehmen, daß er und andere an Kriegsneurosen leidende Soldaten einer Starkstrombehandlung unterzogen worden waren, die Schmerzen hervorrief, »die mit Worten gar nicht zu

schildern sind.« Laut *Der freie Soldat* »liegt der Verdacht mehr als nahe, daß diese Ströme überhaupt nicht zu Heilzwecken, sondern lediglich zu Folterzwecken angewendet wurden.« Kauders' Schilderung gipfelte darin, »daß einfach versucht wurde, mit Hilfe von Qualen das Aufgeben der angeblichen Simulation zu erpressen.« Auf diese Weise sollte immer neues »Kanonenfutter« – egal wie krank die Betroffenen auch waren – an die Front entsandt werden. Leutnant Kauders selbst war 77 Tage zum Teil mit Geisteskranken, zum Teil vollkommen isoliert, in eine Zelle der Irrenanstalt gesperrt worden.

Wagner-Jauregg verteidigte sich in der gerichtlichen Voruntersuchung damit, daß Walter Kauders ein Simulant gewesen sei und sich, wie manch anderer Feigling auch, »in die Krankheit geflüchtet« hätte. »Wie der Umsturz gekommen ist, ist eine große Menge von Neurosen aus dem Spital davongelaufen, sie haben auf einmal gehen können.« Der spätere Nobelpreisträger gab an, die Kriegsneurotiker zunächst mit einer Milchdiät behandelt zu haben, ehe er die *Faradische Behandlung* zur Anwendung brachte, die »eine altbekannte (elektrische) Behandlung von hysterischen Zuständen« sei. Der Erfolg hätte sich meist sehr schnell eingestellt.

Freuds »großer Auftritt« vor der Untersuchungskommission erfolgte am Vormittag des 15. Oktober 1920. Die Stunde war gekommen, in der die erbitterten Gegner einander vor einer Gerichtskommission gegenüberstanden. Doch diesmal war Freud in der entschieden günstigeren Position.

Er selbst hatte sich in seiner patriotischen Euphorie der ersten Kriegstage geweigert, Neurotikern dabei behilflich zu sein, sich vor dem Feinde »zu drücken«, doch schon nach kurzer Zeit war er mit dem Ausstellen von Untauglichkeits-Attesten großzügiger verfahren.

Jetzt, zwei Jahre nach Kriegsende, nahm Freud die Gelegenheit wahr, vor der Untersuchungskommission zunächst ausführliche Vergleiche zwischen seiner psychoanalytischen Behandlung und der »elektrischen« von »Freund Wagner-Jauregg«, wie er sagte, und dessen klassischer Wiener Schule zu ziehen. Er eröffnete sein Sachverständigengutachten mit der noch milden Feststellung, daß Wagner-Jauregg »den Rahmen der Simulation ein wenig zu weit zieht. Ich hätte in vielen Fällen weniger Simulation und mehr Neurosen gesehen, das ist aber keine prinzipielle Differenz ... Alle diese Neurotiker sind in unserem Sinne Kriegsflüchtige gewesen. Die Anzahl derjenigen, die sich krank gestellt haben, dürfte gering sein. Darüber will ich nicht streiten ... Aber ebenso ist richtig, daß wir ein Volksheer hatten, daß der Mann zum Kriegsdienst gezwungen war, daß er nicht gefragt wurde, ob er gerne in den Krieg geht, und man mußte daher darauf gefaßt sein, daß die Leute flüchten wollten, und den Ärzten ist etwas wie die Rolle von Maschinengewehren zugefallen, die Rolle, die Flüchtigen zurückzutreiben ... Der Arzt soll in erster Linie Anwalt des Kranken sein, nicht der eines anderen.«

Mit einem einzigen Satz unterstrich Freud den großen humanitären Unterschied seiner Lehre zu der Wagner-Jaureggs, wenn er sagte: »Alle Neurotiker sind Simulanten, sie simulieren, ohne es zu wissen, und das ist ihre Krankheit.« Und dann ein Frontalangriff auf Wagner-Jauregg: »Seine Ansicht beweist, daß er ein schlechter Psycholog ist und die Neigung hat, überall Simulanten zu entdecken, und das ist es, was ich Prof. Wagner zum Vorwurf gemacht habe. Alle sprechen von Simulation und sind bereit, immer gleich Simulanten zu finden.«

Viel richtiger wäre es, einzusehen, daß es sich um tatsächliche Neurotiker handelte oder solche, die im Verdacht stehen, Neurotiker zu sein. Es folgte eine Art Werbefeldzug für die Psychoanalyse: »Die (Patienten) werden mit allen Mitteln untersucht, mit dem Hauptmittel, mit dem sie aber untersucht werden sollten, werden sie nicht untersucht. Das ist geradeso, wie wenn man jemanden, der erklärt, daß er taub ist, mit allen Mitteln untersucht, nur im Ohre nicht. An die psychologische Untersuchung denkt er nicht. Den Ärzten fehlt aller Unterricht darüber, und sie glauben, alles getan zu haben, wenn sie nach allen Richtungen untersuchen, und übersehen, daß sie psychologisch nicht untersucht haben, und Sie, meine Herren, können daher in allen diesen Erscheinungen die Konsequenz, die Strafe dieses Mangels sehen. Der Kranke fühlt sich nicht verstanden, und es kommen daher Differenzen heraus ... Wenn diese Kranken auch psychoanalytisch untersucht würden, so würden solche Anklagen nicht zustande kommen.«

Um dann zu dem Schluß zu kommen, die Psychoanalyse allein hätte zur Anwendung kommen müssen: »Ich glaube also, daß die Ursachen zum Teil an Hofrat Wagner liegen. Es liegt daran, daß er sich nicht meiner Therapie bedient hat. Ich verlange nicht von ihm, daß er es kann, ich kann es auch von ihm nicht verlangen, meine Schüler können es ja auch erst recht nicht.«

Nach Aufzeigen dieser prinzipiellen Differenzen zwischen den beiden Lehren erwies sich Freud als loyal genug, die persönliche Integrität seines Widersachers zu unterstreichen: »Obwohl ich nicht von allen Vorgängen in Wien Kenntnis hatte, habe ich doch die vollste Überzeugung, daß die angeklagten Personen, wie Herr Hofrat Wagner, den ich seit 35 Jahren kenne und von dem ich weiß, daß die Humanität das treibende Motiv der Behandlung seiner Kranken ist, unmöglich zu diesen gezählt werden können.«

Auf die Frage des Vorsitzenden, ob sich Wagner-Jauregg ärztlicher Kunstfehler schuldig gemacht hätte, antwortete Freud klar und deutlich: »Von dem letzteren Falle, daß damit eine Pflichtverletzung verbunden wäre, kann nicht die Rede sein. Das ist eine interne Angelegenheit der Wissenschaft, inwieweit die psychoanalytische Behandlung solcher Kranker berechtigt ist. Allgemein akzeptiert ist sie nicht. Ich habe auch Freund Wagner nicht übelgenommen, daß er sich nicht dazu entschlossen hat. Ich habe nie verlangt, daß die Kranken so behandelt werden müssen.« Eine Absicht, die Kranken zu quälen, könnte man bei Wagner-Jauregg mit absoluter Sicherheit ausschließen. Zwar lehnte er, Freud, die elektrische Behandlung ab, doch sei nicht anzunehmen, daß sie bei den Patienten Schäden hinterlassen hätte.

Die versöhnlichen Worte Freuds wurden vielfach als Gefälligkeitsgutachten aufgefaßt, denn besonders human waren die Behandlungsmethoden bei Kriegsneurosen tatsächlich nicht gewesen. Trotz der insgesamt hilfreichen Aussage sollte es vor der Untersuchungskommission doch noch zu einem Schlagabtausch Psychoanalyse gegen klassische Psychiatrie kommen, der Verhandlungssaal wurde zur Arena im Kampf der beiden psychiatrischen Schulen Wiens – der »konservativen« Wagner-Jaureggs und der »progressiven« Sigmund Freuds.

WAGNER-JAUREGG: »Was die Psychoanalyse anbelangt, so möchte ich konstatieren, daß diese Behandlung oft wer weiß wie lange in Anspruch nimmt, und daher diese Methode im Kriege nicht anwendbar ist ...«
VORSITZENDER: »Die Behandlung nach Prof. Freud verlangt eine Individualisierung.«
FREUD: »Ist aber auch im Kriege durchgeführt worden.«
WAGNER-JAUREGG: »Aber nur in einzelnen Fällen.«
FREUD: »In Massen. Sie ist aber durch die Hypnose verkürzt worden. Sie hat wohl außerordentliche Mühe gekostet, hätte aber bei besonders schwierigen Fällen gelohnt.«
VORSITZENDER: »Das sind Zukunftsfragen. Die Wissenschaft wird entscheiden, ob die eine oder die andere Meinung richtig ist.«
Nun, die Wissenschaft hat inzwischen »entschieden« – und steht heute in ihrer überwiegender Mehrheit doch auf seiten der Freud'schen Erkenntnisse. Wenn Wagner-Jauregg anläßlich der Ernennung Freuds zum Ordinarius in Frage stellte, ob dessen Lehren auch späterhin zur Anwendung gelangen würden, so hat er mit dieser Bemerkung in erster Linie seine eigenen Leistung für zukünftige Generationen geschmälert. Denn während die Bedeutung Freuds an der Wende zum 21. Jahrhundert unvermindert ist und weiter zunimmt, ist Wagner-Jaureggs Werk – ohne seine bedeutende wissenschaftliche Arbeit schmälern zu wollen – längst überholt, seine Methoden gelangen seit Jahrzehnten nicht mehr zur Anwen-

dung. Ihm war es mittels »Malariaimpfung« gelungen, das Spätstadium der Syphilis – die Progressive Paralyse, eine schreckliche Geisteskrankheit, an der bedeutende Männer wie Nietzsche und Hugo Wolf elendiglich zugrunde gingen – zu heilen. Dafür erhielt er 1927 den Nobelpreis für Medizin, doch mit der Entdeckung des Penicillins durch Alexander Fleming ist diese Methode mittlerweile überflüssig geworden: Es kommt gar nicht mehr zur Progressiven Paralyse, die Syphilis kann vorher schon geheilt werden.

Zurück zum Jahr 1920, als Wagner-Jauregg im Mittelpunkt eines spektakulären Verfahrens stand. Es wurde eingestellt, ehe es in den Gerichtssaal gelangen sollte, denn nach der entlastenden Aussage Sigmund Freuds kam die Kommission zur Auffassung, es bestünde kein Anlaß zur Anklageerhebung. Der Vorsitzende Dr. Löffler unterstrich, es gäbe keinerlei Hinweise, daß infolge Wagner-Jaureggs Behandlung Patienten gestorben seien oder Selbstmord verübt hätten.
Für Wagner-Jauregg war der Verdacht, an Kriegsverbrechen beteiligt gewesen zu sein, bereits die zweite aufsehenerregende Affäre seiner sonst so glänzenden Laufbahn. Der erste Fall, mit dem er an die Öffentlichkeit gelangte, war nicht minder unangenehm gewesen. Wagner-Jauregg hatte im Jahre 1895 bei der Polizeidirektion Wien beantragt, den berühmten Volksschauspieler Alexander Girardi in eine geschlossene Anstalt zu sperren, weil dieser »irrsinnig und gemeingefährlich« wäre. Im Zuge einer später von Kaiser Franz Joseph veranlaßten fachärztlichen Untersuchung stellte sich freilich heraus, daß Wagner-Jauregg den »Patienten« Girardi nie persönlich gesehen, geschweige denn untersucht hatte. Vielmehr hatte Girardis Ehefrau, die ebenfalls populäre Schauspielerin Helene Odilon, Wagner-Jauregg um diesen »Gefallen« gebeten, um damit ihre Scheidung zu beschleunigen. Der Kaiser ließ daraufhin das Entmündigungsverfahren novellieren: Seit Anwendung der *Lex Girardi* kann eine Person nicht mehr auf Antrag des von der geg-

nerischen Partei bestellten Psychiaters in eine Anstalt für Geisteskranke eingeliefert werden, sondern ausschließlich durch einen vom Gericht berufenen, unabhängigen Facharzt.

Obwohl Freud mitgeholfen hatte, seinen bekanntesten wissenschaftlichen Gegenspieler vor einem Prozeß zu bewahren, hat ihm Wagner-Jauregg die kritischen Worte während der Voruntersuchung nie verziehen. In seinen *Lebenserinnerungen* vermerkte er nur lakonisch, Freud »gab ein Gutachten über mein Vorgehen ab, das recht ungünstig für mich lautete.«

Wie Wagner-Jauregg Freuds Universitätslaufbahn erschwerte, so verhinderte er die eines weiteren »Revolutionärs« überhaupt: Als Alfred Adler seine Habilitationsschrift einreichte, sorgte Wagner-Jauregg für deren Ablehnung. »Man vertrat in der Fakultät die Ansicht«, mutmaßt der Psychiater Erwin Ringel, »daß ›Tiefenpsychologie‹ mit Medizin nichts zu tun habe und wollte die ›Unachtsamkeit‹, durch welche die akademische Karriere Freuds nicht rechtzeitig verhindert worden war, nicht nochmals wiederholen.«

»Ich habe nie etwas Schwereres erlebt« Schicksalsschläge

Als Sigmund Freud im Alter von vier Jahren nach Wien übersiedelt war, hatte sich sein um 24 Jahre älterer Halbbruder Emanuel in Manchester niedergelassen, wo dieser fortan mit seiner Ehefrau und den Kindern John und Pauline lebte. Anfang November 1914 war Emanuel Freud im 82. Lebensjahr durch ein Eisenbahnunglück ums Leben gekommen. Die Nachricht vom Tod des geliebten Halbbruders hatte gemeinsame Kindheitserinnerungen geweckt und war ein großer Schicksalsschlag für Freud gewesen.

War er einst davon überzeugt, jung sterben zu müssen, so empfand er es jetzt als Belastung, daß es offensichtlich sein Schicksal wäre, doch ein hohes Alter zu erreichen. In den letzten Tagen des Weltkriegs hatte er seinem Freund Karl Abraham voll Pessimismus mitgeteilt, daß er damit zu rechnen hätte, alt zu werden, was er in dieser Welt offensichtlich nicht als Privileg empfand: »Mein Vater ist 81 ½ Jahre alt geworden, mein ältester Bruder ebenso alt, trübe Aussichten.«

Dabei konnte er zu diesem Zeitpunkt nicht ahnen, daß die schwersten Schläge noch vor ihm lagen. Die ganz persönliche Tragödie des alternden Freud war fast mit der des alten Kaisers zu vergleichen. Innerhalb weniger Jahre schlug das Schicksal mehrmals grausam zu. Er verlor eine Tochter und ein Enkelkind und mußte auch um zwei seiner ehrlichsten und engsten Mitstreiter trauern. Schließlich erhielt Freud die Mitteilung, daß er an Krebs erkrankt sei. Todkrank mußte er dann auch noch den bitteren Weg in die Emigration antreten. Die letzten 15 Jahre dieses so ausgefüllten Lebens sollten von unvorstellbarem Leid erfüllt sein.

Sophie Freud, seine zweitjüngste Tochter, war am 25.

Jänner 1920 im Alter von 26 Jahren völlig unerwartet verstorben. Sie hatte mit ihrem Mann, dem Porträtfotografen Max Halberstadt, und ihren zwei kleinen Kindern sehr glücklich in Hamburg gelebt, wo sie das Opfer der damals grassierenden asiatischen Grippeepidemie wurde. Freud wollte, als er von ihrer Erkrankung verständigt wurde, zu seiner schönen Tochter, die er »mein Sonntagskind« nannte, reisen, doch es verkehrten zu dieser Zeit als Nachkriegsfolge noch immer keine Züge zwischen Wien und Deutschland, das Ehepaar Freud konnte nicht einmal zum Begräbnis seiner Tochter anreisen. Die Söhne Oliver und Ernst fuhren aus Berlin an, als sie vom kritischen Zustand erfahren hatten, kamen aber zu spät, um ihre Schwester lebend anzutreffen.
Zutiefst erschüttert durch diesen ersten privaten Schlag, schreibt Freud an Ferenczi: »Jahrelang war ich auf den Tod meiner Söhne gefaßt, nun kommt der der Tochter; da ich im tiefsten ungläubig bin, habe ich niemand zu beschuldigen und weiß, daß es keinen Ort gibt, wo man Klage anbringen kann . . . Ganz tief unten wittere ich das Gefühl einer tiefen, nicht verwindbaren narzißtischen Kränkung. Meine Frau und Annerl sind in menschlicherem Sinn schwer erschüttert.«
Sophies Söhnchen Heinz, liebevoll »Heinele« genannt, war gerade 13 Monate alt, als seine Mutter starb. Als der Zugsverkehr im darauffolgenden Sommer endlich wieder aufgenommen wurde, besuchte Freud seinen verwitweten Schwiegersohn und die beiden Enkelkinder. Während der sechsjährige Ernest bei seinem Vater in Hamburg blieb, nahm Freud »Heinele« mit nach Wien, wo er fortan in der Familie der ältesten Freud-Tochter Mathilde leben sollte. Doch drei Jahre später war auch der kleine »Heinele« tot, an tuberkulöser Gehirnhautentzündung gestorben.
Hatte Freud nach dem Verlust der Tochter noch versucht, vor seiner Umwelt jedes Zeichen von Schwäche zu verbergen, so konnte er seine Emotionen jetzt nicht mehr zurückhalten, es war das erste und einzige Mal, daß man den großen Mann in Tränen sah. »Heinele war ein entzük-

kender Kerl«, vertraute er dem befreundeten Ehepaar Levy in einem Brief an, »und ich selbst wußte, daß ich kaum je einen Menschen, gewiß nie ein Kind, so lieb gehabt hab wie ihn. Leider war er sehr schwächlich, eigentlich nie fieberfrei, eines jener Kinder, deren geistige Entwicklung auf Kosten ihres körperlichen Gedeihens erfolgt ist ... Diesen Verlust vertrage ich so schlecht, ich glaube, ich habe nie etwas Schwereres erlebt.«
Als Nachsatz fügte er noch an: »Vielleicht wirkt die Erschütterung durch meine eigene Erkrankung mit. Ich mache meine Arbeit notgedrungen, im Grund ist mir alles entwertet.«
Damit deutet Freud die nächste, fast gleichzeitig erfahrene Katastrophe an, deren wahre Tragweite seine Ärzte zwar schon kannten, dem prominenten Kollegen aber noch verheimlicht hatten. Die volle Wahrheit sollte er zwei Monate nach dem Tod des Enkels erfahren.
In der Zwischenzeit war aber auch Anton von Freund verstorben und überdies mußte er bald die Nachricht vom Tod Karl Abrahams hinnehmen. Bei Anton von Freund, der durch Freuds Behandlung von seinen Neurosen erlöst wurde, trafen die schlimmsten Befürchtungen ein, die bösartige Geschwulst im Unterleib lebte wieder auf, der große Gönner der Psychoanalyse hatte einen schrecklichen Leidensweg genommen.
Karl Abraham, der in Berlin lebte, war nach dem Rücktritt C. G. Jungs 1914 dessen Nachfolger als Vorsitzender der Internationalen Psychoanalytischen Vereinigung geworden und – mit mehreren Unterbrechungen – bis zu seinem Tod geblieben. Er starb im Alter von nur 48 Jahren, für Freud war »Abrahams Verlust vielleicht der größte Verlust, der uns treffen konnte«, und in seinem Nachruf sagte er, was er von ganz wenigen zu sagen imstande war: »Ich fühlte mich sicher in dem absoluten Zutrauen, das er mir – wie allen anderen – einflößte.«
Gerade in dieser Zeit des Abschieds von so vielen, ihm nahestehenden Menschen mußte Freud auch von der Bedrohung seines eigenen Lebens erfahren. Von den ersten Anzeichen eines Krebsleidens hatte er seinen Mitarbeiter

Ferenczi schon Jahre vorher, im November 1917, als kriegsbedingt Tabakmangel herrschte, informiert: »Gestern hatte ich die letzte Zigarre verraucht, war seither böswillig und müde, bekam Herzklopfen und eine Steigerung der seit den schmalen Tagen bemerkbaren schmerzhaften Gaumenschwellung (Carcinom? etc.) Da brachte mir ein Patient 50 Zigarren, ich zündete eine an, wurde heiter, und die Gaumenaffektion ging rapide zurück! Ich hätte es nicht geglaubt, wenn es nicht so auffällig wäre.«

Freud hatte geahnt, nicht aber wahrhaben wollen, daß die Verdickung in der Mundhöhle ein Vorstadium der Krebsentstehung darstellte. Fünf Jahre lang berührte ihn die Krankheit nicht weiter, »glücklicherweise« war es nach Kriegsende bald wieder leichter geworden, an die geliebten Zigarren heranzukommen, er hatte keine Schmerzen, ging zu keiner ärztlichen Untersuchung, das Thema ließ sich glänzend »verdrängen«. Doch im Februar 1923 entdeckte Freud eine neuerliche Geschwulst in der Mundhöhle, am rechten vorderen Gaumenboden. Als die Schwellung im Laufe der folgenden Wochen immer größer wurde, konsultierte Freud seinen Hausarzt Dr. Maxim Steiner, der den Internisten Dr. Felix Deutsch zuzog. Die beiden Ärzte erkannten sofort die Bösartigkeit des Tumors, fanden jedoch nicht den Mut, ihrem jetzt 67jährigen Patienten die Wahrheit zu sagen. Freud war an Kieferkrebs erkrankt. Es handle sich, drückten sie sich ihm gegenüber vorsichtig aus, um nicht weiter ernst zu nehmende Verdickungen als Folge des starken Zigarrenkonsums, und er solle sich »zu einem kleinen Eingriff« ins Allgemeine Krankenhaus begeben. Da Freud nicht beunruhigt werden sollte, wurde er am 20. April 1923 in die Abteilung für Hals-, Nasen- und Ohrenerkrankungen eingewiesen. Dort empfing man ihn, damit er nur ja keinen Verdacht schöpfte, in der Ambulanz und nicht im Operationstrakt. Freud hatte keine persönlichen Gegenstände mitgebracht, er dachte, er würde nach dem kleinen Eingriff gleich wieder in die nahe Berggasse zurückkehren können.

Das ebenso gutgemeinte wie gefährliche Täuschungsmanöver seiner beiden Ärzte hätte Freud beinahe das Leben gekostet. Auf jeden Fall sollte er jetzt von den damals herrschenden skandalösen Zuständen im Allgemeinen Krankenhaus – in dem er als junger Mediziner gearbeitet hatte – am eigenen Leib erfahren.

Ein Zwerg als Lebensretter
Diagnose: Kieferkrebs

Professor Dr. Markus Hajek, Vorstand des Universitätsinstituts für Hals-, Nasen- und Ohrenheilkunde, empfing den prominenten Kollegen persönlich in den Ambulanzräumen seiner Klinik. Zu Hause hatte Freud, um die Familie nicht zu beunruhigen, in den frühen Morgenstunden angekündigt, er wollte einen Spaziergang unternehmen. Gegen Mittag erhielten Martha und Anna Freud einen Anruf, sie mögen sofort ins Allgemeine Krankenhaus kommen, es wären unvorhergesehene Komplikationen eingetreten.
Als die beiden Frauen, von der Nachricht überrascht, im Spital eintrafen, glaubten sie ihren Augen nicht trauen zu können. Sie fanden den geliebten Mann und Vater blutüberströmt und mutterseelenallein auf einem Küchenstuhl der Klinik vor, weder ein Arzt noch eine Krankenschwester kümmerten sich um ihn, nachdem als Folge des Eingriffs von Professor Hajek Blutungen eingetreten waren. Auf dringendes Ersuchen Anna Freuds wurde der so lieblos behandelte Patient notdürftig versorgt und in einen kleinen Raum gebracht, wo er sich auf einer primitiven Holzpritsche erholen sollte. Auf einer zweiten Pritsche lag ein geisteskranker Zwerg. Eine skurril anmutende Situation, die aber Freud wahrscheinlich das Leben gerettet hat.
Während die beiden Damen nämlich über Mittag im Spital bleiben wollten, wurden sie von der Stationsschwester rüde des Hauses verwiesen, da zu dieser Zeit »strengstes Besuchsverbot« herrschte. »Machen Sie sich keine Sorgen«, beruhigte man, »es wird schon nichts passieren, wir kümmern uns um den Herrn Professor«. Zwei Stunden später kehrten Ehefrau und Tochter in die Klinik Hajek zurück und mußten erfahren, welch skandalöse Sze-

nen sich mittlerweile ereignet hatten. Es war eine neuerliche, überaus starke Blutung eingetreten, worauf Freud die Klingel über seinem Bett betätigte. Jedoch, die Glokke funktionierte nicht. Freud war zu schwach, um aufstehen oder um Hilfe rufen zu können.

In dieser Situation erwies sich der neben ihm liegende Zwerg als lebensrettender Engel. Er verständigte eine Schwester, die mit einiger Mühe die Blutung zum Stillstand brachte. Hätte sein nicht zurechnungsfähiger Bettnachbar noch ein wenig zugewartet, wäre Freud vermutlich verblutet.

Der Patient hatte starke Schmerzen und war durch die Operation und den anschließenden Blutverlust so geschwächt, daß sich Anna Freud weigerte, den Vater noch einmal zu verlassen. Das Vertrauen in das Personal des Allgemeinen Krankenhauses war aus verständlichen Gründen geschwunden. Doch es sollte noch schlimmer kommen.

Freuds Zustand verschlechterte sich während der folgenden Nacht in bedrohlichem Maße. Worauf Anna Freud, die im Zimmer des Vaters geblieben war, eine Pflegerin bat, den diensthabenden Arzt zu wecken. Dieser weigerte sich jedoch, den Patienten aufzusuchen und legte sich nach der unwillkommenen Unterbrechung seiner Nachtruhe wieder nieder. Wie durch ein Wunder überlebte Sigmund Freud auch diesen grotesken Fall grober ärztlicher Pflichtverletzung.

Damit nicht genug, »war die Operation, wie sich bald herausstellen sollte, unzureichend gewesen«, schreibt der Wiener Pathologe Hans Bankl in seinem Untersuchungsbericht *Woran sie wirklich starben – Krankheiten und Tod historischer Persönlichkeiten*. Das war, heißt es hier weiter, »allerdings kein Wunder bei einem so oberflächlich vorbereiteten und durchgeführten Eingriff. Warum sich Prof. Hajek mit einer nur örtlichen Ausschneidung zufriedengab, die, wie er wissen mußte, die Ausbreitung des Krebses nicht zum Stillstand bringen konnte, läßt sich nur durch die Annahme erklären, daß er den Fall als hoffnungslos aufgegeben hatte und deshalb nur pro forma eine operative Maßnahme durchführte. Daß Hajek jedoch die Operation in der Ambulanz und nicht einmal im Operationssaal durchführte und dann Freud nach der Blutung ohne ausreichende ärztliche und pflegerische Betreuung ließ, ist unverständlich und unentschuldbar, auch wenn der Patient nicht jemand gewesen wäre, der Weltruhm erlangt hatte und selbst Arzt und Mitglied der medizinischen Fakultät war.«

Professor Hajek führte seinen berühmten Patienten am Tag nach der Operation noch stolz seinen Studenten vor, dann durfte Freud nach Hause gebracht werden. Vermutlich hat er selbst um die vorzeitige Entlassung gebeten, so gut wie in diesem Spital – der weltweit anerkannten Wiener Universitätsklinik – konnte er wohl auch von seiner Familie versorgt werden. Von diesem Tag an bis zu seinem Tod wurde Freud von seiner Tochter Anna gepflegt, eine andere Betreuung duldete er nicht.

Bei der Untersuchung des entnommenen Gewebes war, wie erwartet, ein Karzinom festgestellt worden. Freud mußte sich nun zu Röntgenbestrahlungen beim Radiologen Guido Holzknecht begeben. Zu jenem berühmten Arzt, der selbst ein erschütterndes Schicksal erfahren sollte: gerade er, der im »Bleigummi« den einzigen wirksamen Strahlenschutz entdeckte, starb elendiglich an den Schädigungen, welche die Röntgenstrahlen an seinem Körper hinterließen.

Wie wir heute wissen, waren die Bestrahlungen Freuds zwar äußerst schmerzhaft, aber sinnlos. Bei der Art von Krebsgeschwulst, von der er befallen war, hatte die Röntgenbehandlung keinen heilenden Effekt, bewirkte im Gegenteil nur Gewebeschäden.

Obwohl Freud nach dieser ersten von insgesamt 33 Kieferoperationen, die in den kommenden Jahren folgen sollten, äußerst geschwächt war, bestand er darauf, die Sommermonate wie geplant zu verbringen. Vorerst war ein Kuraufenthalt in Gastein vorgesehen, dann ging's nach Lavarone in Norditalien und schließlich nach Rom, um die Stadt lebenslanger Träume seiner Tochter Anna zeigen zu können.

Dr. Deutsch war auf Drängen Annas nach Gastein und später auch nach Lavarone gekommen und fand bei der Untersuchung heraus, daß sich eine neuerliche Geschwulst gebildet hatte. Wieder wurde Freud die Gefährlichkeit der Situation verschwiegen, auch wollte ihm der Internist – damit sein Urlaub nicht verdorben würde – nicht gestehen, daß im Herbst eine Radikaloperation nötig sei. Mehrere Freunde – unter ihnen Eitingon, Jones und Ferenczi – waren nach Lavarone gekommen, um Freud zu besuchen, und mußten hier bei einem »Geheimtreffen« mit Dr. Deutsch erfahren, wie es um ihren verehrten Lehrmeister stand. Otto Rank war der einzige gewesen, den man über den lebensgefährlichen Zustand Freuds schon vorher informiert hatte.
Otto Rank war nach dem Verlust so vieler Freunde – sei es durch Tod oder Abkehr – in dieser Zeit Freuds engster Vertrauter, er akzeptierte ihn und betrachtete ihn wie einen Sohn. Auch sah Freud in Rank seinen würdigen Nachfolger als Führer der mittlerweile groß und international gewordenen Psychoanalytischen Bewegung. Der jetzt 38jährige Rank hatte einen wahrhaft beeindruckenden Lebensweg hinter sich. Als Sohn eines Alkoholikers in Wien geboren, war er zunächst Mechaniker geworden. Da er für diesen Beruf körperlich zu schwach war, wurde er Büroangestellter und begann – von Freud beeinflußt – schriftstellerisch tätig zu werden. Alfred Adler stellte 1905 den Kontakt zu Freud her, der sich später erinnerte: »Eines Tages führte sich ein absolvierter Gewerbeschüler durch ein Manuskript bei uns ein, welches außerordentliches Verständnis verriet. Wir bewogen ihn, die Gymnasialstudien nachzuholen, die Universität zu besuchen und sich den nichtärztlichen Anwendungen der Psychoanalyse zu widmen.« Tatsächlich absolvierte Otto Rank die Reifeprüfung, studierte Philosophie und promovierte 1912. Er wurde Sekretär der Psychoanalytischen Vereinigung und veröffentlichte zahlreiche wissenschaftliche Arbeiten, ehe er noch vor Ausbruch des Ersten Weltkriegs Herausgeber der *Internationalen Zeitschrift für Psychoanalyse* und – gemeinsam mit dem Juri-

sten Hanns Sachs – des Magazins *Imago* wurde. Nach dem Zusammenbruch der Monarchie war Rank auch in Freuds Psychoanalytischem Verlag federführend tätig. Später sollte er sich freilich von der Psychoanalyse trennen, was sogar die Scheidung von seiner Frau zur Folge hatte, da diese als Kinderanalytikerin der Freud'schen Lehre treu bleiben wollte.

Aber noch ist Otto Rank Freuds Lieblingsschüler, in diesem schweren Sommer 1923. Von seinem anschließenden – und letzten – Aufenthalt in der Ewigen Stadt schrieb Freud noch an Eitingon, »Rom war sehr schön, besonders die beiden ersten Wochen, ehe der Scirocco kam und meine Schmerzen sich verstärkten. Anna war prächtig, hat alles verstanden und genossen, und ich wurde sehr stolz auf sie.«

In Rom erreichte ihn noch eine Zeitungsnotiz, die ihm ein besonders »taktvoller« Anhänger aus Chikago zugesandt hatte. »Professor Freud is slowly dying«, wurde da gemeldet, er hätte seine Tätigkeit beendet und seinem »spiritual son« Otto Rank anvertraut. »Es ist sehr lehrreich für die Entstehung von Gerüchten«, kommentierte Freud den Bericht, »ganz erfunden ist es ja nicht, die Zusendung tröstet mich, denn es gibt keinen Tod, nur das Schlechte kann sterben.«

Tage danach wieder in Wien, waren bereits alle Vorbereitungen für eine neuerliche Operation getroffen. Auf Empfehlung von Deutsch war nun auch der bekannte Kieferchirurg Hans Pichler beigezogen worden, der gemeinsam mit Hajek eine rasche Ausbreitung des Geschwürs auf Gaumen, Teile des Oberkiefers, der Wangenschleimhaut, Zunge und Unterkiefer feststellen mußte. Professor Pichler führte die Operation Anfang Oktober in zwei Etappen durch. Nach den beiden, jeweils stundenlangen Eingriffen, die der tapfere Patient unter Lokalanästhesie über sich ergehen ließ, konnte Freud tagelang nicht sprechen und mußte auch künstlich ernährt werden.

Die Radikaloperation war so neuartig und außergewöhnlich, daß Pichler, ehe er sich an Freud heranwagte, den

Eingriff an einer Leiche ausprobieren mußte, um zu sehen, ob sie technisch überhaupt durchzuführen wäre. Professor Pichler erwies sich als hervorragender Operateur, er betreute Freud bis an sein Lebensende und besuchte ihn sogar in seinem Londoner Exil.
Pichler verdanken wir auch die genaue Kenntnis der Krankengeschichte Freuds. Der Vater des Kieferchirurgen hatte eine Abart des Gabelsberger-Stenographiesystems erfunden, das Professor Pichler für seine medizinischen Aufzeichnungen anwendete. Nach Pichlers Tod im Jahre 1949 konnten sie nur von einer Person, seiner langjährigen Sekretärin, entziffert werden. Freuds Hausarzt Max Schur machte die Dame ausfindig und ließ sie das Krankenprotokoll übertragen.
In seiner ersten großen Operation entfernte Pichler im *Sanatorium Auersperg* Teile von Ober- und Unterkiefer, des Gaumens sowie der Wangen- und Zungenschleimhaut. Ende Oktober konnte der Patient das Krankenhaus verlassen, doch ein neuerlicher Befund zeigte schon wenige Tage später, daß weiteres Krebsgewebe vorhanden war. Pichler operierte wieder, entfernte große Teile der Kieferknochen, womit das erste Karzinom vorerst tatsächlich beseitigt war.
Das Leben wurde von jetzt an zu einer einzigen Qual. Nachdem mehrere Probemodelle einer Prothese angefertigt worden waren, wurde Freud ein überdimensionales Gebiß eingesetzt, das er selbst als »Ungeheuer« bezeichnete. Die Prothese füllte den gesamten Kieferbereich aus und verursachte bis an sein Lebensende höllische Schmerzen. Als erschwerend erwies sich, daß er das gewaltige Gebiß niemals für längere Zeit zur Erholung aus dem Mund nehmen durfte, da sonst das Narbengewebe Schaden genommen hätte. Zahlreiche Versuche der kommenden Jahre, eine erträglichere Prothese herzustellen, scheiterten.
Essen, Trinken und Sprechen war nur unter gewaltigen Anstrengungen möglich. Und auch das Rauchen! Es war Freud selbst nach dieser Tortur nicht möglich, sich der vermutlich alles auslösenden Nikotinsucht zu entwöh-

nen, er genoß seine Zigarren wie eh und je. Dr. Deutsch zog sich einige Monate nach dem Eingriff auf eigenen Wunsch als ärzlicher Berater Freuds zurück, weil er das Gefühl hatte, nicht mehr das uneingeschränkte Vertrauen des Patienten zu besitzen. Freud nahm ihm übel, daß er ihn nicht von Anfang an vom Ernst der Situation unterrichtet hatte. Trotzdem blieben die beiden Ärzte einander in persönlicher Freundschaft verbunden.
Danach hatte Freud mehr als fünf Jahre keinen Leibarzt. Ab 1929 übernahm der damals erst 32jährige Internist Dr. Max Schur, der Freuds Vorlesungen zur Einführung in die Psychoanalyse besucht hatte, diese Aufgabe. Freud sagte zu Schur, er erwarte von ihm immer die Wahrheit zu hören. Dann nahm er seinem neuen Arzt – der ihn bis zuletzt vorbildlich betreuen sollte – das folgende Versprechen ab: »Wenn es mal so weit ist, werden Sie mich nicht unnötig quälen lassen.«
»Das alles«, berichtet Dr. Schur in seinen Freud-Erinnerungen, »sagte er mit der äußersten Einfachheit, ohne eine Spur von Pathos, aber auch mit absoluter Entschiedenheit.« Nachdem Schur faktisch versprochen hatte, seinem Patienten – falls dies nötig sein werde – das Sterben medikamentös zu erleichtern, gaben sich die beiden Herren auf diese Abmachung die Hand. Dann wies Freud seinen Arzt – wie er dies immer getan hatte – an, ihn nicht als Kollegen behandeln zu wollen, sondern das volle Honorar in Rechnung zu stellen. Ihm zu niedrig erscheinende Honorarnoten retournierte er beleidigt, drohte sogar scherzhaft, den »Delinquenten« vor einem Schiedsgericht der Ärztekammer wegen standeswidrigen Verhaltens zur Rechenschaft zu ziehen.
Der ihm verbliebene Sarkasmus konnte freilich nicht darüber hinwegtäuschen, daß die Qualen im Laufe der nächsten Jahre ein immer schrecklicheres Ausmaß erreichten.

»Was an mir erfreulich ist, heißt Anna«
Frauen um Freud

In Arthur Schnitzlers Tagebüchern findet sich die folgende Eintragung: »19. 12. 1923. Besorgungen in der Stadt, Begegnung mit Professor Freud, mit Frau und Tochter; er sprach, nach seiner Operation, nur mühselig!«
Anna, Freuds jüngste Tochter, wich in diesen schweren Tagen kaum von seiner Seite, erwies sich als seine größte Stütze, widmete ihr Leben dem Dienst am Vater. Niemand anderer stand Freud jetzt sowohl menschlich als auch als Sachwalter der Psychoanalytischen Bewegung so nahe. Sie war Pflegerin, Sekretärin und in der Öffentlichkeit eine Art »Stellvertreterin« geworden, trug die von ihm verfaßten Reden auf Psychoanalytischen Kongressen vor, nahm die ihm zugedachten Ehrungen entgegen und unterstützte ihn auf allen Gebieten seiner wissenschaftlichen Arbeit.
Im März 1923, wenige Tage vor seiner ersten Krebsoperation, als sie nicht ahnen konnte, was auf die Familie zukam, hatte sie einen Nebenraum der Ordination ihres Vaters bezogen, um dort – ohne je Medizin studiert zu haben – mit ihren eigenen Patienten Analysen durchzuführen. Ihr Vater war immer schon für die »Laienanalyse« eingetreten, also dafür, daß auch Nicht-Ärzte analysieren. Ihm schien es sogar gefährlich, die Psychoanalyse »ausschließlich in der Hand von Ärzten zu wissen, weil eine bloß medizinische Ausbildung oft genug eine Hemmung für den Psychoanalytiker bedeutet.«
Anna Freud war nach der Matura Volksschullehrerin geworden und hatte dann am *Cottage Lyceum*, in dem sie einst Schülerin war, unterrichtet. Während des Ersten Weltkriegs begann sie sich für die Psychiatrie zu interessieren, besuchte Vorlesungen ihres Vaters und durfte in der Klinik Wagner-Jaureggs zahlreiche Visiten begleiten,

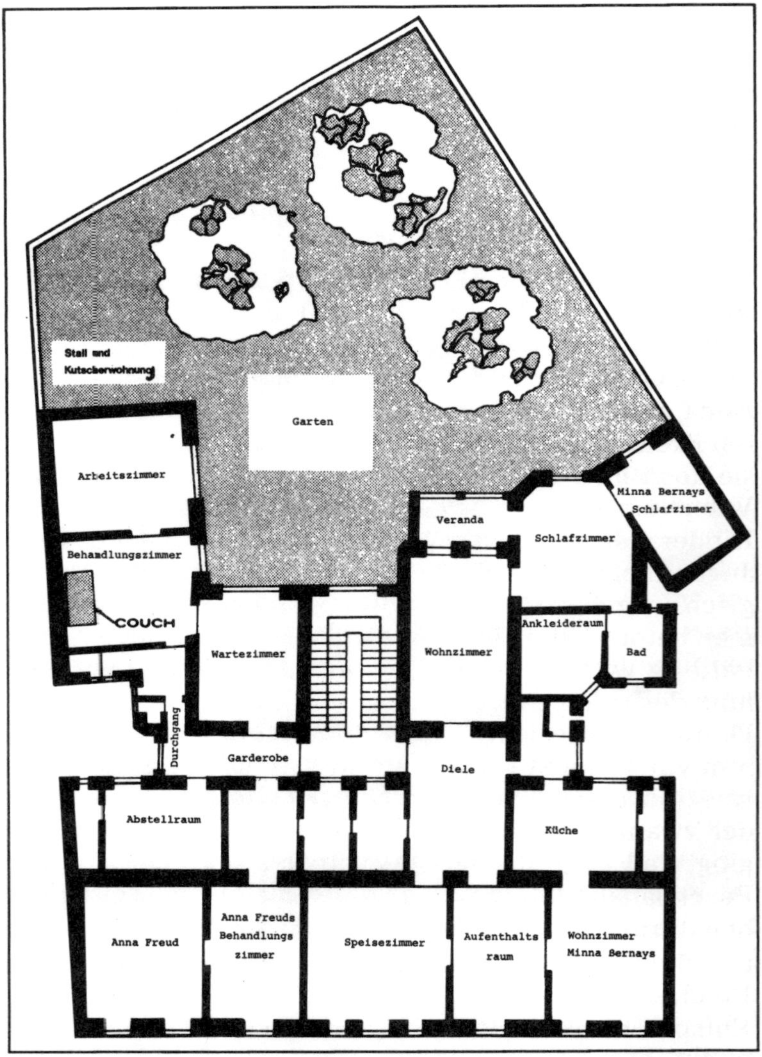

Grundriß der Freud-Ordinationswohnung mit Annas Behandlungszimmer

um sich dabei medizinische Grundkenntnisse zu erwerben.

Kurz vor Kriegsende fuhr sie mit Freud zum 5. Internationalen Psychoanalytischen Kongreß nach Budapest, we-

nige Jahre danach steckte ihr der Vater als Zeichen der Zugehörigkeit zum engsten Freundes- und Mitarbeiterkreis einen Ring an den Finger; insgesamt gab es sieben solcher Ringe, deren Träger zum sogenannten »Comité« zählten, einer begrenzten Gruppe seiner intimsten Anhängerschaft. Dem 1913 gegründeten »Comité« gehörten Abraham, Ferenczi, Jones, Rank, Eitingon und Hanns Sachs an. Aufgabe der ausdrücklich als »Geheimbund« bezeichneten Verbindung war es – nach dem Bruch mit Adler, Stekel und Jung –, Freud gegen alle Angriffe von außen zu schützen, damit er ungestört den Ausbau der psychoanalytischen Lehre vornehmen könne.
Anna Freud erwies sich als würdiges Mitglied des engeren Kreises der Psychoanalytischen Bewegung, ergänzte sie doch im Laufe ihres Lebens die Erkenntnisse ihres Vaters um einen völlig neuen Bereich. Sie führte mit der Kinderanalyse die Behandlung neurotischer Kinder und Jugendlicher ein, der sie auch zahlreiche stark pädagogisch orientierte Bücher widmete. Wobei Anna Freud immer betonte, die Geschichte der Kinderpsychoanalyse hätte in Wahrheit viel früher, nämlich mit der Behandlung des »kleinen Hans«, begonnen.
Drei Jahre lang, von 1918 bis 1921, war Anna Freud bei ihrem Vater in Analysebehandlung. Eine solche »Lehranalyse« für angehende Therapeuten wurde dann ab Mitte der zwanziger Jahre obligatorisch, da man davon ausging, daß kein Mensch frei von Neurosen sei, und der Psychoanalytiker, bevor er überhaupt in die Praxis gehen dürfe, zuerst einmal von seinen eigenen Komplexen und inneren Widerständen befreit werden müsse.
Etliche Träume teilte Anna ihrem Vater brieflich mit. Entsprechend der Tatsache, daß er den absoluten Mittelpunkt ihres Lebens bildete, spielen Freud und die Sorge um seine Person in ihrem »Nachtleben«, wie sie es nannte, eine große Rolle. So berichtet sie im Sommer 1919 von einem Traum, in dem eine gemeinsame Bekannte eine Wohnung im gegenüberliegenden Haus Berggasse 20 gemietet hatte, um ihn von dort aus zu erschießen. Ein andermal träumte sie, »Du bist ein König und ich eine Prin-

zessin und jemand will uns durch politische Intrigen voneinander trennen.«
Freud bedrückte, daß Anna als einziges seiner Kinder nicht verheiratet war. An Verehrern sollte es nicht mangeln, doch zwei Umstände führten dazu, daß sie ledig blieb. Erstens hatte sie immer den vergötterten Vater vor sich, an den kein anderer »heranreichte« – was Freud als »Vaterkomplex« diagnostizierte. Und zweitens hatte sie, wie Freud Eitingon mitteilte, »einen verständlichen Durst nach Frauenfreundschaften...«
Zweifellos war die Analyse der eigenen Tochter ein außergewöhnlich problematisches Unterfangen. Als schwierig erwies sich bei einer so nahestehenden Person die wichtige Projektion der Gefühle auf den Analytiker (»Übertragung«) und die Analyse der Beziehung zum eigenen Vater, der ja in diesem ganz speziellen Fall mit dem Therapeuten identisch war. Trotzdem schrieb Freud später einmal an Edoardo Weiss, den Gründer der Italienischen Psychoanalytischen Gesellschaft, die Therapie »bei der eigenen Tochter ist mir gut geraten.«

Sigmund Freud war, wie wir einem Brief an Lou Andreas-Salomé entnehmen können, überaus stolz auf seine Tochter: »Was an mir noch erfreulich ist, heißt Anna. Bemerkenswert, wieviel Einfluß und Autorität sie unter der analytischen Menge gewonnen hat... Überraschend auch, wie scharf, klar und unbeirrbar sie den Stoff bewältigt, wirklich unabhängig von mir. Sie werden sich freuen, wenn Sie ihre nächsten Arbeiten lesen. Natürlich gibt es manche Sorgen, sie macht es sich zu schwer, was wird sie anfangen, wenn sie mich verloren hat, ein Leben in asketischer Strenge?«
Zu ihren ersten kleinen Patienten zählten vier Kinder aus den USA, die mit ihrer Mutter in Österreich lebten: Dorothy Burlingham, Tochter des berühmten New Yorker Juweliers Tiffany, war 1925 nach einer unglücklichen Ehe nach Wien übersiedelt und hatte sich hier zu Sigmund Freud in Analyse begeben. Bald wurden zwischen ihr und der Familie Freud freundschaftliche Bande ge-

knüpft, besonders gut verstand sie sich mit Anna, die etwa in ihrem Alter war. Mrs. Burlingham mietete ein über der Freud'schen Wohnung in der Berggasse gelegenes Appartement und schickte ihre Kinder – zwischen sieben und zwölf Jahre alt – in Anna Freuds Behandlung.
Für die Freud-Kinder und Enkel schienen die neu zugezogenen Freunde von einem anderen Stern zu kommen. In der Berggasse war man ein gutbürgerliches, aber doch asketisch-bescheidenes und schon ein wenig antiquiertes Leben gewöhnt. Da sich alles nach den Wünschen des Patriarchen-Großvaters richtete, war der Stil der neuen Zeit auch an den jüngeren Familienmitgliedern spurlos vorübergegangen, man lebte immer noch wie zur Jahrhundertwende. Durch die Burlinghams lernte man das moderne, das unkonventionelle Leben der »wilden« zwanziger Jahre kennen: Die Burlingham-Kinder begeisterten sich für Walt-Disney-Filme, die durch einen handgekurbelten *Pathé Baby*-Projektor flimmerten, sie betrieben Sport, schossen Familienfotos, verwendeten Zahnpaste statt Zahnpulver, trugen Pyjamas statt Nachthemden. Dorothy chauffierte einen Wagen Modell Ford-T und führte die eigenen wie die Freud-Kinder zu Opern-, Kino- und Theatervorstellungen. Wie sich die Freuds für den amerikanischen Lebensstil der schwerreichen Burlinghams begeisterten, waren diese von der k. u. k. Ambiance der altösterreichischen Familie fasziniert.
Da sie für ihre Kinder in Wien keine geeignete Schule fand, gründete die ebenso unternehmungslustige wie lebensfrohe Dorothy Burlingham mit Sigmund und Anna Freuds Unterstützung ein eigenes Lehrinstitut, das sich als interessantes Erziehungsexperiment erweisen sollte. Die in der Hietzinger Wattmanngasse gelegene Privatschule wurde auch von den Freud-Enkeln besucht, woran sich Ernest Freud erinnert: »Nirgendwo anders wurde mit soviel Einfühlung, Verständnis und Offenheit gelehrt, wofür die psychoanalytische Einstellung ausschlaggebend war. Wir wurden weder ›unterrichtet‹ noch ›erzogen‹, sondern es wurde uns Gelegenheit gegeben, sich mit faszinierendem Wissen selbst bekannt zu ma-

chen. Es war eine Art ›Selbsthilfe Lern-Buffet‹.« Später leiteten Dorothy Burlingham und Anna Freud den Wiener Montessori-Kindergarten.
Gemeinsam kauften die beiden Damen auch einen als Urlaubsdomizil gedachten Bauernhof in Hochrotherd bei Wien, in dem Sigmund Freud so manches Wochenende verbrachte und die kleine Sensation brieflich Arnold Zweig mitteilte: »Woher schreibe ich Ihnen? Von einem Bauernhäuschen auf einem Hügelabhang, fünfundvierzig Autominunten von der Berggasse, das sich meine Tochter und ihre amerikanische Freundin (die das Auto besitzt) als Weekendvilla erworben haben.« Dorothy Burlingham war es, die Freud zwei Chow-Chow-Hunde schenkte, die er über alles liebte. »Lün« und »Tatoo« hatten das außerordentliche Privileg, während Freuds Analysen zu seinen Füßen sitzen zu dürfen. »Ich ziehe die Gesellschaft der Tiere der menschlichen vor«, sagte er, bereits als Hundebesitzer, »gewiß, ein wildes Tier ist grausam. Aber die Gemeinheit ist ein Vorrecht des zivilisierten Menschen.«

Neben Martha, Anna, Dorothy Burlingham und Lou Andreas-Salomé sollte eine weitere außergewöhnliche Frau eine bestimmende Rolle in Sigmund Freuds Leben spielen: Marie Bonaparte, Prinzessin von Griechenland und Dänemark, war 1882 als Urgroßnichte Napoleons in Paris zur Welt gekommen und seit 1907 mit Prinz Georg, dem Sohn des griechischen Königs Georg I., verheiratet. Prinz und Prinzessin galten als eines der schönsten und vornehmsten Paare ihrer Zeit, was nichts daran änderte, daß Marie Bonaparte während dieser Ehe zahlreiche Liebschaften hatte, darunter eine mit Frankreichs Ministerpräsidenten Aristide Briand. Sie begann sich sehr früh für die Psychoanalyse zu interessieren, war 1925 an der Gründung der Französischen Psychoanalytischen Vereinigung beteiligt, kam oft nach Wien und stand in ständigem brieflichen Kontakt mit Freud, der ihre Sympathien erwiderte.
Marie Bonaparte hatte, als sie vier Wochen alt war, ihre

Mutter verloren, und zwischen ihrem siebenten und zehnten Lebensjahr ein Tagebuch geführt, dem sie ihre traumatischen Erlebnisse im Zusammenhang mit dem Verlust der Mutter anvertraute – es sollte zu einem wichtigen Dokument der Psychoanalyse werden. In der Pubertät wurde sie vom korsischen Sekretär ihres Vaters erpreßt und mißbraucht, nachdem dieser einige Liebesbriefe aus ihrer Feder entdeckt hatte. In ihrer Publikation *Die Männer, die ich liebte* geht sie auf diese Episode ein. Als sie sich Mitte der zwanziger Jahre erstmals bei Freud zur Analyse anmeldete, war der vorerst reserviert, weil er dachte, es handelte sich um »modische Launen einer Dame der Gesellschaft«, doch bald wurde sie zu seiner Lieblingsschülerin. »Die Prinzessin«, wie er sie nannte, war eine Frau von großer Kraft und Bestimmtheit, übersetzte etliche Freud-Artikel ins Französische und veröffentlichte eigene psychoanalytische Schriften – darunter eine umfangreiche Studie über Edgar Allan Poe, zu der Freud das Vorwort lieferte. Im Gegensatz zu Freud, der sich für Napoleon begeisterte, hatte sie für ihren Urahn wenig übrig.

Sowohl Dorothy Burlingham als auch Marie Bonaparte erlernten und praktizierten die Psychoanalyse. Die Prinzessin von Griechenland konnte Freud später durch ihren diplomatischen Status zur Ausreise nach England verhelfen, Dorothy Burlingham begleitete Freud in die Emigration und lebte bis zu ihrem Tod mit der Familie. Der Schwung, den die Amerikanerin mit ihren Kindern in die Berggasse gebracht hatte, erleichterte dem Ehepaar Freud zweifellos die Emigration und das Leben in einer neuen Welt.

Psychoanalyse auf chinesisch
Der »Wolfsmann« meldet sich

Freud meisterte sein schweres Schicksal in erstaunlicher Weise. Der Mann, den – als er noch jung war – Neurosen und Todesängste gepeinigt hatten, bewies jetzt fast übermenschliche Kraft und einen zähen Lebenswillen. Am 2. Januar 1924 nahm er seine Praxis wieder auf und empfing täglich sechs Patienten. Stimme und Sprechweise hatten sich verändert, so daß er von Besuchern und Kranken oft nur schwer verstanden werden konnte. Da er außerdem als Folge der Operation am rechten Ohr vorerst schwerhörig, später dann taub wurde, mußten Couch, Schreibtisch und Arztsessel umgestellt werden, damit er den Patienten das linke Ohr zuwenden konnte. Er behauptete, »nicht mehr derselbe zu sein«, und beschrieb den neuen Zustand mit den Worten: »Das richtige wäre, Arbeit und Verpflichtungen aufzugeben und in einem stillen Winkel auf das natürliche Ende zu warten. Ich bin auch beständig durch irgend etwas gequält. Es stellt sich so einfach vor, ein Stück Kiefer durch eine Prothese zu ersetzen und alles ist in Ordnung, aber die Prothese selbst ist nie ganz in Ordnung, die Versuche zu ihrer Verbesserung nie ganz abgeschlossen ... Kauen und Schlucken kann ich natürlich, aber mein Essen verträgt keine Zuschauer.«

Sein Enkel Ernest, der nach dem frühen Tod seiner Mutter zur Familie gestoßen war, erinnert sich: »Die Mahlzeiten unterschieden sich vom übrigen Tagesablauf schon deshalb, weil Großvater dabei war. Essen hatte Struktur und Ritual. Selbstverständlich war der Tisch perfekt gedeckt, und die Gänge erschienen in verläßlicher Reihenfolge. Es war wichtig, daß das Aufgetischte Qualität hatte, und man war schon kritisch, wenn es nicht den Erwartungen entsprach. Die Suppe war immer heiß, und man bemühte sich darum, daß Großvater sie erst bekam, wenn sie etwas abgekühlt war. Natürlich war es wichtig, daß das Fleisch nicht hart, das heißt für Großvater gut zu kauen war ... Auch wenn er Schmerzen hatte oder unter Druck war, schien er ausgeglichen. Ich kann mich nicht erinnern, ihn je ungehalten oder wütend gesehen zu haben. Obwohl zu sehen war, daß er litt, hatte man doch nie das Gefühl, daß er Mitleid erregen wollte.« Alle waren spürbar um den Gesundheitszustand des Familienoberhaupts besorgt.

Zwei Jahre nach dem ersten chirurgischen Eingriff erlitt Freud eine Herzschwäche und begab sich zur Erholung in das *Cottage Sanatorium* in der Sternwartestraße, das durch seine unmittelbare Nachbarschaft zum Wohnhaus Arthur Schnitzlers zu einer neuerlichen Verbindung mit dem Dichter führte. Freud nahm den Kontakt durch einen Brief auf, in dem er Nachbarschaft und geistige Nähe zu vereinen verstand, wenn er schreibt: »Verehrtester, ich war Ihnen noch nie so nahe. Ich hause im Sanatorium in Ihrer Straße und mache auf Wunsch der Internisten Herztherapie, befinde mich aber subjektiv recht wohl.« Schnitzler fand sich zweimal beim Patienten ein und erzählte dem »Doppelgänger«, daß er gerade an der *Traumnovelle* arbeite – ein zweifellos durch Freud beeinflußtes Werk. Sätze wie »Und kein Traum ist völlig ein Traum« oder »Man erinnerte sich erst später, viel später und wußte nicht mehr, ob man etwas erlebt oder auch nur geträumt hatte« entsprechen ganz den Freud'schen Deutungen.

Wieder einmal erbrachte Freud den Beweis, wie produktiv er in schweren Tagen sein konnte, und daß sich die körperliche Schwächung in keiner Weise auf seine geistige Leistungsfähigkeit auswirkte. In den Tagen der Krebsoperation war sein kurz zuvor fertiggestelltes wichtiges Werk *Das Ich und das Es* erschienen, im Jahr darauf *Hemmung, Symptom und Angst* sowie die *Selbstdarstellung*, der er den Untertitel *Schriften zur Geschichte der Psychoanalyse* gab. Daneben verfaßte er trotz der neuen, zermürbenden Lebensumstände zahlreiche Artikel und Essays. Wie sein Leben überhaupt nach all den Schicksalsschlägen in den gewohnten Bahnen abläuft und äußerlich nicht wesentlich anders wirkt als vorher. Mit der Zeit fand er seinen Zynismus wieder, sprach bald von »meinem lieben alten Karzinom« und erklärte der Prinzessin Marie Bonaparte, es sei Pech, daß ausgerechnet er, der so gerne Krebse esse, an Krebs leiden müsse.

Das Ich und das Es sollte sich als eine der Säulen der Freud'schen Theorie erweisen, zeigt er darin doch das Strukturmodell der menschlichen Persönlichkeit auf, die er in drei Teile gliedert: Die Psyche des Neugeborenen beschränkt sich auf das triebhafte *Es*, dem der Säugling hilflos ausgeliefert ist. Um sein Überleben zu sichern, entwickelt das Kleinkind eine Organisationsbasis für wirkungsvolles, überlegtes Handeln, von Freud als *Ich* bezeichnet. Als dritte seelische Instanz kommt später noch das *Über-Ich* hinzu: unser Gewissen. Die Veränderung der ursprünglichen Triebimpulse in gesellschaftlich akzeptierte Handlungen nennt Freud Sublimierung. Das *Ich* ist Vermittler zwischen dem triebhaften *Es*, dem moralischen *Über-Ich* und der Außenwelt. Die große Gefahr dieser »Vermittlung« liegt in der völligen Unterdrückung unserer Triebe. Die Unterdrückung der beiden Triebarten – Eros und Aggression – ist es, die den Ausbruch der seelischen Krankheiten zur Folge hat. Das Ziel eines gesunden und moralisch vertretbaren Lebens fand Freud in dem längst klassisch gewordenen Satz: »Wo *Es* war, soll *Ich* werden.«

Während Freud dieses Strukturmodell des Menschen entwirft und seine persönliche Tragödie ihren Lauf nimmt, bahnt sich Europas politische Katastrophe an. Deutschland und das zum Kleinstaat geschrumpfte Österreich können sich mit ihrer neuen Situation nach der Niederlage nur schwer abfinden. Frankreichs Ministerpräsident Georges Clemenceau befindet: »Der Rest ist Österreich«, in Versailles und Saint-Germain wird die Zahlung beträchtlicher Reparationsgelder an die Alliierten beschlossen. Beide Länder wissen nicht, wie sie Ar-

beitslosigkeit und Inflation bekämpfen sollen. Hitler fordert auf dem ersten Parteitag der NSDAP, den Friedensvertrag für ungültig zu erklären.
»Politisch bin ich ein Nichts«, gestand Freud 1926 seinem Freund Max Eastman. Tatsächlich zeichnete sich der Lebensweg des Vaters der keineswegs unpolitischen Psychoanalyse nicht gerade durch gefestigte ideologische Richtlinien aus. Hatte er nach ersten Sympathien zur deutschnationalen Studentenbewegung diese wieder verlassen, so fühlte er sich in den zwanziger Jahren am ehesten den Sozialdemokraten zugehörig, waren sie doch die einzigen, die ihn zu Lebzeiten in seiner Heimatstadt überhaupt zur Kenntnis nahmen. Ein Jahr nach Ausbruch der Krebserkrankung ernannte ihn der sozialistische Bürgermeister Karl Seitz zum »Bürger von Wien«, was Freud sarkastisch kommentierte: »Die Idee, daß der übermorgen bevorstehende achtundsechzigste Geburtstag der letzte sein könnte, muß sich auch anderen aufgedrängt haben, denn die Stadt Wien hat sich beeilt, mir zu diesem Tag die Ehre ihres Bürgerrechts zu verleihen, die sonst auf den siebzigsten zu warten pflegt.«
Vor den Nationalratswahlen des Jahres 1927 unterschrieb Freud einen Wahlaufruf zugunsten der Sozialdemokratischen Partei – auf derselben Liste finden sich auch Persönlichkeiten wie Alfred Adler, die Komponisten Wilhelm Kienzl und Anton von Webern, der Kabarettist Fritz Grünbaum, der Schauspieler Josef Jarno, die Schriftsteller Franz Werfel, Alfred Polgar und Robert Musil. Sah Freud damals in der Sozialdemokratie die einzige Kraft gegen den an die Macht drängenden Faschismus, so näherte er sich einige Jahre später schon wieder dem »anderen Lager.«
Er ist jetzt weltberühmt. In New York wird in den zwanziger Jahren eine *Hamlet*-Fassung im Sinne der psychoanalytischen Deutung aufgeführt, seine Werke sind bereits ins Englische, Französische, Holländische, Schwedische, Spanische, Russische, Tschechische, Ungarische, Japanische sowie in Blindenschrift und sogar ins Chinesische übersetzt. Letzteres kommentierte er süffisant da-

mit, es sei zu bezweifeln, ob man die Psychoanalyse auf chinesisch besser verstehen würde als auf deutsch.
Daß man sie schon auf deutsch nicht versteht, zeigen immer mehr gegen Freud gerichtete Publikationen, die mit seiner zunehmenden Popularität in Druck gelangen. So tritt der Wiener Pater Wilhelm Schmidt Ende der zwanziger Jahre als ständiger Freud-Verfolger in Erscheinung. Der Theologe will beispielsweise herausgefunden haben, daß »Sowjet-Rußland das Fürchterlichste bereits verwirklicht« habe: Freuds Ödipuskomplex sei von den Bolschewiken entdeckt worden, bei denen »die letzten, aber auch die allerletzten Bindungen der Familie und die letzten Einschränkungen grenzenlosen Geschlechtsverkehrs aufgehoben sind, so daß auch Ehen zwischen Geschwistern, ja zwischen Eltern und Kindern zugelassen werden.«
Und für all das und noch viel mehr ist Sigmund Freud verantwortlich.

Im August 1931 ist eine Ausgabe der *Süddeutschen Monatshefte* mit dem bezeichnenden Titel »Gegen Psychoanalyse« Freud gewidmet. Seine Lehre, wird dort kolportiert, wirke »auf die Patienten, ja auf die ganze Menschheit als Vergiftung einer der wenigen menschlichen Verhältnisse, die ihr, der Menschheit, noch als heilig gelten.«
Aber auch außerhalb des deutschen Sprachraums beginnen sich die Freud-Gegner zu formieren. Ein amerikanischer Professor namens C. Clemen lehnt »den Weg der Psychoanalyse als Irrweg« ab, und in England erhebt sich die Stimme des Ethnologen W. H. Rivers, der den »Pansexualismus der Schule Freuds eher als Beitrag zur Pornographie als zur Medizin« sieht.

Entsprechend seiner internationalen Reputation eilen Reporter aus aller Welt nach Wien, um den bereits »großen alten Mann« zu interviewen. Der Journalist Raymond Recouly beschreibt seine Begegnung mit Freud in der französischen Tageszeitung *Le Temps:* »Wir sehen einen äußerst akzentuierten jüdischen Typus, das Bild eines alten Rabbis, der gerade aus Palästina kommt, das magere und abgezehrte Gesicht eines Mannes, der seine Tage und Nächte damit zugebracht hat, mit seinen eingeweihten Jüngern über die Feinheiten des Gesetzes zu diskutieren. Man spürt bei ihm eine sehr intensive Gehirntätigkeit und die Macht, mit Ideen zu spielen, wie ein Orientale mit den Bernsteinperlen seiner Gebetskette spielt. Wenn er von seiner Lehre, seinen Schülern spricht, tut er es mit einer Mischung aus Stolz und Distanziertheit, aber der Stolz überwiegt.«

Freud versuchte – auch wenn der zunehmende Bekanntheitsgrad nach all den Jahren der Isolierung und Herabsetzung schmeicheln mußte – jeglichen Personenkult zu vermeiden und lehnte daher einen Großteil der Interviewwünsche ab. Was kein Geringerer als der inzwischen weltberühmt gewordene Hollywood-Regisseur Billy Wilder zu verspüren bekam, der mir in Los Angeles die folgende Geschichte erzählte. Er war damals, in den zwanziger Jahren, als junger Reporter bei der Wiener Tageszeitung *Die Stunde* beschäftigt und hatte von seinem Chefredakteur den Auftrag erhalten, für die Weihnachtsausgabe eine der damals überaus beliebten »Prominentenumfragen« durchzuführen. Berühmte Zeitgenossen sollten zum Thema »Faschismus« befragt werden, der nach Mussolinis »Marsch auf Rom« und dem Sturz der italienischen Regierung aktuell geworden war. »Ich hatte für meine Interviews nur einen Tag Zeit«, erinnert sich Wilder, »und an diesem Tag besuchte ich Richard Strauss, Schnitzler, Alfred Adler und Freud. Die schönste Episode hatte ich mit Freud. Ich kam in seine Wohnung in der Berggasse, gab dem Dienstmädchen meine Karte mit der Aufschrift ›Billie S. Wilder, Reporter der *Stunde*‹. Das Dienstmädchen sagte, der Herr Professor ist beim Mittagessen. Ich bat sie, mich trotzdem zu melden. Während ich im Salon wartete, sah ich durch eine Türe das Zimmer mit der berühmten Couch, über die ein türkischer Teppich gebreitet war. Bald danach kam Freud aus dem Eßzimmer, die Serviette noch um den Hals gebunden, er schaute auf meine Karte und fragte: ›Sind Sie Herr Wilder?‹, ich antwortete: ›Jawohl, Herr Professor‹. Dann fragte er: ›Sie sind von der *Stunde?*‹, ich sagte wieder ›Jawohl, Herr Professor‹. Darauf sagte er: ›Dort ist die Tür!‹. Er warf mich hinaus, weil er Reporter nicht leiden konnte.«

Freuds Scheu gegenüber der Presse muß der aus Paris angereisten Journalistin Odette Pannetier zu Ohren gekommen sein, denn sie versuchte es mit einem Trick, indem sie behauptete, als Patientin zu kommen, die unter einer Hundephobie leide. Um glaubwürdig zu erscheinen, brachte Madame Pannetier sogar das Empfehlungsschreiben eines französischen Psychiaters mit. Freud empfing die junge Dame, dürfte die Komödie aber bald durchschaut haben, wie man ihrem Artikel entnehmen kann, der unter dem Titel »Visite au Professeur Freud« erschien. Die Journalistin beschreibt den gelehrten Mann als leidenden, aber liebenswürdigen, gutmütigen alten Herrn, der ihre Phobie »nicht allzu ernst nahm« und als nächsten Schritt empfahl, ihr Mann möge aus Paris anreisen. Dann erklärte er, was die Behandlung kosten würde und welche Schwierigkeiten zu überwinden wären. »Ich hielt ihm einen Briefumschlag hin. Sein Gebaren schien mehr freundlich als professionell. Aber er nahm den Umschlag.«

Im Jahre 1926 meldete sich bei Freud ein »alter Bekannter«, ein Mann, der längst in die Geschichte der Psychoanalyse eingegangen war. Dr. Sergej P., ein russischer Aristokrat, war vor dem Ersten Weltkrieg vier Jahre lang Patient in der Berggasse gewesen und hatte danach unter dem Pseudonym »Wolfsmann« Berühmtheit erlangt. Der Sohn eines reichen Großgrundbesitzers aus Odessa war auf Anraten eines russischen Psychiaters zu Freud gekommen, nachdem dieser seine Ohnmacht gegen Sergejs schwere Zwangsneurosen hatte erkennen müssen.

Auf Freuds Couch schildert der »Wolfsmann« die Atmosphäre einer mehr als außergewöhnlichen Kindheit. Seine Mutter war hypochondrisch veranlagt, der Vater depressiv, ein Onkel litt an Paranoia. Der Großvater machte – Parallele zu den *Brüdern Karamasow* – dem Sohn die Braut streitig, die Großmutter verübte Selbstmord, ebenso Sergejs ältere Schwester, die ihn vor ihrem Freitod noch verführte. Als Sergej mit 17 nach intimem Kontakt mit einer Prostituierten an Gonorrhöe erkrankte, kam eine kaum erträgliche Depression zum Ausbruch. Er war plötzlich vollkommen hilflos, nicht einmal in der Lage, sich selbständig an- und auszuziehen oder mit anderen einfachen Dingen des täglichen Lebens fertig zu werden. Außerdem litt er unter schwersten Darmstörungen und konnte natürlich auch keinen Kontakt zu Frauen finden.

»Gänzlich abhängig und existenzunfähig«, wie Freud den Patienten später in seiner *Geschichte einer infantilen Neurose* beschreiben wird, schickt man ihn von einem Arzt zum anderen, Sergej reist nach St. Petersburg und München, sucht verschiedene Sanatorien auf, wird von Kapazitäten (die zum Teil schon seine Eltern behandelt haben) mit Hypnose und Elektrotherapie behandelt – doch es kommt zu keiner Besserung.

Bei Freud war Sergej erstmals im Februar 1910 – damals 23 Jahre alt – erschienen. Der Patient »hörte zu, verstand und ließ sich nicht nahekommen. Seine untadelige Intelligenz war wie abgeschnitten von den triebhaften Kräften. Es bedurfte einer langen Erziehung, um ihn zu bewegen, einen selbständigen Anteil an der Arbeit zu nehmen.«

Endlich gelingt es Freud, Sergej einen Traum zu entlocken, in dem er die Ursache seiner Neurose sieht – und dem der »Wolfsmann« sein später berühmt gewordenes Pseudonym verdankt. Es ist ein Traum, den der Patient als Vierjähriger erlebte: »Plötzlich geht das Fenster von selbst auf, und ich sehe mit großem Schrecken, daß auf dem großen Nußbaum vor dem Fenster ein paar weiße Wölfe sitzen. Es waren sechs oder sieben Stück. Die Wölfe waren ganz weiß und sahen eher aus wie Füchse oder Schäferhunde, denn sie hatten große Schwänze wie Füchse, und ihre Ohren waren aufgestellt wie bei den Hunden, wenn sie auf etwas aufpassen. Unter großer

Angst, offenbar, von den Wölfen aufgefressen zu werden, schrie ich auf und erwachte.«

Hinter dem Traum, analysiert Freud, steckt ein Erlebnis aus noch früherer Kindheit. Sergej war im Alter von eineinhalb Jahren an Malaria erkrankt und übernachtete, statt wie üblich bei der Kinderfrau, im Zimmer der Eltern. Dort wurde er »Zeuge eines dreimal wiederholten coitus a tergo«, bei dem er »das Glied der Mutter wie das Glied des Vaters sehen« konnte. Die weißen Wölfe stehen für die weiße Unterwäsche der Eltern in diesem von Freud als »Urszene« bezeichneten Geschlechtsverkehr, der schwere Kastrationsängste zur Folge hatte. Wiederum gelangt Freud zu dem Schluß, daß es nicht von Bedeutung sei, ob der Patient den Beischlaf tatsächlich oder nur in phantastischen Träumen gesehen hätte.

Nach vierjähriger, überaus anstrengender Analyse – während der er täglich eine Stunde auf Freuds Couch lag – waren Sergejs Kindheitserlebnisse in sein Bewußtsein gedrungen, und er konnte, vollkommen gesund, entlassen werden.

Als die Rote Armee in Odessa einmarschiert und sämtliche Ländereien, Schlösser und Besitztümer seiner Familie beschlagnahmt, ist P. gerade auf dem Weg nach Wien, wo ihm Freud zu einer Nachbehandlung rät, weil noch ein kleiner nicht-analysierter Rest zurückgeblieben sei. Nach der Revolution ist der Aristokrat verarmt und kann nicht mehr in seine Heimat zurück. Freud behandelt ihn nicht nur kostenlos, sondern unterstützt ihn sechs Jahre lang durch Geldzuwendungen und organisiert eine Spendenaktion unter Kollegen, um dem inzwischen verheirateten und zum Doktor der Rechtswissenschaften graduierten Emigranten das Überleben zu sichern.

Als sich Sergej 1926 mit neuen Symptomen meldet, fühlt sich Freud gesundheitlich nicht stark genug für eine weitere Analyse und überweist ihn an seine Schülerin Dr. Ruth Mack-Brunswick, die Dr. P. schließlich zur endgültigen Genesung verhilft.

Seit 1918 lebte der »Wolfsmann« in Wien, doch sollten die Schicksalsschläge auch hier nicht ausbleiben. Seine Frau hatte ihre kleine Tochter früh verloren und nahm sich – wenige Tage nach dem Einmarsch der Hitlertruppen – im März 1938 das Leben. Sergej P. starb im Mai 1979 im Alter von 92 Jahren in einem Wiener Altersheim.

»Lieber Herr Freud!« – »Lieber Herr Einstein!« Zwei Genies finden keine Antwort

Nach Leonardo da Vinci fertigte Freud auch psychoanalytische Porträts Michelangelos und Johann Wolfgang von Goethes an. Am 28. August 1930, dem 181. Geburtstag des »Dichterfürsten«, wurde Freud der *Goethepreis* der Stadt Frankfurt verliehen. Anna Freud nahm die Auszeichnung entgegen, da er selbst »zu gebrechlich für diese Unternehmung« war. Freud bezeichnete die Ehrung als »Höhepunkt meines bürgerlichen Lebens.«
Während es ihm also ein Anliegen war, historische Persönlichkeiten zu porträtieren, lehnte er jeden Vorschlag zur Veröffentlichung seiner Lebensgeschichte ab. Nachdem Fritz Wittels 1923 ohne sein Einverständnis die erste Freud-Biographie herausgebracht hatte, reagierte Freud zurückhaltend, es schiene ihm, »daß die Öffentlichkeit kein Recht an meiner Person« hätte. Stefan Zweig, der zu Freuds wichtigsten Korrespondenzpartnern zählte, widmete dem »Begründer einer heute gar nicht mehr entbehrlichen Sexualwissenschaft« ein Kapitel seines 1931 erschienenen Buches *Die Heilung durch den Geist*. Freud gestand Zweig zwar zu, das Wichtigste erkannt zu haben, »nämlich, daß soweit Leistung in Betracht kommt, diese nicht so sehr Sache des Intellekts als des Charakters war«. Hatte dafür aber zu beanstanden, »daß Sie das kleinbürgerlich korrekte Element an mir allzu ausschließlich betonen; der Kerl ist doch etwas komplizierter ... Ich weiß von der Kleinkunst her, daß das Format den Künstler zu Vereinfachungen und Weglassungen nötigt, aber dann entsteht leicht ein falsches Bild«. Als Arnold Zweig etwas später plante, eine vergleichende Studie über Nietzsche und Freud zu veröffentlichen, protestierte Freud heftig. Das Projekt wurde auch nicht realisiert, die Freundschaft blieb davon ungetrübt.

Eine Freundschaft ganz anderer Art entwickelte sich zwischen den beiden Männern, die damals als die »bedeutendsten lebenden Juden« bezeichnet wurden: Freud hatte Albert Einstein erstmals zu Weihnachten 1926 zum zweistündigen Kaffeeplausch in Berlin getroffen und ihn danach so eingeschätzt: »Er ist heiter, sicher und liebenswürdig, versteht von Psychologie so viel wie ich von Physik, und so haben wir uns sehr gut gesprochen«. Danach führten die beiden auf Anregung des Völkerbundes im Jahre 1932 eine schriftliche Diskussion, die unter dem Titel *Warum Krieg?* veröffentlicht wurde. Der Titel blieb zwar unbeantwortet, doch folgen nach der schlichten Begrüßung »Lieber Herr Freud!« bzw. »Lieber Herr Einstein!« akademische Erörterungen, die das Schlimmste, wie wir wissen, nicht abwenden konnten. »Wir müssen unsere Kinder gegen Militarismus impfen, indem wir sie im Geiste des Pazifismus erziehen«, empfahl Einstein, der auch vor dem Mißbrauch staatlicher Autoritäten warnte und ganz im Sinne der verstorbenen Bertha von Suttner appellierte: »Ich bin nicht nur Pazifist, ich bin militanter Pazifist. Ich will für den Frieden kämpfen. Nichts wird Kriege abschaffen, wenn nicht die Menschen selbst den Kriegsdienst verweigern.« Freud explizierte den »Todestrieb«, war sonst aber eher der Meinung, es käme nicht allzu viel dabei heraus, »wenn man bei dringenden praktischen Aufgaben den weltfremden Theoretiker zu Rate zieht ... Der ideale Zustand wäre natürlich eine Gesellschaft von Menschen«, schreibt Freud, »die ihr Triebleben der Diktatur der Vernunft unterworfen haben, aber es ist wahrscheinlich eine utopische Hoffnung. Besser man bemüht sich in jedem einzelnen Fall der Gefahr zu begegnen, mit den Mitteln, die eben zur Hand sind«.
Jedoch waren keine Mittel zur Hand, wie sich sehr bald erweisen sollte.
Denn am 30. Januar 1933 wird Hitler in Berlin Reichskanzler. Die Nationalsozialisten übergeben Freuds Schriften – wegen ihrer »seelenzersetzenden Überschätzung des Trieblebens« – den Flammen. Freud kommentiert dies mit den Worten: »Was sie für Fortschritte ma-

Zeitgenössische Karikatur: Einstein und Freud (gemeinsam mit dem bekannten Physiologen Eugen Steinach)

chen! Im Mittelalter hätten sie mich verbrannt, heutzutage begnügen sie sich damit, meine Bücher zu verbrennen.« In Österreich wird das Parlament ausgeschaltet, Bundeskanzler Dollfuß errichtet den autoritären Ständestaat und verbietet die Nationalsozialistische Partei. Noch setzt Freud Hoffnungen auf diese Maßnahme und hält den »Anschluß« für unmöglich, zumal dies Frankreich und seine Verbündeten nicht zuließen. Außerdem sei den Österreichern »die deutsche Brutalität nicht gelegen.« Eine gesetzliche Judenverfolgung, war seine gutgläubige Einschätzung, »würde das sofortige Einschreiten des Völkerbundes zur Folge haben.«
Im Februar 1934 kommt es in ganz Österreich zu blutigen Auseinandersetzungen zwischen sozialistischem Schutzbund auf der einen, den Heimwehren und der Exekutive auf der anderen Seite. Jetzt wird auch die Sozialdemokratische Partei aufgelöst, Bürgermeister Karl Seitz im Rat-

haus verhaftet, Otto Bauer flüchtet in die Tschechoslowakei. Der Bürgerkrieg fordert Hunderte Tote, neun Schutzbündler werden standrechtlich verurteilt und hingerichtet. Im Juli wird Engelbert Dollfuß im Bundeskanzleramt bei einem nationalsozialistischen Putschversuch ermordet.
Wenige Tage nach den Februar-Unruhen schreibt Freud an Arnold Zweig: »Unser Stückchen Bürgerkrieg war gar nicht schön. Ohne Paß konnte man nicht auf die Straße, die Elektrizität versagte über einen Tag, die Vorstellung, daß das Wasser ausbleiben konnte, war sehr unbehaglich.«
Zumindest ebenso unbehaglich muß sich Freud, der vor ein paar Jahren noch für die Sozialisten stimmte, gefühlt haben, als er in der Zeit des Austrofaschismus in Dollfuß und dessen Nachfolger Schuschnigg die letzte Hoffnung im Kampf gegen Hitler sah. Als die Psychoanalytische Vereinigung nach 1934 ein Verbot aussprach, Patienten zu analysieren, die sich zu den illegalen »Linken« bekannten, handelte sich Freud herbe Kritik ein, seine politische Haltung wurde als Opportunismus und Feigheit ausgelegt.
Mit der von ihm erhofften christlichsozialen »Waffe« gegen die nicht aufzuhaltenden Nazis verbanden sich aber auch seit Jahren wachsende Ressentiments gegen die Sozialdemokraten. Denn diese hatten, als sie noch an der Macht waren, mit Adlers Individualpsychologie sympathisiert. Adler hatte in den Volksschulen des »roten Wien« bis 1932 mehrere Kinderberatungsstellen errichtet und Lehrer in Kinderpsychiatrie ausgebildet, wobei ihn dabei die sozialistischen Politiker Julius Tandler und Otto Gloeckel besonders unterstützten, was Freud vor allem seinem Arztkollegen Tandler übelnahm. Die Sozialdemokraten waren damit für ihn jedenfalls »gestorben«. Freud hatte, als der Nationalsozialismus über Österreich hereinzubrechen drohte, keine politische Heimat mehr. Aber wahrscheinlich hat er nie eine gehabt.
1936 verdüstern sich Freuds politische Prognosen: »Die Zeitverhältnisse lassen keine gute Stimmung bei uns auf-

kommen«, schreibt er Arnold Zweig, »Österreichs Weg zum Nationalsozialismus scheint unaufhaltbar. Alle Schicksale haben sich mit dem Gesindel verschworen. Mit immer weniger Bedauern warte ich darauf, daß für mich der Vorhang fällt.«

In dieser Zeit sinkenden Lebenswillens wächst die Sorge um seine Gesundheit. Dreizehn Jahre nach der ersten Operation und nach mehreren kleineren Eingriffen hatte sich ein neues Karzinom gebildet. In den Tagen um Freuds 80. Geburtstag mußte Professor Pichler das Tumorgewebe und ein weiteres Stück Knochen operativ entfernen. Die Hoffnung, das Fortschreiten seines Leidens könnte gestoppt sein, war geschwunden. Es war damit zu rechnen, daß jede Veränderung der Mundschleimhaut die Tendenz zu raschem Wachstum haben und bösartig sein würde. »Heftige Schmerzen zunächst«, schrieb Freud an Marie Bonaparte etwas später, »in den nächsten Tagen arge Mundsperre, so daß ich nichts essen, nur mit Mühe trinken kann und meine Stunden mit Hilfe von halbstündig erneuerten Wärmeflaschen gebe.«
In dieser schweren Situation vermochten ihn wohl nicht einmal die Worte Thomas Manns anläßlich seines 80. Geburtstags aufzurichten. Er sei vollkommen überzeugt, sagte der Dichter bei einem Vortrag im Wiener Konzerthaus, »daß man in Freuds Lebenswerk einmal einen der wichtigsten Bausteine erkennen wird, die beigetragen worden sind ... zum Fundament der Zukunft, dem Hause einer klügeren und freieren Menschheit«. Danach überreichte Thomas Mann dem »echten Sohn des Jahrhunderts der Schopenhauer und Ibsen, aus dessen Mitte er entsprang« in der Berggasse eine von rund 200 Künstlern aus aller Welt verfaßte Glückwunschadresse.
Einige der bedeutendsten Frauen und Männer ihrer Zeit brachten darin zum Ausdruck, daß »Freud's kühnes Lebenswerk aus unserer geistigen Welt nicht wegzudenken« sei; darunter Hermann Broch, Max Brod, Elisabeth Bergner, Salvador Dali, Alfred Döblin, Lion Feuchtwanger, André Gide, Hermann Hesse, Aldous Huxley, James

Joyce, Egon Erwin Kisch, Paul Klee, Selma Lagerlöf, Robert Musil, W. Somerset Maugham, Gunnar Myrdal, Pablo Picasso, Bruno Walter, Franz Werfel, H. G. Wells, Thornton Wilder, Arnold und Stefan Zweig.
Freud hat die Anerkennung, die er ein Leben lang suchte, an der Schwelle des Todes gefunden. Der auserwählte Kreis seiner Anhänger umspannte die ganze Welt. Doch es war »zu spät«.

Zeitgenössische Karikatur zu Freuds 80. Geburtstag

Zu Beginn des Jahres 1938 klagte Freud wieder über starke Schmerzen im Kieferbereich, eine wunde Stelle entstand, die sich schnell und verdächtig veränderte. Freud rauchte nach wie vor, mußte das Gebiß mit Hilfe einer Wäscheklammer öffnen, um eine Zigarre zwischen die Lippen zu stecken. Eine weitere Operation war notwendig geworden, sie sollte sich als die bisher schwierigste erweisen, da die Stelle tief innerhalb der Mund-Nasenhöhle lag und mit den chirurgischen Instrumenten kaum zu erreichen war. Professor Pichler verheimlichte Freud die volle Wahrheit. Die Wahrheit darüber, daß der neue Tumor in gefährliche Nähe der Augenhöhle vorgedrungen war.

Nach den Februarunruhen des Jahres 1934 hatte er Arnold Zweig noch geschrieben, die Fremde sei überall ungastlich, er könnte in seiner körperlichen Hilflosigkeit Wien nicht mehr verlassen. »Nur wenn wirklich ein Hitlerscher Statthalter in Wien regiert, muß ich wohl fortziehen, gleichgültig wohin.«

Bis zuletzt hoffte Freud, daß es dazu nicht kommen würde.

»Ich kann die Gestapo jedermann empfehlen«
Wie Freud den »Anschluß« erlebte

Ernest, der ältere Sohn der so früh verstorbenen Freud-Tochter Sophie, ist das einzige noch lebende Familienmitglied, das mit Freud den »Anschluß« erlebte und von den Vorgängen im März 1938 in der Berggasse zu berichten weiß. Freuds Enkel – der heute als Psychoanalytiker in der Nähe von Köln lebt – waren die im Stechschritt durch die Straßen marschierenden Hitlertruppen nicht unbekannt gewesen. Hatte er doch 1933 in Berlin gelebt und sie dort bereits kennengelernt, die brutalen SA-Leute in ihren braunen Uniformen mit ihren von den Gürteln baumelnden Stahlruten. Und den jubelnden Pöbel, der ihm in Berlin hämisch »Einbahnstraße nach Palästina!« zugerufen hatte. Ernest Freud-Halberstadt erlebte in Wien eine Neuauflage seiner damaligen Befürchtungen, daß man nämlich irgendwo geschnappt und verschleppt werden könnte, sodaß niemand wüßte, was mit einem geschehen war.

Während sein verwitweter Vater Max Halberstadt noch einmal geheiratet und sich nach der Machtergreifung der Nationalsozialisten in Deutschland mit Frau und seiner Tochter aus dieser zweiten Ehe nach Johannesburg abgesetzt hatte, war Ernest nach Wien gegangen, wo er sich im Schoße der Familie Freud sicher zu fühlen glaubte. Doch nach fünf Jahren sollte sein inzwischen weltberühmt gewordener Großvater erfahren, daß die Nazis auch ihm wenig Achtung entgegenzubringen bereit waren.

Freuds Enkel Ernest wurde am 12. März 1938 in seiner kleinen Wohnung in der Wiener Eroicagasse vom Gedröhne deutscher Luftwaffeneinheiten geweckt. »Ich setzte mich dann an den kleinen, von Tante Minna abgelegten Radioapparat – ein Kristallset mit Kopfhörern – und hörte mir die Nachrichten an. Die verkündeten, daß die Deutschen auf dem Einmarsch nach Österreich waren. Ich glaube, es wurden auch Gerüchte vom Widerstand erwähnt, wie zum Beispiel, daß irgendwo Nägel auf die Straßen gestreut wurden, um die deutschen Kolonnen aufzuhalten.«

Doch solche Episoden vermochten Hitlers Truppen nicht am Einmarsch zu hindern. Nachdem der 24jährige Student schnell noch einen Freund gewarnt und gemeinsam mit diesem dessen sozialdemokratische Literatur verbrannt hatte, beschloß er, seine eigene Wohnung zu räumen und zu den Großeltern zu ziehen, »nicht zuletzt weil ich befürchtete, daß mich Nachbarn, die mich gelegentlich mit meiner arischen Freundin gesehen hatten, denunzieren könnten. Überdies schien mir die Berggasse auch schon deshalb sicherer, weil ich mich dann im Schutzkreis ausländischer Freunde befand: die Burlinghams wohnten zwei Etagen höher und waren ja Amerikaner, das Auto der amerikanischen Botschaft stand zeitweise wegen meines Großvaters vor der Haustür.«

Der Diplomatenwagen parkte aufgrund einer persönlichen Intervention des Präsidenten der Vereinigten Staaten in der Berggasse. Franklin D. Roosevelt hatte John C. Wiley, den amerikanischen Geschäftsträger in Wien, angewiesen, sein Augenmerk auf Dr. Freuds Wohlergehen zu lenken, was dieser auch sofort befolgte. Amerikanische Diplomaten in anderen europäischen Metropolen ließen ihre deutschen Kollegen überdies mit unmißverständlicher Deutlichkeit wissen, daß eine schlechte Behandlung Freuds einen weltweiten Skandal zur Folge hätte.

Der zweite Staatsmann, der sich in diesen Tagen für den berühmten, aber körperlich hilflosen Wissenschaftler in Wien einsetzte, war Benito Mussolini, der sich mit der Bitte, Freud zu schonen, direkt an Hitler in Berlin wandte. Freud kam jetzt zugute, daß er vier Jahre zuvor eine Patientin aus Italien behandelt hatte, deren Vater ein guter Bekannter des »Duce« war. Er hatte damals Italiens Faschistenführer ein Buch mit charmanter Widmung zukommen lassen: »Von einem alten Mann, der im Diktator

den Kulturheros erkennt.« Die schmeichelhaften Worte waren als Anspielung auf Mussolinis Förderung archäologischer Ausgrabungen zu verstehen.
Als er in den Märztagen 1938 zu den Großeltern in die Berggasse übersiedelte, wurde Ernest Freud in Minna Bernays' Wohnzimmer eingewiesen, in dem ihm ein Sofa als Schlafstatt diente. Bald mußte er durch die Fenster dieses Zimmers beobachten, wie SA-Männer den Laden des jüdischen Gemüsehändlers im gegenüberliegenden Haus ausräumten, den Inhalt auf ein Lastauto verluden und abtransportierten. Die ersten »Maßnahmen« waren mit atemberaubender Geschwindigkeit getroffen worden.
Aber auch der Familie Freud war nur eine kurze Atempause gegönnt, ehe sich die Herren aus Berlin meldeten. Ernest Jones und Marie Bonaparte erwiesen sich in dieser Situation als wahrhaft treue Freunde. Die Prinzessin eilte aus Frankreich zu Hilfe, und Jones setzte in London alle Hebel in Bewegung, um die Emigration der gesamten Familie Freud zu erwirken.
In diesen Wochen quälender Ungewißheit half Freud seiner Tochter Anna bei der Übersetzung von Marie Bonapartes Buch *Topsy*, der Geschichte ihres kleinen Hundes, die ihn sehr bewegte, hegte er doch wie die Prinzessin eine besondere Liebe für Chows. Und er arbeitete täglich eine Stunde am Manuskript seines letzten fertiggestellten Werkes *Der Mann Moses und die monotheistische Religion*, in dem er seine kühnen Erkenntnisse zur Entstehung des Christentums und die Motive des gerade zu so trauriger Aktualität gelangten Antisemitismus aus psychoanalytischer Sicht darlegte.
Die jüdische Religion, meint Freud, habe ihren Ursprung im ägyptischen Monotheismus und sei durch einen vornehmen Ägypter namens Moses zu den Juden gebracht worden, als dieser sie aus Ägypten führte. Der Antisemitismus grassiere vor allem unter jenen Völkern, denen das Christentum aufgezwungen wurde. In Wahrheit waren diese aber geblieben, was ihre Ahnen waren, barbarische Polytheisten. Ihr Antisemitismus wäre demnach

eine »Verschiebung«: Der Judenhaß sei im Grunde Christenhaß.

Freud wollte lange nicht glauben, daß sich ein Land bereitfinden würde, ihn aufzunehmen. Zu oft hörte man in diesen Tagen von Österreichern, die an den Konsulaten so vieler Staaten um Einreisebewilligungen flehten und abgewiesen wurden. Und Freud hielt nicht für möglich, daß er ein »Sonderfall« sein sollte. Sobald er dann aber die Zusage hatte, daß ihm und seiner Familie, den Dienstboten, Leibärzten und einigen Schülern die Einreise nach England gewährt würde, begann er anhand eines Stadtplans, die Straßen von London zu studieren.
Beim britischen Konsulat wurde die folgende Liste mit den jeweiligen Ansuchen um Visa für den »Haushalt Prof. Dr. Freud Wien IX., Berggasse 19« eingereicht:

1. Prof. Sigmund Freud 82 Jahre
2. Seine Frau Martha 77 J.
3. Schwester der Frau: Minna Bernays 73 J.
4. Tochter Anna 42 J.
5. Sohn Dr. Martin 48 J.
6. Dessen Frau Esti 41 J.
7. Dessen Sohn Walter 16 J.
8. Dessen Tochter Sophie 13 J.
9. Enkel Ernest Halberstadt 24 J.
10. Verheiratete Tochter Mathilde 50 J.
11. Deren Mann R. Hollitscher 62 J.
12. Leibarzt seit 9 ½ Jahren Dr. Max Schur 41 J. mit
13. Frau und zwei kleinen Kindern
14. langjährige Hausgehilfin Paula Fichtl 36 J.

Von der großen Familie blieben also seine vier Schwestern Rosa Graf, Adolfine und Marie Freud sowie Paula Winternitz – alle zwischen 74 und 79 Jahre alt – in Wien. Die Brüder Sigmund und Alexander, die beide emigrieren konnten, hatten ihnen 160.000 Schilling* auf einem

* Entspricht lt. Statistischem Zentralamt Wien im Jahre 1989 einem Betrag von ca. 4,4 Millionen Schilling (= 630.000 DM).

Konto hinterlassen. Die fünfte Schwester Anna lebte schon seit 46 Jahren in den USA, Freuds Mutter war 1930 im Alter von 95 Jahren gestorben.
Für die Erlangung seiner eigenen Einreiseerlaubnis nach England hatte sich als sehr günstig erwiesen, daß Freud drei Jahre zuvor zum Ehrenmitglied der *Royal Society of Medicine* ernannt worden war. Als wesentlich größeres Problem stellte sich dar, von den Nazis die Ausreisegenehmigung aus seiner zur »Ostmark« degradierten Heimat zu erhalten. Der von Freud konsultierte Rechtsanwalt Dr. Alfred Indra zeigte sich bei der Beschaffung der für die Ausreise erforderlichen »Unbedenklichkeitserklärung« als überaus anständiger Berater. Seine Eingabe um Befreiung von der »Reichsfluchtsteuer« wurde freilich abgewiesen. Man forderte Freud zur Entrichtung von 31.329 Reichsmark* auf, widrigenfalls er das Land nicht verlassen dürfte. Da der Psychoanalytische Verlag in letzter Zeit eher Verluste als Gewinne geschrieben hatte – die Bücher waren ja in Deutschland seit Hitlers Machtergreifung verboten –, war es Freud nicht möglich, den Gesamtbetrag aufzubringen. Um zu verhindern, daß seine Bibliothek und die Antikensammlung beschlagnahmt würden, stellte Marie Bonaparte weitere 12.000 holländische Gulden zur Verfügung. Freud gab das Geld, als er dann in England war, an die Prinzessin zurück. Er hatte im Ausland Konten, die er vor den Nazis geheimhalten konnte.
Im Zusammenhang mit der »Reichsfluchtsteuer« findet sich wieder einmal ein trefflicher Beweis für die Richtigkeit der These von den Freud'schen Fehlleistungen: Wenn sein Anwalt nämlich um Nachlaß der »Reichsfluch(!)steuer« ansucht.
Sigmund Freud hatte seine Wohnung seit 12. März nicht mehr verlassen. »Es war schwer einzuschätzen, wo es sicherer war«, erinnert sich Ernest Freud. »Blieb man zu Hause, lief man Gefahr, von den Nazis abgeholt zu werden. Befand man sich auf der Straße, bestand die Gefahr,

---

* Entspricht lt. Statistischem Zentralamt Wien im Jahre 1989 einer Summe von ca. 1,3 Millionen Schilling (180.000 DM)

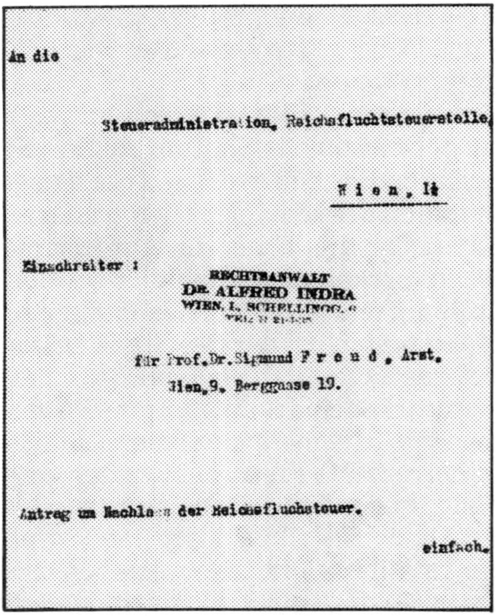

An die

Steueradministration, Reichsfluchtsteuerstelle,

W i e n , I.

Einschreiter :

RECHTSANWALT
DR. ALFRED INDRA
WIEN, I., SCHELLINGG. 6

für Prof.Dr.Sigmund F r e u d , Arzt,

Wien,9. Berggasse 19.

Antrag um Nachlass der Reichsfluchsteuer.

einfach.

Fehlleistung: »Antrag um Nachlass der Reichsfluch(t)steuer«

angepöbelt und aufgegriffen zu werden. Ich verbrachte viel Zeit oben bei den Burlinghams und war wohl auch deshalb nicht in der Freud'schen Wohnung, als die SA kam und Geld verlangte (das übrigens für so eine Eventualität schon im Wandsafe bereit lag).«

Dieser erste »Besuch« in der Berggasse erfolgte am 15. März. Drei Männer stürmten ins Eßzimmer und forderten Martha Freud zur Herausgabe der gesamten Barschaft auf. Mit den Worten »Wollen sich die Herren nicht bedienen?« legte sie das vorhandene Haushaltsgeld auf den Tisch. Als sich die Nazis damit nicht zufriedengaben, wurden sie von Anna zum Safe geführt, dessen gesamten Inhalt, 6000 Schilling, sie ihnen aushändigte. Gleichzeitig wurden natürlich auch sämtliche Privat- und Verlagskonten gesperrt.

In der Familie lief alles sachlich, beherrscht und kontrolliert ab, soweit dies die Umstände zuließen, erinnert sich Ernest Freud weiter. Es gab keinerlei Panik, wie es überhaupt unvorstellbar war, daß ein Familienmitglied je

»den Kopf verlieren« würde. Den einzigen Gefühlsausbruch dieser Tage zeigte Freuds Ehefrau Martha, der auffiel, daß sie in den Geschäften der Umgebung plötzlich ganz anders behandelt wurde als bisher: »Ich erinnere mich an eine Episode mit meiner Großmutter, zu der ich eine sehr innige Beziehung hatte und die ich bei dieser Gelegenheit zum Einkaufen begleitet hatte. Wir waren an der Ecke Berggasse-Porzellangasse, und die Großmama drückte ihre ganze Unfaßbarkeit der Situation mit kopfschüttelnder Enttäuschung und jüdischer Resignation so aus: ›In all den 47 Jahren, seit ich in der Berggasse gelebt habe, habe ich doch keinem Geschäft je einen Groschen geschuldet‹.« Ernest war tief beeindruckt von den Worten der Großmutter, die noch in einer Atmosphäre aufgewachsen war, in der korrektes Verhalten eine Garantie für Anerkennung, Belohnung, Respekt und Sicherheit bot.

Doch jetzt lebte man in einer anderen, in einer neuen Welt. In einer Welt, die auf Zerstörung alles »Nichtarischen« ausgerichtet war. Das galt natürlich auch für das Werk Freuds und anderer »artfremder« Kapazitäten. Professor Matthias H. Göring – ein Vetter Hermann Görings und seines Zeichens Präsident der *Deutschen Allgemeinen Ärztlichen Gesellschaft für Psychotherapie* – hatte die neuen Richtlinien bereits vorgezeichnet: »Es liegt mir vor allem an einem Ausgleich der verschiedenen Richtungen mit dem Ziele einer deutschen Psychotherapie; dieser kann weder etwas Jüdisches (Freud, Adler) noch etwas Ostisches (Jung) zugrundegelegt werden; sie wird eigenartig sein müssen.«

Eigenartig war das alles zweifellos.

Während der schwerkranke Großvater an seinem Schreibtisch saß und arbeitete, beinahe so, als ob nichts passiert wäre, wagte sich sein Enkelsohn doch noch durch die hakenkreuzbeflaggten Straßen Wiens. »In der Kärntner Straße übten Leute etwas zaghaft im Gehen den Hitlergruß. Beim Friseur – ich glaube in der Liechtensteinstraße – wurde man immer leicht Ohrenzeuge von Gesprächen anderer Kunden. Diesmal ging es um

Antisemitismus, und man bekam den Eindruck, daß keiner dieser biederen Wiener je einen Juden gesehen hatte und, wie sie sagten, auch keinen erkannt hätten, wenn sie einem begegnet wären.«

Auf einem seiner nicht ungefährlichen Streifzüge durch die Wiener Innenstadt hatte Ernest Freud ein besonders beunruhigendes Erlebnis. In der Nähe des Michaelerplatzes kam ihm ein Wagen der Gestapo entgegen, in dem seine Tante Anna zwischen schwarz uniformierten Gestapomännern saß. Einige »Herren« waren eine Woche nach dem ersten Besuch zu einer zweiten, »gründlicheren« Hausdurchsuchung erschienen, hatten Freuds über alles geliebte Tochter verhaftet und zum Verhör in das Gestapohauptquartier am Morzinplatz geführt. Ernest war »ganz schwummrig zumute, und ich eilte zurück in die Berggasse, wo mir bestätigt wurde, daß Anna in der Tat von der Gestapo abgeholt worden war. Wir waren alle furchtbar beunruhigt, aber zum Glück konnte sie nach mehreren Stunden unversehrt wieder in die Berggasse zurückkehren« – wie es heißt, hatte der amerikanische Geschäftsträger bei der Gestapo für ihre Freilassung interveniert.

Sigmund Freud mußte am Ende der Durchsuchung seiner Wohnung ein Dokument folgenden Wortlauts unterschreiben: »Ich, Professor Freud, bestätige hiermit, daß ich nach dem Anschluß Österreichs an das Deutsche Reich von den deutschen Behörden und im besonderen von der Gestapo mit der meinem wissenschaftlichen Ruf gebührenden Achtung und Rücksicht behandelt wurde, daß ich meiner Tätigkeit ganz meinen Wünschen entsprechend frei nachgehen konnte und nicht den geringsten Grund zu einer Beschwerde habe.«

Das Papier, von einem Nazikommissar überreicht, war fertig aufgesetzt. Freud las es durch, unterschrieb und fragte, ob er noch den Satz anfügen dürfte: »Ich kann die Gestapo jedermann wärmstens empfehlen.«

Freuds ältester Sohn Jean-Martin leitete seit sieben Jahren den im Haus Berggasse 7 etablierten Internationalen Psychoanalytischen Verlag und war deshalb doppelt ge-

fährdet. Er bat seinen Neffen Ernest, in die Verlagsräume – nur wenige Schritte von der Wohnung entfernt – zu kommen und ihm behilflich zu sein, psychoanalytische Bücher in Sicherheit zu bringen. »Jedenfalls vergaßen wir, die Vorhänge zuzuziehen, und eine Nachbarin von gegenüber muß uns wohl beobachtet haben und erstattete Anzeige.« Bei einer sofort eingeleiteten Durchsuchung des Verlags stellten die Beamten fest, daß Martin kurz zuvor einen Teil der 1924 erschienenen Auflage von Freuds *Gesammelten Schriften* in die Schweiz geschickt hatte, um das Werk, das einst Hermann Hesse »durch hohe menschliche sowohl wie literarische Qualitäten« überzeugt hatte, vor der Vernichtung zu retten. Die Fahnder bestanden auf einen Rücktransport der Bücher nach Wien, wo sie dann auch »feierlich« verbrannt wurden. Schon vier Tage nach dem »Anschluß« war der Verlag dem Arzt Dr. Anton Sauerwald als »kommissarischem Leiter« übergeben worden, um »den Juden das abzunehmen, was sie als Handels- und Geldparasiten aus dem ahnunglos schaffenden deutschen Volk gezogen hatten«, wie es das Reichswirtschaftsministerium formulierte. Etwas später erfolgte die Liquidierung des Verlags und der im selben Haus untergebrachten Psychoanalytischen Vereinigung, eines Lehrinstituts und Ambulatoriums.
Und schon waren die ersten »Schriftleiter« zur Stelle, um eine nationalsozialistische Beurteilung der Psychoanalyse vorzunehmen. Ein Experte namens Edmund Finke veröffentlichte in der *Deutschen Ostmark*, einer *Zeitschrift für Kunst, Kultur und Geistesgeschichte*, ein Pamphlet, das sich sowohl gegen Freud als auch gegen den »jüdisch-liberalen Literaturbastard« Heinrich Mann richtete. Freud war, ist hier nachzulesen, im »glorreichen Jahr der nationalsozialistischen Revolution berechtigterweise aus dem deutschen Geistesleben ausgeschaltet« worden. Kein Wunder, bedeutete doch seine Sexuallehre »unzweifelhaft und eindeutig einen sittlichen Rückschritt, der zerstörerischer auf die Menschheit einwirkte als der Weltkrieg mit seinen elf Millionen Toten (!)«.
Um sein antisemitisches Gewissen zu beruhigen, erkühn-

te sich der Autor zur Feststellung, »daß die sogenannte Libido nur im Leben der Primitiven, der Untermenschen, zu welchen die Juden zu zählen sind, eine überragende Rolle spielt.« Die ganze Psychoanalyse sei ja bekanntlich nichts anderes als »eine Pseudowissenschaft« mit »erotomanischem Überbau, ein Zeitvertreib für Kaffeehausliteraten und den übrigen sensationslüsternen Bildungspöbel der verjudeten und hysterischen Großstadtbetriebe.« Darüber hinaus hätten Freuds Theorien »die Menschen bis in den Grund ihrer Seele unglücklich und lebensüberdrüssig gemacht.«
Etwas schwieriger zu verstehen ist Herr Finke, wenn er den Beweis zu erbringen versucht, daß Freuds »verjudete Pseudowissenschaft« nichts anderes sei als eine Verfälschung der »großen geistigen Entdeckungen arisch-germanischer Denker« – wie Novalis, Schopenhauer, Goethe und Nietzsche. Doch die Erklärung folgt schon nach wenigen Zeilen: Die Grundgedanken der Tiefenpsychologie wären ja großartig, bis »der Jude sich ihrer bemächtigt (und) zu einem nichtswürdigen Geschäftsunternehmen« umgewandelt hatte.
Endlich gelangt Herr Finke zu dem Punkt, den er durch seitenlange Tiraden ansteuert: Der einfache Bürger könne »das Bewußtmachen seiner Geringfügigkeit und Hilflosigkeit, seiner Gebundenheit und Beschränktheit nur dann ertragen , . . . wenn das Bewußtgewordene Führer findet, die imstande sind, die Menschen dem inneren und äußeren Chaos zu entreißen.«
Und wer ist dieser Führer? Erraten: »In diesem Sinne konnte nur Adolf Hitler es wagen, dem deutschen Volke die Schande der Nachkriegsjahre bewußt zu machen, denn er ist berufen und auserwählt, das Chaos zu bewältigen, die Unterwelt zu bändigen . . .«
Hitler war also der bessere Psychoanalytiker.

Trotz etlicher, in ähnlicher Diktion gehaltener Schmähungen gelang es den Freuds relativ bald, die zur Ausreise nötigen Dokumente zusammenzutragen. Enkel Ernest war der erste, der das Land verlassen konnte: »Als ich von

meiner Großmutter Abschied nahm, weinte sie. Ich war erschüttert, weil ich sie nie zuvor hatte weinen gesehen. Mabbie Burlingham, die älteste Tochter von Dorothy Tiffany-Burlingham, brachte mich zum Westbahnhof, und es war ein schmerzlicher Abschied.« Über Frankreich gelangte Ernest nach Großbritannien, wo er auf den Rest seiner Familie wartete. Als nächste reiste Minna Bernays ab, die sich vor der Abfahrt noch einer Augenoperation unterziehen mußte, bald folgten Jean-Martin und Mathilde mit ihren Familien.
Ehe auch Sigmund, Martha und Anna Freud alle Papiere beisammen hatten, fragte die Tochter ihren Vater: »Wäre es nicht besser, wenn wir uns alle das Leben nähmen?« Worauf Freud antwortete: »Warum? Weil sie gerne möchten, daß wir es tun?«

Am 2. Juni vermerkt Professor Pichler in Sigmund Freuds Krankenprotokoll: »Letzte Untersuchung vor der Abreise nach England.« Glücklicherweise tauchen keine neuen Symptome auf, sodaß sich der jetzt 82jährige Freud bereit erklärt, Risiko und Unannehmlichkeiten einer anstrengenden, langen Reise auf sich zu nehmen.

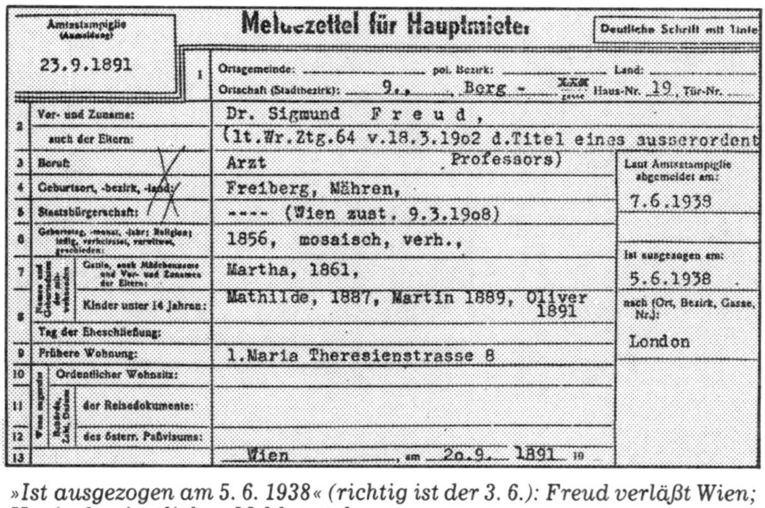
Meldezettel für Hauptmieter
Deutliche Schrift mit Tinte
Amtsstampiglie (Anmeldung) 23.9.1891

1	Ortsgemeinde: ; pol. Bezirk: ; Land: ; Ortschaft (Stadtbezirk): 9., Berg- gasse Haus-Nr. 19, Tür-Nr.		
2	Vor- und Zuname: auch der Eltern:	Dr. Sigmund F r e u d , (lt.Wr.Ztg.64 v.18.3.1902 d.Titel eines ausserordent Professors)	
3	Beruf:	Arzt	Laut Amtsstampiglie abgemeldet am: 7.6.1938
4	Geburtsort, -bezirk, -land:	Freiberg, Mähren,	
5	Staatsbürgerschaft:	---- (Wien zust. 9.3.1908)	
6	Geburtstag, -monat, -jahr; Religion; ledig, verheiratet, verwitwet, geschieden:	1856, mosaisch, verh.,	Ist ausgezogen am: 5.6.1938
7	Gattin, auch Mädchenname und Vor- und Zuname der Eltern:	Martha, 1861,	
8	Kinder unter 14 Jahren:	Mathilde, 1887, Martin 1889, Oliver 1891	nach (Ort, Bezirk, Gasse, Nr.): London
	Tag der Eheschließung:		
9	Frühere Wohnung:	1.Maria Theresienstrasse 8	
10	Ordentlicher Wohnsitz:		
11	der Reisedokumente:		
12	des österr. Paßvisums:		
13		Wien, am 20.9. 1891	

»Ist ausgezogen am 5. 6. 1938« (richtig ist der 3. 6.): Freud verläßt Wien; Kopie des Amtlichen Meldezettels

Am selben Tag erhält er von den Nazibehörden die zur Ausreise nötige »Unbedenklichkeitserklärung«.
Vierundzwanzig Stunden später, am Pfingstsamstag, dem 3. Juni 1938, nachmittags um 3 Uhr 25, rollt der Orientexpreß aus der Halle des Wiener Westbahnhofs. Sigmund Freud verläßt die Stadt, die er liebte und haßte, die ihn verwöhnt und mißachtet hat, die ein langes Leben seine Heimat war.
Und die er nie wieder sehen wird.

»Mein letzter Krieg«
Emigration und Tod

Am nächsten Vormittag waren die Freuds Gäste Marie Bonapartes in der französischen Metropole. »Der eine Tag in Ihrem Haus in Paris hat uns Würde und Stimmung wiedergegeben«, schrieb Freud dann schon aus London an die Prinzessin, »nachdem wir zwölf Stunden lang in Liebe eingehüllt wurden, sind wir stolz, reich, unter dem Schutz der Athene abgereist.« – Die Prinzessin hatte eine Statuette der griechischen Göttin, die bis vor wenigen Tagen noch auf Freuds Schreibtisch gestanden war, nach Paris geschmuggelt und sie ihm dort übergeben. Nach zwölfstündigem Paris-Aufenthalt ging es mit dem Fährdampfer über Calais nach Dover und dann wieder per Bahn weiter nach London.

Aus der Heimat vertrieben, wurde ihm in England ein Empfang bereitet, der dem eines Staatsoberhaupts glich. Lord De La Warr, Lordsiegelbewahrer Seiner Majestät König Georg VI., hatte Freud und seiner Familie diplomatischen Status gewährt, so daß an der Grenze weder die Pässe verlangt noch die gigantischen Mengen an Gepäck kontrolliert wurden. Hunderte Journalisten und Fotoreporter erschienen in Londons *Victoria Station* zum Empfang des weltberühmten Mannes, und in den darauffolgenden Wochen war Freud Thema Nummer eins der englischen Blätter. »Der Ärztestand Großbritanniens wird stolz sein, daß sein Land Professor Freud Asyl gewährt und daß er es zu seiner neuen Heimat gewählt hat«, war im *British Medical Journal* zu lesen.

Freuds Sohn Ernst war 1933, nach Hitlers Machtergreifung in Deutschland, von Berlin nach London emigriert, wo er sehr schnell als Architekt Fuß fassen konnte. Als jetzt der greise Vater mit dem Rest der Familie ankam, hatte er alles vorzüglich vorbereitet und in der Londoner

Freuds Ankunft in Paris: Zeitungsausschnitt Juni 1938 (gemeinsam mit Marie Bonaparte und dem amerikanischen Botschafter in Paris)

Elsworthy Road ein möbliertes Haus gemietet, das seinen Eltern, Minna und Anna kurzfristig als Unterkunft diente, bis eine dauerhafte Lösung gefunden wurde. Nachdem die Familie, um Sigmund Freud zu schonen, Reportern bei der Ankunft in der *Victoria Station* ausgewichen war, gab man jetzt eine improvisierte Pressekonferenz, in

der Anna Freud mitteilte: »Bitte sagen Sie der Welt, daß alle sehr freundlich zu uns waren, die Polizei in Wien, die Behörden in England, alle. Mein Vater hofft, hier die Möglichkeit zur Fortsetzung seiner Arbeit zu finden. Er verließ Wien, um Frieden zu finden. Er hat sich darauf gefreut, wieder nach England zu kommen und ist nun glücklich, hier zu sein. Wir sind dankbar für alles, was man für uns getan hat, und dankbar dafür, daß man uns die Erlaubnis gegeben hat, hier zu leben.«
Daß sie sogar die Wiener Polizei als »freundlich« bezeichnete, war zweifellos aus Rücksicht auf ihre vier daheimgebliebenen Tanten geschehen. Die Journalisten waren skeptisch und fragten, ob die Gerüchte stimmten, wonach Freud von SA und Gestapo schikaniert worden sei: »In Wien gehörten wir zu den wenigen Juden«, antwortete Anna wieder vorsichtig, »die zuvorkommend behandelt wurden. Es ist nicht zutreffend, daß wir unter Hausarrest standen. Mein Vater hat zwar die Wohnung wochenlang nicht verlassen, aber das nur seiner schlechten Gesundheit wegen. Wir alle konnten ungehindert ein- und ausgehen. Selbst beim Passieren der Grenze wurden wir nicht gestört, sondern konnten durchschlafen.«
Freud hatte die weite Reise erstaunlich gut überstanden, leichte Herzbeschwerden wurden in der Bahn medikamentös behandelt. Die Befreiung von einer mehr als unsicheren Zukunft hatte ihm sichtlich gut getan. Im schönen Garten des provisorischen Haushalts am Rande von Regents Park unternahm er Spaziergänge, um sich von den Anstrengungen der Übersiedlung zu erholen. Er fühlte sich in England so wohl, daß er einmal zum immer noch rührend bemühten Ernest Jones sagte: „»Ich bin fast versucht, ›Heil Hitler!‹ auszurufen.«
Ein weiterer Brief an Marie Bonaparte gibt Freuds Stimmung wieder: »Der Empfang in *Victoria Station* und dann von den Zeitungen dieser ersten zwei Tage war liebenswürdig, ja enthusiastisch. Wir schwimmen in Blumen ... Höchst respektvolle Einladung unter allen Versprechungen, unser Heim bei ihnen aufzuschlagen (Wir werden antworten müssen, daß wir leider schon ausge-

packt haben). Endlich, und das ist das für England Besondere, reichliche Zuschriften von fremden Leuten, die nur sagen wollen, wie sehr sie sich freuen, daß wir in England angekommen, daß wir jetzt in Sicherheit und Frieden sind. Wirklich, als ob die Sache auch ihre Sache wäre.« Die Freude konnte freilich nicht ungetrübt bleiben, denn, so schreibt er an Eitingon, »man hat das Gefängnis, aus dem man entlassen wurde, immer noch sehr geliebt.«

Bald trafen wieder üble Nachrichten ein. Professor Pichler hatte einen Krankenbericht Freuds verfaßt und an seinen früheren Assistenten Dr. Georg Exner, der sich mittlerweile als Kieferchirurg in London niedergelassen hatte, gesandt. Mitte August tauchten in der Wangenschleimhaut neue Wucherungen auf, Pichler wurde eingeflogen und führte am 8. September 1938 in der *London Clinic* eine mehr als zweistündige Operation durch, während der Freuds Lippe gespalten werden mußte, um an den jetzt schon so tief in der Mundhöhle liegenden Krankheitsherd gelangen zu können. Dieser letzte große chirurgische Eingriff, die schwerste Operation seit der radikalen 15 Jahre zuvor, hat Freud sehr geschwächt, er sollte sich nie mehr ganz davon erholen. Der Leidensweg dauerte aber noch ein ganzes, langes Jahr.
Von der Klinik zog Freud nicht mehr in das gemietete Haus am Regents Park, sondern gemeinsam mit Anna ins *Esplanade Hotel.* Martha Freud hatte inzwischen mit ihrem Dienstmädchen Paula Fichtl das neue Haus, Maresfield Gardens 20 im vornehmen Hampstead am nördlichen Stadtrand von London, bezogen, um es für die Ankunft nach der erhofften Genesung ihres Mannes zu adaptieren. Als es fertig war, zog Freud ein und schokkierte seine Familie, wie so oft, mit einer ironisch-bitteren Bemerkung, als er sagte, das alles wäre viel zu schön für jemanden, der es nicht mehr lange bewohnen würde.
Zu seiner großen Bestürzung war seine Schwägerin Minna an Lungenentzündung erkrankt und mußte in ein Sanatorium. Inzwischen waren seine Bücher, Möbel, Teppiche und Antiquitäten wie vereinbart – aber doch zu

Freuds großer Überraschung – aus Wien eingelangt. Die geliebten Skulpturen wurden nach Paulas minuziösen Angaben ebenso wie in der Berggasse aufgestellt, sodaß er sich von Anfang an wie zu Hause fühlen konnte. In einem Brief an Margaret Stonborough-Wittgenstein – die Schwester Ludwig Wittgensteins und Freundin Marie Bonapartes – schildert Freud die Atmosphäre des neuen Heims: »Wenn Sie mich also wieder hier besuchen, finden Sie mich in einem anderen Haus, so schön und geräumig, daß es den Unkundigen über meine Verhältnisse irre führen könnte. Mein Sohn Ernst hat es für uns gefunden und umgebaut. Das Geheimnis ist natürlich, daß es zu zwei Dritteln der Bank gehört. Immerhin, es soll die wohlfeilste Art sein, in dieser theuren Stadt zu leben. Alle unsere Sachen sind unversehrt angekommen, die Stücke meiner Sammlung haben mehr Platz und machen viel mehr Eindruck als in Wien. Freilich ist die Sammlung jetzt todt, es kommt nichts mehr dazu, und fast ebenso todt ist der Eigentümer, von dem unlängst wieder ein Stück weggekommen ist.«

Nach dem gewaltigen Presseecho seiner Ankunft wußte jeder Londoner Taxifahrer, wo Freud wohnte, und als er zum ersten Mal ein Bankinstitut betrat, um ein Konto zu eröffnen, begrüßte ihn der Manager mit den Worten: »I know all about you.« Dementsprechend groß war der Andrang von Menschen, die eine Behandlung durch den weltberühmten Seelenarzt suchten. Tatsächlich konnte er noch einige wenige Fälle betreuen, gestern habe er »mit drei Patienten begonnen«, schreibt er am 4. Oktober an Marie Bonaparte, »aber es war nicht leicht.«

Trotz der körperlichen Schwäche war Sigmund Freud bis zuletzt geistig rege, er interessierte sich für die Eigenheiten der neuen Heimat und seiner Bewohner, unterstützte in Gründung befindliche psychoanalytische Zeitungsprojekte, besprach die neue Herausgabe seiner von den Nazis vernichteten *Gesammelten Schriften*, las sehr viel, schrieb an seinem letzten Werk, das unter dem Titel *Abriß der Psychoanalyse* posthum erscheinen sollte, und empfing etliche Gäste.

Zu ihnen zählten Chaim Weizmann, der spätere erste Staatspräsident Israels, sowie Marie Bonaparte, die Schriftsteller H. G. Wells, Arthur Koestler und Stefan Zweig. Letzterer brachte auch Salvador Dali mit, den Freud Jahre zuvor schon in Wien kennengelernt hatte, woran sich der Maler in seiner Autobiographie erinnerte: »Abends hatte ich lange und erschöpfende Gespräche mit Freud; einmal kam er sogar heim mit mir und verbrachte die ganze Nacht, an die Vorhänge geheftet, in meinem Zimmer im Hotel Sacher.« Inzwischen hatte es sich Dali zur künstlerischen Aufgabe gemacht, Freuds Lehre in die Malerei umzusetzen. Und so fertigte er jetzt, während der Zusammenkunft in London, eine Skizze seines Idols an, um ihm abschließend zu erklären: »Doktor Freud, Ihr Schädel erinnert mich an eine Schnecke.«
Der Wiener Psychiater, Angehöriger einer Generation, die sich für den dekorativ-überladenen Stil Hans Makarts begeisterte und die moderne Kunst ablehnte, zeigte sich aufgeschlossen und schrieb tags darauf an Zweig: »Lieber Herr Doktor! Wirklich, ich darf Ihnen für die Einführung danken, die die gestrigen Besucher zu mir gebracht haben. Denn bis dahin war ich geneigt, die Surrealisten, die mich scheinbar zum Schutzpatron gewählt haben, für absolute (Sagen wir fünfundsiebzig Prozent wie beim Alkohol) Narren zu halten. Der junge Spanier mit seinen treuherzig fanatischen Augen und seiner unleugbar technischen Meisterschaft hat mir eine andere Schätzung nahegelegt. Es wäre in der Tat sehr interessant, die Entstehung eines solchen Bildes analytisch zu erforschen.«
Die Erstellung einer ganz anderen Analyse verweigerte Freud freilich. Er hatte Hubertus Prinz zu Löwenstein, den engagierten Gründer einer *Deutschen Akademie im Exil*, in London getroffen und dabei ein brillantes, eineinhalb Stunden lang vorgetragenes Psychogramm Adolf Hitlers erstellt. Als er daraufhin vom Prinzen aufgefordert wurde, seine Überlegungen auch schriftlich festzuhalten, erwiderte Freud: »Ich habe noch nie eine Krankengeschichte ohne Einverständnis eines lebenden Patienten publiziert.«

»Ihr Schädel erinnert mich an eine Schnekke«: Salvador Dalis Freud-Skizze

Jedoch war Freud bereit, den Aufbau der von Löwenstein initiierten Hilfsorganisation für Künstler und Wissenschaftler, die ihre Heimat verlassen mußten, zu unterstützen. Als ihn der Prinz – Mitglied des ältesten Zweigs der Wittelsbacher – dann aber brieflich ersuchte, gemeinsam mit Thomas Mann Präsident der Exil-Deutschen und Österreicher zu werden, meinte Freud, er könnte aus gesundheitlichen Gründen nicht annehmen. Und bewies mit dem Schreiben einmal mehr, daß ihn sein Sarkasmus auch im letzten Jahr seines Lebens nicht verlassen hatte: »Lieber Prinz!«, erklärte er nach seiner ablehnenden Einleitung, »ich stelle mir vor, was Sie auf diesen Einwand antworten werden: das macht alles nichts. Wir wissen doch, daß Sie uns in einigen Wochen oder Monaten weg-

sterben werden, und dann haben wir wenigstens etwas Pietät auf Vorschuß erledigt. Alle die Aufgaben, die Sie erschrecken, werden Sie nicht zu erfüllen haben, sondern Ihr fähiger und thatkräftiger Nachfolger. Sie sprechen, als ob Sie telepathische Kunde erhalten hätten, daß noch gestern mein (mitgekommener) Leibarzt mir eine der wenigen Zigarren gestrichen, die mir noch erlaubt waren und mich dafür zur Aufnahme von 6 Tropfen einer höllischen Lösung verurteilt hat ... Aber seien Sie vorsichtig, die Lage ist unsicher, meine Mutter ist 95 Jahre alt geworden, und ich kann leicht noch so lange leben, daß sich meine Unbrauchbarkeit glänzend herausstellt.« Freud ging in dem Brief noch auf seine persönliche, ziemlich triste Situation ein, »ich schreibe z. B. noch alle meine Briefe selbst. Aber ich kann wirklich nicht mehr weit vom Orte weg ... Besuche und Konversationen ermüden mich rasch usw.« Abschließend schlug er dem Prinzen vor, Einstein statt seiner ins Präsidium zu wählen.
Schließlich gelang es Löwenstein – dessen Großtante Anna von Lieben Patientin in der Berggasse gewesen war – doch noch, Freud umzustimmen. Dieser nahm dann seine Aufgabe als Präsident der *Deutschen Akademie im Exil* sehr ernst, war keineswegs nur Galionsfigur, sondern beteiligte sich an Aktivitäten, bearbeitete die ihm zugeschickten Bittbriefe notleidender Emigranten und überprüfte sie, soweit es in seiner Macht stand, ehe er sie zur Erledigung an das Sekretariat der *Akademie* leitete. Des weiteren stellte Freud, als ihn Löwenstein darum bat, Briefe und Originalmanuskripte zur Verfügung, die bei einer Auktion zugunsten geflüchteter Schriftsteller und Gelehrter versteigert werden sollten. Allerdings wäre ein Großteil der Manuskripte in Wien geblieben, bedauerte Freud in seinem Antwortschreiben und zeigte sich bescheiden: Man könne doch nicht »jeden beliebigen Kaszettel zum Verkauf in die Welt schicken«. Am 23. Februar 1939 endet die Korrespondenz der beiden Herren mit Dankesworten des Prinzen und der Mitteilung, »daß die Briefe von Ihnen, die die *League of American Writers* eingebracht hatte, besonders schöne Preise erzielten«.

Auch wenn Freud tagtäglich mit eiserner Disziplin vier Patienten zur Analyse empfängt, kann nichts mehr über die Ausweglosigkeit seines Zustandes hinwegtäuschen. Bösartige Neubildungen breiten sich in beängstigender Geschwindigkeit aus, mehrere von Anna herbeigerufene ärztliche Kapazitäten können nicht mehr helfen, stellen nur noch ein »nichtoperables, unheilbares Karzinom« fest, das so tief in der Mundhöhle situiert ist, daß man es chirurgisch nicht mehr erreichen kann. Dr. Schur erklärt sich bereit, einige kleinere Eingriffe durchzuführen, ansonsten gibt es nur noch Röntgenbestrahlungen. Freud ist sich seiner Lage voll bewußt, schreibt er doch im März 1939 an den mittlerweile nach Palästina emigrierten Eitingon, er habe nur noch einige Wochen zu leben. Die einstigen, immer wiederkehrenden Todesahnungen waren jetzt einer tragisch realistischen Einschätzung seiner Lebenserwartung gewichen.
Besonders bewegend dann ein Brief an Marie Bonaparte vom 28. April: »Meine liebe Marie, Ich habe Ihnen lange nicht geschrieben ... Ich nehme an, Sie wissen warum, erkennen es auch an meiner Schrift. (Nicht einmal die Feder ist mehr dieselbe, sie hat mich verlassen wie der Leibarzt und andere externe Organe). Es geht mir nicht gut ... Man hat versucht, mich in eine Atmosphäre von Optimismus zu ziehen: das Karzinom ist in Schrumpfung, die Reaktionserscheinungen sind vorübergehend. Ich glaube nicht daran und mag es nicht, betrogen zu werden ...«
Wenige Tage danach, am 6.Mai 1939, feiert Freud seinen letzten, den 83. Geburtstag. Die treue Marie Bonaparte ist wieder gekommen. Kurz danach stirbt »Tatoo«, einer seiner geliebten Hunde. »Die zwei folgenden Nächte haben meine Erwartungen wieder grausam zerstört«, lautet sein letzter Brief an die Prinzessin, »das Radium hat wieder etwas aufzufressen begonnen, unter Schmerzen und Vergiftungserscheinungen, und meine Welt ist wieder, was sie früher war, eine kleine Insel Schmerz, schwimmend auf einem Ozean von Indifferenz.«
Nachdem sein letztes großes Werk, *Der Mann Moses und die monotheistische Religion*, im März in Amsterdam auf

deutsch erschienen war, konnte sich Freud in den letzten Wochen seines Lebens noch über die eben fertiggestellte englische Übersetzung des Buches freuen. Seinem Freund Hanns Sachs teilte er mit: »Der Moses ist nicht ein unwürdiger Abschied.« H. G. Wells gratulierte, der *Mann Moses* sei »so faszinierend, daß ich erst um eins ins Bett ging.« Einstein schrieb aus Princeton: »Ich danke Ihnen herzlich für die Zusendung Ihres neuen Werkes, das mich natürlich sehr interessiert. Ihre Auffassung, daß Moses ein der Priesterkaste angehöriger vornehmer Ägypter gewesen sei, hat viel Überzeugendes, auch was Sie über den Ritus der Beschneidung anführen.«

Am 1. September 1939, drei Wochen vor seinem Tod, erfährt Freud vom Einmarsch deutscher Truppen in Polen und damit vom Ausbruch des Zweiten Weltkriegs. Auf Dr. Schurs Frage, ob dies wohl der letzte Krieg sein würde, reagiert er: »*Mein* letzter Krieg.«

Sigmund Freud, der seit 40 Jahren seinen Tod herannahen fühlte, hatte mit seiner Befürchtung zum ersten Mal recht. Der letzte Wunsch, als britischer Staatsbürger sterben zu können, ging nicht mehr in Erfüllung. Seiner nationalen Zugehörigkeit hatte er noch vor der Machtübernahme der Nazis abgeschworen: »Ich habe mich so lange in geistiger Beziehung als Deutscher gefühlt«, sagte er 1927, »bis ich das Wachstum des Antisemitismus in Deutschland und Österreich beobachten konnte. Seither ziehe ich es vor, mich als Jude zu fühlen.« Im letzten Jahr seines Lebens wäre er gerne noch Engländer geworden, jedoch lehnte die Regierung den Antrag eines Unterhausabgeordneten ab, die Wartezeit für Freud zu verkürzen, weil sie befürchtete, damit einen Präzedenzfall zu schaffen. Freud starb als »enemy alien«, im Status eines feindlichen Ausländers.

Um sich und seiner Familie die Reihung der Einwanderungsquote zu sichern, mußte Dr. Schur kurz in die Vereinigten Staaten reisen. Als er zurückkehrte, fand er den Zustand seines Patienten stark verändert. Das krebsartige Geschwür hatte auf Backe und Augenhöhlenbasis übergegriffen, Freud konnte kaum noch schlafen, Anna

und das treue Dienstmädchen Paula wachten Tag und Nacht am Bett des Sterbenden.
Freud weigerte sich, irgendwelche Betäubungsmittel zu nehmen, sodaß er unter starken Schmerzen litt. »Ich will lieber in Qualen denken, als nicht klar denken können«, hatte er einmal Stefan Zweig erklärt, und er war auch jetzt nur zur gelegentlichen Einnahme einer Aspirintablette bereit. So konnte er bis zuletzt Zeitungen lesen und die Kommentare nach Kriegsausbruch verfolgen.
In den letzten Tagen hatte sich die tödliche Krankheit so weit durchgefressen, daß die Verbindung zwischen Mundhöhle und der Außenseite offen war. Durch das Loch in der Wange drang ein schlimmer Geruch, sodaß über Freuds Bett ein Moskitonetz gespannt wurde, weil der Geruch die Fliegen anlockte. Sein Hund, der Chow »Lün«, den er über alles liebte, konnte den Geruch nicht ertragen und nicht dazu gebracht werden, in seiner Nähe zu bleiben. Wurde er ins Zimmer seines Herrn gesperrt, verkroch er sich in die entfernteste Ecke. Freud wußte, was das bedeutete, und schaute seinen Liebling nur traurig an.
Dr. Max Schur wachte – nach seiner Rückkehr aus Amerika – bis zuletzt an Freuds Bett, das man in sein Arbeitszimmer, inmitten der geliebten Bücher und Statuetten, gestellt hatte und von dem aus er in den Garten schauen konnte: »Es wurde immer schwieriger, ihm genügend Nahrung zuzuführen. Er hatte große Schmerzen und die Nächte waren schlimm. Er konnte kaum noch sein Bett verlassen und wurde allmählich kachektisch. Es war qualvoll, sein Leiden nicht lindern zu können, aber ich wußte, daß ich warten mußte, bis er mich dazu auffordern würde.«
Die letzte Phase begann, als es ihm schwer wurde, zu lesen. Das letzte Buch, das er las, war Balzacs *Chagrinleder*. Als er damit fertig war, sagte er zu Schur: »Das war das richtige Buch für mich; es handelt von Einschrumpfen und Verhungern.«
Am 21. September 1939 ergriff Freud die Hand seines Arztes und sagte: »Lieber Schur, Sie erinnern sich wohl an

unser erstes Gespräch. Sie haben mir damals versprochen, mich nicht im Stich zu lassen, wenn es soweit ist. Das ist jetzt nur noch Quälerei und hat keinen Sinn mehr.«
Der Arzt bestätigte, daß er zu seinem damaligen Versprechen stehe, Freud seufzte erleichtert auf, hielt Dr. Schurs Hand noch einen Augenblick fest und sagte: »Ich danke Ihnen.« Nach einem Augenblick des Zögerns fügte er hinzu: »Sagen Sie es Anna.« All das, berichtete Dr. Schur, sagte Freud ohne eine Spur von Gefühlsüberschwang oder Selbstmitleid und in vollem Bewußtsein der Realität.
Am nächsten Tag, als er wieder schreckliche Schmerzen hatte, gab der Arzt seinem Patienten eine Injektion von 0,02 Gramm Morphium. Bald spürte Freud Erleichterung und fiel in einen friedlichen Schlaf. Nach zwölf Stunden wiederholte Schur die Dosis. Freud war am Ende seiner Kräfte, sodaß er in ein Koma fiel, aus dem er nicht mehr erwachte.

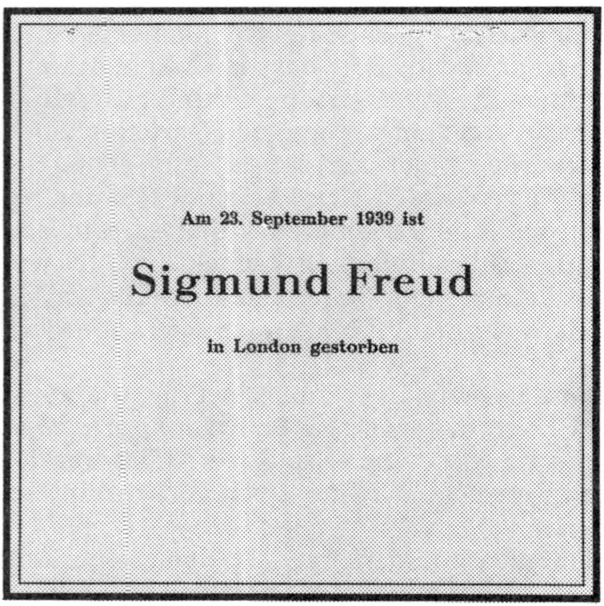
Am 23. September 1939 ist

Sigmund Freud

in London gestorben

Die Todesnachricht in der Zeitschrift Imago

Sigmund Freuds Tod trat am 23. September 1939 um drei Uhr morgens ein. Als Erlösung aus unendlicher Qual, so wie er es schon zwölf Jahre zuvor prophezeit hatte: »Am Ende scheint uns der Tod weit weniger unerträglich als die mannigfachen Bürden des Lebens.«

»Aber wird es möglich sein?«
Familiärer Nachklang

Das Begräbnis erfolgte am 26. September im Krematorium *Golder's Green* in Anwesenheit vieler Freunde und unter reger Anteilnahme der Londoner Bevölkerung. Freuds Asche wurde in einer altgriechischen Vase, die ihm Marie Bonaparte zum 75. Geburtstag geschenkt hatte, beigesetzt. Er hatte sich damals mit den Worten »Schade, daß man sie nicht ins Grab mitnehmen kann« für das Geschenk bedankt.

Stefan Zweig hielt eine berührende Ansprache, in der er Freuds Unsterblichkeit pries: »Bei anderen Sterblichen, bei fast allen, ist innerhalb der knappen Minute, da der Leib erkaltet, ihr Dasein, ihr Mitunssein für immer beendet. Bei diesem einen dagegen, an dessen Bahre wir stehen, bei diesem Einen und Einzigen innerhalb unserer trostlosen Zeit bedeutet Tod nur eine flüchtige und fast wesenlose Erscheinung. Hier ist das Vonunsgehen kein Ende, kein harter Abschluß, sondern bloß linder Übergang von Sterblichkeit in Unsterblichkeit. Für das körperlich Vergängliche, das wir heute schmerzvoll verlieren, ist das Unvergängliche seines Werks, seines Wesens gerettet – wir alle in diesem Raume, die noch atmen und leben und sprechen und lauschen, wir alle hier sind im geistigen Sinne nicht ein tausendstel Teil so lebendig wie dieser große Tote hier in seinem engen irdischen Sarg.«

Drei Jahre nach Freud verstarb Minna Bernays, die 30 Jahre ihres Lebens mit Schwager und Schwester im gemeinsamen Haushalt verbracht hatte. Martha Freud wurde 90 Jahre alt, überlebte ihren Mann also um zwölf Jahre – sie blieb bis zu ihrem Tod im Jahre 1951 in London. Abgesehen von Sophie, die so früh aus dem Leben geschieden war, wurden Freuds Söhne und Töchter zwischen 78

und 90 Jahre alt. Als letztes seiner Kinder starb Anna Freud, 1982, im Alter von 87 Jahren. Die treue Paula Fichtl hat auch sie bis zu ihrem Tod im Haus Maresfield Gardens 20 betreut und ging dann zurück in ihre Heimat, wo sie heute, hochbetagt, in einem Seniorenheim bei Salzburg lebt.
Freuds Bruder Alexander war die Flucht über die Schweizer Grenze gelungen, von wo aus er in die Vereinigten Staaten emigrierte. Er verstarb 1943 im Alter von 77 Jahren in Toronto. Schwester Anna, verehelichte Bernays, lebte bis 1955 in New York, wo sie im 97. Lebensjahr verstarb.
Glücklicherweise war Freud erspart worden, vom furchtbaren Schicksal seiner in Wien verbliebenen Schwestern Rosa, Adolfine, Marie und Paula erfahren zu müssen. Dozent Dr. Harald Leupold-Löwenthal, Präsident der Wiener Sigmund Freud-Gesellschaft, hat die Spuren der Ermordung der vier alten Damen verfolgt und die Chronik des unfaßbaren Geschehens bei der Zweiten Internationalen Zusammenkunft der Vereinigung für die Geschichte der Psychoanalyse im Sommer 1988 in Wien vorgetragen. Ich beziehe mich hier auf seine Nachforschungen.
Ende des Jahres 1938, als die Kunde von den gegen Juden gerichteten Maßnahmen des »Reichs« auch nach England gedrungen war, hatte Freud an Marie Bonaparte nach Paris geschrieben: »Die letzten abscheulichen Ereignisse in Deutschland verschärfen das Problem, was mit den alten Frauen zwischen fünfundsiebzig und achtzig geschehen soll. Es geht über unsere Kräfte, sie in England zu erhalten. Das Vermögen, das wir ihnen beim Abschied hinterlassen, gegen hundertsechzigtausend österreichische Schilling, ist vielleicht konfisziert, geht sicherlich verloren, wenn sie weggehen. Wir denken an einen Aufenthalt an der französischen Riviera, Nizza oder in der Nähe. Aber wird es möglich sein?«
Die Ausreise der alten Damen war – trotz heftiger Bemühungen Marie Bonapartes auf diplomatischem Wege – nicht mehr möglich. Weder erlaubte es ihr Gesundheits-

zustand, noch war von dem ihnen hinterlassenen Geld etwas übriggeblieben, das für »Judenvermögensabgabe« und »Sühneleistung« nach der Reichskristallnacht aufgegangen war. Die vier Schwestern waren aus ihren Wohnungen vertrieben worden – der Mieterschutz galt für Juden nicht mehr –, durften zunächst aber die ehemalige Wohnung ihres Bruders Alexander in der Biberstraße 14 beziehen.

Alexanders Sohn Harry Freud überwies aus New York regelmäßig Geld an seine in Wien lebenden Tanten. Am 15. Januar 1941 schrieben die verzweifelten Frauen ihrem Rechtsanwalt, dem von den Nazis eingesetzten »Zwangsverwalter« Dr. Erich Führer: »Sehr verehrter Herr Doktor! Die äußerste Not zwingt uns, trotz Ihrer ablehnenden Haltung in der Wohnungsfrage, an Ihre Hilfe zu appellieren. Nachdem wir vor 3 Monaten 2 Ehepaare in unsere Wohnung aufnehmen mußten, wird uns die neuerliche Einweisung von 8 Personen zuteil und wir 4 Schwestern auf *einen* Raum, der Schlaf- und Wohnzimmer sein soll, beschränkt. Wir sind, wie Sie wissen, alte, teilweise kränkliche, oft bettlägrige Personen, eine ordentliche Lüftung und Aufräumung ist ohne Gefährdung der Gesundheit unmöglich, ebenso die Unterbringung auch nur der allernotwendigsten Gebrauchsgegenstände. Das einfachste Gebot der *Menschlichkeit* spricht gegen einen solchen Zwang und wir können nicht glauben, daß Sie einer solchen Anordnung fühllos gegenüberstehen und uns Ihre Hilfe versagen werden. Wir wenden uns deshalb an Sie, sehr verehrter Herr Doktor, als unseren Vertreter, mit der ergebensten Bitte, ausnahmsweise und unter Betonung der *Dringlichkeit* beim Referenten der Judenumsiedlung des Wohnungsamtes für den 1. Bezirk die Beschränkung der Neueinweisung von 8 Personen auf 4 Personen zu erbitten, für welch letztere bereits Vorsorge getroffen wurde. In der sicheren Erwartung, daß Sie unserem verzweifelten Hilferuf Gehör schenken werden, zeichnen wir hochachtungsvoll Marie Freud, Adolfine Freud, Pauline Winternitz.«

Am nächsten Tag hatte sich der Brief überholt. Die befürchteten acht Personen waren bereits eingewiesen worden, auf beengtem Raum lebten jetzt 16 Menschen. Eineinhalb Jahre später, am 29. Juni 1942, wurden drei Schwestern Freuds nach Theresienstadt gebracht, Rosa, die älteste, folgte ihnen nach zwei Monaten. Adolfine Freud ist laut Angaben des Theresienstädter Totenbuches am 5. Februar 1943 an »inneren Blutungen« – vermutlich als Folge eines Hungersyndroms – gestorben. Marie Freud und Pauline Winternitz wurden am 23. September in das Vernichtungslager Malyi Trostinec in Weißrußland transportiert, wo sie zu unbestimmter Zeit verstarben. Rosa Graf dürfte in Treblinka den Tod gefunden haben.

Im Protokoll des Prozesses gegen die Hauptkriegsverbrecher vor dem Internationalen Militärgerichtshof in Nürnberg findet sich am 27. Februar 1946 die folgende Niederschrift:

OBERJUSTIZRAT SMIRNOW: Sagen Sie, Herr Zeuge, kennen Sie den Namen Kurt Franz?
RAJZMAN: Das war der stellvertretende Lagerkommandant, Stangls Stellvertreter und der größte Mörder des Lagers. Kurt Franz wurde zum Obersturmbannführer befördert, weil er im Januar 1943 bekanntgab, daß in Treblinka eine Million Juden getötet worden seien.
OBERJUSTIZRAT SMIRNOW: Ich bitte Sie, Herr Zeuge, zu erzählen, wie Kurt Franz die Frau getötet hat, die sich als Schwester von Sigmund Freud ausgab. Entsinnen Sie sich dessen?
RAJZMAN: Das war so: Der Zug kam von Wien an. Ich stand damals auf dem Bahnsteig, als die Leute aus den Waggons geführt wurden. Eine ältere Frau trat auf Kurt Franz zu, zog einen Ausweis hervor und sagte, daß sie die Schwester von Sigmund Freud sei. Sie bat, man solle sie zu einer leichten Büroarbeit verwenden. Franz sah sich den Ausweis gründlich an und sagte, es sei wahrscheinlich ein Irrtum, führte sie zum Fahrplan und sagte, daß in zwei Stunden ein Zug nach Wien zurückgehe. Sie könne

alle ihre Wertgegenstände und Dokumente hierlassen, ins Badehaus gehen, und nach dem Bad würden ihre Dokumente und ihr Fahrschein für sie nach Wien zur Verfügung stehen. Natürlich ist die Frau ins Badehaus gegangen, von wo sie niemals mehr zurückkehrte.

Was blieb von Freud?
50 Jahre danach

»So kann ich denn, rückschauend auf das Stückwerk meiner Lebensarbeit, sagen, daß ich vielerlei Anfänge gemacht und manche Anregungen ausgeteilt habe, woraus dann in der Zukunft etwas werden soll. Ich kann selbst nicht wissen, ob es viel sein wird oder wenig.«

SIGMUND FREUD, 1925

Die Beurteilung, *»ob es viel sein wird oder wenig«* überließ Freud der Nachwelt. Wieviel ist 50 Jahre nach seinem Tod von den Früchten dieses überreichen Lebens geblieben? Welche seiner Erkenntnisse haben Freud und seine Zeit überlebt?

Es gibt heute kaum eine Disziplin des menschlichen Daseins, die ihm nicht grundlegende Veränderung verdankt. Wir finden Freuds Spuren in der Medizin ebenso wie in der Kunst, in der Religion wie in der Erziehung, in der Soziologie wie in der Philosophie.

Freuds Erkenntnis von der Bedeutung des Gesprächs, das Eindringen ins Unbewußte, hat mittlerweile nicht nur die Psychiatrie, sondern fast alle Bereiche der Medizin erobert. Man weiß heute, daß die oft allein heilsame Wahrheit im Detail liegt. Selbst jene Forscher, die Freud ablehnen, können an seiner Lehre nicht vorbeigehen. Das Unbewußte ist allgegenwärtig.

Die Psychoananlyse trat ihren Siegeszug nach dem Zweiten Weltkrieg von den USA und Großbritannien aus an und ging um die Welt. Wenn die Behandlungsmethode als solche mittlerweile auch wieder ein wenig in den Hintergrund gedrängt wurde, finden sich ihre Grundzüge in allen psychiatrischen Therapien.

Freuds Erkenntnisse gehen weit über die menschliche Psyche hinaus. Er war es, der entdeckte, daß das krankhafte Seelenleben entscheidenden Einfluß auf körperliche Leiden haben kann. So gilt Freud auch als Vater der Ganzheitsmedizin und der Psychosomatik. Und er hat ein neues, humaneres Verhältnis zwischen Arzt und Patienten geschaffen.

Künstler zählten zu den frühen Erkennern Freuds. In der Literatur findet das Unbewußte in Schnitzlers »innerem Monolog« ebenso seinen Niederschlag wie bei James Joyce. Aber auch Mahlers und Schönbergs Musik, Chagalls, Picassos und Dalis Bilder sind von Freud beeinflußt. Expressionisten wie Surrealisten kehren das Innere an die Oberfläche und berufen sich dabei auf den »Vater der Psychoanalyse«.
Die Rolle des von Freud erkannten »übermächtigen Vaters« zieht sich durch die Religionswissenschaften wie durch den modernen Geschichtsunterricht und die Politik. Seine Lehre brachte einen gewaltigen Wandel in Rechtsprechung und Kriminologie. Und in vielen Fällen bezieht man sich auf Freud, ohne den Ursprung zu kennen.

Fast alle Freud-Schüler traten den Weg in die Emigration an. Die Anwendung der Psychoanalyse war in Deutschland nach 1933, in Österreich fünf Jahre später verboten, alle Schriften vernichtet worden. Von den 120 Mitgliedern der Wiener Psychoanalytischen Vereinigung waren nur vier in Wien verblieben. Nach dem Krieg waren es dann meist wieder heimgekehrte Emigranten, die die einst blühende Geistesbewegung an die Stätte ihres Ursprungs zurückbrachten.

Anna Freud gründete gemeinsam mit Dorothy Burlingham in London eine Betreuungsstelle für Kriegswaisen und obdachlos gewordene Kinder sowie die *Hampstead Child Therapy Clinic* und hielt, so lange sie lebte, in aller Welt das Andenken ihres Vaters hoch. Die beiden Frauen bewohnten bis zuletzt Sigmund Freuds Haus in Maresfield Gardens, in dem heute ein großes Freud-Museum mit der Originalmöblierung untergebracht ist. Das Wiener Freud-Museum – jährlich von mehr als 30.000 Menschen besucht – befindet sich in Freuds ehemaliger Wohnung, Berggasse 19. Es wird von der 1968 durch Friedrich Hacker gegründeten Sigmund-Freud-Gesellschaft betreut, deren Präsident heute Harald Leupold-Löwenthal ist. Unter den Arkaden der Wiener Universität steht neben den Skulpturen anderer berühmter Lehrer eine Büste Freuds. Auch in seinem Geburtshaus in Příbor, dem ehemaligen Freiberg, wurde eine Gedenkstätte errichtet. Freuds Privatbibliothek ging in den Besitz des *New York Psychiatric Institute* über, das die wertvollen Bestände nach Österreichs »Anschluß« an Hitler-Deutschland retten konnte.

Was blieb von Freud? Stefan Zweig ging in seiner Grabrede auch auf diese Frage ein. »Jeder von uns Menschen des zwanzigsten Jahrhunderts«, sagte der Dichter, »wäre anders ohne ihn in seinem Denken und Verstehen, jeder von uns dächte, urteilte, fühlte enger, unfreier, ungerechter ohne sein uns Vorausdenken, ohne jenen mächtigen Antrieb nach innen, den er uns gegeben. Und wo immer wir versuchen werden, in das Labyrinth des menschlichen Herzens vorzudringen, wird sein geistiges Licht weiterhin auf unserem Wege sein. – Alles, was Sigmund Freud geschaffen und vorausgedeutet als Finder und Führer, wird auch in Hinkunft mit uns sein ...«

Zeittafel
Sigmund Freud

1856 6. Mai Geburt in Freiberg/Mähren (heute: Příbor) als Sohn des Jakob und der Amalie Freud geb. Nathanson
1859 Übersiedlung nach Leipzig
1860 Übersiedlung nach Wien
1865 Eintritt ins Leopoldstädter Communal-Gymnasium (später: Sperl-Gymnasium)
1872 Sommerferien in Freiberg, »erste Liebe« (zu Gisela Fluß)
1873 Matura mit Auszeichnung, Studienbeginn an der Medizinischen Fakultät der Universität Wien
1875 Besuch seines Halbbruders Philipp in Manchester/England, Wissenschaftliche Arbeit *Die Geschlechtsorgane der Aale*
1877 Eintritt in das Physiologische Institut Prof. Ernst Wilhelm von Brückes
1878 Beginn der Freundschaft und Zusammenarbeit mit Josef Breuer
1879 Beginn der psychiatrischen Vorlesungen bei Professor Meynert
1880 Einjähriger Militärdienst, Übersetzung von vier Essays von John Stuart Mill
1881 30. 3. Dr. med.
1882 Aspirant am Allgemeinen Krankenhaus. 17. 6. Verlobung mit Martha Bernays
1883 Assistent bei Meynert
1884 Kokain-Studie
1885 Privatdozent für Nervenpathologie, Studienaufenthalt bei Jean-Martin Charcot an der Salpêtrière in Paris. Übersetzung von Professor Charcots Arbeiten
1886 Kurzer Studienaufenthalt in Berlin. Beginn seiner

Tätigkeit am »Kassowitz-Institut«. Eröffnung der ersten Privatpraxis in Wien I., Rathausstraße Nr. 7; 14. 9. Heirat mit Martha Bernays in Wandsbek bei Hamburg, zweite Ordination in Wien I., Maria-Theresien-Straße 8

1887 Arbeit mit Hypnose; Geburt der ersten Tochter Mathilde

1889 Geburt des Sohnes Jean-Martin; Reise zu Bernheim und Liébeault nach Nancy; erste Anwendung der »Kathartischen Methode« nach Breuer

1891 Geburt des Sohnes Oliver; September Übersiedlung nach Wien IX., Berggasse 19

1892 Geburt des Sohnes Ernst

1893 Geburt der Tochter Sophie; Veröffentlichung gemeinsam mit Breuer *Über den psychischen Mechanismus hysterischer Phänomene (vorläufige Mitteilung)*

1894 Bruch mit Breuer

1895 Erscheinen der noch mit Breuer gemeinsam verfaßten *Studien über Hysterie*; Mitglied von »B'nai B'rith«; Deutung des »Traums von Irmas Injektion« im Schloß Bellevue am Cobenzl bei Wien; Geburt der jüngsten Tochter Anna

1896 Tod des Vaters Jakob Freud

1899 Erscheinen der *Traumdeutung* (datiert 1900); *Über Deckerinnerungen*

1900 Beginn der Analyse der »Dora«

1902 Ernennung zum Außerordentlichen Universitätsprofessor

1904 *Zur Psychopathologie des Alltagslebens*

1905 *Drei Abhandlungen zur Sexualtheorie*; *Der Witz und seine Beziehung zum Unbewußten*; *Bruchstück einer Hysterie-Analyse (Dora)*

1907 Besuch von C. G. Jung

1908 1. Internationaler Psychoanalytischer Kongreß (Salzburg)

1909 *Analyse der Phobie eines fünfjährigen Knaben (der kleine Hans)*; *Bemerkungen über einen Fall von Zwangsneurose (der Rattenmann)*; Vorlesungen und Ehrendoktorwürde an der Clark University/USA

1910 2. Internationaler Psychoananlytischer Kongreß (Nürnberg)
Eine Kindheitserinnerung des Leonardo da Vinci

1911 Bruch mit Alfred Adler; 3. Internationaler Psychoanalytischer Kongreß (Weimar)

1913 Bruch mit Jung; 4. Internationaler Psychoanalytischer Kongreß (München); *Totem und Tabu*

1914 *Der Moses des Michelangelo*

1917 *Trauer und Melancholie*; Vorlesungen zur Einführung in die Psychoananlyse

1918 *Aus der Geschichte einer infantilen Neurose (der Wolfsmann)*, 5. Internationaler Psychoanalytischer Kongreß (Budapest)

1919 *Jenseits des Lustprinzips*; Tod der Tochter Sophie

1920 Ernennung zum Ordentlichen Universitätsprofessor, 6. Internationaler Psychoanalytischer Kongreß (Den Haag)

1921 *Massenpsychologie und Ich-Analyse*;

1923 Erste Krebsoperation; *Das Ich und das Es*; Tod des Enkels »Heinele«

1925 *Selbstdarstellung*; Tod Josef Breuers

1927 *Die Zukunft einer Illusion*

1929 *Das Unbehagen in der Kultur*

1930 Anna Freud nimmt für ihren Vater in Frankfurt am Main den Goethe-Preis entgegen; Tod der Mutter Amalie Freud

1932 Erscheinen des Freud-Briefwechsels mit Einstein unter dem Titel *Warum Krieg?*

1933 Freuds Werke werden in Berlin verbrannt

1934 Karl Menninger besucht Freud in Wien

1937 Tod Alfred Adlers

1938 3. 6. Emigration nach London

1939 *Der Mann Moses und die monotheistische Religion*; 23. 9. Tod in London

Quellenverzeichnis

Buchveröffentlichungen

HANS BANKL, Woran sie wirklich starben, Krankheiten und Tod historischer Persönlichkeiten, Wien 1989
SIEGFRIED BERNFELD / SUZANNE CASSIRER-BERNFELD, Bausteine der Freud-Biographik, Frankfurt/Main 1981
JOSEPH BREUER/SIGMUND FREUD, Studien über Hysterie, Frankfurt/Main 1970
MILAN DUBROVIC, Veruntreute Geschichte, Wien/Hamburg 1985
K. R. EISSLER, Freud und Wagner-Jauregg vor der Kommission zur Erhebung miliätrischer Pflichtverletzungen, Wien 1979
HENRY F. ELLENBERGER, Die Entdeckung des Unbewußten, Zürich, 1985
ERNST FREUD/LUCIE FREUD/ILSE GRUBRICH-SIMITIS, Sigmund Freud, Sein Leben in Bildern und Texten, Frankfurt/Main 1976
SIGMUND FREUD, Brautbriefe (1882-1886), Frankfurt/Main 1988
SIGMUND FREUD, Gesammelte Werke, London-Frankfurt/Main (1940-1968)
SIGMUND FREUD, Selbstdarstellung, Frankfurt/Main 1971
SIGMUND FREUD, Briefe (1873-1939), Frankfurt/Main 1960
PETER GAY, Freud, A Life for Our Time, London/New York 1988
ERNEST JONES, Sigmund Freud Leben und Werk, Band 1-3, München 1984
WILLIAM M. JOHNSTON, Österreichische Kultur- und Geistesgeschichte, Gesellschaft und Ideen im Donauraum 1848-1938, Wien/Köln/Graz 1972
KARL KRAUS, Beim Wort genommen, München 1965

ERNA LESKY, Meilensteine der Wiener Medizin, Wien 1981
HARALD LEUPOLD-LÖWENTHAL, Handbuch der Psychoanalyse, Wien 1986
HANS-MARTIN LOHMANN, Freud zur Einführung, Hamburg 1986
ERNST LOTHAR, Das Wunder des Überlebens, Wien/Hamburg 1961
OCTAVE MANNONI, Freud, Reinbek bei Hamburg 1971
JEFFREY M. MASSON, Was hat man dir, du armes Kind, getan?, Reinbek bei Hamburg, 1984
WALTER MUSCHG, Freud als Schriftsteller, München 1975
KARIN OBHOLZER, Gespräche mit dem Wolfsmann, Eine Psychoanalyse und die Folgen, Reinbek bei Hamburg 1980
UWE HENRIK PETERS, Anna Freud, Ein Leben für das Kind, München 1979
ALBERT PLÉ, Freud und die Religion, Wien 1969
ERWIN RINGEL, Alfred Adler, in: Neue österreichische Biographie, Band XIX, Wien/München 1977
ERWIN RINGEL, Sigmund Freud, in Neue österreichische Biographie, Band XVI, Wien/München 1965
ARTHUR SCHNITZLER, Jugend in Wien, Eine Autobiographie, Wien/München/Zürich 1981
ARTHUR SCHNITZLER, Medizinische Schriften, Wien/Darmstadt 1988
MAX SCHUR, Sigmund Freud, Leben und Sterben, Frankfurt/Main, 1973
FRITZ SCHWEIGHOFER, Das Privattheater der Anna O., München/Basel 1987
JOSHUA SOBO, Weiningers Nacht, Wien 1988
FRIEDRICH TORBERG, Die Tante Jolesch, Wien/München 1980
STEFAN ZWEIG, Die Heilung durch den Geist, Frankfurt/Main 1983

JOSEF BREUER, Curriculum Vitae, Wien 1925
RUDOLF ECKSTEIN, Der Einfluß Freuds auf die amerikanische Psychiatrie, in: Die Heilkunst, München 1956
K. R. EISSLER, Julius Wagner-Jaureggs Gutachten über Sigmund Freud und seine Studien zur Psychoanalyse, in: Wiener klinische Wochenschrift 1958
JENS MALTE FISCHER, Sigmund Freud und Gustav Mahlers Leiden, in: Merkur, Deutsche Zeitschrift für Europäisches Denken, Stuttgart 1988
ERNEST FREUD, Die Freuds und die Burlinghams in der Berggasse, Persönliche Erinnerungen, in: Sigmund Freud House Bulletin, Wien 1987
ERNEST FREUD, Persönliche Erinnerungen an den Anschluß 1938, in: Sigmund Freud House Bulletin, Wien 1988
SIGMUND FREUD, Briefe an Arthur Schnitzler in: Neue Rundschau 1955
RENÉE GICKLHORN, Das Erste Öffentliche Kinderkrankeninstitut in Wien, in: Unsere Heimat, Wien 1959
RENÉE GICKLHORN, Eine Episode aus Freuds Mittelschulzeit, in: Unsere Heimat, Wien 1965
JOSEPH und RENÉE GICKLHORN, Sigmund Freuds akademische Laufbahn, Wien 1960
RENÉE GICKLHORN, Eine mysteriöse Bildaffäre, in: Wiener Geschichtsblätter, 1958
BRUNO GOETZ, Erinnerungen an Sigmund Freud, in Neue Schweizer Rundschau 1952
SIR ERNST GOMBRICH, Sigmund Freud und die Theorie der Künste, in Sigmund Freud House Bulletin, Wien 1981
HUGO KNOEPFMACHER, Zwei Beiträge zur Biographie Sigmund Freuds, Jahrbuch der Psychoanalyse o. J.
HARALD LEUPOLD-LÖWENTHAL, Die Vertreibung der Familie Freud 1938, in Sigmund Freud House Bulletin, Wien 1988
ELLA LINGENS, Sigmund Freud und die Deutsche

Akademie im Exil, in: Sigmund Freud House Bulletin, Wien 1981
HEINZ STANESCU, Unbekannte Briefe des jungen Sigmund Freud an einen rumänischen Freund, o. J.
GEORG SYLVESTER VIERECK, Professor Freud über den Wert des Lebens, Ein Gespräch mit dem großen Gelehrten (1927), in: Sigmund Freud House Bulletin, Wien 1979
CHRISTIAN TÖGEL, Freud als Reisender, Wien o. J.
GEORGE ZAVITZIANOS, Marie Bonaparte 1882–1962, in Psychoanalysis and The Psychoanalytic Review 1962/63

Personenregister

Bereichen der Medizin, aber auch in der Rechtsprechung, in der Soziologie, in der Politik, in der Religion und in der Kunst ihren Niederschlag. Freuds Einfluß auf unser Leben ist heute, 50 Jahre nach seinem Tod, bedeutender denn je.
Zu den faszinierenden Stationen diese Buches gehören Freuds Begegnungen mit den Großen seiner Zeit: Mit Albert Einstein und Arthur Schnitzler, mit Alfred Adler und C.G. Jung, mit Viktor Adler, Salvador Dali und Gustav Mahler, der sich für einen Tag in Freuds Behandlung begab.
Sigmund Freuds privates Leben hingegen ist von Tragödien und schweren Schicksalsschlägen umwölkt: Freud litt viele Jahre unter schrecklichen Todesängsten, wurde in eine wissenschaftliche Isolation gedrängt und von einigen seiner engsten Mitarbeiter verlassen. Die Entwicklung der Beziehung zu seiner Frau Martha ist die Geschichte einer großen Liebe. Doch seine Tochter Sophie starb im Alter von nur 26 Jahren, und deren Sohn »Heinele«, den er liebte, »wie kaum je einen Menschen«, wurde nur vier Jahre alt, was Freud als den größten Schicksalsschlag bezeichnete. Unmittelbar nach dem Tod des Enkels mußte Freud erfahren, daß er an Kieferkrebs erkrankt war.
Die letzten 15 Jahre seines Lebens verbrachte er unter unsäglichen Qualen, mußte insgesamt 33 Operationen über sich ergehen lassen. Todkrank trat er dann, im Alter von 82 Jahren, im März 1938, den bitteren Weg in die Emigration an. Freud verließ Wien, die Stadt, die er liebte und haßte, die ihn verwöhnt und mißachtet hat. Und die er nie wieder sehen sollte. Er verstarb am 23. September 1939, wenige Tage nach Ausbruch des Zweiten Weltkriegs, in London.

Photo: C. Gruber

Georg Markus, bekannter Schriftsteller und Zeitungskolumnist, lebt in Wien, der Geburtsstadt der Psychoanalyse, wo er sich als Autor historischer Bücher einen Namen machte. Schon »Der Fall Redl« und »Katharina Schratt, die heimliche Frau des Kaisers« erregten großes Aufsehen. Markus verfaßte aber auch mehrere Künstlerbiographien, ist Autor einer wöchentlich erscheinenden historischen Kolumne einer großen österreichischen Tageszeitung und zahlreicher Fernsehdokumentationen. Zu seinen Stärken zählt die Fähigkeit, kompliziert erscheinende Zusammenhänge korrekt und leicht faßlich darzustellen. Dieses Buch, für das er in Europa und in den USA recherchierte, muß als die erste große, populäre Freud-Biographie gelten.